"十三五"普通高等教育本科系列教材

能源与动力工程概论
（第二版）

主编　田　瑞　　闫素英

编写　林丽华　　东雪青

主审　杜广生

中国电力出版社

CHINA ELECTRIC POWER PRESS

内 容 提 要

本书为"十三五"普通高等教育本科系列教材。本书涵盖了能源与动力工程领域的主要分支学科，以为读者提供更多的能源与动力工程知识为目标。全书共分七章，分别为概述、常规能源、可再生能源、能源与动力、能源与环境、能源与交通、节能。书中附录给出了能源与动力工程常用科技英文专业词汇。

本书可作为高校跨学科课程、公选课程的教材，也可供从事能源与动力工程专业的工程技术人员学习、参考。本书有较强的实用性和知识性，高等院校能源与动力工程专业的本科生和研究生可根据其选修方向有针对性地学习相关单元。

本书一书一码，第一～五章部分图可用手机扫二维码查看彩图。

图书在版编目（CIP）数据

能源与动力工程概论/田瑞，闫素英主编 . —2 版 . —北京：中国电力出版社，2019.11（2024.8重印）
"十三五"普通高等教育本科规划教材
ISBN 978 - 7 - 5198 - 2736 - 6

Ⅰ.①能…　Ⅱ.①田…②闫…　Ⅲ.①能源－高等学校－教材②动力工程－高等学校－教材　Ⅳ.①TK

中国版本图书馆 CIP 数据核字（2018）第 272752 号

审图号：GS（2019）4339 号

出版发行：中国电力出版社
地　　址：北京市东城区北京站西街 19 号（邮政编码 100005）
网　　址：http://www.cepp.sgcc.com.cn
责任编辑：吴玉贤（610173118@qq.com）
责任校对：黄　蓓　常燕昆
装帧设计：赵姗姗
责任印制：钱兴根

印　　刷：三河市百盛印装有限公司
版　　次：2008 年 12 月第一版　2019 年 11 月第二版
印　　次：2024 年 8 月北京第十五次印刷
开　　本：787 毫米×1092 毫米　16 开本
印　　张：13.75
字　　数：334 千字
定　　价：38.00 元

前　言

能源是国民经济的命脉，人类的一切活动都与能源紧密相关。能源的开发和合理利用是整个社会可持续发展的源泉，是现代生产和生活的基础。从 18 世纪蒸汽机的发明产生第一次工业革命，到现代能源动力科学技术的进步促进全球经济迅速发展，都反映出能源动力发展状态标志着当时社会与科学技术的水平。

能源与动力学科研究能量热和功等形式在产生、转化、传递过程中的基本规律，并研究、开发、应用在能源与动力方面的相关装置。消耗量最大、使用最广泛的能源是电能和热能。火电、核电、地热发电等一般都是通过热能、机械能（功）而产生电能，水力发电、风力发电等是利用流体的机械功转换得到的。热能除太阳能、地热能等一次性热能外，大多是由燃料的化学能、核能转化而来的。热能转换为机械功后不都是用来发电，在许多情况下可直接作为动力使用。热能和电能的产生以及热与功在转化、传递过程中利用的机械、设备和由它们组成的装置，是能源动力工程研究的主要内容之一。

随着常规能源资源的日益枯竭以及大量利用化石能源带来的一系列环境问题，人类必须寻找可持续的能源道路，开发利用新能源是出路之一。新能源的理论研究和技术开发、新能源材料的探索、新能源经济的研究等无疑是当前众多研究热点中的亮点。

本书系统地介绍了有关能源科学的知识、面临的问题、解决的对策和发展的前景，全书对各类能源的生产、有效利用和节能问题以及各类能源状况、技术发展趋势，做了清晰的论述。书中不但涉及能源的基础知识、常规能源、可再生能源和节能技术，同时详细阐述了能源与动力、能源与环境以及能源在交通领域中的应用。鉴于能源、环境、生命、信息、材料、管理学科是新世纪高等院校科学素质系列教育的重要组成部分，本书以能源与动力学科的发展为契机，结合多学科优势，力求兼顾科学素质教育的要求，理论上简单介绍，文字叙述通俗易懂，在取材上力求资料新颖、涉及面广、叙述简洁，能使读者更好地了解当今世界正在走向一个可持续发展、与环境友好的能源与动力新时代，为读者提供更多新的能源与动力信息。

为满足广大读者需求，2019 年对本书进行了修订，主要进行了数据更新及部分内容的充实，在此次修订过程中路丽威做了大量收集、整理和数据更新及补充完善工作，田瑞负责全书修订统稿。本书提供了部分流程图、分布图的彩图资源，请扫码阅读。

编　者
2019 年 9 月

扫码看彩图

第一版前言

为贯彻落实教育部《关于进一步加强高等学校本科教学工作的若干意见》和《教育部关于以就业为导向深化高等职业教育改革的若干意见》的精神，加强教材建设，确保教材质量，中国电力教育协会组织制订了普通高等教育"十一五"教材规划。该规划强调适应不同层次、不同类型院校，满足学科发展和人才培养的需求，坚持专业基础课教材与教学急需的专业教材并重、新编与修订相结合。本书为新编教材。

能源是国民经济的命脉，也是构成客观世界的三大基础之一。人类的一切活动都与能量及其使用紧密相关。能源的开发和合理利用是整个社会可持续发展的源泉，是现代生产和生活的基础。从 18 世纪蒸汽机的发明产生第一次工业革命，到现代能源动力科学技术的进步促进全球经济迅速发展，都说明了能源动力发展状态标志着当时社会与科学技术的水平。

能源与动力学科研究能量热和功等形式在产生、转化、传递过程中的基本规律，并研究、开发、应用在能源与动力方面的相关装置。能源中消耗量最大、使用最广泛的是电能和热能，核电和其他形式发电（如风力发电等）正在发展中。火电、核电、地热发电等一般都是通过热能、机械能（功）而产生电能，水力发电、风力发电等是利用流体的机械功转换得到的。热能除太阳能、地热能等一次性热能外，大多是由燃料的化学能、核能转化而来的。热能转换为机械功后不都是用来发电，而是在许多情况下直接作为动力使用。热能和电能的产生以及热与功在转化、传递过程中所利用的机械、设备和由它们组成的装置，是能源动力工程中研究的主要内容之一。

进入 21 世纪，随着常规能源资源的日益枯竭以及大量利用化石能源带来的一系列环境问题，人类必须寻找可持续的能源道路，开发利用新能源是出路之一。新能源的理论研究和技术开发、新能源材料的探索、新能源经济的研究等无疑是当前众多研究热点中的亮点。本书编写目的是为广大读者系统地介绍有关能源科学的知识、面临的问题、解决的对策和发展的前景，全书对各类能源的生产、有效利用和节能问题以及各类能源状况、技术发展趋势，作了清晰的论述。书中不但涉及能源的基础知识、常规能源、可再生能源和节能技术，同时对能源与动力、能源与环境以及能源在交通领域中的应用作了详尽的讨论。鉴于能源、环境、生命、信息、材料、管理学科是新世纪高等院校科学素质系列教育的重要组成部分，本书以能源与动力学科的发展为契机，结合了多学科优势，力求兼顾科学素质教育的要求，理论上简单介绍，文字叙述通俗易懂，在取材上力求资料新颖、涉及面广、叙述简洁，能使读者更好地了解当今世界正在走向一个可持续发展的、与环境友好的能源与动力新时代，以达到为读者提供更多新的能源与动力信息的目的。

本书第一章由田瑞编写，第二章、第三章由闫素英编写，第四章和第五章由东雪青编写，第六章和第七章由林丽华编写。田瑞和闫素英负责全书统稿并担任主编。山东大学杜广生教授审阅了稿件，并给书稿提出了许多宝贵意见和建议，对提高书稿质量大有裨益。

由于水平有限，书稿中难免有不足之处，恳请各位读者批评指正。

编　者
2008 年 5 月

目　　录

第一章 概　　述

第一节　能源的基本概念

一、能源的定义

自然资源中以拥有某种形式存在的能量，在一定条件下，能够转换成人们可以利用的某种形式的能量，这些自然资源称为能源，如煤炭、石油、天然气、太阳能、风能、水能、地热、核能等。在生产和生活中，由于工作需要或是便于输送和使用等原因，把上述能源经过一定的加工使其成为符合使用条件的能量，如煤气、电力、沼气和氢能等也称为能源，它们同样为人类提供所需的能量。能源是指人类取得能量的来源，是指能够直接或经过转换而提供能量的自然资源。尚未开采出来的能量资源称为自然资源，不列入"能源"的范畴，应予以区别。目前可提供人类利用的能源很多，如薪柴、煤炭、石油、天然气、水能、太阳能、风能、地热能、波浪能、潮汐能、海流能、核能等。

核聚变和核裂变、放射性源以及天体间的引力，是世界上一切能源的初始能源。太阳的热核反应释放出巨大的能量，地球大气层所接收的辐射能量每年达 5.3×10^{15} MJ，这种辐射能为地球提供了取之不尽的能源。太阳能的热效应在大气、土地与海洋三者之间的界面，产生风能、水能、波浪能和洋流的动能，谓之天然能。植物通过光合作用吸收太阳能，动物以植物为食或靠弱肉强食间接吸收太阳能，形成所谓的生物质能。动物和植物在特殊的地质条件下经过亿万年演变成为煤炭、石油和天然气等化石燃料；地球心部的热核反应产生地热，地热通过热传导进入大气和海洋，火山或活动的地热田的地热能通过对流作用进入周围环境；地壳内的放射性元素蕴藏着巨大的核能资源；太阳系行星的运行产生潮汐能。下面对初始能源进行归类。

第一类是来自地球以外的天体的能量，其中最主要的是来自太阳的辐射能。此外，还有其他恒星或天体发射到地球上的各种宇宙射线的能量。

直接的太阳能：辐射能。

间接的太阳能：①天然能，如水能、风能、波浪能等；②生物质能，如木柴、秸草、动物粪便等；③化石燃料，如煤炭、石油、天然气等。

第二类是地球本身蕴藏的能量，如地球内部的热能以及海洋和地壳中储存的原子核能，包括：①以热能形式储存的能（地热能），如地热水、地热蒸汽等；②以核能形式储存的能，如铀、钍等。

第三类是太阳、月球等天体对地球的引力，如潮汐能等。

二、能源的分类

能源的分类方法很多，有按照能源存在和产生的形式、能源本身的性质、能源利用的时间和普及程度等几种分类方法。

1. 一次能源与二次能源

由自然界中直接取得而又不改变其基本形态的能源，称为一次能源，如煤炭、石油、天然气、风能、地热等；由一次能源经过加工转换成另一种形态的能源产品称为二次能源，如电力、煤气、蒸汽及各种石油制品等。

大部分一次能源都转换成容易输送、分配和使用的二次能源，以适应消费者的需要。二次能源经过输送和分配，在各种设备中使用，故称为终端能源。终端能源最后变成有效能源被人类所利用。

2. 可再生能源与不可再生能源

在自然界中可以不断再生而得到补充的能源，称为可再生能源，如太阳能、水能、风能、生物能等，它们都可以在短期内再生，不会因长期使用而减少；经过几亿年形成的、短期内无法补充的能源，称为不可再生能源，如煤炭、石油、天然气、油页岩及核燃料等，随着大规模的开采和利用，其储量越来越少，总有枯竭之时。

3. 常规能源与新能源

在当前的科学技术水平下，已经被人类在相当长的历史时期中广泛利用的能源，不但为人们所熟悉，而且也是当前应用范围很广泛的主要能源，称为常规能源，如煤炭、天然气、水力、电力等。一些虽属古老的能源，但只有在采用当前先进的方法时才能加以利用，或采用最新的科学技术才能开发利用的，以及有些仅仅是最近才被人们所重视而研究开发出的能源，称为新能源，或称替代能源，如太阳能、地热能、潮汐能等。常规能源与新能源就其时间性是相对而言的。

4. 燃料能源和非燃料能源

从能源性质来看，能源又可分为燃料能源和非燃料能源。属于燃料能源的有矿物燃料（煤炭、石油、天然气）、生物质燃料、化工燃料（甲醇、酒精、丙烷以及可燃原料铝、镁等）、核燃料（铀、钍、氘等）四类。非燃料能源多数具有机械能，如水能、风能等；有的具有热能，如地热能、海洋热能等；有的具有光能，如太阳能、激光等。

5. 清洁能源和非清洁能源

从使用能源时对环境污染的大小，又可以把无污染或污染小的能源称为清洁能源，如太阳能、水能、氢能等。对环境污染较大的能源称为非清洁能源，如煤炭、油页岩等。石油的污染比煤炭小一些，但也会产生氧化氮、氧化硫等有害物质，所以清洁与非清洁能源的划分也是相对而言的。通过技术进步使非清洁能源在能量转换中尽可能少地对环境产生污染，也是能源与动力工作的研究目的，如洁净煤燃烧技术。

总之，能源有各种各样的分类方法，但归纳起来，主要有五种，下面分别列出。

（1）按来源分：①来自于太阳；②来自于地球本身；③来自于地球和其他星体的相互作用。

（2）按成因分：①一次能源；②二次能源。

（3）按性质分：①燃料能源；②非燃料能源。

（4）按使用状况分：①常规能源；②新能源。

（5）按对环境有无污染分：①清洁能源；②非清洁能源。

三、能源评价

能源的现实性、可用性和经济性，可以从以下几方面进行分析评价。

1. 能流密度

能流密度是指在一定空间或面积内，从某种能源实际所能得到的能量和功率。显然，如果某种能源能流密度很小，就很难用作主要能源。一般来说，各种常规能源的能流密度都比较大，如1kg标准煤发热量为29 307kJ，而1kg石油发热量为41 860kJ。核燃料的能流密度更大，1kg铀235（^{235}U）裂变时将释放出687×10^{18}kJ（687亿kJ）的热量。在当前的技术条件下，太阳能和风能的能流密度很小，约为160W/m^2。

2. 资源储量

作为能源的一个必要条件是储量足够丰富。我国煤炭、水力资源非常丰富，其他常规能源和新能源的储量也不少。与储量有关的评价还要看可再生性和地理分布情况，能源的地理分布与它们的使用有很大关系，例如，我国的煤炭资源多位于西北，水力资源多位于西南，这对其在全国范围内的使用产生了很大影响。

储量可分为探明储量（既不考虑可采率，也不扣除已采出量）、可采储量（按现在或近期技术水平可以开采的储量）和经济可采储量（在最近或不远的将来不仅技术上可开采，而且经济上也合理的储量），其关系：可采储量＝探明储量×可采率－已采出量，其中，在20世纪末国际平均水平的可采率，对石油为0.3，对天然气为0.6，对煤炭为0.4～0.5。

3. 供能连续性与能量可储性

能源的供能连续性是指我们要求它按照需要的多少与快慢连续不断地供应能量。而能量可储性则是说当能源不用时可以储存起来，需要时又能立即供给所需，这对于各种化石燃料和核燃料来说是比较容易做到的，而对于太阳能、风能等目前还不易实现。

4. 能源开发费用和用能设备费用

各种化石燃料与核燃料，从勘探、开采、加工到利用，都需要大量人力和物力的投入（燃烧石油和天然气的设备价格，初投资较为便宜），而且有的工序还有一定的危害性和危险性。太阳能、风能资源等可不做任何投资就能得到，但按目前的技术水平，太阳能、风能、海洋能等发电设备价格高，初投资大，投资的回收也慢。

5. 能源运输费用与损耗

煤炭的运输困难一些，而且损耗也大；石油和天然气可以比较方便地从产地输送给用户；核燃料的运输要特别重视安全问题，但由于它的能流密度很大，获得同样电能，所占的体积与质量都很小，为运输提供了方便。太阳能、风能和地热能等能源，无需运输，只要因地制宜、合理利用即可。

6. 能源品位

在使用能源时，要合理利用不同品位的能源。在热机原理中，热源温度越高，冷源温度越低，则循环热效率就越高。因此，作为热源，温度高的能源称为高品位能源。水能可直接转变为机械能和电能，其品位要比必须先经过热转换过程的矿物燃料高。

7. 环境保护

使用能源时，要考虑到环境保护与生态平衡。在开发利用水力资源时，应综合考虑其对生态平衡、灌溉与航运等多方面的影响；煤炭在燃烧时所造成的环境污染；原子能可能出现的危害以及风能、太阳能等利用过程中对环境的影响，人们都很重视，应用时一定要采取各种安全措施。

四、能源的单位

能源的种类很多，各种能源的品位都不一样，规范能源的量度单位就显得十分必要。除了能源的基本单位之外，还广泛地采用当量单位（煤当量、油当量）。中国、德国、奥地利和前苏联等国采用煤当量，多数西方国家采用油当量。

1. 能源的基本单位

能源的基本单位实际上也是能量的单位，主要有 J（焦耳）、kWh（千瓦小时）、卡（cal）、英热单位（Btu），它们之间的换算关系见表 1 - 1。

表 1 - 1   能 源 单 位 换 算

	GJ	kWh	kcal	Btu
GJ（10^9 J）	1	277.77	2.389×10^6	947.8×10^3
kWh	3.6×10^{-3}	1	860	3.412
kcal（10^3 cal）	4.183×10^{-6}	1.17×10^{-3}	1	3.968
Btu	1.055×10^{-6}	2.93×10^{-4}	0.252	1

按照《中华人民共和国法定计量单位》的规定，J 和 kWh 是许用单位，kcal 和 Btu 不允许使用。许多国家和一些国际组织采用煤当量或油当量作为各种能源的统一计量单位。

2. 单位产量能耗

单位产量能耗指生产单位产品单位产量所需的能源耗量，即

$$g = \frac{G}{N}$$

式中：g 为单位产量能耗；G 为能源消耗量；N 为产品产量。

不同产品、不同场合，采用不同的单位。

3. 资源量

资源量是不受当前开采技术和经济条件限制的数量，例如，硬煤（烟煤、无烟煤）埋藏深度在 2000m 以内，褐煤埋藏深度在 1500m 以内的煤层，均计算为煤炭的资源量。

4. 储量

储量是与开采的技术和经济条件密切相关的数量，例如，硬煤埋藏深度在 1500m 以内，厚度 0.6m 以上；褐煤埋藏深度在 600m 以内，厚度 2m 以上的煤层才算储量。

5. 地质储量

地质储量是根据已掌握的资料，按能源储藏的形成与分布规律进行地质推算而得出的储量。

6. 探明储量

探明储量是指已经做过不同程度的勘探工作，并提出相应的地质勘探阶段报告所计算获得的储量。

7. 可采储量

某种能源的可采储量指探明储量与可采率之积。在探明储量中，按当前技术经济条件可以开采的储量，称为可采储量，即可供使用量。

8. 储产比

能源的储产比指剩余可采储量与当年原油产量之比。它等于剩余可采储量可开采的年限。

9. 原油

原油又称石油原油，指储存在地下储集层中，在通过地面分离设施后仍保持液态的各种液态烃的混合物，包括油层凝析液，以及由焦油砂、天然沥青和油页岩产生的液态烃。

10. 石油

石油是石油原油和所有石油制品的通称，包括原油、经初加工的油、各种石油制品、天然气处理厂回收的液体产品，以及掺入成品油中的非烃类组分。

第二节　能源与人类文明

一、能源与社会

任何物质形态的变化都离不开能源的变化，人类社会的一切生活和生产活动都要消费能源，人类社会的发展引起了能源消费的增长。人类社会的发展史，从火的利用开始就一直是能源利用的发展史。随着社会的不断进步，人类开发和利用能源的方式也逐步演进。特别是工业革命以来，伴随着机械化大生产的推广和普及，能源在人类经济社会活动中的地位逐步提高，以能源为主要产业的地区在许多国家都成为先行发展起来的地区。20 世纪 50 年代，随着对资本主义工商业改造的完成和 156 项重大工业项目的上马，中国经济社会发展受制于能源短缺的局面直接催生了大庆油田。而始于 20 世纪 70 年代末期的改革开放，引发了生产力的大发展和能源需求的大增长，与之相应的能源基地建设进入了新的历史阶段，而后"西电东送""西气东输"等成为跨世纪的伟大工程。所有这些都充分说明能源在中国国民经济和社会发展过程中起到越来越重要的作用，也反映了现代经济社会发展离不开能源生产和消费支撑这一基本的发展规律。

无论是人类社会的生产发展过程，还是当今世界各国的经济发展，都充分说明能源是社会和经济发展的必要条件。古代，人类的主要能源来自于人力和畜力，辅以柴薪，这时利用的能源主要是生物质能、风能和太阳能等可再生能源；公元前 500 年左右，中国就开始利用煤炭作为燃料；18 世纪末，瓦特发明了蒸汽机，大量以煤炭为能源的动力机械生产方式逐渐替代了小作坊式的手工业生产方式，交通运输业迅速发展，煤炭与资本主义社会化大生产相结合，使世界能源结构发生了重大变革。1895 年，美国开始了石油钻探开发工作，这种液体燃料开始显示出比煤炭更大的吸引力；1876 年，德国人奥托创制了内燃机，进而形成了以内燃机技术为核心的汽车工业，带动了机械制造业的发展；19 世纪末，以电力为主导的能源结构大变革开始了，从法拉第发现电磁感应开始，人们认识到电和磁是统一的电磁现象，之后又发明了电动机、发电机和各种电器，使电力作为二次能源获得了广泛应用。

电力是人类利用能源的一个重要里程碑。产生电力的方法由最初的火力发电，发展到水力发电，以及后来的核能发电、太阳能发电及风能发电等，人类在不断探索采用不同的能源形式来产生电力，以满足社会不断提高的能源需求量。据统计，现在世界上大约四分之三的能源是在发电厂中转化为电力为人类使用的。能源的利用过程与环境密切相关，因此，为了满足社会发展日益增长的能源需求和可持续发展的要求，我们必须寻找除化石燃料以外的新能源，来解决人类面临的能源问题。在现代化生产中，能源是主要动力来源，一些发达国家之所以能够在短短几十年的时间内实现现代化，其中一个重要原因，就是他们都致力于大规模开发和利用能源。一般来说，一个国家的国内生产总值和它的能源消费量大致是成正比的。能源的消费量越大，产品的产量就越多，整个社会也就越富裕。例如，美国、俄罗斯、日本、德国、英国、法国、意大利等工业发达国家的人口总和占世界人口的五分之一，而能源消费量却占世界能源总消费的三分之二左右。

无论是能源生产作为人类生产活动的组成部分之一，还是能源工业作为现代经济的重要产业部门之一，其发展都离不开人类社会自身的发展。社会一方面对能源的发展提出需求，提供市场；另一方面为能源的发展提供人力资源、科学技术、组织保证、制度保障、配套服务等。同时，能源的发展还需要不断发展的宏观经济和社会文化为其创造良好的环境条件，指明正确的开发和利用方向；需要科学的思想、理性的思维以及和谐的社会引导，以保证能源资源的合理利用以及能源经济的可持续发展。

二、能源与国民经济

能源是发展社会生产和提高人民生活水平的必要条件，是推动国民经济发展的基本保证，是现代化生产的主要动力来源。现代工业和现代农业都离不开能源动力。工业方面，各种锅炉、窑炉都要用油、煤和天然气作燃料；钢铁冶炼要用焦炭和电力；机械加工、起重、物料传送、气动液压机械、各种电机、生产过程的控制和管理都要用电力；交通运输需要动力、油和煤；国防工业也需要大量的电力和石油。能源原料还是珍贵的化工原料，从石油中可以提炼出五千多种有机合成原料，其中最重要的基本原料有乙烯、丙烯、丁二烯、苯、甲苯、二甲苯、乙炔、萘等。对这些原料加工就可以得到塑料、合成纤维、人造橡胶、化肥、人造革、染料、炸药、医药、农药、香料、糖精等各种工业制品。

在现代化农业生产中，农产品产量的大幅度提高，也是和使用大量能源联系在一起的。例如，耕种、收割、烘干、冷藏、运输等都需要直接消耗能源；化肥、农药、除草剂又都要间接消耗能源。美国在1945—1975年的30年间，平均每吨谷类作物的总能源消耗量由20kg标准煤增加到67kg标准煤，而产量也由204kg增加到486kg。也就是说，单位面积耕地产量增加了1.4倍，能源消耗量则增加了2.4倍。

为了研究分析国民经济发展和能源消费量之间的相互关系，常常使用能源弹性系数和能源消费系数这两个指标。能源弹性系数是反映单位国民经济产值增长率的变化所引起能源消费增长率变化的状况。这个数值越大，说明国民经济产值每增加1%，能源消费的增长率越高，这个数值越小，则能源消费增长率越低。这个数值大于1，说明国民经济产值每增加1%，需要增加的能源消费量大于1%；这个数值小于1，说明国民经济产值每增加1%，需要增加的能源消费量小于1%。能源弹性系数的大小与国民经济结构、能源利用效率、生产产品的质量、原材料消耗、运输以及人民生活需要等因素有关。

能源消费系数是指某一年或某个时期，实现单位国民经济产值的平均能源消费量。能源消费系数可以用来对比分析能源的利用状况，在排除价格因素的情况下，可以在一定程度上说明节能潜力的大小。例如，我国1977年每1元人民币国内生产总值的能源消费量为1.03kg标准煤，工业发达国家1977年实现1美元国内生产总值的能源消费量分别为：美国1.3kg标准煤、英国1.17kg标准煤、联邦德国0.69kg标准煤、法国0.61kg标准煤、日本0.63kg标准煤。

世界经济和能源发展的历史显示，处于工业化初期的国家，经济的增长主要依靠能源密集工业的发展，能源效率也较低，因此能源弹性系数通常大于1，见表1-2。例如，发达国家工业化初期，能源增长率比工业产值增长率高1倍以上。到工业化后期，一方面经济结构转向服务业，另一方面技术进步促使能源效率提高，能源消费结构日益合理，因此能源弹性系数通常小于1。尽管各国的实际条件不同，但只要处于类似的经济发展阶段，它们就有大致相近的能源弹性系数。发展中国家的能源弹性系数一般大于1，工业化国家能源弹性系数大多小于1；人均收入越高，弹性系数就越低。我国的能源弹性系数见表1-3。

表1-2　　　　　　　　几个发达国家工业化初期的能源弹性系数

国家	产业革命开始年份（年）	初步实现工业化年份（年）	工业化初期能源弹性系数	初步实现工业化时人均能耗（以标准煤计）(t)	能源效率（%）	
					1860年	1950年
英国	1760	1860	1.96(1810—1860)	2.93	8	24
美国	1810	1900	2.76(1850—1900)	4.85	8	30
法国	1825	1900	—	1.37	12	20
德国	1840	1900	2.87(1860—1900)	2.65	10	20

表1-3　　　　　　　　　　　我国能源弹性系数

年份（年）	能源生产比上年增长（%）	电力生产比上年增长（%）	国内生产总值比上年增长（%）	能源生产弹性系数
1985	9.9	8.9	13.5	0.73
1995	8.7	8.6	10.5	0.83
2005	11.1	13.5	11.4	0.98
2006	6.9	14.6	12.7	0.54
2007	7.9	14.5	14.2	0.56
2008	5.0	5.6	9.7	0.52
2009	3.1	7.1	9.4	0.33
2010	9.1	13.3	10.6	0.86
2011	9.0	12.0	9.5	0.95
2012	3.2	5.8	7.9	0.40
2013	2.2	8.9	7.8	0.28
2014	0.9	4.0	7.3	0.12
2015	0.0	0.3	6.9	—

三、能源与人民生活

人们的日常生活处处离不开能源，衣、食、住、行、文化娱乐、医疗卫生等都与能源密切相关。随着生活水平的提高，所需的能源也越多。

为了估量能源消耗水平与生活水平之间的关系，定义了一个生活质量指数，以它作为评估的基础。所谓生活质量指数是指将平均寿命、文化指数及婴儿死亡率三大类指标综合成一个1～100分的指数，称为生活质量指数。不论是哪种类型的国家，人均耗能量越多，生活质量指数就越高。表1-4所示为现代文明社会人均能耗最低需要估计。

表1-4　　　　　　　　现代文明社会人均能耗最低需要估计

项目	所需能耗[MJ/(人·a)]	所需一次能源[kg标煤/(人·a)]	项目	所需能耗[MJ/(人·a)]	所需一次能源[kg标煤/(人·a)]
衣	8.65	108	行	17.30	215
食	25.98	323	其他	51.96	646
住	25.98	323	总计	129.87	1615

1973 年第五次中东战争后，阿拉伯产油国对欧美一些国家采取的石油禁运以及后来几年内石油的大幅度涨价，引起世界主要资本主义国家经济倒退与停滞及生活水平的巨大变化，这也是能源对生产与生活水平影响重大的一个佐证。

第三节　能　源　资　源

一、世界能源资源

世界的能源构成有一个发展过程。18 世纪 60 年代，始于英国的产业革命，使世界能源结构从木柴转向煤炭，发生了第一次大转变。1860—1920 年，世界煤炭产量由 136Mtce（百万吨煤当量）增至 1250Mtce，增加了 8.2 倍。1920 年煤炭占世界能源构成的 87%，跃居第一位。从 20 世纪 20 年代开始，世界能源构成发生第二次大转变，即从煤炭向石油和天然气的转变。到 1959 年，石油和天然气在世界能源构成中的比重由 1920 年的 11% 上升到50%，首次超过煤炭占第一位，煤炭的比重则由 87% 下降到 48%。1986 年，世界一次能源总消费量为 10 810Mtce，其中石油占 38%，天然气占 20%，煤炭占 30%，水电占 7%，核电占 5%。20 世纪 70 年代以来，世界能源结构开始第三次大转变，即从以油、气为主向以再生能源为基础的持久、稳定的能源系统方向发展。这个转变将经历漫长的过程，从现在起，大约需要 100 年时间，太阳能发电、核能发电以及其他新能源将为全球约 150 亿人口提供充足的能源，而煤炭、石油和天然气则主要用作化工原料。图 1-1 所示为 2005 年和 2015年世界能源终端总消费量的构成。

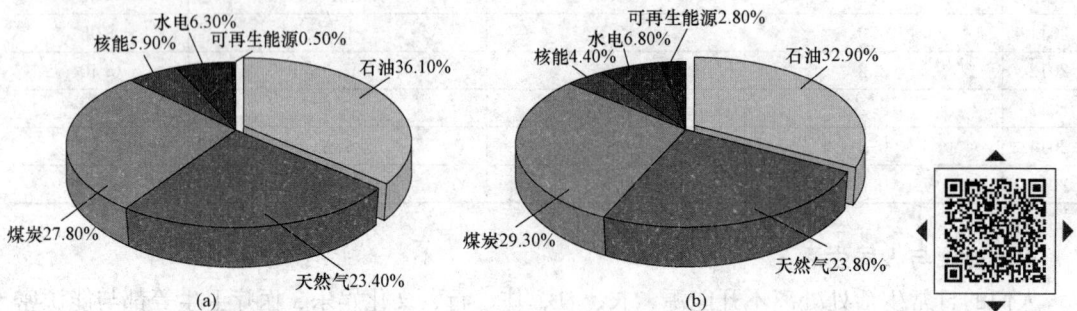

图 1-1　2005 年和 2015 年世界一次能源总消费量的构成
(a) 2005 年 10 537Mtoe；(b) 2015 年 13 147Mtoe

扫码看彩图

从长远的角度看，世界能源储量最多的是太阳能，在再生能源中占 99.44%，而水能、风能、地热能、生物能等不到 1%。在不可再生能源中，利用海水中的氘资源产生的所谓人造太阳能（聚变核能）几乎占 100%，煤炭、石油、天然气、裂变核燃料加起来也不足千万分之一。所以，人类使用的能源归根到底要依靠太阳能。太阳能是人类永恒发展的能源保证。

世界能源资源分布是不均衡的。例如，石油储量最多地区是中东，占 56.8%；天然气和煤炭储量最多的是欧洲，各占 54.6% 和 45%。亚洲、大洋洲除煤炭稍多（占 18%）以外，石油、天然气都只有 5% 多一点。这种能源资源分布的不均衡，对世界的政治、经济格局产生了重大的影响。

（一）能源开采

能源是社会发展、人类生活中不可缺少的资源。现在人类已经认识到，利用可燃的矿物燃料来供应人类所需能量的历史不会长久了。面对这样的事实，世界各国为解决自身乃至于世界的能源供应问题而在千方百计地寻找出路。

1994 年，世界上大约消费了 1.132×10^{10} t 标准煤的能源，其中煤约占 27.2%，石油约占 40.1%，天然气占 23.0%，水电和核电约占 9.7%。从这些数据来看，非再生的矿物燃料占绝大部分，所以其储藏量的多少决定了能源状况的前景。

矿物燃料的开采寿命是难以估计的。这是因为随着勘探技术的发展与完善，今天发现不了的资源，也许明天就可以发现。此外是开采问题，有的矿藏，虽然发现了，但在今天的科学技术水平下可能开采不了，或开采出来在经济上不合算。但过一段时间以后，随着技术的发展，就可能成为可开采的矿藏，而且在经济上来说也是合算的。还有就是可采率问题，探明了有若干能源矿藏，但开采出来能有多大比例，在开采中要消耗掉多大比例，也是很难估计的。但由于今天的科学技术已相当先进了，估计未发现的矿物燃料也不会太多，所以根据目前所发现的蕴藏量和近年来世界能源消费的情况，对矿物燃料的开采寿命是可以进行估计的。

（二）煤炭资源

煤炭是地球上最重要的能源，是世界上储量最多、分布最广的化石能源。截至 1999 年底，世界煤炭探明可采储量为 9860 亿 t，占化石能源的 62.8%。煤炭分布于 76 个国家和地区，60 多个国家进行了规模性开采。20 世纪 90 年代以来，世界煤炭年产量为 44 亿～48 亿 t，在世界一次能源生产和消费总量中占 25%～30%。煤炭是世界经济发展的重要支柱。表 1-5 为 1996 年世界前七位国家的煤炭储量。图 1-2 所示为 2005 年和 2015 年世界煤炭产量的地区分布。

表 1-5　　　　　　　　　　1996 年世界前七位国家的煤炭储量

国家	储量（Mt）	占世界比（%）	国家	储量（Mt）	占世界比（%）
美国	240 558	23.3	德国	67 300	6.5
中国	114 500	11.1	南非	55 333	5.4
澳大利亚	90 940	8.8	波兰	42 100	1.1
印度	69 947	6.8	全世界合计	1 031 610	100

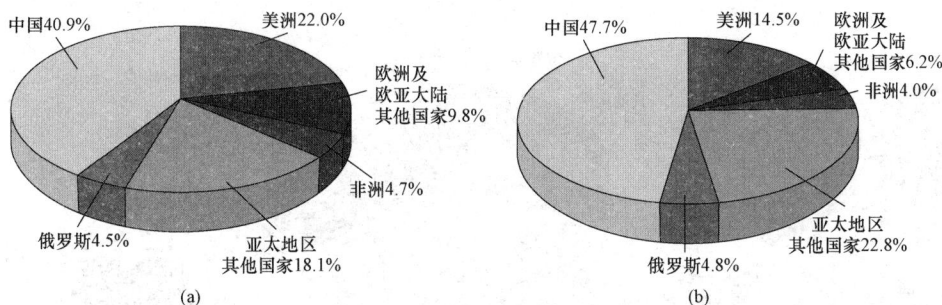

图 1-2　2005 年和 2015 年世界煤炭产量的地区分布
(a) 2005 年 3033Mtoe；(b) 2015 年 3830Mtoe

扫码看彩图

过去的几十年中，世界煤炭的分布也发生了较大变化，全球煤炭证实储量的区域分配出现了从以欧美为主的经合组织（OECD）国家向经济转型国家和南亚国家转移的现象。值得注意的是，煤炭证实储量的增长多发生在煤炭产量增长强劲的国家和地区，特别是在煤炭行业具有世界级竞争水平的国家和地区。这是因为这些国家和地区能够不断进行勘探以增长其煤炭证实储量。澳大利亚、印度尼西亚、美国、加拿大、哥伦比亚、委内瑞拉、中国和印度都是如此，相反，在欧洲煤炭证实储量却连续下降。随着煤炭产量和消费量的增长以及运输基础设施的加强，将会有更多的煤炭资源成为经济可开发的资源。按不同的储量和年开采增长率 3.65% 来计算，煤炭的开采量与时间的关系如图 1-3 所示。

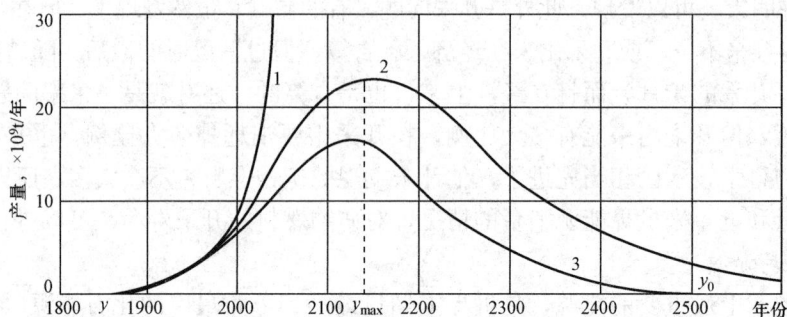

图 1-3　煤炭的开采量与时间的关系
1—按每年 3.65% 持续增长的曲线；2—按 7.6×10^{12} t 的总储量估计；
3—按 4.3×10^{12} t 的总储量估计

从图 1-3 中可以看出，煤炭开采量的峰值年代随储量的不同而略有不同。如按已知储量 4.3×10^{12} t 计算，其峰值在 2100 年；若按潜在储量 7.6×10^{12} t 计算，则峰值在 2140 年。煤炭主要分布在俄罗斯、中国、美国、德国等国家。

（三）石油资源

石油的利用使得人类社会进入飞速发展的阶段，特别是从石油消费超过煤炭成为世界第一大能源以来，30 年中世界经济得到迅猛发展，科学技术也达到空前水平，人类从工业社会进入信息社会。目前世界上已经找到近 30 000 个油田和 7500 个气田，这些油气田遍布于地壳上六大稳定板块及其周围的大陆架地区。图 1-4 所示为 2005 年和 2015 年世界石油产量的地区分布。

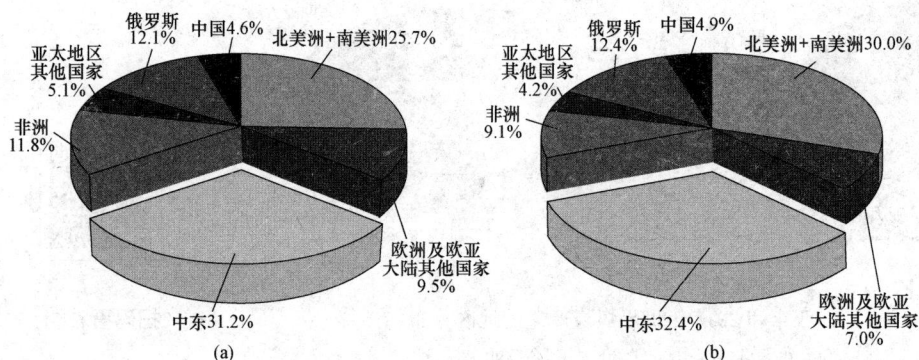

图 1-4　2005 年和 2015 年世界石油产量的地区分布
(a) 2005 年 3938Mt；(b) 2015 年 4362Mt

扫码看彩图

在 156 个较大的盆地内几乎均有油气田发现，但分布极不平衡。例如，世界上石油储量超过 10 亿 t 和天然气储量超过 10000 亿 m³ 的特大油、气田共 42 个（我国除外），它们仅分布于 10 个盆地内，波斯湾盆地即占 20 个，西伯利亚盆地占 10 个，储量为 650 亿 t，约占世界总储量的一半。沙特阿拉伯的加瓦尔油田和科威特的布尔干油田，两个油田的石油储量占目前世界储量的 1/5。若按 5% 的年开采增长率，按不同的储量（已知储量和潜在储量），石油的开采量与年份的关系如图 1-5 所示。

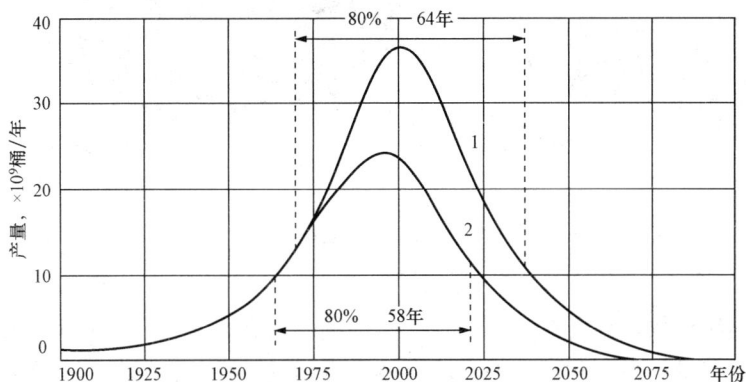

图 1-5 石油的开采量与年份的关系

1—按 2.1×10^{12} 桶的总储量估计；2—按 1.35×10^{12} 桶的总储量估计（每桶原油约 137kg）

从图 1-6 中可以看出，如按储量 1.35×10^{12} 桶（合 1.85×10^{11} t）计算，其产量的峰值在 1990—1995 年之间。若按储量 2.1×10^{12} 桶（合 2.877×10^{11} t）计算，则产量的峰值在 2000 年左右。

世界上的石油主要蕴藏在中东地区，其储量占世界总储量的 50% 以上。其中，沙特阿拉伯约有 3.66×10^{10} t，伊朗约有 2.18×10^{10} t，伊拉克约有 2.06×10^{10} t，科威特约有 1.4×10^{10} t，其次是委内瑞拉、加拿大、美国、中国和俄罗斯。

除了常规石油外，还有所谓非常规石油，即重油、油页岩、沥青和油砂等。重油资源丰富的国家是委内瑞拉、科威特、俄罗斯和伊拉克。我国是重油资源较多的国家，按探明储量和未来潜在储量排序，分别排在第七位和第六位。加拿大是沥青和油砂资源丰富的国家之一，其中阿尔伯达省的沥青储量就达 4.3×10^{11} t，约占世界沥青储量的 40%。美国和前苏联也是沥青、砂岩资源较多的国家。

油页岩是一种含有机油的岩石，埋藏于沉积岩中，和矿物水成岩一层层交错沉积。据比较权威的测算，世界探明的油页岩储量为 4.6×10^{11} t。

（四）天然气资源

天然气是蕴藏量丰富、清洁而便利的优质化石能源。但由于天然气储运难、上市难、投资大、回收周期长等特点，许多国家的天然气工业普遍比石油工业落后 30~40 年，并经历了先慢后快的发展过程。例如，加拿大早期以石油为钻探目标，发现天然气也视为无用产品而烧掉。经过 30 多年才建成由西向东的输气管道，将气送到东部经济发达地区和美国市场，很快成为世界第三大产气国。

世界天然气资源丰富，截至 2016 年，已探明的储量约为 1.87×10^{14} m³，每年开采 3.5×10^{12} m³。与石油资源一样，世界天然气资源分布也很不均匀，主要集中在中东、俄罗斯和东欧，天然气储量最多的国家伊朗，为 $3.35\times10^{13}\,\mathrm{m^3}$；其次是俄罗斯，为 $3.23\times10^{13}\,\mathrm{m^3}$。储量较多的国家有卡塔尔、土库曼斯坦、美国、沙特阿拉伯、委内瑞拉和阿联酋。图 1-6 所示为 2005 年和 2015 年世界天然气产量的地区分布。

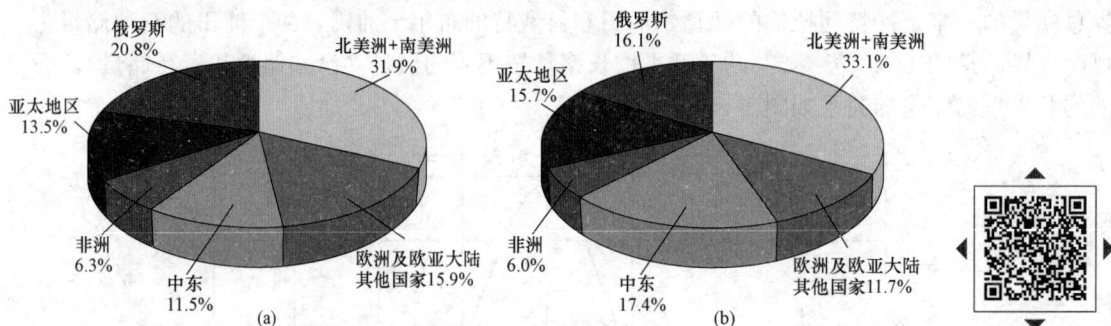

图 1-6　2005 年和 2015 年世界天然气产量的地区分布

(a) 2005 年 27 909 亿 $\mathrm{m^3}$；(b) 2015 年 35 386 亿 $\mathrm{m^3}$

根据现有的统计数据和资料，并综合一些预测原则和影响因素，对可燃的矿物燃料资源储量（包括已知储量和潜在储量）的开采寿命进行估计的大致情况如下：石油已知储量的开采寿命不过 16~18 年，潜在储量的开采寿命也不过 30~40 年；天然气已知储量的开采寿命为 15~19 年，潜在储量的开采寿命为 25~40 年；煤炭为最丰富的矿物燃料，已知储量的开采寿命要比前两种长一些，为 30~100 年，潜在储量的开采寿命为 150~250 年。

目前天然气资源的探明率还很低，但随着科学技术的进步和勘探力度的加大，油气资源和煤炭资源一样，其探明程度也越来越高。展望未来，世界天然气的发展前景是诱人的。目前天然气的需求以 1.9% 的速度增长，预计到 2050 年，能源结构中天然气将占 26.6%，石油占 24.6%，煤占 25.4%，核电为 4.2%，其他能源为 4%。

无论是世界还是中国，石油和天然气的资源量、探明储量都在增长。例如，2001 年世界（除美国和加拿大以外）发现 203 个油气田，其中陆上油气田 134 个，占 66%；海上 69 个，占 34%。中国也发现 40 个新油气田。世界石油发展史和新增可采储量统计资料表明，油气储量的增长主要靠老油区、老油田的"三探"——细探、深探、边探，其次是新盆地、新探区。以上事实说明，世界科技的发展将为油气勘探带来新局面，世界油气资源远不会枯竭，满足世界 21 世纪前半个世纪石油和天然气的需求将不成问题。

（五）水力资源

根据联合国对新能源和可再生能源的估计，全世界水力资源的理论蕴藏量约为 $4.43\times10^{13}\,\mathrm{kWh/a}$，技术上可开发的为 $1.94\times10^{13}\,\mathrm{kWh/a}$，经济可开发的为 $6.4\times10^{12}\,\mathrm{kWh/a}$。欧洲的水力资源开发程度最高，为 59%；北美次之，为 36%；水力资源丰富的亚洲（除日本以外）、非洲、拉丁美洲等地区开发的程度都很低，分别为 9%、5% 和 8%，这些地区还有较大潜力。尽管水力资源是可再生能源，但与世界每年的能耗相比还是很有限的，而且水力资源都处在交通不便、远离工业中心的地区，建设投资较大，因此水力不可能替代煤、石油、天然气等在未来能源构成中的主角位置。

二、我国能源概况

（一）我国能源构成

我国能源资源总量居世界前列。水能资源居世界第一，煤炭可采储量居世界第三，但人均能源资源占有量很低。2000 年，中国煤炭、石油、天然气的人均可采储量分别为世界平均水平的 54.9%、11.0% 和 4.3%。中国能源资源的地区分布总体说来是北多南少、西富东贫。能源品种的地区分布：煤大多在北方地区，油气在西部地区，水能多集中于西南地区；而中国经济发达、能源需求量大的地区却多位于东南沿海地区。目前我国还是以煤炭为主要能源，因而发展煤的清洁燃烧、煤炭气化液化、蒸汽燃气联合循环及磁流体发电等先进的能量转化技术，具有重要的战略意义。总之，我国的能源构成可总结为以下四句话：我国是以煤炭为主的产能大国；人均能源耗量不多；能源分布不均匀；能源利用率低。

我国能源分布很不均匀，煤炭探明储量主要集中在华北、西北、东北和西南地区，其中山西、内蒙古、新疆等省区最集中，东南沿海各省则很少。水力资源的 70% 集中在西南地区，均远离能源的消费中心。根据 2002 年统计年鉴，中国主要能源资源的地区分布见表 1-6。

表 1-6　　　　　　　　　　　中国能源资源的地区分布

矿　种	分　布　地　区	大　型　矿　区
煤	山西、内蒙古、新疆、贵州、安徽、陕西、河南、云南、河北、黑龙江	鹤岗、双鸭山、鸡西、铁法、阜新、伊敏河、霍林河、元宝山、准噶尔、开滦、大同、西山、神府—东胜、黄陵、宁武、平顶山、徐州、淮水、淮南、六盘山
石油	西部山间内陆盆地、东部华夏构造体系沉降带盆地	大庆、华北、胜利、吉林、辽河、克拉玛依、卡门、冷湖、中原、南阳、大港、四川盆地油气田
油页岩	河北、辽宁、吉林、黑龙江、陕西、新疆	抚顺、茂名

1. 煤炭

全世界煤炭资源大约 90% 的地质储量和 60% 的技术可采储量集中在美国、俄罗斯、中国和澳大利亚四个国家。我国煤炭资源储量丰富，产量大，仅有一段时间处于全行业亏损。近年来，国家实施了关闭各类小煤矿、产量总量调控的政策，并对资源枯竭、长期亏损的国有重点煤矿实行关闭破产。据 2002 年统计年鉴，从 1998—2001 年，全国累计关闭各类小煤矿 5.8 万处，使原有小煤矿总数减少 73%。2001 年生产原煤 10.89 亿 t，其中，国有重点煤矿生产 6.18 亿 t，年增长率为 15.4%；国有地方煤矿生产 2.25 亿 t，年增长率为 16%；乡镇企业煤矿生产 2.46 亿 t，年增长率为 19.12%，初步实现了产销平衡，产量和利润同步增长。据 2002 年统计年鉴，到 2001 年底，原煤炭部直属 94 户国有重点煤矿有 45 户完成了公司化改造，有七户煤炭企业改造成股份有限公司上市，国家批准的 65 个破产项目中 61 个已进入破产法律程序。

我国煤炭资源总量为 5.57 万亿 t，截至 2015 年底，探明煤炭储量 15 663 亿 t。我国煤炭品种较齐，质量较好，在保有储量中，烟煤占 75%，无烟煤占 12%，褐煤占 13%。煤炭资源 48.95% 分布在华北地区，29.98% 在西北地区，距离工业发达地区较远，地质储量探明程度也较低，后备工业储量不足。

2. 石油

据 2000 年资料，我国石油资源的地质资源量为 1020 亿 t，可采储量为 114.4 亿 t。全国已在 20 多个省、直辖市、自治区内发现了油气资源，建立了一大批石油、天然气生产基地。我国对石油工业的方针是增储量、上产量。据 2016 年统计年鉴，2015 年原油产量为 21 455.6 万 t，天然气为 1346.1 亿 m^3。

3. 天然气

中国是世界上最早开发和利用天然气的国家。公元前 221 年就在现在的四川省自流井气田钻成深度为 100m 的天然气井。1949 年以来，我国天然气的勘探与开发进展迅速，大陆已发现气田 60 多个。到 1985 年，在四川、渤海湾地区、中原、南疆塔里木盆地和青海柴达木盆地等处已发现一大批气田和含气构造。据 1987 年完成的全国油气资源评价，全国天然气资源量估计为 33 300Gm³。1988 年天然气探明可采储量为 922.1Gt，居世界的第 10 位。

进入 21 世纪，我国气田气的储量增长很快，但天然气产量增长却明显滞后，主要原因是天然气管道严重不足，难以把中、西部气田的气送到东部经济发达的用气区，因此，气田不能进行产能建设，投入开发。西气东输工程是改变我国一次能源利用结构的重大工程。至今，三条输气管和一条成品油管施工进度顺利，穿越淮河施工一次成功。截至 2015 年，我国每年可生产天然气已超过 1000 亿 m³，天然气储量和产量的快速增长是 21 世纪的主要趋势。

4. 水力

全世界水力资源理论蕴藏量为 44 300TW，技术可开发储量约为 19 400TW，近期经济可开发储量约为 6000TW。我国水力资源十分丰富，理论蕴藏量达 680GW，其中可开发储量为 380GW，居世界第一位。

我国水力资源主要分布在西部地区。据统计，西南地区最多，约占 70%，云南、四川、西藏的水力资源均超过 100GW；其次是中南和西北地区，分别占全国水力资源的 10% 左右；东北、华北、华东三个地区总共只占 8%，具体见表 1-7。

表 1-7　　　　　　　　　　　　　中国各地区水能蕴藏量

地　区	水能蕴藏量		所占比例（%）	地　区	水能蕴藏量		所占比例（%）
	MW	$\times 10^8$ kWh/a			MW	$\times 10^8$ kWh/a	
西南	473 311.8	41 462.1	70	华北	12 299.3	1077.4	1.8
西北	84 176.9	7373.9	12.5	东北	12 126.6	1062.3	1.8
中南	64 083.7	5613.8	9.5	全国	676 047.1	59 221.8	100
华东	30 048.8	2632.3	4.4				

水力不仅是廉价、可再生的清洁能源，而且还能实现防洪、灌溉、航运及发展渔业等产业的综合利用。由于水力资源的开发和利用涉及水中生态，加之建设投资大、周期长等，我国目前已开发的水力资源占可开发资源量的不到 20%。

5. 核能

我国自 1955 年开始大规模勘探铀矿，在探测上百处铀矿床后，找到了五个重点铀矿。我国已探明的铀储量居世界九大产铀国之列。我国铀矿储量 80% 集中在中新生代；矿床规模以中小型为主；品位以中等为主；埋藏深度大都在 500m 以内；已发现的铀矿床类型以花岗岩中的脉型和火山岩型为主，并正尽力扩大砂岩铀资源。我国还有相当大的区域尚未进行勘探工作，在寻找铀资源方面还具有很大潜力。至 2001 年 12 月 15 日，浙江秦山核电站安全运行了 10 周年，作为我国第一台自己设计建造的核电站，秦山核电站见证了我国核电从无到有的成长过程。10 年中，秦山核电站累计发电量达到 168 亿 kWh。广东大亚湾核电站（2×900MW 机组）到 2001 年底累计发电 840 亿 kWh。"九五"期间开工的四个核电项目共有八台机组、6600MW 容量。其中，秦山二期两台 600MW 机组为国产压水堆，秦山三期两台 700MW 机组为加拿大进口重水堆，江苏田湾两台 1000MW 机组为俄罗斯进口，广东岭澳两台 1000MW 机组为法国进口的压水堆。2015 年，我国核电机组装机容量为 2717 万 kW，2017 年为 3582 万 kW。根据我国已探明的天然铀地质储量和勘探能力，可以保证 40GW 核电 30 年的需要。若能采用铀钚循环，减少天然铀的消耗，还可使核电规模增加 50%。

我国拥有比较丰富而且多样的能源资源，但人均能源量并不多。我国化石能源的经济可采储量仅次于美国、俄罗斯，居世界第三位，但人均拥有量仅为美国的九分之一。我国供家庭生活消费的能源占能源总消费量的比重很小，人均生活能耗较低。2015 年全国人均能耗 2.6t 标准煤，虽已赶超世界平均水平，但明显低于发达国家；人均发电量 4240kWh，只有发达国家的四分之一。同时我国单位产值能耗高，是发达国家的 4～5 倍，能源利用率较低。

（二）我国能源特点

我国是世界上较早发现并利用煤炭、石油和天然气的国家。但在 1949 年以前，能源工业十分落后，1949 年能源产量只有 2374 万 t 标准煤，居世界第九位；发电量居世界第 25 位；石油几乎是空白。1949 年后，能源工业作为基础工业，得到了迅速发展，我国 1949—1990 年能源产量见表 1-8。

表 1-8　　　　　　　　　　　中国 1949—1990 年能源产量

年份（年）	原煤（Mt）	原油（Mt）	天然气（$10^8 m^3$）	发电量（TWh）	其中水电（TWh）
1949	32.0	0.12	0.07	4.3	0.7
1950	43.0	0.20	0.07	4.6	0.8
1955	98.0	0.97	0.17	12.3	2.4
1960	397.0	5.20	10.40	59.4	7.4
1965	232.0	11.31	11.00	67.6	10.4
1970	354.0	30.65	28.70	115.9	20.5
1975	482.0	77.06	88.50	195.8	47.6
1980	620.0	105.95	142.70	300.6	58.2
1985	872.3	124.89	129.30	410.7	92.4
1990	1080.0	138.30	153.00	614.63	124.53

20 世纪 90 年代后，我国的国民经济和能源工业进入了一个大发展的时期。1995 年全国发电装机容量达 217.22GW，其中，水电、火电、核电装机容量分别为 52.28、162.94、2.1GW。到 2016 年，全国发电装机容量达 1645.75GW，其中，水电、火电、核电装机容量分别为 332.11、1053.88、33.64GW。我国 2010—2017 年能源产量见表 1-9，我国能源产量世界排名的变化见表 1-10。

表 1-9　　　　　　　　　　　我国 2010—2017 年能源产量

年份（年）	原煤（万 t 标准煤）	原油（Mt）	天然气（$\times 10^8 m^3$）	发电量（TWh）	其中水电（TWh）	其中核电（TWh）
2010	237 839.06	203.014	948.48	4207.160	722.172	73.88
2011	264 658.10	202.876	1026.9	4713.020	698.950	86.35
2012	267 493.05	207.478	1071.5	4987.55	872.11	97.39

年份（年）	原煤（万 t 标准煤）	原油（Mt）	天然气（×10⁸m³）	发电量（TWh）	其中水电（TWh）	其中核电（TWh）
2013	270 522.96	209.919	1208.6	5431.64	920.29	111.61
2014	266 333.38	211.429	1301.6	5469.58	1064.34	132.54
2015	260 985.67	214.556	1346.1	5814.57	1130.27	170.79
2016	243 619.16	199.69	1379	6133.2	1153.3	213.3
2017	246 109.21	191.51	1492	6495.1	1155.8	248.3

表 1 - 10　　　　　　　　　我国能源产量世界排名的变化

能源种类	1949 年	1965 年	1978 年	1990 年	1995 年	2000 年	2005 年	2010 年	2017 年
煤炭	9	5	3	1	1	1	1	1	1
原油	27	12	8	5	5	5	5	4	5
总发电量	25	9	7	4	2	2	2	2	1

我国能源资源的开发利用主要有以下特点：

（1）能源开发利用立足于在国内的基础上逐步开发和利用国际能源。我国拥有丰富多样的能量资源，可以依靠本国的能量资源来满足不断增长的能源需求。因此，我国的社会和经济的发展是建立在国产能源基础上的。1973 年的世界石油危机，许多国家受到巨大冲击，而国际能源价格的剧烈变动对中国的影响不大。改革开放以来，我国的能源工业逐步融入国际大环境，随着中国加入 WTO，中国的能源市场和世界的能源市场将会越来越密不可分。2017 年，我国已成为世界第一大石油进口国，"十三五"规划提出加快石油储备能力建设，稳步落实储备规划。

（2）能源生产构成以煤炭为主。能源生产的构成是指生产的能源按品种分类，各类能源在总量中的比重。表 1 - 11 为我国一次能源产量及其构成。

表 1 - 11　　　　　　　　　我国一次能源产量及其构成

年份（年）	能源生产总量（Mtce）	占能源生产总量的比重（%）			
		原煤	原油	天然气	一次电力及其他能源
1955	72.95	95.9	1.9	—	2.2
1965	296.37	95.6	2.5	0.5	1.4
1975	487.54	70.6	22.6	2.4	4.4
1985	855.34	72.8	20.9	2	4.3
1990	1039.22	74.2	19.0	2.0	4.8
2000	1385.70	72.9	16.8	2.6	7.7
2005	2290.37	77.4	11.3	2.9	8.4
2010	3121.25	76.2	9.3	4.1	10.4
2015	3620.00	72.1	8.5	4.9	14.5

注　煤当量（tce）折算（标准）比例为煤炭 0.714t/t，石油 1.43t/1000m³。

由表 1-11 可见，60 多年来，我国能源构成有了相当大的变化，已经从基本是单一的结构发展为以煤炭为主，石油天然气和电力互补的多品种能源结构。这个变化还会继续下去，煤炭占能源总量的比例将进一步缩小。但我国是世界上少数几个以煤为主要能源的国家之一，可以预见，未来一段时间煤炭仍将是我国的主要能源。

（3）能源消费构成以工业耗能为主，交通、民用和商业耗能将逐步扩大。能源消费构成是指消费的能源按国民经济各部门分类，各类能源的消费在总消费量中所占的比重。根据统计，以 1985 年为例，我国终端能源消费构成与其他国家的比较见表 1-12。

表 1-12　　　　　　　　1985 年我国终端能源消费构成与其他国家的比较

国　　名	总消费量（Mtce）	消费构成（%）			
		工业	运输	民用与商业	非能源消费
中国	442	53.1	5.5	26.7	7.8
日本	251	47.6	23	26.1	3.4
德国	196	34.6	21.9	41.3	2.3
法国	135	33.4	26.5	37.3	2.9
美国	1281	30.6	34.7	31.2	3.4
英国	140	29.9	26.3	41.5	2.4

由表 1-12 可见，我国工业能耗比重偏高（占 2/3），而民用能耗比重偏低。工业部门中，能源工业（煤、油、电）消耗比重过大，锅炉和窑炉烧油太多。进入 21 世纪后，我国终端能源消费构成向发达国家靠拢，民用和交通运输的能耗比例也逐步提高。

（4）农村清洁能源的需求量越来越大。20 世纪，我国有 8 亿人口生活在广大农村。农村生产和生活用能，按其来源可分为三类：第一类是国家供应的煤炭、油、气和电力等商品能源；第二类是当地小煤矿生产的煤炭和小水电生产的电力；第三类是再生物质能和沼气等非商品能源。随着农村乡镇企业的发展和城市化发展水平的提高，农村对清洁能源的需求量越来越大。因此，面对广大而分散的农村，必须尽可能因地制宜地开发利用当地的能量资源，发掘多种能源，如沼气、太阳能、小水电和风能等。

（5）能源利用率低、节能潜力大。能源利用率是指有效利用能量与能源总量之比，这是衡量能源利用水平的一个综合性指标，直接关系到国民经济的发展。能源利用率应包括从能源生产、加工转换、运输储存到各部门利用的总效率，即能源加工、转换、输送、储存和分配的效率乘以最终用能部门的平均效率。20 世纪 80 年代，我国总的能源利用率只有 30%，比国外先进水平低近 20 个百分点。在 20 世纪 80 年代的 10 年中，国内生产总值所消耗的能源下降 30%，年平均节能率为 3.5%，对促进和保证国民经济的持续发展起了重要作用。从"十一五"到"十三五"国民经济和社会发展规划中，都制定了单位国内生产总值能耗强度下降的约束性目标。2015 年我国单位国内生产总值的能耗是世界平均水平的 1.5 倍，节能降耗工作仍需继续努力。

综上所述，我国能源资源的特点可简要地归结为总量丰富，人均占有量低，能源资源结构以煤为主，能源资源地区分布远离经济发达地区。当然，随着科学技术的进步，特别是勘探和开采技术水平的提高，勘探确定程度增加，可采范围加大，开采成本降低，能源资源探明程度还将继续提高。

三、我国未来能源问题

根据国际能源总署 2017 年展望，全球能源的需求平均每年增加 1.3％，到 2040 年全球能源的需求将增长 30％，增速与之前相比有所放缓。而常规能源是有限的，据专家分析，按现有能源资源储量，则五六十年后石油资源将枯竭，天然气只可供开采六七十年，储量丰富的煤预计也只有 300 年左右的开采寿命。这种迅速增长的对电能和能源的需求，要尽可能多地靠可再生能源来解决。能源和电力问题一直是我国国民经济中举足轻重的重大问题之一，在努力开发常规能源的同时，必须积极发展可再生能源，电能是高品位的能源，社会发展程度越高，对电能的需要就越迫切，因此必须研究发展太阳能发电技术，以解决可再生能源规模性供电问题。

1. 未来能源所面临的基本问题

随着经济发展和社会进步，我国能源发展面临的问题日益突出，概括起来有三个方面。

（1）资源问题。能源资源总量少，优质资源尤其短缺。总体而言，我国人均拥有的能源资源很少，只有世界平均值的 40％，特别是我国石油资源量严重不足，最终可采储量仅占世界石油可采储量的 3％左右，剩余可采储量仅占世界剩余可采石油储量的 1.8％。按每平方公里国土的平均资源量比较，我国石油可采资源量的丰度值约为世界平均值的 57％；剩余可采储量丰度值仅为世界平均值的 37％。若按人均占有量比较，我国仅为世界平均水平的 13％和 8％。因此，我国能源供应将长期面临后备资源不足，特别是优质能源资源短缺的问题。

（2）效率问题。能源利用技术落后，能源利用效率低。目前，我国总能源效率为 32％，比世界平均水平约低 10 个百分点，单位 GDP 能源消耗是美国的 3.5 倍、欧盟的 5.9 倍、日本的 9.7 倍，世界平均水平的 3 倍。同时，我国正处在经济高速增长时期，工业化、城镇化、小康社会建设都需要能源作为支撑，能源消费总量将不断提高，大力提高效率是降低能源消费总量的重要措施之一。

（3）环境问题。我国是世界上少数几个以煤为主要能源的国家，目前能源消费构成中煤炭占 67％。能源消费过分依赖煤炭造成了严重的煤烟型环境污染。目前，我国二氧化硫排放总量的 90％是燃煤造成的，大气中 70％的烟尘也是燃煤造成的。这种大气环境污染不仅造成土壤酸化、粮食减产和植被破坏，而且引发大量呼吸道疾病，直接威胁人民身体健康。由于能源结构的问题，每增加 1t 标准煤的能源消费，我国排放的温室气体比世界平均水平高出 50％。目前，我国在排放总量上已经超过美国，成为世界第一大温室气体排放国，如果不采取有效措施，则温室气体排放的问题将进一步突出，我国将面临越来越大的国际压力。

2. 2020 年能源供需分析

能源是国民经济发展的重要物质基础和人类社会生活必需的物质保证。我国人口众多，但资源相对缺乏，在全面建设小康社会的进程中，国民经济持续快速发展，能源需求将不断增长，我国将面临严峻的能源供应问题。

国家发布的《能源生产和消费革命战略（2016—2030）》提出要求，到 2020 年，能源消费总量控制在 50 亿 t 标准煤以内，煤炭消费比重进一步降低，清洁能源成为能源增量主体，非化石能源占比 15%。能源自给能力保持在 80% 以上，基本形成比较完善的能源安全保障体系，为如期全面建成小康社会提供能源保障。预计到 2030 年，能源消费总量控制在 60 亿 t 标准煤以内，非化石能源占能源总量比重达到 20% 左右，天然气占比达到 15% 左右。满足这样的能源需求将是我国能源供应的一项艰巨任务。

目前，我国能源面临最突出的矛盾是国内优质能源供应不足。受国内石油资源限制，2017 年我国石油进口量已超过 4 亿 t，石油对外依存度超过 50%。我国天然气需求增长旺盛，进口天然气数量也将迅速增长。按 2016 年的能源进口量，2020 年将至少有 3 亿 t 标准煤的能源缺口，需要用可再生能源来补充。2005 年，我国石油净进口量已经超过 1.2 亿 t，如果要减轻我国对石油和天然气进口的依赖，2020 年的能源缺口将为 4 亿～5 亿 t 标准煤，需要由可再生能源来填补。

通过对我国中长期能源供需形势的分析，可以得出这样的基本结论——我国的能源发展将长期存在三大矛盾：大量使用煤炭与环境保护和减排温室气体的矛盾；大量消耗优质能源和国内油气资源短缺的矛盾；大量进口石油、天然气和能源安全的矛盾。如果说到 2020 年我国能源供需矛盾存在着巨大压力和这种矛盾还是可以克服的话，那么 2020 年之后的我国能源供需矛盾将是一种真正严峻的挑战。唯有采取强化节能、大幅度提高能源效率和各种资源的综合利用效率；积极利用国际资源，特别是油气资源；大力发展可再生能源，才是缓解这三大矛盾、应对严峻挑战的根本出路。

3. 可再生能源发展的目标

根据我国中长期能源规划研究，2020 年之前，我国基本上可以依赖常规能源满足国民经济发展和人民生活水平提高的能源需要，2020 年之后，特别是在我国能源需求总量超过 30 亿 t 标准煤之后，可再生能源的战略地位将日益突出，届时需要可再生能源提供数亿吨乃至十多亿吨标准煤当量的能源。因此，我国发展可再生能源的战略目的将是最大限度地提高能源供给能力，改善能源结构，实现能源多样化，切实保障能源供应的安全。

第一步，首先在 2020 年达到可再生能源发电装机 6.8 亿 kW，占全国发电装机总容量的 27%，商品化可再生能源 5.8 亿 t 标准煤当量。要实现这样的目标，必须加快开发有市场竞争优势的小水电、太阳能热利用和地热等可再生能源，要使大多数资源得到合理利用，到 2020 年达到较高的利用水平。大力推进风力发电、生物质发电、太阳能发电。具体的发展目标是到 2020 年光伏发电 10 500 万 kW，太阳能热发电 500 万 kW，"十三五"期间，全国规划新开工小水电 500 万 kW 左右。

第二步，大幅度提高可再生能源在整个能源消费中的比例，参照发达国家的经验，在 2050 年实现可再生能源满足能源需求的 30%～40% 的战略目标。太阳能热水系统到 2020 年累计安装面积达 4.5 亿 m^2，加快太阳能供暖、制冷系统在建筑领域的应用，到 2020 年，太阳能热利用集热面积达到 8 亿 m^2。同时，我国还必须开发利用相当规模的生物质能、海洋能、地热能等其他形式的可再生能源，才能满足 2050 年 60 亿～70 亿 t 标准煤的能源需求。

4. 国家可再生能源发展的布局

国家"十三五"期间可再生能源发展规划中，太阳能发展的主要任务是推动太阳能多元化利用。因地制宜地采用光伏、光风互补、光水互补等系统解决边远地区无电农牧民的基本供电问题，按照优化配置的原则，重点解决内蒙古等七个西部省区边远地区无电户的基本生活用电问题。保证用户每年获得不少于 200kWh 的电力供应。对学校、卫生所、广播电视转播设备等公益设施优先给予保证。重点省（自治区）如内蒙古、西藏、青海、新疆、云南、甘肃、四川等，光伏装机容量规划 15 万 kW。在太阳能资源较好的百万人口以上的中心城市，重点是省级城市，特别是有重要影响的直辖市，启动"光伏屋顶"工程、"绿色照明"工程等太阳能利用工程。与重大国际盛会结合，在主要标志建筑区和建筑物上成规模地应用先进的光伏系统。对高档豪华建筑政策性地推广光伏建筑一体化应用。截至 2010 年，全国建成约 1000 个屋顶光伏发电项目，总容量 5 万 kW。预计到 2020 年，全国将建成 2 万个屋顶光伏发电项目，总容量 100 万 kW。在西藏拉萨、甘肃敦煌、内蒙古鄂尔多斯以及京津周边日照优良的盐碱荒地，选择两三处交通便利、上网条件好的平坦地块，建成大规模光伏并网实验示范电站，总容量规划为 2 万 kW。在内蒙古鄂尔多斯高地沿黄河平坦荒漠、甘肃河西走廊平坦荒漠、新疆哈密地区、西藏拉萨周边选择适宜地区，开展两三个 1 万 kW 级太阳能热发电系统的先导型实验和示范，并建成至少一座太阳能热发电站。

5. 我国对内蒙古发展的可再生能源的战略需求

无论是国家"十三五"可再生能源发展规划，还是 2020 年国家可再生能源战略目标，都提出要积极推动内蒙古地区国家的可再生能源基地规划建设。重点建设阿拉善、乌兰察布、锡林郭勒、赤峰等八大新能源基地，到 2020 年，风电装机容量达到 4500 万 kW，光伏装机容量达到 1500 万 kW。

在光照资源上，我国最好的是西藏东南部的部分地区、青海中西部部分地区、内蒙古中西部部分地区，这些地区的年平均日辐射量为 4.5～5.5kWh/(m² · d)。

在地理位置上，西藏东南部远离我国中东部，海拔高、丘陵山脉多，交通条件和电网条件不好；青海中西部海拔高，也是多丘陵山地，地势的开阔度和平坦度不够好，交通条件和电网条件也不够好；而内蒙古中西部有沙漠和戈壁，地势较平坦和开阔，是贯穿我国东西的主要通道，这里资源丰富，是我国主要的电力输出区，有密集和大容量的西部电网，交通便利。

内蒙古西部月平均气温高于 10℃、日照时数 6h 以上的天数为 250～300 天，年太阳能总量在每平方米 62.2 亿 J 以上，属于太阳能资源丰富地区；内蒙古东部，月平均气温高于 10℃、日照时数 6h 以上的天数为 200～300 天，年太阳能总量每平方米 50 亿～62 亿 J 以上，属于太阳能资源较丰富地区。

第四节　能　　量

一、能量的定义及形式

人类的一切活动都离不开能量。广义地讲，能量是产生某种效果（变化）的能力；反过来说，产生某种效果（变化）的过程必然伴随着能量的消耗或转化。从热力学的角度看，能量是物质运动的量度，运动是物质存在的方式，因此一切物质都有能量。

能量是物质运动的一般量度，相应于不同形式的运动，能量有热能、机械能、电能和核能等多种形式。目前，人类认识的能量有六种形式，下面分别进行论述。

1. 机械能

机械能包括固体和流体（能够流动的物体）的动能、势能、弹性能及表面张力能。动能和势能统称为宏观机械能，是人类最早认识的能量。

2. 热能

构成物体的微观分子运动的动能表现为热能。这种能量的宏观表现是温度的高低，是最普遍的一种形式，它是分子热运动动能的表征。

3. 电能

电能是电流或带电物质的能量。它是和电子流动与积累有关的一种能量，通常由电池中的化学能转化而来，或通过发电机由机械能转换得到；反之，电能也可以通过电动机转化为机械能，从而显示出电做功的本领。

4. 辐射能

物体以电磁波形式发射的能量称为辐射能，如地球表面所接受的太阳能就是辐射能的一种。

5. 化学能

化学能是物质结构能的一种，即原子核外进行化学反应时放出的能量。人类利用最普遍的化学能是燃烧碳和氢，而这两种元素正是煤、石油、天然气、薪柴等燃料中最重要的可燃元素。

6. 核能

核能是蕴藏在原子核内部的物质结构能。释放巨大核能的核反应有两种，即核裂变反应和核聚变反应。

二、能量的转换

（一）能量守恒和转换定律

能量在量的方面遵循自然界最普遍、最基本的规律，即能量守恒和转换定律。这一定律和细胞学说、进化论，被称为 19 世纪自然科学的三大发现。能量守恒和转换定律指出：自然界的一切物质都具有能量；能量既不能创造，也不能消灭，而只能从一种形式转换成另一种形式，从一个物体传递到另一个物体；在能量转换与传递过程中，能量的总量恒定不变。

（二）能量贬值原理

能量不仅有量的多少，还有质的高低。热力学第一定律只说明了能量在量上要守恒，并没有说明能量在"质"方面的高低。例如，一大桶温水的热量可谓很多，却不足以煮熟一个鸡蛋；而一勺沸水所含热量可能很少，却可以烫伤人。所以同样多的两个热量，如果它们的温度不同，产生的客观效果也不同。

自然界进行的能量转换过程是有方向性的。不需要外界帮助就能自动进行的过程称为自发过程，反之为非自发过程。自发过程都有一定的方向。

根据能量贬值原理，不是每一种能量都可以连续地、完全地转换为任何一种其他形式的能量的。各种不同形式的能量，按其转换能力可分为以下三类：

（1）无限转换能（全部转换能），如电能、机械能、水能、风能、燃料储存化学能等；

（2）有限转换能（部分转换能），如热能、流动体系的总能；

（3）非转换能（废能）。

（三）化学能转换为热能

燃料燃烧是化学能转换为热能的主要方式。能在空气中燃烧的物质称为可燃物，但不能把所有的可燃物都称为燃料（如米和砂糖之类的食品）。所谓燃料，就是能在空气中容易燃烧并释放出大量热能的气体、液体或固体物质，是在经济上值得利用其发热量的物质的总称。燃料通常按形态分为固体燃料、液体燃料和气体燃料。

天然的固体燃料有煤炭和木材，人工的固体燃料有焦炭、型煤、木炭等。其中煤炭应用最为普遍，是我国最基本的能源。天然的液体燃料有石油（原油），人工的液体燃料有汽油、煤油、柴油、重油等。天然的气体燃料有天然气，人工的气体燃料则有焦炉煤气、高炉煤气、水煤气和液化石油气等。

（四）热能转换为机械能、电能

将热能转换为机械能是目前获得机械能的最主要的方式。热能转换成机械能的装置称为热机。因为热机能为各种机械提供动力，故通常又将其称为动力机械。应用最广泛的热机有内燃机、蒸汽轮机、燃气轮机等。蒸汽轮机简称汽轮机，是将蒸汽的热能转换为机械功的热机。汽轮机单机功率大、效率高、运行平稳，在现代火力发电厂和核电站中都用它驱动发电机。汽轮发电机组所发的电量占总发电量的80%以上。此外，汽轮机还用来驱动大型鼓风机、水泵和气体压缩机，也用作舰船的动力。

燃气轮机和蒸汽轮机最大的不同是，它不是以水蒸气作工质而是以气体作工质。燃料燃烧时所产生的高温气体直接推动燃气轮机的叶轮对外做功，因此以燃气轮机作为热机的火力发电厂不需要锅炉。它包括三个主要部件，即压气机、燃烧室和燃气轮机。内燃机包括汽油机和柴油机，是应用最广泛的热机。大多数内燃机是往复式，有气缸和活塞。内燃机有很多分类方法，但常用的是根据点火顺序分类或根据气缸排列方式分类。按点火或着火顺序可将内燃机分成四冲程发动机和二冲程发动机。

三、能量的传输

能量的传输实质上是能量在空间的转移过程。广义上的能量传输通常有两种含义：一种含义是指能量本身的传递，即能量从某一处传至另一处；另一种含义是指能源的输送，即含能体如煤、石油、天然气等从生产地向用能处输送。

能源输送是能源利用中的一个重要环节。能源输送方式很多，通常有铁路、水路、公路、管道、输电线路等多种方式。不同的输送方式有不同的特点和适用范围，受资源分布、能源消费多寡、交通运输格局等诸多因素的影响，能源输送工作是一项十分复杂的系统工程。

四、能量的储存

无论是在日常生活中，还是在工业生产中，能量的储存都是非常重要的，这是因为对大多数能量转换或利用系统而言，获得的能量和需求的能量常常是不一致的，为了使利用能量的过程能连续地进行，就必须有某种形式的能量储存措施或专门设置一些储能设备。能量的储存有时是如此平常，以至常常被人们忽略，如汽车的油箱、飞机和飞行器的燃料储箱、燃煤电厂的堆煤场、储气罐中的天然气、水电站大坝后的水以及飞轮所储存的动能等。图1-7、图1-8所示为飞轮动能储存系统和燃料电池储能系统。儿童玩具中弹簧所储存的势能等都是能量储存中最常见的例子。即使是建筑物的墙壁、地板和其他维护结构，也都具有蓄热的功能，它们白天吸收太阳能，晚上又将所吸收的太阳能释放。

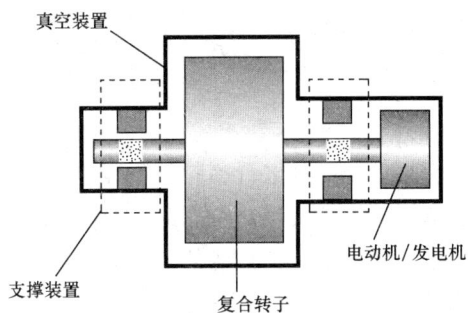

图 1-7　飞轮动能储存系统

扫码看彩图

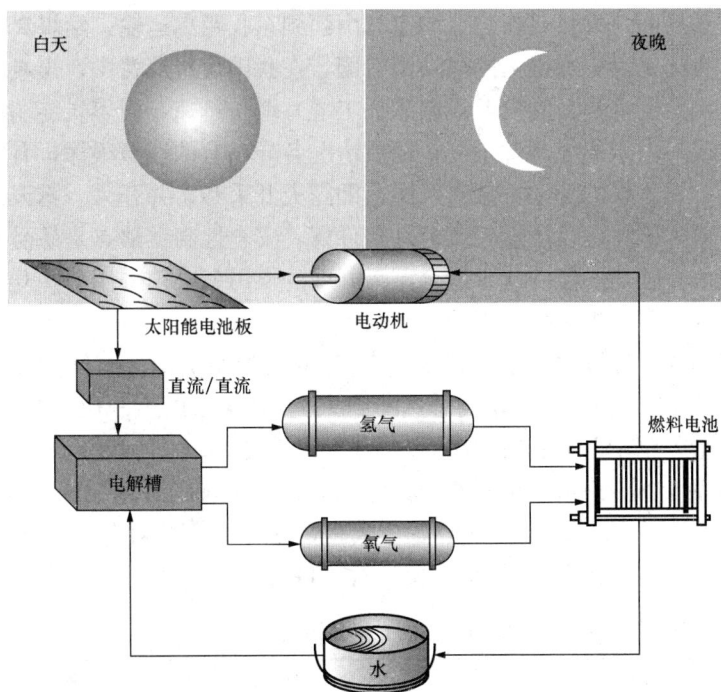

图 1-8　燃料电池储能系统

扫码看彩图

第二章 常 规 能 源

第一节 煤 炭

一、煤炭资源

煤炭是地球上蕴藏量最丰富、分布地域最广的化石燃料。根据世界能源委员会的评估，世界煤炭可采资源量达 4.84×10^4 亿 t 标准煤，占世界化石燃料可采资源量的 66.8%，我国能源资源的基本特点是富煤、贫油、少气，这就决定了煤炭在我国一次能源中的重要地位。

我国的煤炭资源主要分布在山西、陕西、内蒙古、黑龙江、辽宁、山东几个省区，著名的大型煤矿有大同煤矿、东胜煤矿、神府煤矿等。我国煤炭资源总量虽然较多，但探明程度低，人均占有储量较少。此外，我国煤炭资源和现有生产力呈逆向分布，造成了"北煤南运"和"西煤东调"的被动局面。大量煤炭自北向南、由西到东长距离运输，给煤炭生产和运输造成了极大的压力。我国是世界上最大的煤炭消费国，在我国煤炭消费中，煤炭的加工转换（包括洗选、发电、供热、炼焦、制气及煤制品加工等）增长迅速，而煤炭终端消费增长缓慢。埋藏在地下的煤层，由于成煤条件不同，地质情况各异，有的埋藏很深，有的埋藏较浅，因此开采方法也不一样。煤的开采方法有两类，即露天开采和矿井开采。露天开采的优点是开采效率高，生产成本低，建设周期短，劳动条件好，安全性高；缺点是易受气候和季节影响，矸石占地面积大。凡是不经济或不适合露天开采的煤田就必须采用矿井开采。我国适合露天开采的煤炭资源不多，煤炭生产以地下开采为主。

煤炭是内蒙古最具优势的能源资源，根据截至 2015 年底的煤炭资源保有储量数据，内蒙古煤炭保有资源储量为 4062.37 亿 t，占全国总量的 26.24%，居全国第一位。全区 12 个盟市均有查明煤炭资源储量分布，但主要集中在鄂尔多斯市、锡林郭勒盟和呼伦贝尔市，三个盟市占全区煤炭保有资源储量的 94.1%。鄂尔多斯市主要分布有东胜、准格尔等煤田，保有资源储量占全区总量的 51.0%；锡林郭勒盟占全区总量的 25.3%；呼伦贝尔市占全区总量的 17.7%。表 2-1 为煤炭资源储量全国前十位的省（自治区）。

表 2-1　　　　　　　　　　煤炭资源储量全国前十位的省（自治区）

排 位	省（自治区）	预测储量（亿 t）	排 位	省（自治区）	预测储量（亿 t）
1	新疆	18 037.3	6	宁夏	1721.11
2	内蒙古	12 250.43	7	甘肃	1428.87
3	山西	3899.18	8	河南	919.71
4	陕西	2031.1	9	安徽	611.59
5	贵州	1896.9	10	河北	601.39

内蒙古自治区西部的烟煤和东部的褐煤都具有易于液化和气化的优点，在市场与其他条件成熟的条件下，可以大规模发展煤化工产业。煤炭产业发展要加快大型煤炭基地的建设，以提高煤炭工业技术水平、提高资源回收率和资源综合利用效率为重要目标。在产能扩张上要积极

稳妥，充分考虑市场等综合因素。2015 年，内蒙古的煤炭产量超过 9 亿 t，区内消费量 3.65 亿 t。

国内煤质优良、储量丰富、开采条件好、适合建设大型煤炭基地的整装煤田比较少，适合大规模露天开采的煤田更少。内蒙古的煤炭资源在国内独居优势。20 世纪 80 年代以来，国家重点建设了五个大型露天煤矿，其中四个在内蒙古。国家规划到 2020 年露天煤矿的产量将占全国煤炭产量的 10%，内蒙古的煤炭资源开发具有巨大潜力。

二、煤的组成及主要性能

（一）煤的生成阶段、分类及元素组成

煤既是燃料，又是重要的化工原料，它在国民经济建设和人民生活中占有十分重要的地位，在我国动力燃料构成中占 80% 以上。随着石油资源的日益减少，煤的使用将会更加广泛。煤是古代的植物体因为地壳运动而埋没地下，在适宜的地质环境中经过漫长年代的演变而成的，含碳量一般为 46%～97%。煤是重要的燃料和化学工业原料。煤在地球上的储量非常丰富。由高等植物体生成的煤为腐植煤，由植物的皮、树脂、袍子壳等生成的煤为残植煤，由低等植物生成的煤为腐泥煤。

1. 煤的生成阶段

一般来说，煤的生成大体可分成堆积、菌解和炭化三个阶段。

（1）堆积阶段。植物残骸的堆积、覆盖是一个长期的阶段，显然形成几米到几十米厚的煤层需要很多年。

（2）菌解阶段。这是植物体在地下隔绝空气的条件下，由厌氧细菌进行缓慢分解的阶段。有机质被分解为 CO、CO_2、O_2 等气体析出。部分难分解的组分（如木质素、纤维素等）则基本保持植物体的形态而残存下来。经过这一阶段，残留体中的氢、氧元素相对减少，而碳元素的含量相对增大，于是形成了腐泥和泥炭。

（3）炭化阶段。泥炭形成后，若该区域的地质发生变化，如地壳下沉等，泥炭层就可被泥土或岩石层覆盖。在地下的高压和地热的共同作用下，泥炭逐渐坚实，即开始向褐煤转变。随着埋藏时间的延长，煤的炭化程度加深，逐渐成为烟煤和无烟煤。在无烟煤中，碳的含量可达 90% 以上。一般来说，煤的地质年代决定了煤的基本类型。

2. 煤的分类

根据煤的母体物质的炭化程度，可将煤分成四大类，即泥炭、褐煤、烟煤和无烟煤。它们的主要特征如下：

（1）泥炭。泥炭形成的时间最短，在结构上，它尚保留着植物遗体的痕迹，其质地疏松，吸水性强，所含水分可高达 40% 以上，需进行露天干燥。泥炭的含氢量较大，高达 20%～30%，而含碳量较少。故其可燃挥发分高，机械性能差，灰分的熔点低。所以，泥炭不适于远途运输，主要用作小锅炉燃料或气化原料。

（2）褐煤。褐煤是泥炭经过进一步炭化而生成的。这种煤与热碱水反应时可使碱水变成褐色，褐煤便由此而得名。与泥炭相比，褐煤的密度较大，含碳量增加，氢和氧的含量有所减小。褐煤的黏结性弱，极易氧化和自燃，吸水性较强。新开采出来的褐煤接触空气后极易风化和破碎，不适宜远途运输和长期储存，一般只作地方性燃料使用。

（3）烟煤。烟煤的炭化程度更高。与褐煤相比，它的挥发分减少，吸水性较小，含碳量增高。烟煤是冶金工业和动力工业中应用最广的燃料，也是化学工业的重要原料。烟煤具有合适的黏结性，因而它是炼焦的主要原料，不过也不是所有的烟煤都适合用于炼焦。为了适应炼焦和制气工艺的需要，有关部门又根据黏结性强弱及挥发分产率的大小等物理化学性质，进一步将烟煤分为长焰煤、气煤、肥煤、焦煤、瘦煤等品种，其中长焰煤和气煤的挥发分含量较高，容易燃烧，适于制造煤气。焦煤具有良好的结焦性，适于生产优质冶金用焦炭，但它在自然界的储量不多。

（4）无烟煤。无烟煤的炭化程度最高，密度大、含碳量高、挥发分极少，组织致密而坚硬，吸水性小，适于长途运输和长期储存。缺点是着火性差，受热时容易爆裂成碎片，但发热量较高。无烟煤的分布很广，各地均有较大的储量，因而这类煤的使用受到人们的普遍重视。

3. 煤的元素组成

煤是由有机物质和无机物质混合组成的。煤中有机物质主要由碳（C）、氢（H）、氧（O）、氮（N）四种元素构成，还有一些元素则组成煤的无机物质，主要有硫（S）、磷（P）以及稀有元素等。碳是煤中有机物质的主导成分，也是最主要的可燃物质。一般来说，煤中碳的含量越多，煤的发热量就越大。

（二）煤的主要使用性能

1. 着火性

在一定条件下，煤加热到开始正常燃烧的温度称为煤的着火点。这一性质与煤的储存和点燃、煤粉自发着火和爆炸有着重要关系。当煤中的挥发分含量低且析出温度高时，其着火点高，所以无烟煤（低于 10%）和烟煤（10%～37%）不易着火，褐煤（45%～50%）容易着火，因而这种煤不易储存和长途运输。

2. 可磨性

使用时，原煤需要破碎成较小的煤块，进行煤粉悬浮燃烧时，还要破碎成直径为几微米到上百微米的微粒。各种煤的机械强度不同，因而被磨碎的难易程度（即可磨性）也不同。一般用可磨性指数比较，其定义方式：将风干状态的相同质量、相同粒度的标准煤和待测煤放入相同的研磨设备中，使用相同的能量进行研磨，所得的可磨性比值称为可磨性指数，可磨性指数越大的煤越易研磨。

3. 煤灰的熔融性

煤灰的熔融性是表征煤灰在高温下黏塑性变化的性质。煤灰在熔融后，易黏附在金属受热面或炉壁上，从而阻碍热传导，并可破坏正常燃烧工况。

煤灰是由多种物质组成的，其主要成分有 SiO_2、Al_2O_3、Fe_2O_3、CaO、MgO、Na_2O、K_2O 等，这些成分的熔化温度各不相同，从 800℃ 到 2800℃ 都有。煤灰的熔融性与其成分及成分含量有关，因而煤灰没有确定的熔化温度。

4. 耐热性

煤的耐热性是指煤加热时是否易于破碎的特性或者指块煤在高温条件下保持原来粒度的能力。耐热性的强弱直接影响煤的燃烧和气化效果。耐热性差的煤燃烧时易破裂成粉末，妨碍气体在炉内正常流通，并易烧穿，使气化过程变差，从而大大降低燃烧与气化效率。无烟煤和褐煤的耐热性均较差。经过一定的热处理，可以改善这些煤种的耐热性。

5. 黏结性与结焦性

煤的黏结性指的是粒度小于 0.2mm 的煤，在隔绝空气条件下加热到一定温度时，煤粒相互黏结成焦块的能力。煤的结焦性则是指上述煤颗粒在工业焦炉或模拟工业焦炉等隔绝空气条件下，生成一定块度和足够强度焦块的能力。黏结性强是结焦性好的必要条件，结焦性好的煤，其黏结性肯定好；结焦性差的煤，其黏结性并不见得差。用不同煤种炼成的焦炭性能差别很大。

（三）煤质指标

在煤的利用中，常用的煤质指标有水分、灰分、挥发分和发热量。水分是煤中的不可燃成分，其来源有三种，即外部水分、内部水分和化合水分，煤中水分含量的多少取决于煤的内部结构和外界条件。水分高的煤不易着火和燃烧，而且在燃烧过程中水分的汽化要吸取热量，降低炉膛的温度，使锅炉的效率下降，还易在低温处腐蚀设备；煤的水分含量高还易使制粉设备难以工作，需要用高温空气或烟气进行干燥。

灰分是指煤完全燃烧后其中矿物质的固体残余物。灰分的来源，一是形成煤的植物本身的矿物质和成煤过程中进入的外来矿物杂质；二是开采和运输过程中掺杂进来的灰、沙、土等物质。煤的灰分几乎对煤的燃烧、加工、利用的全部过程都有不利影响。灰分含量高，不仅使煤发热量减少，而且影响煤的着火和燃烧。灰分每增加 1%，燃料消耗即增加 1%。由于燃烧的烟气中飞灰浓度大，使受热面易受污染而影响传热，降低效率，同时使受热面易受磨损而减少寿命。因此，为了控制排烟中粉尘的排放浓度，保护大气环境，必须对烟气中的尘粒进行除尘处理。

煤的挥发分随煤的变质程度而有规律地变化，变质程度越大的煤，挥发分就越小。挥发分高的煤易着火、燃烧。在隔绝空气的条件下，将煤加热到 850℃ 左右，从煤中有机物质分解出来的液体和气体产物称为挥发分。

单位质量煤完全燃烧时所放出的热量称为发热量。煤的发热量分为高位发热量和低位发热量。煤的发热量因煤种不同而不同，含水分、灰分多的煤发热量较低。

三、洁净煤技术

（一）洁净煤技术概述

煤炭是主要的能源，但煤炭的开发利用也严重地污染了人们赖以生存的环境，因此煤炭的清洁开发和利用是摆在全人类面前的紧迫问题。洁净煤技术（clean coal technology）是指能够减少污染和提高效益的煤炭加工、燃烧、转换和污染控制等新技术的总称，主要包括洁净生产技术、洁净加工技术、高效洁净转化技术、高效洁净燃烧与发电技术、燃煤污染排放治理技术等。常用的洁净煤技术如图 2-1 所示。

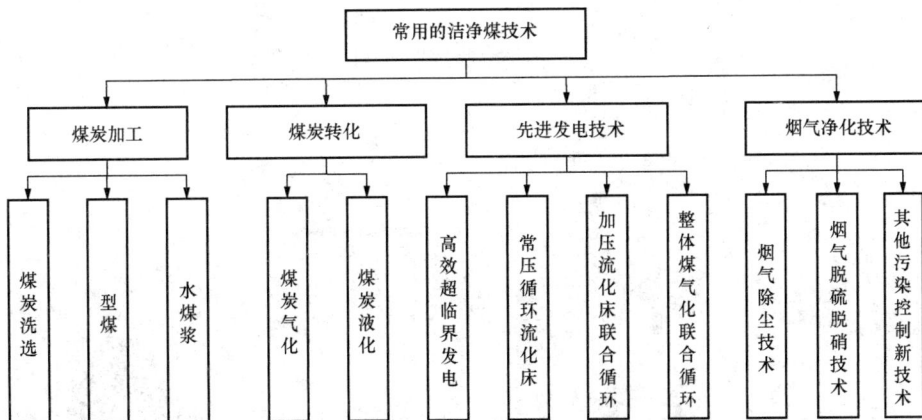

图 2-1　洁净煤技术体系

　　洁净煤技术可概括为煤的燃烧前处理、燃烧中处理和燃烧后处理。从处理的难度看，燃烧前处理较为简单，燃烧中处理和燃烧后处理就较为困难，而且投资成本也很高。因此，在分阶段发展各环节净化技术的同时，也分阶段进行技术经济效益优化。燃烧前的处理主要是选煤、型煤和水煤浆三项措施。选煤的目的是降低原煤中的灰分、硫分等杂质的含量，并将原煤加工成质量均匀、能适应用户需要的不同品种及规格的商品煤。就选煤能力而言，中国仅次于美国，居世界第二位，但总的来说煤炭入选率很低。能适应用户需要的不同品种及规格的商品煤。选煤方法很多，包括物理洗选、化学洗选、生物洗选以及超纯煤制备。常规的物理选煤只能利用物理性质的不同，从原煤中分离出矸石、异物或硫化铁，而不能分离以化学态存在于原煤中的硫。通过物理洗选排除大部分矿物质后，即可对原煤进行洗选脱硫，图2-2、图2-3所示为脱硫流程图。型煤是将粉煤或低品位煤加工成一定形状、尺寸和有一定理化性能的煤制品，型煤是各种洁净煤技术中投资小、见效快、适宜普遍推广的技术。水煤浆是20世纪70年代兴起的煤基液态燃料。它由煤粉、水和少量添加剂组成。水煤浆的制备以浮选精煤为原料，经脱水、脱灰、磨制，加添加剂后与水混合成浆。

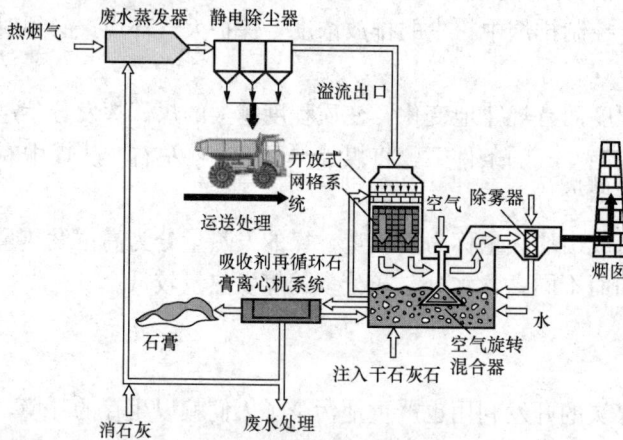

图 2-2　脱硫流程图（一）

扫码看彩图

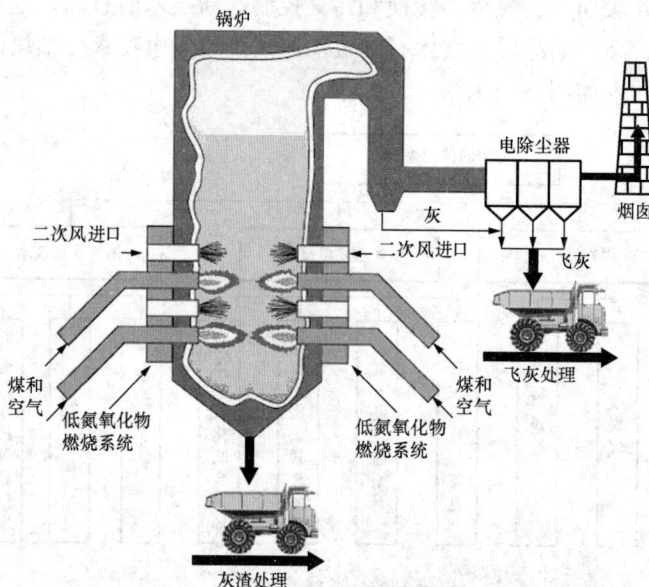

图 2-3　脱硫流程图（二）

扫码看彩图

为达到环保目的，工厂企业通常采用高烟囱排放。它是将燃烧装置产生的有害烟气排放到远离地面的大气层中，并通过大气的运动使污染物浓度降低，以改善污染源附近的大气质量，但这种方法并不能减少有害物质的排放总量。因此燃烧过程中的处理，即炉内脱硫、脱硝是十分重要的，即为燃烧中处理。燃烧后的处理主要是烟气净化和除尘。由于炉内脱硫往往达不到环保要求，因此还需对燃烧后的烟气进行脱硫处理。

（二）选煤、型煤

选煤是通过各种方法把原煤中的矿物质去除，并加工成质量均匀、用途不同的各品种煤的煤炭加工技术。选后精煤主要供炼焦、动力、化工用以及作为炭制品材料。按选煤方法的不同，选煤可分为物理选煤、物理化学选煤、化学选煤及微生物选煤等。

物理选煤是根据物料颗粒的某种物理性质（如粒度、密度、形状、硬度、颜色、光泽、磁性及电性等）的差别，采用物理方法来实现对原煤的加工处理。物理选煤主要是指重力选煤，同时还包括电磁选煤及古老的拣选等。重力选煤主要有淘汰选煤、重介质选煤、空气重介质流化床干法选煤、风力选煤、斜槽和摇床选煤等。

物理化学选煤——浮游选煤（简称浮选），它是依据矿物表面物理化学性质的差别进行分选的方法。浮选包括泡沫浮选、浮选柱、油团浮选、表层浮选和选择性絮凝等。由于实际上常使用泡沫浮选分选细粒物料，因此通常所说的浮选主要指泡沫浮选。

化学选煤是借助化学反应使煤中有用成分富集或除去杂质和有害成分的工艺过程。化学选煤方法主要有氢氟酸法、熔融碱法、氧化法和溶剂萃取法等。

微生物选煤是应用微生物脱除煤中的有害成分硫。它是利用某些自养性和异养性微生物能直接或间接地利用其代谢产物从煤中溶浸硫从而达到脱硫目的的方法。在现阶段有发展前景的选煤方法有三种，即堆积浸滤法、空气搅拌浸出法和表面氧化法。

选煤是洁净煤技术中的源头技术，它是使电站和工业燃烧大大减少烟尘和 SO_2 排放量的最经济有效的途径，是煤炭后续深加工的必要前提，是国际上开展洁净煤技术研究的公认重点。它直接关系到煤炭的合理利用及深加工、环境保护、节能、节运以及产煤和用煤企业的经济效益、社会效益和环境效益。因此，大力开发和利用选煤技术对我国的国民经济建设和世界环境保护具有十分重要的意义。

型煤技术是煤炭洁净利用的另一重要途径，它是采用适宜的生产工艺将各种粉煤或半焦粉加工成具有一定物理特性（如一定的强度、孔隙度、防水性等性质）的块状煤制品技术。大量实验研究表明：燃用型煤比燃用散煤的热效率可提高 8%～20%，可节煤 24%～27%，使烟尘排放量减少 74%～89%，CO 排放量减少 70%～80%，加入固硫剂的型煤可降低 SO_2 排放量 56%～74%。

贫煤、无烟煤是热稳定性较差的煤，在燃烧中很快崩碎成细粒，造成资源浪费和环境污染，通过成型可以改良其热稳定性。洗煤留下的高灰分煤泥、发热量低的碎页岩难以燃烧，通过型煤技术可以制成燃烧良好的型煤，只有通过成型，用型煤技术才能投资省、见效快地加以利用。褐煤水分大、发热量低，容易风化。

将煤末、铁矿粉、白云石等炉料，按冶炼的配方要求加上黏结剂，压制成型煤，用直接还原法，将炼焦、烧结两种工序合二为一，进行球团炼铁，可大大减少生产环节，提高燃烧效率，提高高炉利用系数和产铁量，降低生产成本。在水泥（特别是小水泥）和耐火材料的生产中，把粉碎后的水泥生料和耐火材料按成分比例与煤末混合，加上黏结剂，加工成型煤，再进行燃烧，烧完的残渣就是水泥，是耐火材料。这种工艺既能增加水泥、耐火材料的产量，又能提高其质量。

（三）水煤浆

由于石油资源逐渐减少，因此实现以煤代油，开发煤基浆体燃料引起了世界各国政府的高度重视，相继出现了油煤浆（COM）、水煤浆（CWM）、加水煤浆（CMM）和焦油煤浆（CTM）等。正是在这种情况下，以两种比较丰富的资源为原料的水煤浆，得到了人们的高度重视与较快的发展。

水煤浆（coal water mixture）是由近70％的煤粉、30％的水和近1％的化学添加剂经过调配制成的煤基浆状燃料。水煤浆的燃烧性质主要取决于所用煤种的性质及其颗粒度分布，使用前应对所用煤进行严格的洗选，以除去其中的灰分和硫分，它是一种具有一定黏度相流变特性的煤——水固液悬浮体系，它具有如下特点。

（1）水煤浆具有与石油一样的流动性与稳定性，可以泵送及雾化，可以长距离输送，与铁路运输相比，可以降低 $1/3 \sim 1/2$ 运输成本。

（2）水煤浆对原煤无特殊要求，因此许多劣质煤及煤泥也可以制浆应用。与烧原煤和重油相比，燃用水煤浆时 SO_2 及 NO_x 的排放量可以降低20％～30％，粉尘量可大大减少，热效率可达95％以上。

（3）水煤浆可在原来燃用液态燃料的设备上直接使用，无需进行较大的改进。

（4）由于水煤浆可以泵送及雾化，因此可以均匀、稳定地向炉膛供给燃料，而且点火容易、热效率较高。

（5）水煤浆可以根据用户要求灵活调整。

20世纪60年代初，德国首先注意到了煤-水混合物在工业上的潜在使用价值，并随之与苏联、美国、日本等国相继开展了低浓度煤-水混合物的燃烧试验，从而奠定了开发以煤为基体的煤-水浆体燃料的基础。20世纪70年代初，随着世界能源危机爆发及随之而来的油价高涨，世界范围内掀起了煤基浆体燃料的研究热潮，煤浆的制备、输送与利用技术均取得了较大进展，逐渐建起了一批工业示范及商业应用型制浆厂及煤浆应用厂。

瑞典于20世纪70年代中期建成了世界上第一个25万t/年的大型工业化制浆厂，意大利、日本等国则在大型高炉、电站锅炉上进行了水煤浆的长期使用试验。美国在20世纪70年代初建成了一个工业性水煤浆示范厂，苏联则于20世纪70年代建成了第一条运距260km、运力500万t/年，具有配套机组 $60 \times 200MW$ 大型电站的，集制浆、管运和燃用为一体的综合示范线。

我国从20世纪80年代初开始，水煤浆制备与燃烧技术先后被列为国家"六五""七五"与"八五"科技攻关项目，成立了华煤水煤浆技术联合中心，并先后组织几十家科研院所与生产单位联合进行了科技攻关，完成了从实验室基础研究至工业应用试验，并取得了从煤浆制备、输送到燃烧使用方面的一系列成果。

发展水煤浆技术的重要应用背景之一是煤的远程运输。现在主要是使用火车进行煤的运输，为此需要修建很长的铁路。在运输中煤的损失和造成的污染也相当大。煤块运到目的地后，还要进行多次转运和加工，这种使用方法是不经济的。在煤的产地将煤制成水煤浆，利用管道将其输送到使用地区，便成为另一种很有吸引力的运输方式，它可克服直接运输原煤的多种缺点。

（四）煤的气化与液化

煤直接燃烧时，点火困难，操作不便，很容易发生不完全燃烧，而且燃烧后排出的烟气和灰渣对环境的污染严重，在相当多的场合直接烧煤是不合适的。因此，通过一定的工艺将煤转化为易于燃用的气体燃料或液体燃料是改善燃烧过程的重要途径。煤的气化和液化也是洁净煤技术的重要组成部分。煤的气化和液化不但能解决直接燃烧时燃烧效率低、燃烧稳定性差的缺点，而且能够极大地改善煤直接燃烧所造成的环境污染。

煤的气化是使煤与气化剂起反应，使之转化为煤气的技术。根据工艺操作条件和所加入气化剂（主要是空气、氧气、水蒸气等）的不同，可以得到不同种类的煤气产品，如：供大、中、小城市民用的燃料气，供合成氨和合成甲醇用的化工合成原料气，供冶金和电力等工业作工艺燃料或发电燃料的工业燃料气。

煤气化技术的发展已有 100 多年的历史。按照煤在气化剂中的流体力学条件，可以将煤气化方法分为移动床气化、流化床气化、气流床气化和熔融床气化。根据使用气化剂的种类，煤的气化可以分为空气 - 蒸汽气化、氧 - 蒸汽气化和氢气气化。按气化炉操作压力的高低，煤的气化又可分为常压气化、中压气化和高压气化。根据残渣排出的方式不同，煤的气化还可以分为固态排渣气化和液态排渣气化。目前煤气化技术已进入第二代，它应用了先进的水煤浆燃烧技术，并可同时产生蒸汽，从而为燃气 - 蒸汽联合循环发电提供了最理想的燃料气，使煤气化技术进入了一个新的阶段。

（五）我国洁净煤技术研究现状

我国是一个发展中国家，经济基础比较薄弱，保护环境和促进发展两个问题都比较突出，在发展洁净煤技术的思路上需要考虑我国能源的具体情况。这主要表现在以下三个方面：

（1）煤炭的用户结构特点。发达国家煤炭消费几乎全部集中在发电和冶金行业，而中国几乎各行各业，包括居民生活均大量使用煤炭，用于发电的煤炭还不到 40%。因此发展洁净煤技术要考虑多种行业的不同情况和优先顺序。

（2）煤炭质量差异。我国的煤炭入洗率还很低，目前不足 20%，而国外几乎全部入洗。

（3）我国不但已有巨大的煤炭消费量（存量），而且每年还有大量的新增煤炭消费（增量）。根据这些特殊情况，我国洁净煤技术应当包括煤炭洗选加工（洗煤、型煤、水煤浆）、煤炭转化（气化、液化、燃料电池）、煤炭燃烧（循环流化床、加压流化床、整体煤气化联合循环）、污染排放控制与废物处理（烟气净化、粉煤灰利用、煤矸石处理）以及煤层气开发利用等技术领域。洁净煤技术的推广应用重点应放在目前对我国环境造成严重污染的主要环节上，主要包括洗煤、型煤、烟气脱硫、煤渣处理等，争取在短时期内实现煤烟型污染的显著改善，使煤炭利用效率显著提高。

根据我国洁净煤技术领域发展所存在的问题和技术需求，重点研究开发先进洁净煤发电技术、先进的煤燃烧技术、燃煤污染物控制新技术、先进的煤炭转化技术、先进的煤炭加工技术、CO_2 减排技术等，包括高效洁净燃煤技术、燃煤污染物控制新技术、煤加工与转化技术、CO_2 的捕集与封存（CCS）技术、先进洁净煤发电相关技术、新型低 NO_x 燃煤技术、煤加氢液化关键装备技术、燃煤污染物控制及资源化技术、煤基一步法合成二甲醚技术等。

高效洁净燃煤新技术包括：高效清洁的大型电站锅炉、工业锅炉等燃煤设备燃烧新技术与设备研究；冶金、化工等主要耗煤行业的高效洁净燃煤新技术与设备研究。

燃煤污染物控制新技术：炉内固硫脱硝新技术，发展基于燃烧过程中的脱硫脱硝技术；同时脱硫脱硝新技术，开发出燃烧后烟气中联合脱硫脱硝技术；脱硝催化剂的制备及烟气脱硝新技术，开发出选择性非催化还原脱硝技术和选择性催化还原脱硝技术；多种污染物综合脱除新技术，重点研究在同一反应塔内采用催化、吸附或其他技术同时脱除燃煤烟气中的各种污染物（SO_x、NO_x、汞、砷、硒等）的技术；可吸入颗粒物及各种重金属排放治理新技术。

先进的煤转化技术：适应我国煤种特点的煤气化新工艺及其关键技术；新型的合成气净化与热回收技术；低成本新型合成气气体分离技术；针对中国煤种特点的煤直接液化新技术，低变质煤脱氧，提高惰性组分转化率等转化新工艺；煤转化过程中污水处理技术；醇、醚合成及甲醇制烯烃等新工艺和关键技术；中、低阶煤热解加工新技术；煤和生物质共燃烧、转化技术；其他煤转化及综合利用新技术。

先进的煤加工技术：新型高效干法选煤技术；细粒煤分选及煤泥脱水新技术；新型重介质选煤技术；煤深度脱灰技术及装备，解决高灰煤的利用和部分稀缺煤种的中煤再选问题；其他煤加工新技术。

第二节　石　　油

一、石油资源

石油是一种天然的黄色、褐色或黑色的流动或半流动的黏稠状可燃液体烃类混合物。石油也称为原油，它可以被加工成各种馏分，包括天然气、汽油、石脑油、煤油、柴油、润滑油、石蜡以及其他许多种衍生产品，是最重要的液体燃料和化工原料。石油只是有机物在地球演化过程中的一种中间产物。石油主要是由烷烃、环烷烃、芳香烃等烃类化合物组成。由于石油是一种由多种化合物组成的复杂的混合物，因此其成分随产地的不同而变化很大。目前世界上已找到近 3 万个油田和 7500 个气田，这些油气田遍布于地壳上六大稳定板块及其周围的大陆架地区。在 156 个较大的盆地内几乎均有油气田的发现，但分布极不平衡。图 2-4 所示为世界石油储量分布。

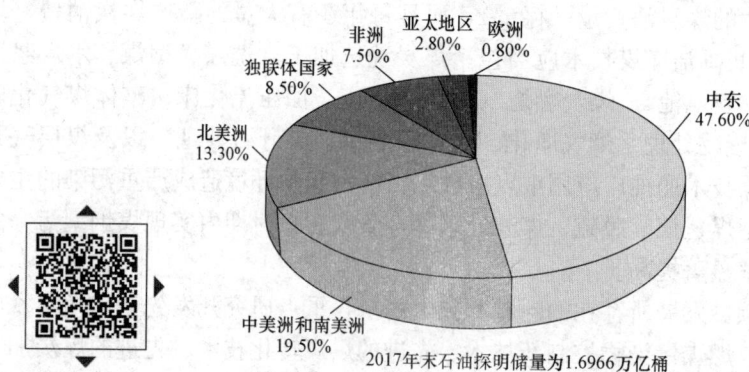

扫码看彩图

图 2-4　世界石油储量分布

我国沉积盆地广阔，有 485 个沉积盆地，拥有沉积岩面积 670 万 km^2，其中陆上面积 520 万 km^2，近海大陆架面积 150 万 km^2。面积大于 4 万 km^2 的大型盆地 12 个，面积 1 万 km^2 的盆地 50 个。这 62 个盆地占盆地总数的 12.8%，却拥有全国石油地质资源量的 97%，其中 9 个主要含天然气的盆地拥有全国天然气地质资源量的 80%。我国石油资源的探明程度远低于其他产油国，特别是对近海大陆架可采储资源比仅为 0.145，而以上盆地和大陆架中很可能存在丰富的油气资源，因此在油气方面我国尚有巨大的资源潜力。根据 2015 年资料，我国石油资源的地质资源量为 1257 亿 t，可采资源量 301 亿 t。我国石油资源主要分布在东部区，约占地质资源量的 40%、可采资源量的 60% 左右。

内蒙古已发现含油气盆地 12 个，面积 44 万 km²。其中 6 个盆地见工业油气流，预测石油资源量达 30 亿~40 亿 t，主要分布在二连浩特盆地和呼伦贝尔盆地。二连浩特盆地面积约 10 万 km²，初步探明的石油储量超过 1 亿 t，远景储量可达 10 亿 t，目前已经形成年产 100 万 t 的生产能力。呼伦贝尔盆地石油远景储量约为 6.5 亿 t，伴生天然气 2630 亿 m³，但因地质构造复杂，含油层破碎，开采难度较大。开鲁盆地可供勘探的油气面积达 3 万 km²，预测石油储量 1.3 亿 t，探明储量 4000 多万 t，已形成年产油 50 万 t 的生产能力；银根盆地总面积 12 万 km²，总资源量约 12 亿 t。

固阳县境内的油母页岩资源覆盖在煤层上，占地约 15km²，油母页岩厚度为 20~100m，含油率 4%（有开采价值）以上的储量大约 14 亿 t。随着国际油价上涨，开采油母页岩的投资吸引力也在加大。银额盆地苏红图凹陷的艾勒特格勘查区块内发现了规模较大的巴格毛德油页岩矿，埋藏较浅，大体分布范围为东西长 29km，南北宽 15~20km，按油页岩面积 520km²、厚度 35m 计算，油页岩矿储量在 300 亿 t 以上。

有数据统计，按照 2016 年石油产量水平，全球探明石油储量只够满足世界 50.6 年的产量。由于石油资源日益匮乏，人们开始把眼光投向另一类烃类资源，即油页岩和油砂。油页岩埋藏于沉积岩中，和矿物水成岩一层层地交错沉积。油砂也称沥青砂，是一种含有很黏沥青油的砂石，其中 80%~90% 为无机质、3%~6% 为水、6%~20% 为沥青油。

二、石油生产与加工

石油工业是一个以石油勘探、开采、储运、炼制为主的工业，由于其工作的对象是深埋于地下的石油矿藏，因此有较高的不确定性，也就是说具有较大的风险。目前在世界一次能源的消费中，石油仍处在第一位。根据 2016 年的统计资料，世界一次能源消费约为 132.76 亿 toe，其中石油消费量占 33.0%。在石油消费中，交通运输占 57.0%，工业占 19.7%，其他行业占 17.1%，非能源行业占 6.2%。石油消费偏重于经济发达地区，经济越发达，就越需要更多的石油，美国是世界第一大石油消费国。

20 世纪 80 年代以来，我国石油总产量从 1988 年的 1.0122 亿 t 增加到 2015 年的 2.145 6 亿 t。另外，我国已从石油净出口国变成石油净进口国。油田开发包括石油勘探、钻井和油田的开采。石油勘探是石油开发中最重要的基础环节，它包括油田的寻找、发现和评估。石油勘探通常分为区域普查、构造详查、预探和详探四个阶段。钻井就是从地面打开一条通往油、气层的孔道，以获取地质资料和油气能源。

开采出来的石油（原油）可以直接作燃料用，且价格便宜；若在炼油厂中进行深加工，则经济效益可增加许多倍，而且飞机、汽车、拖拉机等也不能直接燃用原油，必须把原油炼制成燃料油才能使用。因此，石油的加工是石油利用中非常重要的一环。根据所需产品的不同，炼油厂的加工流程大致分为三种类型。

燃料型：以汽油、煤油、柴油等燃料油为主要产品。

燃料-润滑油型：除生产燃料油外，还生产各种润滑油。

石油化工类：提供石脑油、轻油、渣油等用作生产石油化工产品的原料。

石油炼制的方法可以归结为两大类：一类是分离法，如溶剂法、固体吸附法、结晶法和分馏法等，其中最常用的是分馏法；另一类是转化法，如图 2-5 所示，转化法是利用化学的方法对分馏的油品进行深加工。常用的转化法有热裂化、催化裂化、加氢裂化和焦化等。

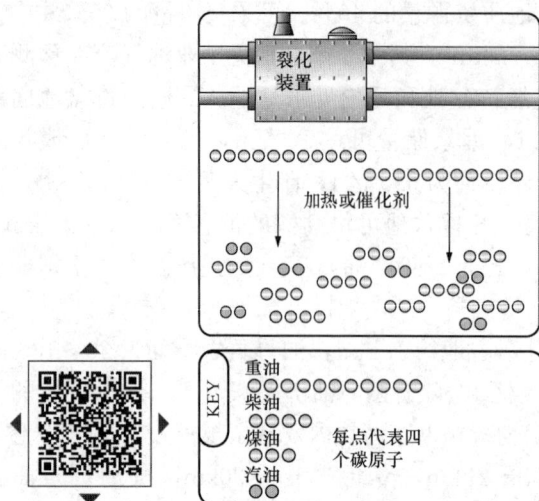

扫码看彩图　　　　图 2-5　石油炼制转化法

三、石油产品

石油由许多组分组成，每一组分各有其沸点。通过炼制加工，可以把石油分成几种不同沸点范围的组分（见图 2-6）：40～205℃的组分为汽油，180～300℃的组分为煤油，250～350℃的组分为柴油，350～520℃的组分为润滑油（或重柴油），高于 520℃的渣油为重质燃料油。

按石油产品的用途和特性，可将石油产品分成 14 大类，即溶剂油、燃料油、润滑油、电器用油、液压油、真空油脂、防锈油脂、工艺用油、润滑脂、蜡及其制品、沥青、油焦、石油添加剂和石油化学品。

20 世纪 80 年代后期，世界石化产业结构进行了重大调整，资本重组、资产优化、机构改革、科技开发、产品结构调整成为此次世界石化产业结构调整的主旋律。由于经济发展的需要、环境保护的要求、节能技术的进步以及替代能源的采用等因素的影响，世界油品需求的构成发生了很大的变化，加上产油国之间的激烈竞争，世界油品结构也随之发生变化。

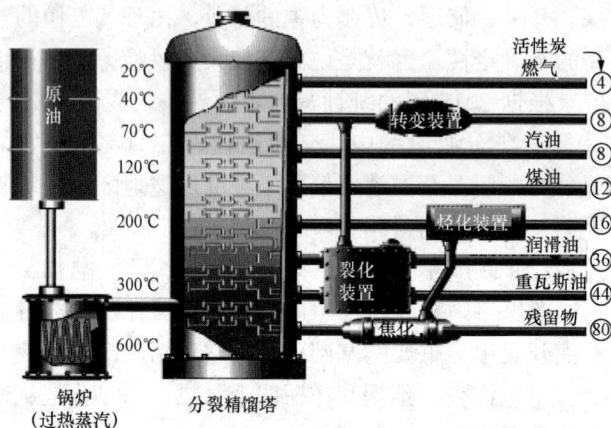

图 2-6　石油组分

扫码看彩图

第三节　天　然　气

一、天然气资源

天然气是清洁而便利的优质能源。世界上天然气资源丰富，据学者预测，世界常规天然气的总资源量达 $4×10^{14}～6×10^{14}\,m^3$，此外还有大量非常规天然气资源。与石油一样，世界天然气资源分布也很不均匀，主要集中在中东、俄罗斯，两者之和约占世界天然气总储量的 60%，图 2-7 所示为世界天然气资源地区分布。

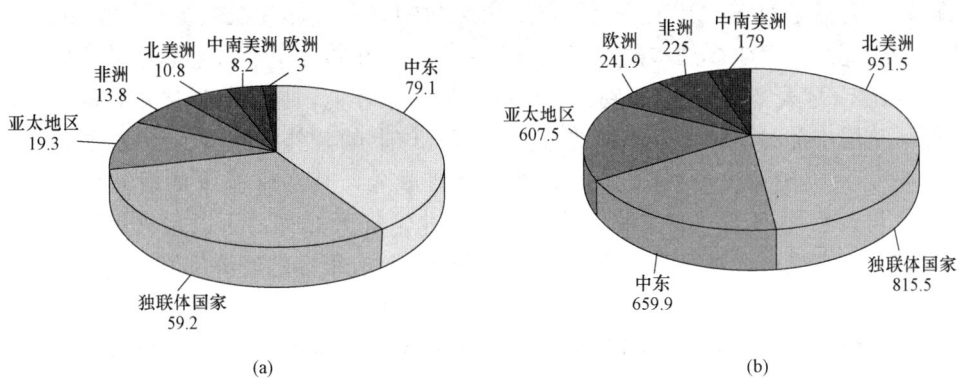

图 2-7 世界天然气资源分布

(a) 世界天然气探明储量（万亿 m^3）；(b) 2017 年世界天然气产量（十亿 m^3）

扫码看彩图

截至 2013 年，剩余探明可采储量天然气约为 $1.86 \times 10^{14} m^3$，石油达 $2.38 \times 10^{11} t$。据预测，2020 年能源结构中天然气将占 $29\% \sim 30\%$，石油占 27%，煤占 24%，核电为 8%，其他能源为 4%。我国天然气资源丰富，据 2015 年资料，全国天然气地质资源量 $9.03 \times 10^{13} m^3$，其中可采资源量 $5.01 \times 10^{13} m^3$，2001 年全世界气体燃料的总消费量为 1137 百万 t 标准油。其中工业消费占 44.8%，交通运输占 4.8%，其他行业和生活消费则为 50.4%。

鄂尔多斯盆地天然气总资源量为 11.14 万亿 m^3，其中鄂尔多斯境内天然气资源量为 4.6 万亿 m^3，占整个盆地天然气总资源量的 41%，主要分布在苏里格气田、乌审气田和大牛地气田三大气田。苏里格气田和乌审气田是我国目前探明的最大整装天然气气田。大牛地气田位于鄂尔多斯盆地北部蒙陕交界地带，分为塔巴庙（有一半在陕西）、杭锦旗和杭锦旗南三个主要区块。截至 2004 年底，鄂尔多斯盆地已探明天然气储量为 1.25 万亿 m^3，在内蒙古境内的探明储量为 7900 亿 m^3，其中苏里格气田探明储量为 6026 亿 m^3，乌审气田探明储量为 966 亿 m^3，大牛地气田探明储量为 670 亿 m^3（鄂尔多斯境内约 335 亿 m^3）。河套盆地的生物气量为 1 万亿 m^3，其中呼和凹陷为 4000 亿 m^3，临河凹陷为 6000 亿 m^3。

二、天然气的组成

天然气是除煤和石油之外的另一种重要的一次能源。它发热量很高，对环境的污染也较小，还是一种重要的化工原料。天然气的生成过程同石油类似，但比石油更容易生成。天然气主要由甲烷、乙烷、丙烷和丁烷等烃类组成，其中甲烷占 $80\% \sim 90\%$。

天然气通常可以分为纯天然气、石油伴生气、凝析气和矿井气四种。天然气的勘探、开采同石油类似，但可采率较高，可达 $60\% \sim 95\%$。大型稳定的气源常用管道输送至消费区，每隔 $80 \sim 160 km$ 需设一增压站，加上天然气压力高，故长距离管道输送投资很大。天然气中主要的有害杂质是 CO_2、H_2O、H_2S 和其他含硫化合物。因此，天然气在使用前也需净化，即脱硫、脱水、脱二氧化碳、脱杂质等。

三、煤层气

煤层气是一种在含煤岩层中，以腐殖性有机物质为主的成煤物质在成煤过程中自生、自储式非常规的天然气，俗称瓦斯，其主要成分为高纯度甲烷，其资源总量与常规天然气相当。煤炭开采中排出的大量煤层气作为一种新型能源，具有独特的优势，是优化一次能源结构的重要组成部分，是优质的洁净能源和基础化工原料。

　　煤层气一直以来被看做是对煤矿开采造成严重安全威胁的有害气体，在煤炭开采史中，煤层气曾经导致了多起瓦斯、煤尘爆炸事故。煤层气的主要成分甲烷是具有强烈温室效应的气体，其温室效应要比 CO_2 大 20 倍。散发到大气中的甲烷污染环境，导致气候异常，同时大气中的甲烷消耗平流层中的臭氧，而臭氧减少使照射到地球上的紫外线增加、形成烟雾，可诱发某些疾病，危害人类健康。甲烷作为煤层气的主要成分，其在常温下的发热量为 $3.43\sim3.71MJ/m^3$，与天然气相当，是一种高效、洁净的非常规天然气，可以用作民用燃料，也可以用于发电和汽车燃料，还是化工产品的上等原料，具有很高的经济价值，应加以回收利用。

　　煤层气在煤层中生成，并以吸附、游离状态储存在煤层及邻近岩层之中。煤层气开发技术是指将煤层气从煤层中抽出回收并加以利用的技术，回收技术主要有地面开发和井下抽放两种方式，井下抽放还包括本层抽放、邻近层抽放和采空区抽放等，其中涉及对煤层气的资源评价、气藏工程、钻井技术、增产技术等广泛的技术领域，还涉及集输储运以及综合利用等方面的技术。

　　中国是世界上主要的煤炭生产大国之一，煤炭生产居世界首位，也是世界上煤炭资源和煤层气资源最丰富的国家之一。丰富的煤层气资源有望成为中国 21 世纪的代替性能源之一。我国具有丰富的煤层气资源，分布在不同的含煤盆地、不同的成煤时代，其埋藏深度和勘探程度也相差很大。据初步预测，我国煤层气的资源量为 31 万亿 m^3，高于我国陆上常规天然气的资源量，居世界第二位。山西是煤层气资源大省，煤层气资源量约 $1\times10^{13}m^3$，占全国总量的 1/3，主要分布在河东、沁水、霍西、宁武、西山五大煤田。据国土资源部数据，山西省煤层气探明储量达 $4.02\times10^{10}m^3$，可采储量为 $2.18\times10^{10}m^3$。其中以沁水和河东煤田最为富集，蕴藏量占全省煤层气总量的 80%。沁水盆地煤层气资源量约 $5.35\times10^{12}m^3$，具有资源分布集中、埋深浅、可采性好、甲烷纯度高（大于 95%）等特点，是目前全国第一个勘探程度最高、煤层气储量条件稳定、开发潜力最好的煤层气气田。

　　抽放煤层气是减少瓦斯涌出量、防止瓦斯爆炸和突发事故的根本性措施，到目前为止，全国已有 146 个煤层气抽放矿井，年抽放量为 6 亿～7 亿 m^3，利用量可达 4.8 亿 m^3，主要用于民用、发电、化工原料和锅炉炉窑的燃料等，抚顺和阳泉矿区煤层气的抽放量和利用率一直居全国首位。2015 年底，我国煤层气探明储量（剩余技术可采储量）约 $3.06\times10^{11}m^3$，年产能力达 $6.3\times10^9m^3$。

第三章 可再生能源

第一节 太 阳 能

一、概述

（一）太阳的构造

太阳能是指太阳辐射出的能量。在地球上，除了原子核能和地热能外，太阳是各种能量的来源。太阳是一个炽热的气态体球。图 3-1 所示为太阳的结构。它的直径约为 $1.39 \times 10^6 km$，质量约为 $2.2 \times 10^{27} t$，为地球质量的 3.32×10^5 倍，体积比地球大 1.3×10^6 倍，平均密度为地球的 1/4。太阳的主要组成气体为氢（约 71%）和氦（约 27%），它表面的有效温度约为 6000K，中心温度为 800 万～4000 万 K，压力约为 $1.96 \times 10^{13} kPa$。在高温高压下，太阳内部持续不断地进行着核聚变反应，所以不断地释放出巨大的能量，并以辐射和对流的方式由核心向表面传递热量，温度也从中心向表面逐渐降低。这正是太阳向空间辐射出巨大能量的源泉。由核聚变可知，氢聚合成氦在释放巨大能量的同时，每 1g 质量将亏损 0.0072g。根据目前太阳产生核能的速率估算，其氢的储量足够维持 100 亿年，因此太阳能可以说是用之不竭的。

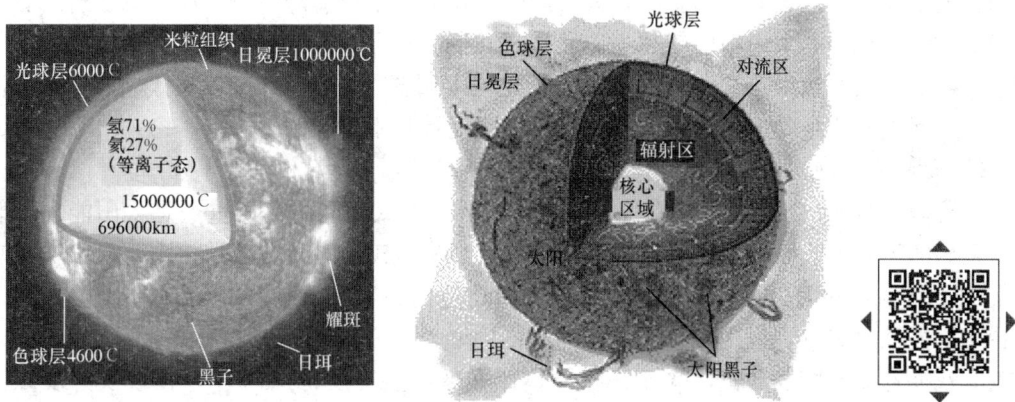

图 3-1 太阳的结构

扫码看彩图

太阳外部有"外三层"，依次为光球层、色球层和日冕层。人们肉眼可见的明亮表面就是光球层，人们所见到太阳的可见光，几乎全是由光球层发出的。光球层厚约 500km，温度为 5762K，密度为 $10^{-6} g/cm^3$，它由强烈电离的气体组成，太阳能绝大部分辐射都是由光球层向太空发射的。从太阳的构造可见，太阳并不是一个温度恒定的黑体，而是一个多层的有不同波长发射和吸收的辐射体。不过在太阳能利用中，通常将它视作一个温度为 6000K、发射波长为 $0.3 \sim 3 \mu m$ 的黑体。

太阳辐射到地球大气层的能量仅为其总辐射能量（约为 $3.75 \times 10^{26} W$）的 22 亿分之一，但已高达 $1.73 \times 10^5 TW$，也就是说太阳每秒钟照射到地球上的能量就相当于 500 万 t 煤。地球上的风能、水能、海洋温差能、波浪能和生物质能以及部分潮汐能都是来源于太阳，即使是地球上的化石燃料从根本上说也是远古以来储存下来的太阳能。所以广义的太阳能所包括的范围非常大，狭义的太阳能则限于太阳辐射能的光热、光电和光化学的直接转换。太阳能既是一次能源，又是可再生能源。它资源丰富，既可免费使用，又无需运输，对环境无任何污染。但太阳能也有两个主要缺点：一是能流密度低，二是其强度受各种因素的影响不能维持常量。这两大缺点大大限制了太阳能的有效利用。

（二）太阳常数

由于地球以椭圆形轨道绕太阳运行，因此太阳与地球之间的距离不是一个常数，而且一年里每天的日地距离也不一样。众所周知，某一点的辐射强度与距辐射源的距离的平方成反比，这意味着地球大气上方的太阳辐射强度会随日地间距离不同而异。然而，由于日地间距离太大（平均距离为 1.5×10^8 km），因此地球大气层外的太阳辐射强度几乎是一个常数。因此人们就采用所谓"太阳常数"来描述地球大气层上方的太阳辐射强度，它是指平均日地距离时，在地球大气层上方垂直于太阳辐射的单位表面积上所接受的太阳辐射能。近年来，通过各种先进手段测得的太阳常数的标准值为 1367 W/m^2。一年中由于日地距离的变化所引起太阳辐射强度的变化不超过 3.4%。

太阳辐射穿过大气层而到达地面时，由于大气中空气分子、水蒸气和尘埃等对太阳辐射的吸收、反射和散射，不仅使辐射强度减弱，还会改变辐射的方向和辐射的光谱分布。因此实际到达地面的太阳辐射通常是由直射和漫射两部分组成的。直射是指直接来自太阳辐射方向不发生改变的辐射，漫射则是被大气反射和散射后方向发生了改变的太阳辐射。到达地面的太阳辐射主要受大气层厚度的影响，大气层越厚，对太阳辐射的吸收、反射和散射的影响就越严重，到达地面的太阳辐射就越少。此外，大气的状况和大气的质量对到达地面的太阳辐射也有影响，太阳辐射穿过大气层的路径长短与太阳辐射的方向有关，地球上不同地区、不同季节、不同气象条件下到达地面的太阳辐射强度都是不相同的。

（三）太阳能的利用历史

第一阶段（1900—1920 年）：在这一阶段，世界上对太阳能研究的重点是太阳能动力装置，但采用的聚光方式多样化，采用平板集热器和低沸点工质，装置逐渐扩大，最大输出功率达 73.64kW，实用目的比较明确，造价很高。建造的典型装置：1901 年，在美国加州建成一台太阳能抽水装置，采用截头圆锥聚光器，功率为 7.36kW；1902—1908 年，在美国建造了五套双循环太阳能发动机，采用平板集热器和低沸点工质；1913 年，在埃及开罗以南建成一台由五个抛物槽镜组成的太阳能水泵，每个长 62.5m、宽 4m，总采光面积达 1250m^2。

第二阶段（1920—1945 年）：在这 20 多年中，太阳能研究工作处于低潮，参加研究工作的人数和研究项目大为减少，其原因与矿物燃料的大量开发利用和发生第二次世界大战（1939—1945 年）有关，而太阳能又不能解决当时对能源的急需，因此太阳能研究工作逐渐受到冷落。

第三阶段（1945—1965 年）：在第二次世界大战结束后的 20 年中，一些有远见的人士已经注意到石油和天然气资源正在迅速减少，并呼吁人们重视这一问题，从而逐渐推动了太阳能研究工作的恢复和开展，并且成立太阳能学术组织，举办学术交流和展览会，再次兴起太阳能研究热潮。这一时期世界各国加强了对太阳能基础理论和基础材料的研究，取得了如太阳选择性涂层和硅太阳电池等技术上的重大突破。平板集热器有了很大的发展，技术上逐渐成熟，太阳能吸收式空调的研究取得进展，建成一批实验性太阳房，对难度较大的塔式太阳能热发电技术进行了初步研究。建造的典型装置包括：1952 年，法国国家研究中心在比利牛斯山东部建成一座功率为 50kW 的太阳炉；1954 年，美国贝尔实验室研制成实用型硅太阳电池，为光伏发电大规模应用奠定了基础；1955 年，以色列泰伯等在第一次国际太阳热科学会议上提出选择性涂层的基础理论，并研制成实用的黑镍等选择性涂层，为高效集热器的发展创造了条件；1960 年，在美国佛罗里达建成世界上第一套用平板集热器供热的氨水吸收式空调系统；1961 年，一台带有石英窗的斯特林发动机问世。

第四阶段（1965—1973 年）：这一阶段，太阳能的研究工作停滞不前，主要原因是太阳能利用技术处于成长阶段，尚不成熟，并且投资大，效果不理想，难以与常规能源竞争，因而得不到公众、企业和政府的重视和支持。

第五阶段（1973—1980 年）：自从石油在世界能源结构中担当主角之后，石油就成了左右经济和决定一个国家发展的关键因素。1973 年爆发了"能源危机"。这次"危机"在客观上使人们认识到：现有的能源结构必须彻底改变，应加速向未来能源结构过渡。从而使许多国家，尤其是工业发达国家，重新加强了对太阳能及其他可再生能源技术发展的支持，在世界上再次兴起了开发利用太阳能的热潮。

第六阶段（1980—1992 年）：20 世纪 70 年代兴起的开发利用太阳能热潮，进入 80 年代后不久就开始落潮，逐渐进入低谷。世界上许多国家相继大幅度削减太阳能研究经费，其中以美国最为突出。导致这种现象的主要原因是世界石油价格大幅度回落，而太阳能产品价格居高不下，缺乏竞争力；太阳能技术没有重大突破，提高效率和降低成本的目标没有实现，以致动摇了一些人开发利用太阳能的信心；核电发展较快，对太阳能的发展起到了一定的抑制作用。

第七阶段（1992 至今）：由于大量燃烧矿物能源，造成了全球性的环境污染和生态破坏，对人类的生存和发展构成威胁。世界各国加强了清洁能源技术的开发，将利用太阳能与环境保护结合在一起，使太阳能利用工作走出低谷，逐渐得到加强。1992 年以后，世界太阳能利用又进入一个发展期，其特点是太阳能利用与世界可持续发展和环境保护紧密结合，全球共同行动，为实现世界太阳能发展战略而努力。

通过以上回顾可知，在 20 世纪的 100 年间太阳能发展道路并不平坦，一般每次高潮期后都会出现低潮期，处于低潮的时间大约有 45 年。太阳能利用的发展历程与煤、石油、核能完全不同，人们对其认识差别大，反复多，发展时间长。这一方面说明太阳能开发难度大，短时间内很难实现大规模利用；另一方面也说明太阳能利用还受矿物能源供应、政治和战争等因素的影响，发展道路比较曲折。

二、太阳能资源

（一）世界太阳能资源

太阳能的全球分布并不均衡，当北半球春暖花开的时候，南半球还是冰天雪地的冬季。由于日照强度的不同，地球上不同地区的温度也是不同的，太阳能的分布情况也不一样（见表 3-1）。

表 3-1　　　　　　　　　　　世界各国、各地区太阳能资源量

国家/地区	太阳能资源丰富程度	预测的总能源利用量（Mtoe）			
		1985 年	2000 年	2010 年	2020 年
加拿大	低	200	230	250	280
美国	中/高	1800	2060	2250	2400
西北欧	低	600	685	750	800
西南欧	中	450	515	565	600
东欧	中/低	400	500	580	700
中东	高	150	225	295	375
北非	高	70	105	135	175
中美	中/高	150	225	295	375
南美北部	中	175	260	340	440
南美南部	中/高	120	180	235	300
巴西	中	125	185	240	310
澳大利亚＋新西兰	高	60	70	75	90
东南亚＋大洋洲	中	150	225	295	375
日本＋亚洲	中/低	450	515	565	700
中国＋朝鲜	中	750	1115	1450	1875
印巴地区	高	400	595	775	1000
中非	中	100	150	195	250
世界总计		7400	9395	11 090	13 125

　　从全球的范围看，亚洲的中东地区不仅盛产石油，还有丰富的太阳能资源。中东地区的以色列从 20 世纪 70 年代开始，大规模开发、利用太阳能，是该地区太阳能应用比较普及的国家。在我国青藏高原、印度和巴基斯坦等地区，太阳能资源也非常丰富和集中。在遥远的非洲大陆北部地区、南部地区，大洋洲的澳大利亚、新西兰等国，太阳能资源非常丰富，都是利用太阳能的最佳地区。

　　太阳能资源比较丰富的地区分布在北美中部、中美地区、南美南部等，利用和发展太阳能有一定的优势。东亚、南美中北部、东欧、西南欧、北美北部等地区和大洋洲的部分地区、非洲中部地区太阳能资源程度一般，但也可以实现对太阳能的有效利用。

　　（二）中国太阳能资源

　　我国幅员辽阔，有着十分丰富的太阳能资源。据估算，我国陆地表面每年接受的太阳辐射能约为 5×10^{19} kJ，全国各地太阳年辐射总量达 $335 \sim 837$ kJ/(cm² · a)，中值为 586kJ/(cm² · a)。从全国太阳年辐射总量的分布来看，西藏、内蒙古南部、青海、新疆、山西、陕西北部、河北、山东、辽宁、吉林西部、云南中部和西南部、广东东南部、福建东南部、海南岛东部和西部以及台湾地区的西南部等广大地区的太阳辐射总量很大。尤其是青藏高原地区最大，那里平均海拔高度在 4000m 以上，大气层薄而清洁，透明度好，纬度低，日照时间长。例如被人们称为"日光城"的拉萨市，1961—1970 年的年平均日照时间为 3005.7h，相对日照为 68%，年平均晴天为 108.5 天，阴天为 98.8 天，年平均云量为 4.8，太阳总辐射量为 816kJ/(cm² · a)，比全国其他省区和同纬度的地区都高。

　　全国以四川和贵州两省的太阳年辐射总量最小，其中尤以四川盆地为最，那里雨多、雾

多，晴天较少。例如素有"雾都"之称的成都市，年平均日照时数仅为 1152.2h，相对日照为 26%，年平均晴天为 24.7 天，阴天达 244.6 天，年平均云量高达 8.4。其他地区的太阳年辐射总量居中。

我国太阳能资源分布的主要特点：太阳能的高值中心和低值中心都处在北纬 22°～35°这一带，青藏高原是高值中心，四川盆地是低值中心；太阳年辐射总量，西部地区高于东部地区，而且除西藏和新疆两个自治区外，基本上是南部低于北部；由于南方多数地区云雾雨多，在北纬 30°～40°地区，太阳能的分布情况与一般的太阳能随纬度而变化的规律相反，太阳能不是随着纬度的增加而减少，而是随着纬度的增加而增长。图 3 - 2 所示为全国太阳能日照时段分布。

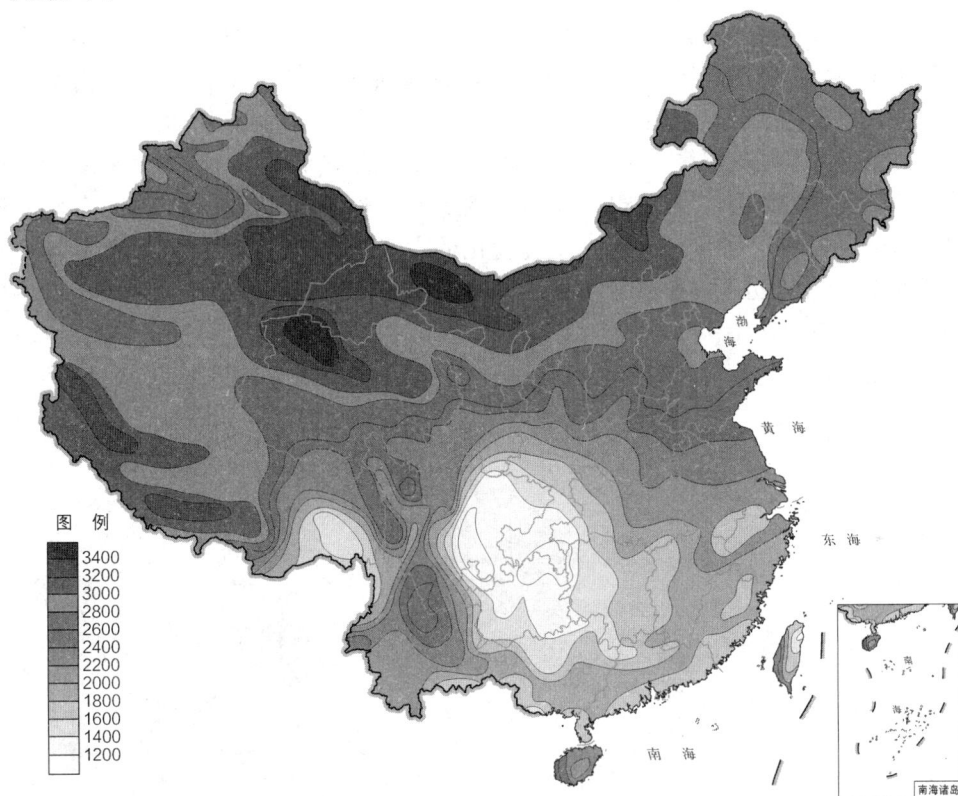

图 3 - 2　全国太阳能日照时数分布

按接受太阳能辐射量的大小，全国大致上可分为五类地区。

一类地区：全年日照时数为 3200～3300h，辐射量为 670～837kJ/(cm² · a)。相当于225～285kg 标准煤燃烧所发出的热量，主要包括青藏高原、甘肃北部、宁夏北部和新疆南部等地。这是我国太阳能资源最丰富的地区，与印度和巴基斯坦北部的太阳能资源相当。特别是西藏，地势高，太阳光的透明度也好，太阳辐射总量最高值达 921kJ/(cm² · a)，仅次于撒哈拉大沙漠，居世界第二位，其中拉萨是世界著名的阳光城。

二类地区：全年日照时数为 3000～3200h，辐射量为 586～670kJ/(cm² · a)，相当于 200～225kg 标准煤燃烧所发出的热量，主要包括河北西北部、山西北部、内蒙古南部、宁夏南部、甘肃中部、青海东部、西藏东南部和新疆南部等地。这些地区为我国太阳能资源较丰富区。

三类地区：全年日照时数为 2200～3000h，辐射量为 502～586kJ/(cm² · a)，相当于

170～200kg 标准煤燃烧所发出的热量，主要包括山东、河南、河北东南部、山西南部、新疆北部、吉林、辽宁、云南、陕西北部、甘肃东南部、广东南部、福建南部、江苏北部和安徽北部等地。

四类地区：全年日照时数为 1400～2200h，辐射量为 419～502kJ/(cm² · a)。相当于 140～70kg 标准煤燃烧所发出的热量，主要是长江中下游、福建、浙江和广东的一部分地区，春夏多阴雨，秋冬季太阳能资源还可以。

五类地区：全年日照时数为 1000～1400h，辐射量为 335～419kJ/(cm² · a)。相当于 115～140kg 标准煤燃烧所发出的热量，主要包括四川、贵州两省。这两个省是我国太阳能资源最少的地区。

一、二、三类地区，年日照时数大于 2000h，辐射总量高于 502kJ/(cm² · a)，是我国太阳能资源丰富或较丰富的地区，面积较大，占全国总面积的 2/3 以上，具有利用太阳能的良好条件。四、五类地区虽然太阳能资源条件较差，但仍有一定的利用价值。

内蒙古西部月平均气温高于 10℃、日照时数 6h 以上的天数为 250～300 天，年太阳能总量在 62.2 亿 J/m² 以上，属于太阳能资源丰富地区。内蒙古海拔较高，晴天多，太阳辐射强，日照时数也较多，为 2600～3400h，是全国的高值地区之一，光能资源异常丰富，全区总辐射量在 115～167kcal/(cm² · a) 之间，仅次于青藏高原，居全国第二位，全区太阳能资源的分布自东部向西南增多，以巴彦淖尔盟西部及阿拉善盟最多，特别是每年的 4～6 月，东南季风还未推进到内蒙古境内，所以空气干燥，阴云天气少，日照充足，如图 3-3 所示。

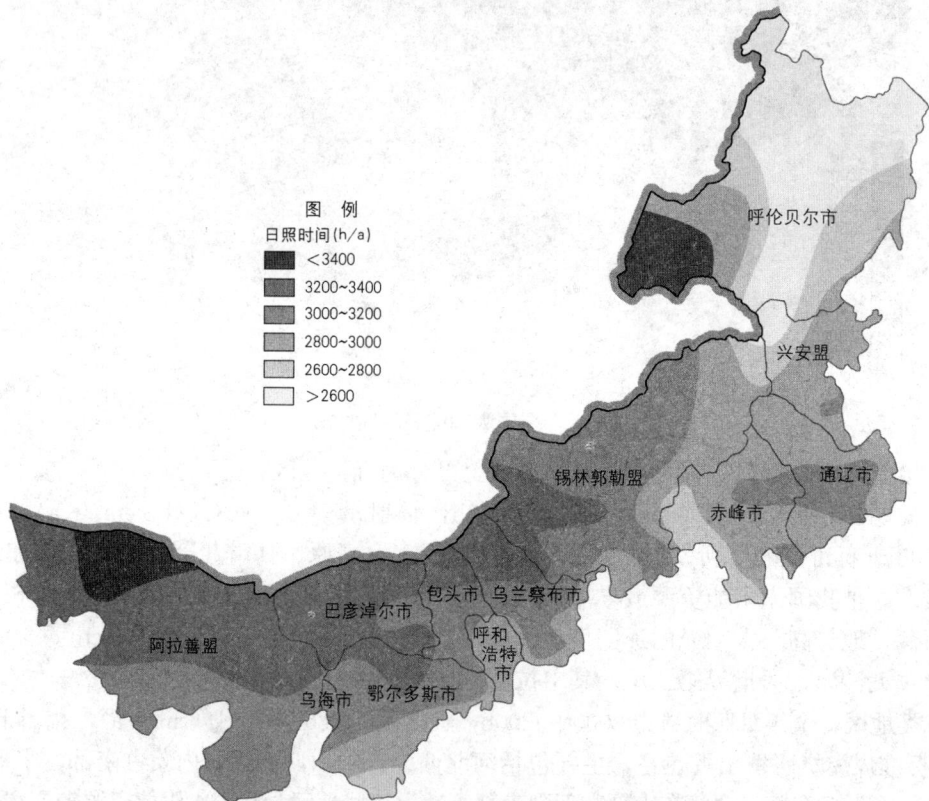

图 3-3　内蒙古自治区年日照时间分布

内蒙古还有丰富的生物质资源，地广人稀，土地成本低，是发展可再生能源不可多得的优势。

三、太阳能发展状况

（一）国外太阳能发展状况

开发太阳能利用技术近年来已经成为世界科学界的主流，许多发达国家已经开始制定优惠政策扶植本国的太阳能产业及本国太阳能市场。鉴于大型太阳能光伏并网发电关键技术控制、逆变技术的日趋成熟和完善，太阳能光伏发电项目逐渐由小型、中型向大型和超大型并网发电项目发展。在相关技术领域，国外已开发出大功率太阳能光伏电站控制器、逆变器、并网装置及相应的配套组、部件，并建立电站成套设备生产线。在光电池方面，一是不断研究开发出生产高效光电池的技术、设备，二是在材料上也有突破性进展。光伏电池产品效率提升60%，发电成本降幅超60%。可以说，太阳能光伏发电技术和产业正在腾飞，预计到2020年，全球光伏装机增速5%～10%，持续稳定增长。

太阳能热发电系统自20世纪80年代初研究实验成功之后，许多发达国家都已投入了大量的人力和物力开展太阳能热发电的研究和试验工作。从几千瓦的独立系统到近百兆瓦的并网系统都已成功运行。世界上又兴起"太阳屋顶"热，美国、欧洲、日本、德国等相继提出"10万屋顶""百万屋顶""光伏屋顶"计划，把太阳能建筑的发展推向一个新的阶段。所谓"零能建筑"，就是指这种建筑由"太阳屋顶"提供全部建筑所需要的能量，一般在屋顶安装3～5kW并网太阳能电池发电系统，有的建筑还装上太阳集热器，为建筑供热。在2000年世界光伏电池总产量中，约有一半左右用于"太阳屋顶"和并网系统。

（二）国内太阳能发展状况

我国在光伏发电组件的研究、开发和产业化方面发展迅速，但在光伏发电设备方面仍落后于发达国家，尤其是太阳能光伏电站智能控制器、并网逆变器、正弦波逆变器、最大点跟踪器等关键设备，而这些关键技术又是光电技术发展的主流。随着我国光电产业20多年的不断改进和提高，尤其是国家启动"光明工程"以来，光伏发电技术和设备都有了较大幅度的改进和提高，对发展太阳能并网发电技术形成了产业促动，对"绿色电力"的发展提供了一定设备保障，而国家政策、纲要、法规又为"绿色电力"的发展奠定了坚实的物质基础。在"八五""九五"和"十五"期间，原国家科委和现在的科技部，均将大型太阳能热发电关键技术列入国家重点科技攻关计划，将碟式小型太阳能热发电装置的研究列入863计划，由中国科学院电工研究所等单位进行科技攻关和研究开发。

四、太阳能热利用

（一）太阳能集热器

太阳能集热器是把太阳辐射能转换成热能的设备，它是太阳能热利用中的关键设备。太阳能集热器按是否聚光这一主要特征可以分为非聚光和聚光两大类。

1. 平板太阳能集热器

平板太阳能集热器是非聚光类集热器中最简单且应用最广的集热器。它吸收太阳辐射的面积与采集太阳辐射的面积相等，能利用太阳的直射和漫射辐射。平板太阳能集热器结构简单，使用和维修方便。图3-4所示为平板型液体热介质集热器结构。其由透明玻璃盖板、集热板、绝缘材料、外壳等组成，容易被安装在建筑物上，多用于房屋的供热水、采暖或制冷等方面。

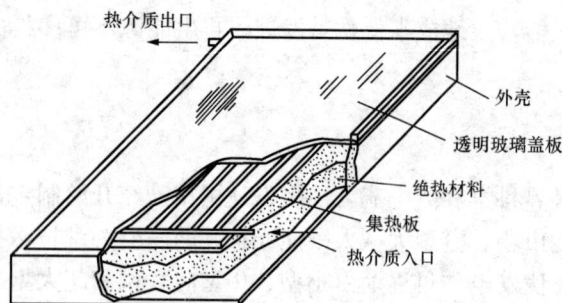

图 3-4　平板型液体热介质集热器结构

平板太阳能集热器的优点：不必跟踪太阳，就可收集到大量太阳辐射，省去了造价昂贵、机构复杂的跟踪设备；使用、维修简单方便，投资少；吸收辐射范围广，既可接收直接太阳辐射，又可接收天空中的散射辐射和漫射辐射。

平板太阳能集热器的缺点：不能提高太阳辐射强度，只能提供中、低温载热介质，多用于供暖、空调行业，由于集热效率不断提高，因此在小型发电装置上也有应用。

2. 真空管太阳能集热器

为了减少平板太阳能集热器的热损，提高集热温度，国际上于 20 世纪 70 年代研制成功真空集热管，其吸热体被封闭在高真空的玻璃真空管内，大大提高了热性能。将若干支真空集热管组装在一起，即构成真空管集热器，为了增加太阳光的采集量，有的在真空集热管的背部还加装了反光板。

真空集热管大体可分为全玻璃真空集热管、玻璃 U 形管真空集热管（见图 3-5）、玻璃金属热管真空集热管、直通式真空集热管和储热式真空集热管。自 1978 年从美国引进全玻璃真空集热管的样管以来，经 20 多年的努力，我国已经建立了拥有自主知识产权的现代化全玻璃真空集热管的产业，用于生产集热管的磁控溅射镀膜机在百台以上，产品质量达世界先进水平，产量雄居世界首位。我国自 20 世纪 80 年代中期开始研制真空集热管，经过十几年的努力，攻克了热压封等许多技术难关，建立了拥有全部知识产权的真空集热管生产基地，产品质量达到世界先进水平，生产能力居世界首位。

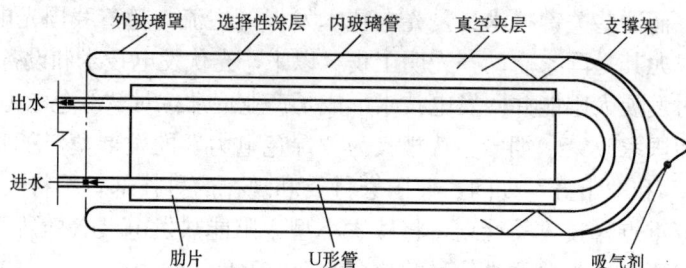

图 3-5　U 形管式玻璃真空管集热管结构

3. 聚焦型太阳能集热器

投射到地面上的太阳能的能量密度很低，平板太阳能集热器由于受到辐射热流密度低的限制，能达到的最高工质温度很有限，而且平板太阳能集热器越大热，损失就越多，效率就越低，使平板集热器的热发电装置的理论效率不过 3%～5%。对于宜于在高温条件下运行的太阳能热发电站应采用增大能量密度的聚焦型太阳能集热器，利用聚焦镜可以成百上千倍地提高到达接收器的能量密度。聚焦型太阳能集热器通常由三部分组成，即聚光器、吸收器和跟踪系统。提高自然阳光能量密度的聚光方式很多，根据光学原理，可以分为反射聚光和折射聚光，形成的焦像可分为点焦和线焦，其工作原理是自然阳光经聚光器聚焦到吸收器上，并加热吸收器内流动的集热介质，跟踪系统则根据太阳的方位随时调节聚光器的位置，以保证聚光器的开口面与入射太阳辐射总是互相垂直的。聚焦型太阳能集热器的跟踪装置大体上可以分为两类，即二维跟踪系统和一维跟踪系统。二维跟踪系统同时跟踪太阳的方位角和高度角的变化，通常采用光电跟踪方式。一维跟踪系统只跟踪太阳的方位角，对高度角只进行季节性调整，通常采用光电跟踪或时钟机械跟踪。时钟机械跟踪精确度虽比不上光电跟踪，但结构简单，维修方便，且无需外部动力，对一些小型聚焦型太阳能集热器颇为经济实用。

但聚焦型太阳能集热器也有其缺点，就是结构复杂，造价昂贵，多数不能收集占总太阳辐射 20%～40% 的漫射辐射，有的还需要精确的太阳跟踪装置和聚焦装置。

（二）太阳能热水器

太阳能热利用中历史最悠久、应用的最广泛的就是太阳能热水器。自 1891 年美国马里兰州的肯普发明第一台太阳能热水器以来，已有 100 多年的历史。太阳能热水器于 20 世纪 20 年代流行于美国的西南部地区。随着石油和电力价格的上升，更多的太阳能热水器和太阳能热暖器也随之产生，20 世纪 70 年代在澳大利亚、日本、以色列和苏联就已普遍使用。在美国北部，每平方米的太阳能热接收器，每六个月可节省 30.5L 的热气用的汽油或是 215kWh 的电力。

太阳能热直接利用于热水是最普遍的应用方式。太阳能热水器通常由平板太阳能集热器、蓄热水箱和连接管道组成。世界各国多采用循环式热水器，但也有采用固定式热水器的。循环式热水器的特点是热水以某一速度在集热器的管内循环，可分为自然循环、强迫循环、强迫流动三种类型。

按照流体流动的方式分类，可将太阳能热水器分成三大类，即闷晒式、直流式和循环式。闷晒式太阳能热水器结构比较简单，多为圆筒形或方盒形，制作材料为金属和塑料。这种热水器的集热器与储水箱连成一体，太阳直接把水箱中的水晒热，夏天水温达 40℃ 以上，可供家庭洗浴用，我国农村采用较多。与此类似的还有塑料袋式太阳能热水器，它造价低廉，适用于野外作业人员和海滨浴场，供个人淋浴用。直流式热水器由集热器、蓄热水箱和相应的管道组成。水在这种系统中并不循环，故称直流式。为使集热器中出来的水有足够的温升，水的流量通常都比较小。循环式太阳能热水器是应用最广的热水器，按照水循环的动力，又可分为自然循环式热水器（见图 3-6）和强迫循环式、强迫流动式热水器（见图 3-7）。

平板式太阳能热水器常因制造材料不同而分为不同品种，但其共同点都是利用板盒的温室效应将水加热。目前较先进的平板式太阳能热水器多采用铜铝复合太阳能集热器，其核心部件为铜铝复合翅板。板芯的制造工艺是在两片薄铝片中间夹一根小铜管，用压力机先将它们压扁，并形成瓦楞波纹，然后用压缩空气把中心铜管吹胀，使薄的铝翼片同薄铜管紧密结合成一体。在热水器系统中，水从薄铜管内流过，薄的铝翼片受太阳辐射后，将热传给管中的水，最后通过上

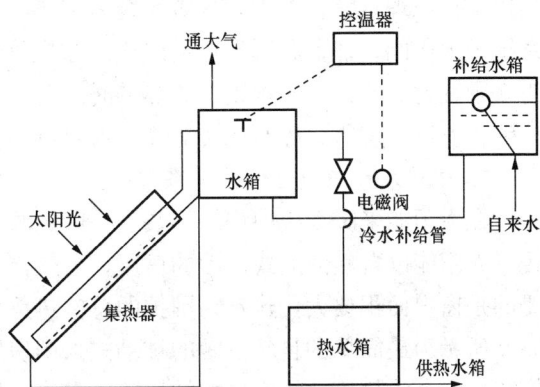

图 3-6　自然循环式热水器示意原理

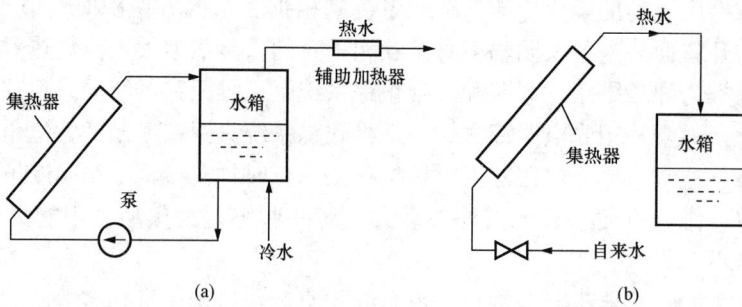

图 3-7　强迫循环式与强迫流动式热水器原理示意
(a) 强迫循环式；(b) 强迫流动式

下集水管与水箱连接，构成太阳能热水循环系统。为了提高吸热效率，铝翼片表面涂有选择性涂层。使用铜铝复合材料制成的热水器质量轻、水质好、传热效率高。小型平板式太阳能热水系统多采用热虹吸的自然循环，靠冷热水的密度不同，热水上升进入水箱上部，冷水向集热器的下部补充，直至水温大致一样，达到平衡才不流动。大型平板式太阳能热水系统，单靠热虹吸不够，要用水泵帮助强制循环，以提高太阳能的利用率。这种热水系统还可采用定温放水措施，用热敏元件和电磁阀门自动调节水的循环，控制水箱中热水的温度。

真空管式太阳能热水器是最先进的形式，它的热效率高，不受环境温度影响，基本上可适应全年使用，由集热和隔热性好的真空管集热器组成。这种集热器分全玻璃式和玻璃/金属式两种，基本原理都是利用真空来减少热量的对流传导损失，就像热水瓶胆一样，热量不易向外逸散，因而在冬天外界温度处于零度以下时，只要有太阳辐射，集热器内的温度还是很高。目前真空管集热器的最高温度可达 200℃ 左右。由它们组成的热水器，不仅可以满足生活热水的需要，还能供工业生产、农副产品加工以及太阳能热发电等方面使用。因此，它是当代太阳能的高技术产品。

（三）太阳能采暖

太阳能采暖可以分为主动式和被动式两大类。主动式是利用太阳能集热器和相应的蓄热装置作为热源来代替常规热水（或热风）采暖系统中的锅炉进行采暖。被动式是依靠建筑物结构本身充分利用太阳能来达到采暖的目的，因此又称为被动式太阳房。图 3-8 所示为太阳房工作原理示意。太阳能采暖系统由集热、蓄热、供热和辅助热源几部分组合而成。集热系统由太阳能集热器和循环系统组成。在集热系统和供热系统之间设有蓄热子系统。这是因为太阳辐射热不大、不规则，集热的时间范围未必一定，更未必能与产生热负荷的时间范围一致，所以要用水、碎石或砖等作为蓄热器的蓄热材料。

1. 被动式太阳能自然采暖系统

在太阳能采暖系统中如果不装设辅助热源，散热方式又是自然的，则称为太阳能自然采暖。太阳能以自然的形式流动的房屋，一般称为被动式太阳房。对于被动式太阳房来说，重要的是窗户面积要大，建筑物围护的总传热系数要小，以保证昼夜 24h 室内的采暖需要。图 3-9 所示为最简单的自然供暖的被动式太阳房原理示意。这种太阳房白天直接依靠太阳辐射供暖，多余的热量被热容量大的建筑物本体（如墙、天花板、地基）及由碎石填充的蓄热槽吸收；夜间通过自然对流放热使室内保持一定的温度，达到采暖的目的。这种太阳房构造简单，取材方便，造价便宜，无需维修，有自然的舒适感，特别适用于广大农村。

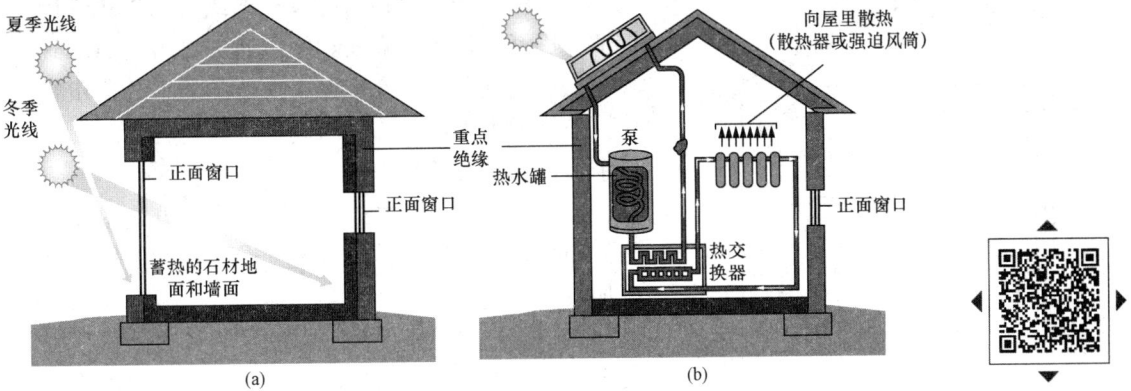

图 3-8　太阳房工作原理示意

（a）被动式；（b）主动式

为进一步提高被动式太阳房的采暖效率，首先应采取的措施是增大接受阳光的窗户面积，同时采用隔热套窗和双层玻璃窗来防止散热。对被动式太阳房的进一步改进是在向阳的垂直玻璃窗面内装设厚约 60cm 的混凝土墙，墙涂黑，兼作集热和蓄热壁，玻璃窗面和墙之间留有 30～50mm 的夹层，墙上下两端开有长方形的通气孔。当墙壁吸收阳光被加热后，夹层中的热空气就通过上端开孔流入房间，冷空气则从下端开孔流进夹层，构成自然循环，从而达到采暖的目的。这种带蓄热墙的太阳房是 1967 年由法国人特朗布提出的，故这种结构的太阳房又称为特朗布墙太阳房。

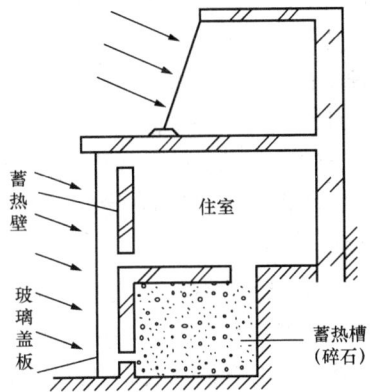

图 3-9　被动式太阳房原理示意

特朗布墙也可以用一种装水的鼓形罐来代替。这种结构在垂直玻璃盖板外侧装有隔热板，隔热板的内表面贴有反射太阳光的铝箔。白天将隔热板放下，这样装水的鼓形罐不但可以直接吸收太阳辐射，还可以吸收由隔热板铝箔反射的太阳辐射；夜晚将隔热板拉起来又可防止散热。这种构造的特点是水的蓄热容量大，而且有一部分阳光可从鼓形罐之间的间隙进入室内。

被动式太阳房形式多样，建筑技术简单，价格低，舒适。我国从 1977 年开始就开展了不同类型的太阳房的试验研究和推广工作，建立了几十座试验性太阳房。

2. 主动式太阳能采暖系统

太阳能采暖、供热水系统的形式很多，一般都具有集热器、辅助热源、蓄热介质、循环泵等。蓄热介质可以是水、混凝土、砂、碎石等。集热器通常是组合式平板型，有水集热和空气集热两大类。因具有蓄热介质和燃料式或电气式的辅助热源，所以称这种系统为主动式太阳能采暖系统。这种系统还可以进一步采用热泵来更有效地利用太阳能。图 3-10 所示为主动式太阳房原理示意。

（四）太阳能干燥

1. 太阳能干燥基本原理

从机理上说，干燥过程是利用热能使固体物料中的水分汽化并扩散到空气中去的过程。

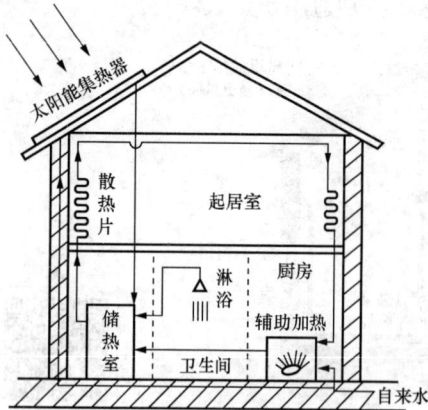

图 3-10　主动式太阳房原理示意

物料表面获得热量后，将热量传入物料内部，使物料中所含的水分从物料内部以液态或气态方式进行扩散，逐渐到达物料表面，然后通过物料表面的气膜而扩散到空气中去，使物料中所含的水分逐步减少，最终成为干燥状态。因此，干燥过程实际上是一个传热、传质的过程。

按照传热和加热方式的不同，干燥方式主要可分为四种，即传导干燥、对流干燥、辐射干燥和介电加热干燥。

太阳能干燥就是使被干燥的物料，或者直接吸收太阳能并将它转换为热能，或者通过太阳能集热器所加热的空气进行对流换热而获得热能，继而经过以上描述的物料表面与物料内部之间的传热、传质过程，使物料中的水分逐步汽化并扩散到空气中去，最终达到干燥的目的。要完成这样的过程，必须使被干燥物料表面所产生水汽的压强大于干燥介质中水汽的分压。压差越大，干燥过程就进行得越快。因此，干燥介质必须及时地将产生的水汽带走，以保持一定的水汽推动力。如果压差为零，就意味着干燥介质与物料的水汽达到平衡，干燥过程就停止。

太阳能干燥通常采用空气作为干燥介质。在太阳能干燥器中，空气与被干燥物料接触，热空气将热量不断传递给被干燥物料，使物料中水分不断汽化，并及时把水汽带走，从而使物料得以干燥。

2. 太阳能干燥的意义

太阳能干燥是人类利用太阳能历史最悠久、最广泛的一种形式。早在几千年前，我们的祖先就开始把食品和农副产品直接放在太阳底下进行摊晒，待物品干燥后再保存起来。这种在阳光下直接摊晒的方法一直延续至今，可称为被动式太阳能干燥。但是，这种传统的露天自然干燥方法存在效率低，周期长，占地面积大，易受阵雨、梅雨等气候条件的影响，也易受风沙、灰尘、苍蝇、虫蚁等的污染，难以保证被干燥食品和农副产品的质量等诸多弊端。

我国在 20 世纪 90 年代之前，太阳能干燥就有了一定程度的发展，主要表现在技术开发和推广应用方面都取得了较大的成绩。据不完全统计，全国安装各类太阳能干燥器的总采光面积已累计达到 15 000m²。各地已经报道的太阳能干燥实例很多，在食品、农副产品方面，有各种谷物、蔬菜、水果、鱼虾、香肠、挂面、茶叶、烟叶、饲料等的干燥；在木材方面，有白松、美松、榆木、水曲柳等的干燥；在中药材方面，有陈皮、当归、天麻、丹参、人参、鹿茸、西洋参等的干燥；在工业产品方面，有橡胶、纸张、蚕丝、制鞋、陶瓷泥等的干燥。

国际上对太阳能干燥的研究、开发及实际应用一直都比较重视。在国际能源署（IEA）太阳能加热和制冷计划（SHC）中，还专门设立了"太阳能干燥农作物"任务组，主要成员有加拿大、荷兰、美国等国家。该任务组研究开发的太阳能干燥项目有咖啡、烟叶、谷物、水果、生物质、椰子皮纤维和泥煤等的干燥。

3. 太阳能干燥的优点

太阳能干燥与常规能源干燥相比较，以及太阳能干燥与露天自然干燥相比较，都具有许多优点。

与常规能源干燥相比较,太阳能干燥的主要优点如下:

(1) 节约常规能源。太阳能干燥是将太阳能转换成热能,可以节省干燥过程中所消耗的大量燃料,从而降低生产成本,提高经济效益。

(2) 保护自然环境。太阳能干燥使用清洁能源,对保护自然环境十分有利,而且可以防止因常规能源干燥消耗燃料而给环境造成的严重污染。

与露天自然干燥相比较,太阳能干燥的主要优点如下:

(1) 提高生产效率。太阳能干燥是在特定的装置内完成的,可以改善干燥条件,提高干燥温度,缩短干燥时间,进而提高干燥效率。

(2) 提高产品质量。太阳能干燥是在相对密闭的装置内进行的,可以使物料避免受风沙、灰尘、苍蝇、虫蚁等的污染,也不会因天气反复变化而变质。

(五) 太阳灶

太阳灶是利用太阳辐射能,通过聚光、传热、储热等方式获取热量,进行炊事和烹饪食物的一种装置,属于太阳能中、高温利用的一种太阳能热利用设备。人类利用太阳能来烧水、做饭已有 200 多年的历史,特别是近年来,世界各国都先后研制生产了各种不同类型的太阳灶。尤其是发展中国家,太阳灶受到了广大用户的欢迎和好评,并得到了较好的推广和应用。

我国是发展中国家,又是农业大国,农村人口占全国总人口的 80% 以上,而国家供应农村的常规能源,只能满足需求量的一半。据统计,一台截光面积为 $2m^2$ 的聚光太阳灶,每年可节省约 1t 左右的农作物秸秆。因此大力推广应用太阳灶,对于节省常规能源,减少环境污染,提高和改善农、牧民的生活水平具有重要意义,特别是在大西北农村和边远地区,那里太阳能资源极其丰富,交通又不方便,就更具有它的特殊现实意义。据统计,截至 2002 年,我国已推广应用太阳灶约 30 万台,随着太阳灶研制生产技术和工艺水平的不断改进和市场需求的增加,同时也由于环境污染日益严重,我国太阳灶行业将会加速发展。

1. 太阳灶的性能

太阳灶作为炊事和烹饪食物的一种装置,应能满足烧开水、煮饭,以及煎、炒、蒸、炸的功能。太阳灶功能不同,它能提供的温度也有所区别。如蒸煮或烧开水,要求温度为 100~150℃;如果需要煎、炒、炸,则需要提供 500~600℃ 的高温。太阳灶的功率大小,根据用户的需求而不同,一般家庭使用的太阳灶,其功率大多为 500~1500W,截光面积为 1~3m²。通过试验和检测,太阳灶的热效率(即太阳灶提供的有效热能与它接收的太阳能量之比)约为 50%。

太阳灶除具有以上性能外,还应满足炊事人员操作的方便(如锅灶的高度,与人体的距离等),以及便于定时调整角度和方位;此外,还要考虑耐候性能和抗风载等要求。

2. 太阳灶的结构类型

根据收集太阳能量的不同,太阳灶基本上可分为箱式太阳灶、聚光太阳灶和综合型太阳灶三种基本结构类型。

(1) 箱式太阳灶。如图 3-11 所示,箱式太阳灶的基本结构为一箱体,还有外壳和支架,箱体上面有 1~3 层玻璃(或透明塑料膜)盖板,箱体四周和底部采用保温隔热层,其内表面涂以太阳吸收率比较高(应大于 0.90)的黑色涂料。蒸、煮食物可以放在箱内预制好的木架或铅丝弯成的托架上。使用时,将箱体盖板与太阳光垂直方向放置,预热一定时间后,使箱内温

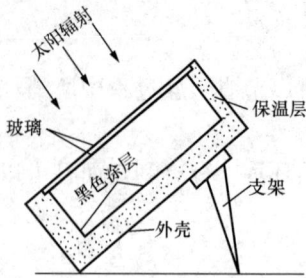

图 3-11   箱式太阳灶的基本结构

度达 100℃，即可放入食物，箱子封严后即开始蒸、煮食物，使用时要进行几次箱体角度的调整，一般 1~2h 后即熟。

箱式太阳灶可以蒸馒头、包子，焖米饭，炖肉，熬汤和煮红薯等，还可以用于蒸煮医疗器具和消毒灭菌。

为了提高箱式太阳灶的热性能，人们又在箱式太阳灶朝阳玻璃面四周加装 1~4 块平面反射镜，这样太阳光照射到反射镜后，有很大一部分能量会进入玻璃面，使箱式太阳灶有效能量提高 1~2 倍。

此类太阳灶的优点是结构简单、成本低廉、使用方便；但由于聚光度低、功率有限、箱温不高，只能适合于蒸、煮食物，而且时间较长，使用受到很大的限制。

（2）聚光太阳灶。聚光太阳灶利用了抛物面聚光的特性，大大提高了太阳灶的功率和聚光度，锅圈温度可达 500℃以上，大大缩短了炊事作业时间。聚光太阳灶根据聚光方式的不同，分为旋转抛物面太阳灶、球面太阳灶、抛物柱面太阳灶、圆锥面太阳灶和菲涅耳聚光太阳灶等。旋转抛物面太阳灶具有较强的聚光特性、能量大，可获得较高的温度，因此使用最广泛。

（3）综合型太阳灶。综合型太阳灶是将箱式太阳灶和聚光太阳灶所具有的优点加以综合，并吸收真空集热管技术、热管技术研发的不同类型的太阳灶。

1）热管真空集热管太阳灶。利用热管真空集热管和箱式太阳灶的箱体结合起来形成的太阳灶，如图 3-12 所示。

2）储热太阳灶。图 3-13 所示为储热太阳灶，太阳光通过聚光器 1，将光线聚集照射到热管蒸发段 2，热量通过热管迅速传导到热管冷凝端 5，通过散热板 4 再将它传给换热器 6 中的硝酸盐 7，再用高温泵 9 和开关 10 使管内传热介质把硝酸盐获得的热量传给炉盘 11，利用炉盘所达到的高温进行炊事作业。

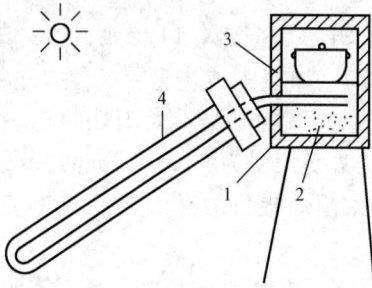

图 3-12   热管真空集热管太阳灶
1—散热片；2—蓄热材料；3—绝热箱；
4—热管真空集热管

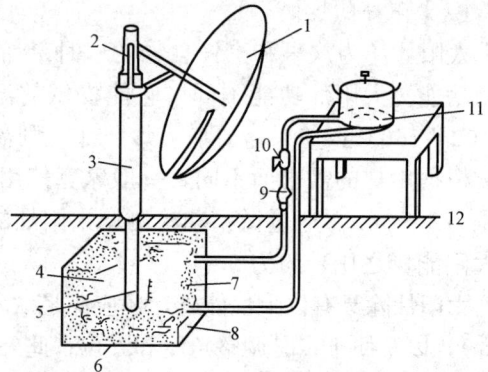

图 3-13   储热太阳灶
1—聚光器；2—热管蒸发段；3—支撑管；4—散热板；
5—热管冷凝端；6—换热器；7—硝酸盐；8—绝热层；
9—泵；10—开关；11—炉盘；12—地面

这类太阳灶实际上是一种室内太阳灶，比室外太阳灶有了很大改进，但技术难度在于研制一种可靠的高温热管以及管道中高温介质的安全输送和循环，而且对工作可靠性要求很高，目前尚无成熟的产品上市。

（六）太阳能海水淡化

地球上的水资源中，含盐的海水占了 97％，随着人口增加和工业发展，城市用水日趋紧张，为了解决日益严重的缺水问题，海水淡化越来越受重视。人类利用太阳能淡化海水，已经有很长的历史了。最早有文献记载的太阳能淡化海水的工作，是 15 世纪由一名阿拉伯炼丹术士实现的，这名炼丹术士使用抛光的大马士革镜进行太阳能蒸馏。1862 年，Lavoisier 使用安装在支架上的大型玻璃透镜，将太阳光聚焦在一个长颈瓶中，进行太阳能蒸馏。1869 年，Mouchot 描述了用镀银的玻璃反射镜聚光，用于太阳能蒸馏的全过程。世界上第一个大型太阳能海水淡化装置，是 1874 年由瑞典工程师威尔逊设计在智利北部的 Las Salinas 建造的。它由宽 1.14m、长 61m 的盘形（basin-type）蒸馏器组合而成，总面积为 4700m²。在晴天条件下，每天生产 23 000L 淡水 [4.9L/(m²·d)]。这座太阳能蒸馏海水淡化装置一直工作到 1910 年。1928 年，Pasteur 用球面反射镜聚光进行太阳能蒸馏的试验。他用一个球面反射镜将阳光聚焦于一个铜制的海水沸腾器中，所产生的蒸汽从沸腾器中引入一个传统的水冷式凝结器，并在那里得到蒸馏水。

太阳能蒸馏由于产水量低，初期成本高，因而在很长一段时间里受到冷落。第一次世界大战之后，太阳能蒸馏引起了人们的极大兴趣。当时不少新式装置被研制出来，比如顶棚式、倾斜幕芯式、倾斜盘式以及充气式太阳能蒸馏器等，为当时的海上救护以及人民的生活用水解决了很多问题。

太阳能海水淡化方法可分为直接法和间接法两类。直接法是应用集热装置用太阳能直接加热海水蒸馏制得淡水的方法。早期的太阳能蒸馏器是典型的直接应用太阳能的淡化装置。这种蒸馏器结构简单，常称的顶棚式，类似于一个温室，运行维护简单，但产水量较低，一般为 3～4L/(m²·d)，热效率只能达到 35％～45％。间接法是指先把太阳能转化成热能或电能，再提供给淡化装置的方法。目前开发的太阳能海水淡化系统主要以间接法为主。多效太阳能蒸馏器是一种间接太阳能蒸馏器，主要由吸收太阳能的集热器和海水蒸发器组成，并利用集热器中的热水将蒸发器中的海水加热蒸发。图 3-14 所示为太阳能海水蒸馏淡化原理示意。

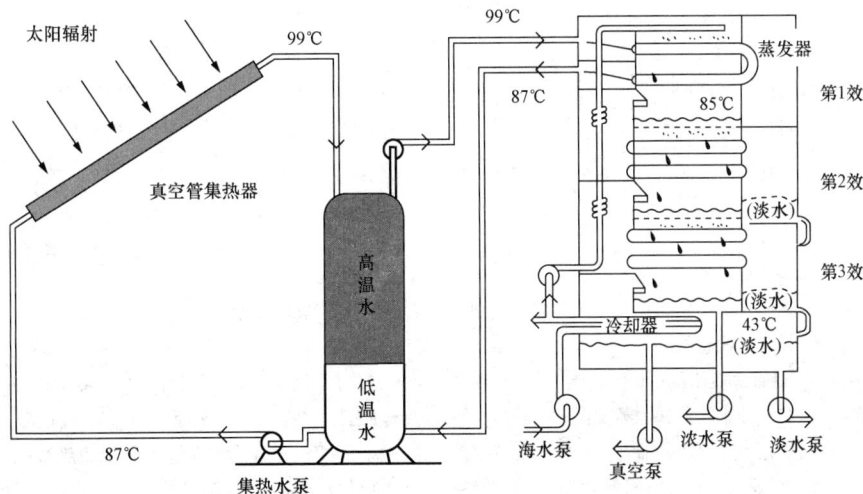

图 3-14　太阳能海水蒸馏淡化原理示意

我国西部地区饮用的地表水多为高矿高氟苦咸水，目前常用的膜分离方法设备复杂，难以处理盐分过高的水溶液，制水成本很高，很难在贫困地区推广。膜蒸馏技术是一种新型膜分离技术，与传统的分离过程相比，膜蒸馏过程可以充分利用太阳能、废热和余热等低品位热源，具有高效、节能、设备简单、易于大型化、操作温度低、无需加热至沸点、容易操作和控制、能耗低、不污染环境、可在常压和稍高于常温的条件下进行分离、可处理高浓度溶液及对膜的机械强度要求低的优点，在淡化海水和苦咸水、制备超纯水等方面得到了广泛的应用。而海岛地区和西部地区太阳能、风能资源非常丰富，海岛地区海水资源非常丰富，利用膜蒸馏技术可应用低品位能源的特点，将太阳能、风能与膜蒸馏技术相结合，开发一种淡化苦咸水（海水）可行的新型淡化水装置，用于处理西部地区或海岛地区苦咸水（海水），以解决该地区生活用水问题。而太阳能为一种清洁能源，因此还可以保护环境，在一些交通、电力都不发达的偏远地区，具有良好的社会效益和经济效益，并能够刺激国内太阳能膜蒸馏的大规模推广应用，推动太阳能膜蒸馏产业的迅速发展。但从目前膜蒸馏用于海水淡化产业的应用看，将膜蒸馏及其集成技术大规模应用于海水淡化产业，仍有很多问题有待解决。

近年来，对太阳能蒸馏的研究已经有了长足的发展，各种新颖的太阳能蒸馏系统层出不穷，其中许多在经济上已能与传统的海水淡化装置相媲美。如图3-15所示，太阳能膜蒸馏集成系统由四部分组成，即Ⅰ膜蒸馏系统、Ⅱ热工质加热系统、Ⅲ冷工质冷却系统、Ⅳ太阳能光伏发电系统。其工作原理是，苦咸水（海水）先进入系统的苦咸水水箱中，由泵将一部分苦咸水（海水）送入太阳能热水器进行加热，加热后的苦咸水（海水）进入恒温水箱，水

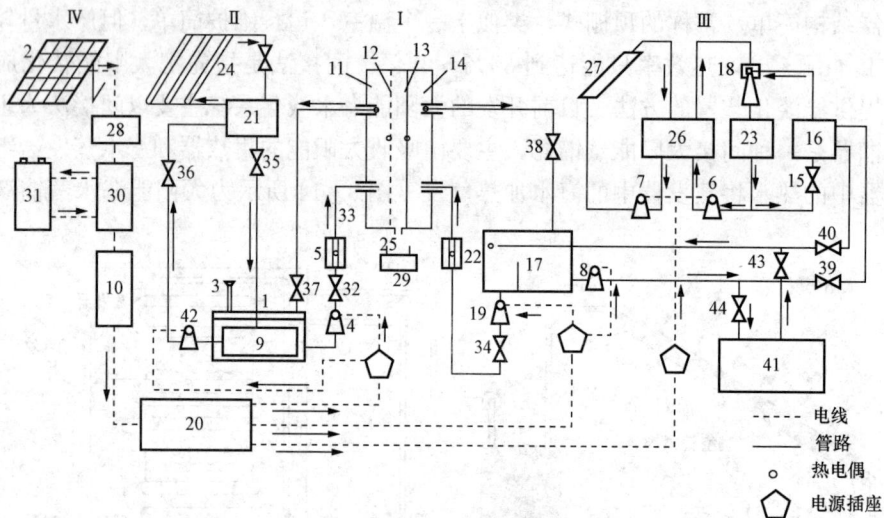

图3-15　太阳能膜蒸馏系统装置原理示意

1—恒温热水域；2—太阳能电池板；3—电加热棒；4—热工质循环泵；5、22—流量计；6、7—制冷系统循环泵；8—冷凝泵；9—盘管式换热器；10—直流-交流逆变器；11—热工质容腔；12—膜组件；13—冷壁；14—冷工质容腔；15—膨胀阀；16—蒸发器；17—冷水箱；18—喷射器；19—冷工质循环泵；20—配电箱；21—热水箱；23—冷凝器；24—太阳能热水器；25—烧杯；26—蓄热器；27—太阳能集热器；28—接线盒；29—电子天平；30—控制器；31—蓄电池；32、34～40、43、44—阀门；33—管路；41—空气制冷机；42—换热器回水泵

箱内有电加热辅助装置（弥补太阳能加热的不足），恒温水箱中的苦咸水（海水）作为淡化系统的热工质进入膜蒸馏系统，余水返回到太阳能热水器中继续加热。考虑到高温会影响太阳能电池的发电性能，所以在太阳能电池板板背安装一个换热装置。另一部分苦咸水（海水）从水箱中进入太阳能电池板板背换热装置中，对太阳能电池进行冷却，同时预热了苦咸水（海水），预热后的苦咸水也进入恒温水箱。这样就改善了太阳能电池的发电性能，提高了发电效率，也对苦咸水（海水）进行了预热，节省能耗。

我国是海洋大国，且沿海和中西部地区拥有极为丰富的海水和地下苦咸水资源，在地下取水和跨区域调水受到越来越多的条件限制的情况下，开发利用海水和苦咸水资源，进行海水（苦咸水）淡化就成为开源节流和解决我国淡水资源紧缺的重要战略途径。预计在不远的将来，太阳能蒸馏系统将为人类提供更多、更好、更经济的优质淡水。

（七）太阳能空调与制冷

1. 太阳能空调的意义

近年来，我国城乡建筑的发展非常迅速，全国每年建成的房屋建筑面积高达 16 亿～19 亿 m^2。到 2001 年底，全国城乡现有的房屋建筑面积已超过 360 亿 m^2，建筑耗能在全球总耗能中占有很大的比例。目前，全国建筑耗能量已超过全国总耗能量的四分之一，而且有继续上升的趋势。众所周知，建筑耗能包括热水、采暖、空调、照明、家电等。其中，住宅和公共建筑的空调在全部建筑耗能中占有很大的比重。

人类赖以生存的地球正在逐渐变暖，地球表面的温度正在逐步上升，我国的年平均气温也正在逐年升高。以华北地区为例，1980—1989 年期间的平均气温升高 0.1～0.6℃，1990—1998 年期间的平均气温升高 0.3～0.8℃。因此，夏季对空调的需求越来越大。

随着我国国民经济的迅速发展和人民生活水平的逐步提高，在全国用能量不断增加的同时，温室气体的排放量也正在快速增长，我国目前已成为世界上温室气体排放大国。因此，节约能源、减少温室气体排放是一项需要全社会作出不懈努力的重要任务。

太阳能是一种取之不尽、用之不竭的洁净能源。在太阳能热利用领域中，不仅有太阳能热水和太阳能采暖，而且还有太阳能制冷空调。换句话说，在太阳能转换成热能后，人们不仅可以利用这部分热能提供热水和采暖，而且还可以利用这部分热能提供制冷空调。从节能和环保的角度考虑，用太阳能替代或部分替代常规能源驱动空调系统，正日益受到世界各国的重视。

当前，世界各国都在加紧进行太阳能空调技术的研究。据调查，已经或正在建立太阳能空调系统的国家和地区有意大利、西班牙、德国、美国、日本、韩国、新加坡、中国香港等，这是由于发达国家和地区的空调能耗在全年民用能耗中所占比重比发展中国家的更大。因此，太阳能空调对节约常规能源、保护自然环境都具有十分重要的意义。

2. 太阳能空调的优点

太阳能空调的最大优点在于季节适应性好。一方面，夏季烈日当头，太阳辐射能量剧增，人们在炎热的天气迫切需要空调；另一方面，由于夏季太阳辐射能量增加，使依靠太阳能来驱动的空调系统可以产生更多的冷量。这就是说，太阳能空调系统的制冷能力是随着太阳辐射能量的增加而增大的，这正好与夏季人们对空调的迫切要求相匹配。

太阳能制冷空调可以用多种方式来实现，每种方式又都有其自身的特点。以目前使用较多的太阳能吸收式空调为例，将太阳能吸收式空调系统与常规的压缩式空调系统进行比较，除了季节适应性好这个最大优点之外，还具有以下几个主要优点：

（1）传统的压缩式制冷机以氟利昂为介质，对大气层有一定的破坏作用，特别是在蒙特利尔协议书签订后，国际上已禁用氟氯烃化合物，因而迫切要求寻找代用工质；而吸收式制冷机以不含氟氯烃化合物的溴化锂为介质，无臭、无毒、无害，十分有利于保护环境。

（2）压缩式制冷机的主要部件是压缩机，无论采取何种措施，都会有一定的噪声，而吸收式制冷机除了功率很小的屏蔽泵之外，无其他运动部件，运转安静，噪声很低。

（3）同一套太阳能吸收式空调系统，可以将夏季制冷、冬季采暖和其他季节提供热水三种功能结合起来，做到一机多用，四季常用，从而可以显著地提高太阳能系统的利用率和经济性。太阳能制冷、采暖、供热系统中，太阳能制冷的历史并不长。1957年美国人开始试制氨-水吸收制冷机和聚光集热器。1966年澳大利亚人试制了水-溴化锂吸收制冷机和平板集热器。其后，以日本和美国为中心，相继建成了一大批以制冷、采暖或仅以制冷为目的的太阳房。

3. 太阳能制冷的基本概念与分类

所谓制冷，就是指使某一系统的温度低于周围环境介质的温度并维持这个低温。这里的系统可以是空间或者物体，环境介质可以是自然界的空气或者水。为了使这一系统达到并维持所需要的低温，就得不断地从系统中取出热量并将热量转移到环境介质中去。这个不断地从被冷却系统取出热量并转移热量的过程，就是制冷过程。

根据使用补偿过程的不同，制冷大体上可以分为两大类。一类是消耗热能，用热量由高温传向低温的自发过程作为补偿，来实现将低温物体的热量传送到高温物体的过程；另一类是消耗机械能，用机械做功来提高制冷剂的压力和温度，使制冷剂将从低温物体吸取的热量连同机械能转换成的热量一同排到环境介质中，从而完成热量从低温物体传向高温物体的过程。

建筑中应用的太阳能空调，属于太阳能制冷的一种实例。也就是说，在太阳能空调的具体情况下，系统就是建筑物内的空间，而环境介质就是自然界的空气。日常生活中应用的太阳能冰箱，属于太阳能制冷的另一种实例，以上所述的系统就是冰箱内的物体，环境介质也是自然界的空气。

4. 太阳能制冷系统的类型

从理论上讲，太阳能制冷可以通过太阳能光电转换制冷和太阳能光热转换制冷两种途径来实现。

太阳能光热转换制冷，首先是将太阳能转换成热能（或机械能），再利用热能（或机械能）作为外界的补偿，使系统达到并维持所需的低温。如果按上述消耗热能及消耗机械能这两大类补偿过程进行分类，太阳能制冷系统主要有太阳能吸收式制冷系统（消耗热能）、太阳能吸附式制冷系统（消耗热能）、太阳能除湿式制冷系统（消耗热能）、太阳能蒸汽压缩式制冷系统（消耗机械能）、太阳能蒸汽喷射式制冷系统（消耗热能）几种类型。

太阳能光电转换制冷，首先是通过太阳能电池将太阳能转换成电能，再用电能驱动常规的压缩式制冷机。在目前太阳能电池成本较高的情况下，对于相同的制冷功率，太阳能光电转换制冷系统的成本要比太阳能光热转换制冷系统的成本高出许多倍，目前尚难推广应用。

（八）太阳能热发电

太阳能热发电是指利用工质将太阳辐射能先转变为热能，然后再将热能转变为电能的一种发电方式。在 20 世纪 70 年代的石油危机中太阳能热发电曾引起重视，美国、日本、西欧各国和苏联均建有太阳能热电站。早期的都是塔式发电站，也称为中央接收式电站。它由定日镜、高塔集热锅炉和蒸汽发电机组等部分组成。定日镜是设置在地面的收集太阳能的平面聚光镜，由计算机操纵以自动跟踪太阳，所有镜面集中的太阳光都反射到高塔的锅炉上，锅炉产生的高温高压蒸汽被输送到汽轮发电机组，发出的电力可与常规电网并网运行。这种太阳能热电站结构复杂，工程浩大，投资高，长期以来只是进行试验，未能进行商业运营。20世纪 90 年代以后，美国和以色列进行合作，采用抛物柱面聚光镜和高效太阳能集热管，包括真空管集热管，产生的高温热水与常规火力发电系统结合，形成能源互补，并去除了复杂的定日镜群和集热高塔，使操作方便，节约燃料，运行可靠，很快就投入了商业运营。1994年美国加利福尼亚州建立的此种太阳能热发电站的总装机容量已达 35 万 kW。

自从 1950 年苏联设计建造了世界第一座塔式太阳能热发电小型试验装置和 1976 年法国在比利牛斯山区建成世界第一座电功率达 100kW 的塔式太阳能热发电系统之后，20 世纪 80 年代以来，美国、意大利、法国、苏联、西班牙、日本、澳大利亚、德国、以色列等国相继建立起各种不同类型的试验示范装置和商业化试运行装置，促进了太阳能热发电技术的发展和商业化进程。西班牙是现有太阳能热发电项目装机量最多的国家，2016 年底装机量达 2.3GW，美国以 1.7GW 位居第二。上述两国装机总量占全球现有光热项目装机量的 80% 之多。

太阳能热动力发电一直是太阳能热利用的主要研究方向，大体上也分为两种类型：一种是太阳蒸汽热动力发电，就是采用反射镜将阳光聚集起来加热水或其他介质，使之产生蒸汽以推动涡轮机等动力发动机，再带动发电机发电；另一种就是利用热直接转换为电能的装置。现在已经研究的温差发电、热离子发电、磁流体发电等装置，就是将聚集的太阳光和热直接转换成电能的太阳能发电装置。图 3-16 所示为太阳能热发电系统。

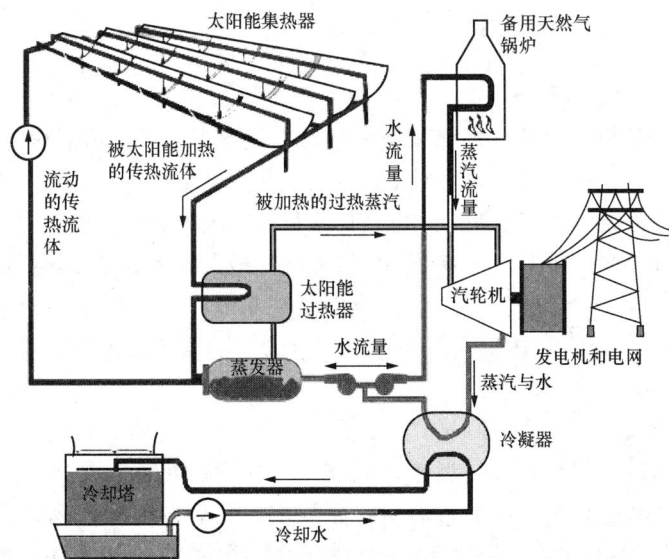

图 3-16　太阳能热发电系统

扫码看彩图

1. 塔式电站

塔式电站采用高温熔融盐来蓄热储能，聚光比高，容易达到较高的工作温度，接收器散热面积相对较小，可以得到较高的光热转换效率，这种电站的运行参数与高温高压的常规热电站基本一致，因而不仅有较高的热机效率，而且容易获得配套设备。图 3-17 所示为塔式太阳能发电站系统。电站的建设费用十分昂贵，特别是定日镜场的投资，其跟踪系统复杂，占了整个投资的一半以上。美国在塔式太阳热发电技术方面，除了太阳二号电站以外，还开发了一种新型廉价的张膜式定日镜，它的反射镜由镀银聚合物薄膜覆盖于薄金属箔上制成，然后张紧到金属构架上，对太阳光的平均反射率约为 0.92。这种薄膜定日镜的制造成本不到玻璃反射镜的 1/3。美国和欧洲还在进行接收器的改进研究，与过去介质在管内流动吸收的设计不同，改进后的新型接收器采用直接吸收概念，让太阳辐射直接被吸收，从而降低热损，提高接收器的效率，采用这种直接吸收接收器和薄膜定日镜的太阳热电系统的发电成本有望降至 5 美分/kWh 以下。

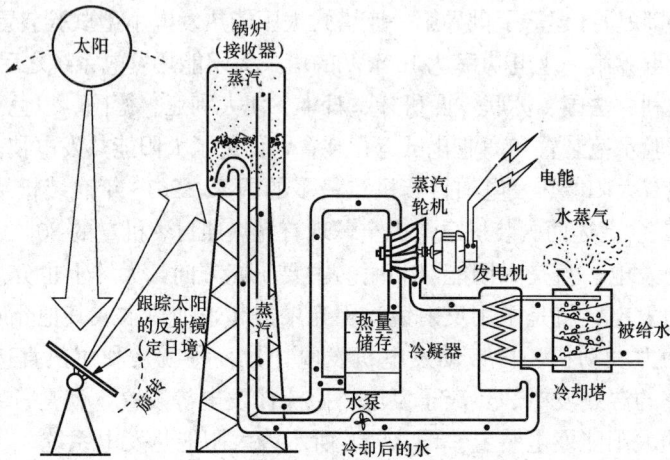

图 3-17　塔式太阳能发电站系统

2. 槽式电站

槽式集热技术比较成熟，其集热器是一种线聚焦集热器，其聚光比要比塔式聚光低得多，且吸热器散热面积较大，故集热器所能达到的介质工作温度一般不超过 400℃，属于太阳能中温热发电系统，这种系统容量可大可小，不像塔式电站那样只有在大容量的情况下才有较好的经济效益；集热器等设备都分布在地面上，安装维修比较方便。最大的优点是多聚光器集热器可以同步跟踪，故跟踪控制代价大为降低。这种系统的缺点是能量在集中过程中依赖管道和泵，管道系统比塔式电站要复杂得多，热量及阻力损失均较大，降低了系统的净输出功率和效率。

3. 碟群-汽轮机太阳热发电系统

这种系统的聚光比高，可以达到很高的温度，对于 80MW 大功率的电站，需要配备 3000～4000 个直径为 14m 的抛物面镜，每个抛物面聚光器都需安装高温吸热器，数千个高温吸热器中的工质汇集起来，系统复杂，管路及绝热材料的费用很高。因为其局限性，没有得到发展。

4. 独立碟式-斯特林太阳热发电系统

这种系统的发电容量范围 5～50kW，可以为偏远山村或小社区供电，初投资少，建设周期短，不需要敷设长距离输电线；聚光比高，有望获得高的光电转换效率；热机目前采用斯特林发动机，在阳光辐照度太低、不足以提供足够的能量使热机正常运转电力设备时，可以采用燃气燃烧来为热机提供热量，使其正常发电。斯特林发动机冷却采用空冷方式，系统耗水量低，非常适合于沙漠地区建立大面积、大容量的碟式-斯特林太阳热发电站。

碟式太阳热发电具有特殊的优势，比如，该系统适应了农业灌溉的要求，因为灌溉一般发生在白天，且雨季不需要灌溉，尤其是该系统并网后，随着关键技术的突破和生产批量的增加，成本会大幅下降，系统投资成本有望下降。

5. 太阳烟囱

太阳烟囱是太阳能热发电的一种新模式。其工作原理是空气在一个很大的玻璃天棚下被加热，热空气在天棚中央的烟囱中上升，上升气流带动烟囱底部的空气透平发电机组产生电能。太阳烟囱的优点是不需要太阳跟踪和聚焦系统，集热器天棚结构简单，不需要高科技制造技术，不需要冷却水，一经建成，运行维护成本很低，且天棚温室可用于农业。它的缺点是占地面积巨大，发电效率低。但在人烟荒芜、太阳能资源充沛的沙漠地区，建造太阳能烟囱有其现实意义。

6. 太阳池热发电系统

有些地区日照条件很好，并且盐资源也比较丰富，在大规模全国性电网未建成以前，在相当长的时期内还需要一些小型的动力供给，尤其在偏远地区更是如此。在这样的条件下，装有 $500\sim5000kW$ 机组的太阳池电站就可与柴油机发电相竞争。太阳池热发电系统因其结构系统简单、成本低，引起各国的广泛注意，并正在积极发展中。

最常见的太阳池装有浓缩的盐水，无论它是自然形成的还是人工建造的，保持池塘中盐浓度的梯度导致水温梯度的倒置是太阳池运行的基础。如果盐在接近塘底的浓度高于表面，那么底部的水较重（具有较高的密度），在加热时将不会上升（对流）。因此，当阳光透过池塘时，底部的水被加热且不会上升到表面以至于失去它的热量。通过这种方法，接近塘底的温度能升高到接近水的沸点。世界上有很多地区存在这种天然的池塘，也可以进行人造。盐梯度池塘可以用太阳能凝胶池塘来代替，池塘表面漂浮的一层凝胶可以阻碍热对流，防止热量散失。图 3-18 所示为太阳池示意。

太阳池的储热量很大，因此可以用来采暖、制冷和空调。许多国家都利用太阳池为游泳池提供热量或为健身房供暖，或用于大型温室。其中利用太阳池发电是最为吸引人的。1979 年一座 150kW 的太阳池发电站在死海南岸的爱因布科克镇诞生了。1981 年以色列政府又兴建了一座 5MW 的太阳池电站。20 世纪 80 年代后，世界各国陆续建立了不少太阳池电站。太

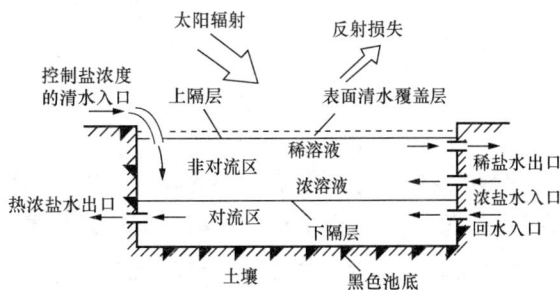

图 3-18 太阳池示意

阳池发电的成本远低于其他太阳热发电方法，其价格还可同燃油电站竞争，因此 21 世纪将有较大发展。

国际上太阳池的研究方兴未艾，它是目前太阳能蓄热量最大的一种方式，备受人们关注。但是，由于天然盐湖或人造盐池中要形成稳定的盐浓度分层很不容易，使太阳池的开发利用受到了限制。于是科学家们想借助于新材料工业的发展，寻找一种能替代透明盐溶液层

的有机膜，覆盖在普通水池之上，同样达到吸收和储存太阳能的目的，称为"无盐太阳池"。此项研究是跨学科的高技术工程，一旦成功，太阳池贮能将是重大突破，它将大大推动太阳能的利用。

太阳池的应用有一定的局限性，主要表现在下列几个方面：在高纬度地区，只能水平设置的太阳池对于接受太阳辐射显然非常不利；由于决定太阳池成本的最主要因素是盐的价格（常占总造价的 1/3～1/2），所以在缺盐地区建造太阳池可能会得不偿失；在某些有地下流动含水层的地区不能建造太阳池，因为万一太阳池发生泄漏事故，就会造成水源污染，并且地下含水层的流动将会带走大量热量，从而造成严重的热损失；大型太阳池只能建造在土壤贫瘠又无矿藏的地区，以免占用耕地和影响开矿。此外，大型太阳池还可能会引起生态环境和地球物理方面的变化，占地面积大，效率太低，约 1.3% 以下，有许多技术问题需要解决，比如，盐水梯度稳定性，池内藻类处理以及管路系统的腐蚀等问题。

7. 太阳坑发电系统

为了降低塔式太阳能热动力系统的投资，发展了一种太阳坑发电技术。它是在地面挖一个球形大坑，坑壁贴上许多小反射镜，使大坑成一个巨大的凹面半球镜，将太阳能聚焦到接收器，以获得高温蒸汽。试验证实太阳坑发电的方案是可行的。由于其技术简单，成本低，有巨大的市场潜力。图 3-19 所示为太阳坑发电系统示意。

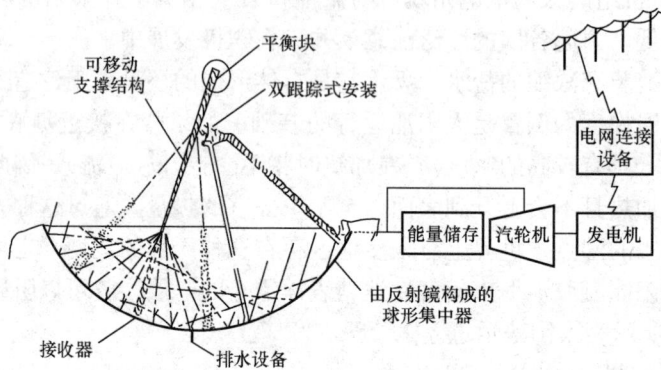

图 3-19　太阳坑发电系统

8. 其他太阳能热发电

热声发电机是正在发展中的新一代无运动部件的热力发电机。它是利用热声效应，即管内气体（氦气）在温度梯度作用下振动而获得声能输出的现象，来将热能转换成声能，再由声能驱动的一个线性交流发电机。热声热机和一般热机一样，热量由高温热源输入，发生机械功（声功）后剩余的热量放给低温热源。由于过程的不可逆性较大，因此热声热机的效率较低。热声热机十分适合采用太阳能作为热源。

五、太阳能光利用

（一）太阳能电池

太阳能光利用最成功的是用光电转换原理制成的太阳电池（又称光电池）。世界上第一台实用型的硅太阳能电池是 1954 年在美国贝尔实验室诞生的，随后，1958 年就被用作"先锋一号"人造卫星的电源上了天。太阳能电池是半导体内部光电效应的产物，当太阳光照射到一种称为 PN 结的硅半导体时，波长极短的光很容易被半导体晶体内部吸收，并去碰撞硅原子中的"价电子"，于是"价电子"便得到了能量，成为自由电子而逸出晶格，从而产生了电子流动。图 3-20 所示为太阳能电池结构原理。

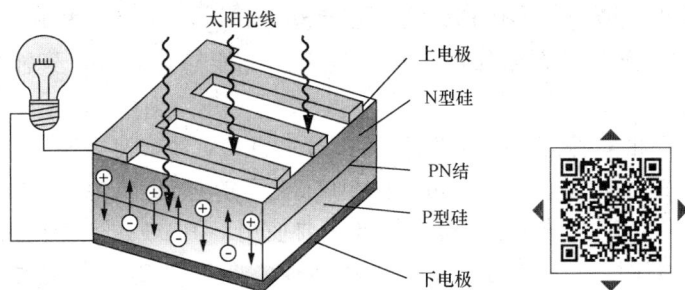

图 3-20 太阳能电池结构原理　　　　　扫码看彩图

常用太阳电池按其材料可以分为晶体硅电池、硫化镉电池、硫化锑电池、砷化镓电池、非晶硅电池、硒铟铜电池、叠层串联电池等。太阳电池质量轻，无活动部件，使用安全；单位质量输出功率大，既可作小型电源，又可组合成大型电站。目前其应用已从航天领域走向各行各业，走向千家万户，太阳能汽车、太阳能游艇、太阳能自行车、太阳能飞机都相继问世，然而对人类最有吸引力的是所谓的太空太阳站。

太阳能电池工作原理的基础，是半导体 PN 结光生伏打效应。所谓光生伏打效应，就是当物体受到光照时，物体内的电荷分布状态发生变化时产生电动势和电流的一种效应。当太阳光或其他光照射半导体 PN 结，就会在 PN 结两边出现电压，称为光生现象，就是著名的光生伏打效应。此时，若使 PN 结短路，就会产生电流。

一般衡量太阳能电池的主要参数为光电转换效率。太阳能电池的光电转换效率指的是太阳能电池的最大输出功率与照射到电池上的入射光的功率之比。太阳能电池的光电转换效率，主要与它的结构、结特性、材料性质、电池的工作温度、放射性粒子辐射损坏和环境变化等有关。计算表明，目前硅太阳能电池的理论转换效率的上限值为 33% 左右，商品单晶硅太阳能电池的转换效率一般为 12%～15%，高效单晶硅太阳能电池的转换效率为 18%～20%。

（二）太阳能光伏发电系统

太阳能光伏发电系统的运行方式主要可分为离网运行和联网运行两大类。未与公共电网相连接的太阳能光伏发电系统称为离网太阳能光伏发电系统，又称为独立太阳能光伏发电系统，主要应用于远离公共电网的无电地区和一些特殊处所。与公共电网相连接的太阳能光伏发电系统称为并网太阳能光伏发电系统，又称为联网太阳能光伏发电系统，它是太阳能光伏发电进入大规模商业化发电阶段，成为电力工业组成部分的必然趋势，是当今世界太阳能光伏发电技术发展的主流趋势。

太阳能光伏发电系统主要由太阳能电池组、太阳能控制器、蓄电池（组）组成。如输出电源为交流 220V 或 110V，还需要配置逆变器。各部分的作用如下：

（1）太阳能电池板。太阳能电池板是太阳能发电系统中的核心部分，也是太阳能发电系统中价值最高的部分。其作用是将太阳的辐射能力转换为电能，或送往蓄电池中存储起来，或推动负载工作。太阳能电池板的质量和成本将直接决定整个系统的质量和成本。

（2）太阳能充电控制器。太阳能充电控制器的作用是控制整个系统的工作状态，并对蓄电池起到过充电保护、过放电保护的作用。在温差较大的地方，合格的控制器还应具备温度补偿的功能。其他附加功能，如光控开关、时控开关都应当是控制器的可选项。

（3）蓄电池。它一般为铅酸电池，微小型系统中，也可用镍氢电池、镍镉电池或锂电池。其作用是在有光照时将太阳能电池板所发出的电能储存起来，到需要的时候再释放出来。

（4）逆变器。在很多场合，都需要提供 AC220、110V 的交流电源。由于太阳能的直接输出一般都是 DC12、24、48V。为了可以向 AC220V 的电器提供电能，需要将太阳能发电系统所发出的直流电能转换成交流电能，因此需要使用 DC-AC 逆变器。在某些场合，需要使用多种电压的负载时，也要用到 DC-AC 逆变器，如将 DC24V 的电能转换成 DC5V 的电能。

（三）太阳能电源

（1）航标灯电源。太阳电池转向地面应用最早的是作为各种信号灯的电源，特别是海上航标灯，数量大，要求高。太阳电池稳定可靠，但是海域气象变化多，对太阳电池供电有特殊的技术要求。利用太阳电池白天给蓄电池充电，晚上供信号灯用电，用光电二极管控制灯光日关夜开，自动充电，做到无人值守，深受航标工人和航标管理部门的欢迎。尽管初期投资较高，但运行管理费低，我国的沿海航标灯很快就太阳电池化了。后来有些内河和湖泊的航标灯也采用太阳电池供电，特别是旅游航线上的航标灯，如广西漓江、江苏太湖安装了太阳电池航标灯，显得格外美观。

公路、铁路信号灯电源类似航标灯电源，在公路、铁路等交通信号上使用太阳电池作电源优点很多，特别对一些偏远缺电的地方，交通道口的信号装置十分重要，过去我国大多靠人工值守，比较落后。随着交通现代化，车流量增加，信号必须自动化。我国在东北、西北地区的铁路干线首先采用了太阳电池供电的铁路道岔自动化，不仅一些小车站的信号灯用太阳能电源，连自动道岔和站上照明也用太阳电池供电，这比长距离架设输电线路或备用柴油机发电更经济方便，首先淘汰了旧式马灯信号。现在不少公路道口也采用了太阳电池信号灯，连首都天安门前东西长安街的安全信号灯也有部分用太阳电池供电。因为它可以独立供电，不需要拉电线，美观适用，而且不受停电的影响，实为安全的应急信号灯。日本为多地震国家，使用太阳能交通信号灯较多，也算是一种特色。

（2）桥梁水闸阴极保护用电源。桥梁、水闸、码头、输油输气管道等钢铁结构物，常年日晒雨淋，锈蚀现象难免，通常都是采用涂漆保护法，工作量大，维护费用高。现代较先进的防腐办法是阴极保护，即在金属构件上接通直流电，用阴极电荷不使金属表面产生氧化。但是旷野之中，如何获得稳定的直流电源成为难题。若采用太阳电池供电，则轻而易举，因为它实际用电量并不大，只要电流稳定持久。我国辽宁和新疆的石油输送管道、江苏的射阳水闸都采用了太阳电池电源作阴极保护，效果很好。预计这方面的应用前景会更广阔。

（3）野外观测站点的电源。野外观测站点范围很广，有固定站点，如气象、地震、水文站等，也有流动的野外作业队，如勘探、测量、考察队等。这些单位的电源都有问题，包括工作仪器的用电、通信电台的用电、生活照明和电视广播接收等。过去比较艰苦，工作效率低，安全保障也差。为了改变落后面貌，有的单位已开始采用太阳电池作为电源，如不少高山气象站用太阳能电源发报观测资料，地震站用太阳能电源不间断长期观测和自动记录，浙江进行了太阳能水文观测预报，有些地质队使用太阳电池作流动电源，甚至登山队也用太阳电池报话机和暖手器。这些移动式电源可以为蓄电池充电，减轻许多备用电池的沉重负担，能较持久地保证电力供应，而且携带方便，不易损坏。

（4）微波通信电源。现在各国已广泛应用微波通信，近年来我国的电信事业发展更快。但是微波线路上要有许多接力的中继站，几乎是几十千米就要设一个中继站，而且多数是选择在无阻挡的高山之巅，或在田野上架起高塔。这些中继站都不能缺少电源，而且要不间断的可靠电源。因此，太阳电池供电最为理想。近年来，国际太阳电池的销售量，微波通信占有绝对多数的份额。我国的国产太阳电池已供不应求，不得不进口大量的太阳电池板，主要供微波通信用。新疆和青藏地区的微波线路，常规电网难及，地势又高，使用柴油机发电功率低，只有依靠充足的太阳能，以采用太阳电池供电为上策。

（5）电视差转电源。由于电视信号的覆盖率有限，许多边远地区和山村、海岛接收电视困难，采用电视差转台就能改善。但是，电视差转台也是居高而设，电源往往是突出问题。采用太阳电池供电就可迎刃而解。现在国产的太阳能电视差转设备采用太阳能电池，可以无人值守，自动转播。

（6）路灯、广告用电源。郊区野外往往因供电不足而一片黑。现在有些发达国家已开始使用太阳电池供电的路灯和广告牌，可以避免拉线的麻烦，而且自动关启，十分方便。有些太阳能路灯还可作为救灾应急灯，遇到自然灾害断电时，只要太阳能路灯不受直接破坏，照明会不间断工作，有利于救灾工作进行。有些私人别墅，采用太阳能电源的庭院灯。

（7）机场安全指挥系统用电。有些飞机场除采用常规电源外，也在跑道和指挥系统中选用太阳电池作为不间断电源，特别是有些小型机场使用太阳能电源更为有利，它可以减少其他备用电源的麻烦，既作为使用电源，又是可保证的不间断电源。

（8）畜牧围栏电源。现代化的畜牧业，为了保证计划放牧，防止牲畜乱跑乱吃，保护草场，提高草场的载畜量，通常实行科学的围栏放牧制，建设分区围栏草场，就是使牲畜按指定的范围生活，让草地轮流得到养息，较好地恢复牧草长势。建立围牧区有垒石围栏、刺铁丝围栏等，但最先进的办法是电围栏。电围栏是在草场建立可移动的铁丝围网，用电牧器发出低电流、高脉冲的电，通至网上，当牲畜触网时会有电麻感，但又不会击伤牲畜，使牲畜不敢再接触栏网，逐渐建立条件反射，不敢越网乱跑。澳大利亚的草场约95%实现了电围栏，其中不少是太阳电池供电。我国在内蒙古和新疆试用过太阳能电围栏，效果也很好。

（9）灭虫灯电源。为了防治农林虫害，采用灯光诱蛾是有效的方法之一，因为虫蛾都有向光性。植保学家研究昆虫的各种习性，并提出一种类似日光灯管的"黑光灯"，它比照明日光灯暗淡，但最能适合虫蛾的习性，装在田野能诱来大量飞蛾，主要是害虫的成虫，若灯下设置水坑，即可把飞蛾杀灭，减少了成虫，为害的幼虫也就少了。但是这种方法需要用电，在田野里布设电线，不仅困难，且不安全，在缺电的地方就更难办。若采用太阳电池独立供电，把灭虫灯和太阳电池电源装在一起，放在田野，白天让太阳电池充电，像航标灯一样，天黑后诱蛾灯自动开启。如果非灭虫季节，把灯换成普通灯管，也可作照明用。20世纪70年代我国曾在一些农村试用过，效果很好，这是一种物理灭虫法，比用化学农药方便安全。可惜后来未能得到推广，一是当时太阳电池价格高，二是个体农民考虑这种灭虫法不是自己直接受益，而是把别人家田地里的害虫也消灭了。这种新技术在推广中有社会共同利益，要集体投资，联合行动，甚至要发挥地方政府的职能，像防洪、抗旱一样，否则，很难单独行动，甚至连太阳能灯、电牧器等设备都会被人盗走或破坏。农业现代化、机械化，与个体所有制有一定的矛盾，但通过加强管理可以适当解决，例如集体统筹或公司经营，个体交纳服务费、租赁金等办法，使个体难办的事得以办成，共同受益，而不能阻碍新技术的推广，更不能使生态环境遭到破坏。

（四）太阳能车船和飞机

以太阳电池供电的交通工具正在陆续问世。日本、美国、澳大利亚和西欧一些国家，几乎每年都要举办太阳能车赛。各种奇形怪状的以太阳电池为动力的车辆，行驶速度不亚于普通汽车，有的时速可高达 150km，不需要任何燃料，清洁卫生，车身上贴满了太阳电池板，车内装有蓄电池，充足了电就可行驶。2003 年，一名 50 岁的日本美容师驾驶太阳能汽车从俄罗斯符拉迪沃斯托克出发，历经一个月的艰苦跋涉，行程 1000 多千米，成功抵达圣彼得堡，完成了这一驾驶太阳能汽车穿越俄罗斯的壮举。

当然，这种车辆目前造价还很高，有待太阳电池继续降价。至于太阳能游艇，国内外都有，日本的太阳能游艇已横渡太平洋，我国的太阳能龙舟也在杭州西子湖上和北京颐和园的昆明湖上行驶过，并到美国田纳西州参加过博览会，甚至让美国的州长们在龙舟上举行竞选演讲。其实太阳电池充电作游艇的动力并不难，就像普通的蓄电池船，水上航行速度不高，所需功率不大，充分利用船上的遮阳棚安装太阳电池，配备适当的铅酸蓄电池，一台约 250W 的直流电动机，就可驱动一条乘五六人的小船，在阳光下可以边走边充电，当然也可以在夜间用"低谷"市电充电，白天靠太阳电池补充。更令人感兴趣的是太阳能飞机，它满身贴满太阳电池板，将电充足后，能在空中飞翔，尽管现在还只能乘坐一两人，但毕竟是无污染的太阳能飞机。2003 年，一个名为"亥伯龙"的机器人在美国诞生，它可以追逐太阳以获取能量，突破了在其他星球探索时受到的能源和温度方面的限制。

（五）光电水泵

用太阳电池发电驱动的水泵称为光电泵。目前国内外研制的光电泵主要有两种：一种是用太阳电池板的电通过导线将电输送到机电合一的水泵上，如悬挂在井中的深井泵和漂浮在池塘水面的漂浮泵。这种太阳能水泵的功率一般比较小，主要用作小量抽水和灌溉庭院花草。另一种是较大型的光电泵，利用太阳电池阵列发出的电，经过逆变成交流动力电，然后驱动交流电动机，带动离心水泵抽水。这种太阳能提水系统可以做到功率很大，用作抽水灌溉农田或将水提上高位水塔，以供生产和生活用水。地球上有许多干旱地区，一般都是阳光充足，地面干旱，但地下水并不缺乏。如我国的新疆沙漠地区，地面蒸发量大，河湖干涸，但常有潜流的地下水。自古吐鲁番、哈密一带人民就利用坎儿井来进行抗旱灌溉。天山融化的雪水，经常流存在沙漠的底层，只要设法提取上来，就能把沙漠变成绿洲。利用太阳能提水，正是干旱地区因地制宜的措施。据联合国调查，在交通不便的荒漠干旱地区，缺水缺电，但太阳能资源丰富，使用光电泵提水的经济性已优于柴油机泵提水，比用电力提水更好。随着太阳电池的降价，利用光电泵才有可能，今后人类与沙漠化的斗争，必将借助于太阳能的巨大力量。也可以说，太阳可以促进地球的沙漠化，但科学利用太阳能，太阳又是改造沙漠的动力。

（六）光伏电站

以太阳电池组成的电站称为光伏电站。世界上已建成的大大小小光伏电站不少，其中美国最多，规模最大。美国在沙漠中建成了世界最大的太阳能电站——巴斯托电站。巴斯托电站位于美国加利福尼亚州南部阳光充足的沙漠地区，在洛杉矶东北100多千米的地方，于1982年11月建成，又称为太阳能一号电站。它由高塔、集热设备、反射镜、蒸汽涡轮发电设备等部分组成，装机容量1万kW，是目前世界上最大的太阳能电站。2003年，以色列政府决定将在内盖夫沙漠建设占地面积1000英亩的世界上最大的太阳能发电站，该太阳能电厂一期发电能力将达10万kW，到2012年工程全部完工时，发电能力将达到50万kW，发电量约占全国电力生产的5%。

　　我国的光伏电池技术是从20世纪60年代发展空间用太阳电池开发起步的，地面用光伏电池的生产是从20世纪70年代初开始，其低成本技术及生产能力则在20世纪80年代中期建立起来。经过多年的努力，我国光伏发电技术有了很大的发展。光伏电池转换效率不断提高，目前单晶硅电池实验室效率达20%，批量生产效率为14%；多晶硅实验室效率为12%。1999年，我国光伏电池的主要产品是单晶硅电池和非晶硅电池，多晶硅电池只限于实验室和中试产品。2000年之后，多晶硅产品逐步走出实验室并形成规模生产，目前批量生产效率为11%，与发达国家相比，技术差距在不断缩小。

　　20世纪90年代以来，我国在西藏地区推行"阳光计划"，建设了一批光伏电站，解决了边远地区长期无电的问题。西藏地区因历史原因，经济发展缓慢，没有电，外来信息不通，藏族同胞长期生活在封闭状态。政府曾多次想解决供电问题，但居民分散，用电负荷过低，无论是建设水电站或火电站，都不适合。自从有了太阳电池，可以按实际需要解决孤立用电问题，容量可大可小，又不需运输燃料，更不用搞大型基础建设，只要资金到位，太阳电池阵列由小到大，分期安装，不断扩容，先生活后生产，先城镇后郊区。光伏电站建设非常灵活，一座两三千人口的县城，连邮电、广播、电视转播在内，有10～20kW太阳电池，就可组建一座独立运行的光伏电站。光伏电站一次性投资较高，但运行费用低，不用燃料储运，无灰渣处理，没有机械传动部件，寿命长，维护管理简单，对文化条件差的地方，尤为适宜。中国第一座大功率的太阳能发电站建于内蒙古巴林右旗古力古台村，功率为560W，于1982年10月11日投运。在西藏已建成两座10kW、一座20kW和一座25kW的光伏电池电站。截至2016年，西藏已经建设完成光伏发电站14座，其中，拉萨市已经建设完成光伏发电站3座。

　　西藏那曲地区双湖光伏电站工程于1994年11月7日顺利建成发电，1995年6月20日正式向用户供电。双湖位于藏北那曲地区西北的羌塘高原，离那曲约900km，总面积12万km²，海拔5100m。全区共有七个乡镇，总人口7000多人，其中藏族占98%。双湖的气候干旱、少雨，风、沙、雪、雹等自然灾害频繁。双湖的太阳能资源极为丰富，年日照时数高达3000h，太阳能年辐射总量783kJ/m²，且全年分布比较均衡，季节差值较小，非常适宜太阳能光伏发电。双湖光伏电站平均每天可发电80kWh，全年发电量约29 200kWh。数据资料表明，如不计投资还本付息，光伏电站比柴油发电每年可节省81 760元，而且，光伏发电的供电质量优于柴油机发电，保证了双湖地区342户居民家庭照明、看电视等生活用电及区政府各单位、邮电所、电视差转台等公共用电要求。光伏发电充分利用当地丰富的太阳能资源，无任何污染，对保护国家高原野生动物保护区的自然资源环境起到了良好的作用。

　　除光伏电站外，近年来国内外又在发展独立户用光伏系统，即以家庭供电为目标的太阳电池整套装置，它包括一组20～50W的太阳电池组件，10～30A·h的蓄电池，以及逆变器和充放电控制器等。小容量的可供家庭照明、收音机、录音机用电，稍大容量的可供黑白电视机使用。国外还有更大容量供彩色电视机用的光伏电源。这种户用光伏系统可以作为光伏电站的补充，解决孤立用户的需求。

从世界范围来讲，光伏发电已经完成了初期开发和示范阶段，现在正在向大批量生产和规模应用发展，从最早作为小功率电源发展到现在作为公共电力的并网发电，其应用范围也已遍及几乎所有的用电领域。全世界已经建成 2～6.5MW 的荒漠电站 15 个，正在酝酿建设的荒漠电站也不少于 15 个。另外在沙漠上建电站，可实现防风固沙、减少沙尘暴、减缓甚至停止沙漠化、保护环境、改善人们的生存环境、实现人与自然的和谐发展。

（七）空间太阳能电站

1968 年，美国科学家彼得格拉赛首先提出建造太阳能发电卫星的设想。空间太阳能电站设在距地面 35 800km 高的赤道上空同步轨道上，站上装有巨型太阳能收集器，由太阳能电池使太阳能转换成为直流电能，然后再转换为微波能，由卫星微波发射天线传输到地面接收站，最后转换成电能。它与地面上的太阳能电站比较，具有两大优点：一是可以实现连续获取太阳能；二是不受大气和云层的影响，太阳能的利用效率比在地球上要高 6～15 倍。由于空间太阳能电站的结构尺寸和质量都十分巨大，必须采用空间建造技术。要先在 500km 高的近地轨道上设立空间基地，中转物资和人员，并进行各种设备和轨道间运载飞行器的生产，然后在 35 800km 高的同步轨道上建立一个同步轨道空间基地，在那里完成太阳能电站。建造一座 500 万 kW 的空间太阳能电站，需要 500 多人在太空工作半年时间，其中 100 多人在近地轨道空间基地工作，400 多人在同步轨道空间基地上服务。

空间太阳能电站的建造，空间运输是关键。科学家设想中的运载工具，比现在的航天飞机要大得多，用两个类似航天飞机的有翼飞行器串联组成，总长度有 154m，翼展 80m，有效载荷为 400t。建造一个 500 万 kW 的空间太阳能电站，第一需要这种大型运载飞行器往返 200 次，才能把所需各种物资和材料送到 500km 高的近地轨道；第二要有从地面到近地轨道的载人飞行器，可由现在的航天飞机为基础加以改进，总长为 94m，可载 75 人；第三是要有轨道间载物飞行器，有效载荷能力达 4000t；第四是要有轨道间载人飞行器，总长为 56m，直径为 9.5m，每次可载 160 人；第五要有同步轨道内载人飞行器，用于运送太阳能电站的空间维修人员。

卫星太阳能发电站要占据超过 52km^2 的地方。它在地球低轨道生产和安装，由航天飞机提供保障。其生产能量可通过微波传送给地球，并转换成电能。到 21 世纪，人类将可以在空间建立起实用的太阳能电站。

日本经济产业省制定了宇宙太阳能发电站计划草案，把太阳能定为日本未来清洁能源的主要发展方向。按照该计划，日本将用国产 H2 火箭向 500km 高的太空轨道发射输出功率为 100kW，面积为 400m^2 的太阳能电池板，然后把太阳能电池板输出的电能转换为微波送回地面；在地面废弃的飞机场、牧场或火箭发射场设立微波接收站，把发射回来的微波转换成电能供人们使用。此技术实用化后，太阳能电池板将达 10km^2，输出功率为 100 万 kW，相当于一座核电站。日本经济产业省提出了详细的实验计划，决定从 2003 年开始，两年内投入预算 1 亿日元，委托"无人宇宙实验系统研究开发机构"进行研究，整个计划除火箭发射费外约耗资 110 亿日元，争取在 40 年后实现实用化。

第二节 风　　能

一、概述

（一）风的形成

风是人类最熟悉的自然现象之一，它是由太阳辐射热引起的。太阳照射到地球表面，地球表面各处受热不同而产生温差，从而引起大气的对流运动而形成风。地球南北两极接受太阳辐射能少，所以温度低、气压高；赤道接受热量多，所以温度高、气压低。另外，地球昼夜温度、气压都在变化，这样由于地球表面各处的温度、气压变化，气流就会从压力高处向压力低处运动，形成不同方向的风，并伴随不同的气象条件而变化。

空气流动得越快，风就越大。大气是由氮、氧、二氧化碳、水蒸气等多种气体混合组成，总质量大约为 6×10^{15} t。因为空气有质量，也就有压力。但是，地球表面各处的气体压力并不均衡，从而引起空气从高压区向低压区流动，于是形成了所谓的"风"。由于气压的高低受多种因素影响，如地形的高低，大气温度的高低和湿度的大小以及所处的纬度的高低的不同（从而所受到地球的引力也不同）等都会对气压产生影响，从而制造出各种各样的"风"，如微风、狂风、暴风，还有龙卷风等。在气象学上，把空气极不规则的运动称为"紊流"，上下垂直的运动称为"对流"，只有当空气沿地面做水平运动时才称为"风"，这也就是人们平时常说的"风"。正因为风是地球表面的平面运动，于是就有东、南、西、北的方位。空气由南向北流动，称为南风；由东向西流动，称为东风，以此类推。

风能是太阳能的一种形式。太阳光对地球表面不均衡地加热，造成了大气层中温度和压力的差别，风的运动起着减小这种差别的作用。当太阳加热地球一面的空气、水面和大地时，地球的另一面通过向宇宙空间的热辐射而冷却。地球每天的转动使其整个表面都轮流经历这种加热和冷却的周期变化。地球轴线相对于太阳的倾斜角度，有着季节性的变化，从而造成了地球表面加热能量日常分布的季节性变化。

在赤道附近，吸收的太阳能要比两极附近多得多。较轻的热空气在赤道附近上升，并向两极运动；而较重的冷空气作为替代，从两极移向赤道。在北半球，地球自西向东地自转，使向北运动的空气折而朝东，使向南运动的空气折而向西。当向北运动的空气到达北纬 30° 时，它几乎已经折向正东方了，因为这种风从西边吹来，故称为"盛行西风"。

空气倾向于北纬 30° 的偏北一点的位置上积累起来，造成了这一带地区的高压带和温和的气候，从这个高压地区，一些空气向南运动，并由于地球的自转而被偏折向西，形成了"信风"。类似的效应导致了在纬度高于 50° 地区的"极区东风"。在赤道的南方，地球的自转将向南运动的空气折向朝东，而向北运动的空气折向朝西，故在南半球也有类似的盛行西风、信风和极区东风的情况。

地球的所有表面对太阳热量响应的不一致性，也导致了风的形成。例如，由于水具有较大的热容，故海洋的加热要比附近大地的加热慢得多。类似地，海洋温度的下降也要比邻近大地的慢得多。这种不同的加热和冷却的速率，造成了温度与湿度特性与其覆盖下的海洋或大地有关的不同气团，这些气团依照全球风向流动的模式，在地球表面上空浮动。大多数大范围内的气流运动是由暖气团与冷气团相遇时的前锋活动所造成的，正是这种大范围内的气流运动造成了区域性风。设想一个大的球，由许多大的气泡覆盖着，这些大气泡漂来漂去并相互撞击，而当它们撞击时，空气就被挤压，这就造成了所在地的风。

　　高气压系统和低气压系统都与这些气团相关联。通常，当空气温度升高时，密度就降低，气压也同样降低。高气压系统将其较冷的空气推向温暖的低气压系统，以减弱这两种系统之间的压力差异。而地球的自转，则使这种运动的方向发生偏折，所以空气是沿着一个曲线路径从高气压区流向低气压区。在北半球，风绕着高气压系统顺时针方向吹，绕着低气压区逆时针方向吹，与上面提到过的全球性气流相结合。大范围的气流使这些气压相同的气团沿着地球的表面运动给它所经过的地区带来晴天、云层、雨水和更多的风。很难精确地预测这种情况的细节，但是每个特定地点的气候都有一定的规律性。这种规律性，可以用日平均或年平均这种方法来表达。这些平均值中，有一些对于估计在某一地点的风力特性是非常有价值的。图 3-21 所示为全球范围风的运行。

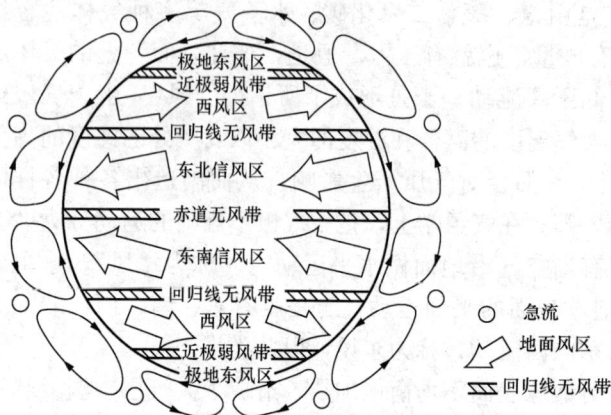

图 3-21　全球范围风的运行

　　大范围内的气流状况经常处于一种主导的地位，但是区域性的风常常增强或者改变着这种气流，并且可能在没有大范围内的气流流动时，仍有区域性的风，因此可以从中获得一些能量。高气压带将空气推向低气压带，这样就产生了风在这个气压带的大小和分布，在由其产生的这些风的影响下，不断变化着。快速运动着的空气向下吹入山谷，刮过峡谷，卷过山峰，使得冷、暖气团进行重新分布。由于压力和温度的差别，产生了风，而风又改变了压力和温度的分布。

　　由于大地的热容较小，所以大地在太阳照射时温度的升高和在晚上因向夜空的辐射温度的下降，都要比海洋快得多。因此，在白天，海水温度比海岸陆地温度低，而在晚上则正好相反。这种温度的差别，造成了相应的空气流动，称为"海陆风"。人们可以在海边感觉到这种吹向海岸或者吹离海岸的微风。在白天，尤其是在下午，地面上的温暖空气上升，而海面上的冷空气流动过来做补充，这就产生了向岸风。在晚上，相反的过程造成了离岸风。

　　靠近山坡的冷湿空气团，因为被早晨的太阳照射，并因山坡地温度上升而被加热。当这种高山边上的空气变热之后，它就上升，在山谷中的冷空气就沿着山坡被抽上去。在山谷中部的空气，向着山脚方向运动，并沿着山坡上升，所谓的"山谷风"，就是由这种温度的差别产生的。而在晚上，则发生相反的过程。由于向黑夜天空迅速地辐射热量，高山坡附近的空气向山谷下沉，并在它因逐渐冷却而变得较重的同时，获得了一定的速度。一般认为，山谷风太弱，不能作为风能的来源，但在某些地区，情况可能并非如此。

　　从山边向山谷下沉的空气，可能比山谷处的空气温度高些，有时也可能低些，较冷的空气向下沉降是因为重力的作用，一般在晚上容易发生这种情况。而较暖和的空气在吹向山谷时，由于压缩效应而使温度进一步升高，有可能使山谷地区的温度升高 0.5℃。这种空气当它降到下面气压较低的区域时被压缩，局部地区温度的升高造成了一些森林火灾等灾害性天气，这种风经常可以达到破坏性的风速。

风是一种矢量，它通常用风向与风速这两个要素来表示。为了使用风所具有的能量，本节对风能的概念以及平均风能密度，风功率等概念也进行了阐述。

（二）风速

风速表示空气在单位时间内流过的距离，单位是 m/s 或 km/h。风速要用风速仪测量。由于风力变幻莫测，实用中就有瞬时风速与平均风速这两个概念。前者可以用风速仪在较短时间（0.5～1.0s）内测得；后者实际上是某一时间间隔内各瞬时风速的均值，因此就有日平均风速、月平均风速、年平均风速等。

（三）风向

风向是指风吹来的方向，如果风是从北方吹来就称为北风。风向可以由风向标给出，从风向标相对于罗盘主方位固定臂的位置，可很容易地看出风的方向。风向标必须转动灵活，且要水平安装在四周空旷的地区，并高出地面 10～12m。目前国内使用的 EL 型电接风向风速仪，通过电缆把风向标的摆动信号接到室内记录仪上，每间隔 2.5min，记录一次瞬时风向，这样，在室内就可以观测和记录风向。

观测陆地上的风向，一般采用 16 个方位（观测海上的风向通常采用 32 个方位），即以正北为零，顺时针每转过 22.5°为一个方位。表 3-2 列出 16 个方位的风向符号。

表 3-2 16 个方位的风向符号

风 向	符 号	风 向	符 号
北	N	东北偏北	NNE
东	E	东南偏东	ESE
南	S	西南偏南	SSW
西	W	西北偏西	WNW
东北	NE	东北偏东	ENE
东南	SE	东南偏南	SSE
西南	SW	西南偏西	WSW
西北	NW	西北偏北	NNW

（四）风能

空气具有质量，流动的空气具有速度，所以流动的空气具有动能，也就是说风具有动能，称为风能。风能的利用主要就是将它的动能转化为其他形式的能。

假定气流是不可压缩的（这在风能利用的风速范围内，是相当精确地成立的），那么整个能量就可看成是纯动力的，根据力学原理，气流的动能 E（kJ）为

$$E = \frac{1}{2}mv^2$$

式中：m 为气体的质量，kg；v 为气流速度，m/s。

（五）风力等级

世界气象组织将风力分为 13 个等级，见表 3-3。在没有风速计时，可以根据它来粗略估计风速。

表 3-3   风 力 等 级

级别	风速（m/s）	陆　　地	海　　面	浪高（m）
0	小于 0.3	静烟直上	水面平静，几乎看不到水波	
1	0.3～0.6	烟能表示风向，但风标不能转动	出现鱼鳞似的微波，但不构成浪	0.1
2	0.6～3.4	人的脸部感到有风，树叶微响，风标能转动	小波浪清晰，出现浪花，但并不翻滚	0.2
3	3.4～5.5	树叶和细树枝摇动不息，旌旗展开	小波浪增大，浪花开始翻滚，水泡透明像玻璃，并且到处出现白浪	0.6
4	5.5～8.0	沙尘飞扬，纸片飘起，小树枝摇动	小波浪增长，白浪增多	1
5	8.0～10.8	有树叶的灌木摇动，池塘内的水面起小波浪	波浪中等，浪延伸更清楚，白浪更多（有时出现飞沫）	2
6	10.8～13.9	大树枝摇动，电线发出响声，举伞困难	开始产生大的波浪，到处呈现白沫，浪花的范围更大（飞沫更多）	3
7	13.9～17.2	整个树木摇动，人迎风行走不便	浪大，浪翻滚，白沫像带子一样随风飘动	4
8	17.2～20.8	小的树枝折断，迎风行走很困难	波浪加大变长，浪花顶端出现水雾，泡沫像带子一样清楚地随风飘动	5.5
9	20.8～24.5	建筑物有轻微损坏（如烟囱倒塌，瓦片飞出）	出现大的波浪，泡沫呈粗的带子随风飘动，浪前倾，翻滚，倒卷，飞沫挡住视线	7
10	24.5～28.5	陆上少见，可使树木连根拔起或将建筑物严重损坏	浪变长，形成更大的波浪，大块的泡沫像白色带子随风飘动，整个海面呈白色，波浪翻滚	9
11	28.5～32.7	陆上很少见，有则必引起严重破坏	浪大高如山（中小船舶有时被波浪挡住而看不见），海面全被随风流动的泡沫覆盖。浪花顶端刮起水雾，视线受到阻挡	11.5
12	32.7 以上		空气里充满水泡和飞沫变成一片白色，影响视线	14

（六）风能密度

为了衡量一个地方风能的大小，评价一个地区的风能潜力，风能密度是最方便和有价值的量。通过单位截面积的风所含的能量称为风能密度，常以 W/m^2 来表示。也就是空气在 1s 时间内以 V 的速度流过单位面积所产生的动能为风能，它的一般表达式为

$$E = \frac{1}{2}\rho v^3$$

式中：E 为风能密度，W/m^2；ρ 为空气密度，kg/m^3；v 为空气速度，m/s。

从上式可看出，风能密度与空气速度的立方成正比，所以风速的大小对风能密度有很大的影响。由于风速的不稳定性，一般用平均风速来计算风能密度。另外风能密度也和空气密度有直接关系，而空气密度则取决于气压和温度。因此，不同地方、不同条件的风能密度是不同的。

二、我国的风能资源

（一）我国风能资源的特点

1. 季节性的变化

我国位于亚洲大陆东部，濒临太平洋，季风强盛，内陆还有许多山系，地形复杂，加之

青藏高原耸立我国西部，改变了海陆影响所引起的气压分布和大气环流，增加了我国季风的复杂性。冬季风来自西伯利亚和蒙古等高纬度的内陆，那里空气十分严寒干燥，冷空气积累到一定程度，在有利高空环流引导下就会爆发南下，俗称寒潮。在此频频南下的强冷空气控制和影响下，形成寒冷干燥的西北风侵袭我国北方各省（直辖市、自治区）。每年冬季总有多次大幅度降温的强冷空气南下，主要影响我国西北、东北和华北，直到次年春夏之交才会消失。夏季风是来自太平洋的东南风、印度洋和南海的西南风，东南季风影响遍及我国东半部，西南季风则影响西南各省和南部沿海，但风速远不及东南季风大。热带风暴是太平洋西部和南海热带海洋上形成的空气漩涡，是破坏力极大的海洋风暴，每年夏秋两季频繁侵袭我国，登陆我国南海之滨和东南沿海，热带风暴也能在上海以北登陆，但次数很少。

2. 地域性的变化

中国地域辽阔，风能资源比较丰富。特别是东南沿海及其附近岛屿，不仅风能密度大，年平均风速也高，发展风能利用的潜力很大。在内陆地区，从东北、内蒙古，到甘肃走廊及新疆一带的广阔地区，风能资源也很丰富。华北和青藏高原的有些地方也有可以利用的风能。

东南沿海的风能密度一般为 $200W/m^2$，有些岛屿达 $300W/m^2$ 以上，年平均风速在 $7m/s$ 左右，全年有效风时约 6000h。内蒙古和西北地区的风能密度为 $150\sim200W/m^2$，年平均风速为 $6m/s$ 左右，全年有效风时为 $5000\sim6000h$。青藏高原的北部和中部，风能密度也有 $150W/m^2$，全年 $3m/s$ 以上风速出现时间在 5000h 以上，有的可达 6500h。青藏高原地势高亢开阔，冬季东南部盛行偏南风，东北部多为东北风，其他地区一般为偏西风，冬季大约以唐古拉山为界，以南盛行东南风。

我国幅员辽阔，陆疆总长达 2 万多千米，还有 18 000 多千米的海岸线，边缘海中有岛屿 5000 多个，风能资源丰富。我国现有风电场场址的年平均风速均达到 $6m/s$ 以上，我国相当于 $6m/s$ 以上的地区在全国范围内仅限于较少数几个地带，就内陆而言，大约仅占全国总面积的 1/1000，主要分布在长江到南澳岛之间的东南沿海及其岛屿。这些地区是我国最大的风能资源区以及风能资源丰富区，包括山东、辽东半岛、黄海之滨、南澳岛以西的南海沿海、海南岛、南海诸岛、内蒙古从阴山山脉以北到大兴安岭以北、新疆达坂城、阿拉山口、河西走廊、松花江下游、张家口北部等地区以及分布各地的高山山口和山顶。

我国沿海水深为 $2\sim10m$ 的海域面积很大，而且风能资源丰富，靠近我国东部主要用电负荷区域，适宜建设海上风电场。

我国风能丰富的地区主要分布在西北、华北和东北的草原或戈壁，以及东部和东南沿海及岛屿，这些地区一般都缺少煤炭等常规能源，在时间上，冬春季风大、降雨量少，夏季风小、降雨量大，与水电的枯水期和丰水期互补较好。

（二）影响我国风能资源的因素

1. 大气环流对中国风能分布的影响

东南沿海及东海、南海诸岛，因受台风的影响，最大年平均风速在 $5m/s$ 以上。东南沿海有效风能密度大于等于 $200W/m^2$，有效风能出现时间百分率可达 $80\%\sim90\%$。全年出现累计小时数风速大于等于 $3m/s$ 的风为 $7000\sim8000h$，风速大于等于 $6m/s$ 的风有 4000h。岛屿上的有效风能密度为 $200\sim500W/m^2$，风能可以集中利用。福建的台山、东山，台湾的澎湖湾等，有效风能密度都在 $500W/m^2$ 左右，风速大于等于 $3m/s$ 的风累积小时数为 8000h，换言之，平均每天可以有 21h 以上的风速不小于 3m/s。但在一些大岛，如台湾和海南，又具有独特的风能分布特点，台湾风能南北两端大，中间小，海南风能西部大于东部。

内蒙古和甘肃北部地区，高空终年在西风带的控制下。冬季半年地面在蒙古高原东南缘，冷空气南下，因此，总有五六级以上的风速出现在春夏和夏秋之交。该地区气旋活动频繁，当每一气旋过境时，风速也较大，这一地区年平均风速在 4m/s 以上，有效风能密度为 200~300W/m²，风速大于等于 3m/s 的风全年累积小时数在 5000h 以上，是我国风能连成一片的最大地区。

云南、贵州、四川、甘南、陕南、豫西、鄂西和湘西风能较贫乏。这一地区因受西藏高原的影响，冬季半年高空在西风带的死水区，冷空气沿东亚大槽南下很少影响这里，夏季半年海上来的天气系统也很难到这里，所以风速较弱，年平均风速约在 2.0m/s 以下，有效风能密度在 50W/m² 以下，有效风力出现时间百分率仅 20% 左右，风速不小于 3m/s 的风全年出现累计小时数在 2000h 以下，风速不小于 6m/s 的风在 150h 以下。在四川盆地和西双版纳风能最小，年平均风速不大于 1m/s。这里全年静风频率在 60% 以上，有效风能密度仅 30W/m² 左右。风速不小于 3m/s 的风全年出现累积小时数仅 3000h 以上，风速不小于 6m/s 的风累计仅约 20 多个小时。换句话说，这里平均每 18 天以上才有一次 10min 的风速不小于 6m/s 的风，风能没有利用价值。

2. 海陆和水体对风能分布的影响

我国沿海风能都比陆地大，湖泊风能都比周围海滨大。这是由于气流流经海面或湖面摩擦力较小，风速较大，由沿海向内陆或由湖面向湖滨，动能很快消耗，风速急剧减少，故有效风能密度，风速不小于 3m/s 和风速不小于 6m/s 的风的全年累积小时数的等值线不但平行于海岸线或湖岸线，而且数值相差很大。福建海滨是我国风能分布丰富地带，而距海 50km 处，风能反变为贫乏地带。若台风登陆时在海岸上的风速为 100%，而在离海岸 50km 处，台风风速为海岸风速的 68% 左右。

3. 地形对风能分布的影响

地形影响风速，可分山脉、海拔高度和中小型地带等几个方面来进行分析。

山脉对风能的影响：气流在运行中遇到地形阻碍的影响，不但会改变大形势下的风速，还会改变方向。其变化的特点与地形形状有密切关系。一般范围较大的地形，对气流有屏障作用，使气流出现爬绕运动。所以在天山、祁连山、秦岭、大小兴安岭、太行山和武夷山等山脉的风能密度线和可利用小时数曲线大都平行于这些山脉。特别明显的是东南沿海的几条东北—西南走向的山脉，如武夷山等，山的迎风面风能是丰富的，风能密度为 200W/m²，风速不小于 3m/s 的风出现的小时数为 7000~8000h。而在山区及其背风面风能密度在 50W/m² 以下，风速不小于 3m/s 的风出现的小时数为 1000~2000h，风能是不能利用的。四川盆地和塔里木盆地由于天山和秦岭山脉的阻挡为风能不能利用区。雅鲁藏布江河谷，也由于喜马拉雅山脉和冈底斯山的屏障，风能很小，不值得利用。

海拔高度对风能的影响：由于地面摩擦消耗运动气流的能量，在山地风速是随着海拔高度增加而增加的。事实上，在复杂山地，地形和海拔高度对风能的影响很难分清，二者往往交织在一起。如北京和八达岭风力发电试验站同时观测的平均风速分别为 2.8m/s 和 5.8m/s，相差 3.0m/s。后者风大，一是由于它位于燕山山脉的一个南北向的低地，二是由于它海拔比北京高 500 多米，是两者共同作用的结果。青藏高原海拔在 4000m 以上，所以这里的风速比周围大，但其有效风能密度却较小，在 150W/m² 左右。这是由于青藏高原海拔高，但空气密度较小，因此风能也小，如在 4000m 的空气密度大致为地面的 67%。也就是说，同样是 8m/s 的风速，风能密度在平均海拔 500m 以下为 313.6W/m²，而在 4000m 只有 209.9W/m²。

中小型地带的影响：避风地形风速减少，狭管地形风速增大。即使在平原上的河谷，风能也比周围地区大。海峡也是一种狭管地形，与盛行风方向一致时，风速较大，如台湾海峡中的澎湖列岛，年平均风速为 6.5m/s。

局地风对风能的影响是不可低估的。在一个小山丘前，气流受阻，强迫抬升，所以山顶流线密集，风速加强；山的背风面，由于流线辐射，风速减小。有时气流流过一个障碍，如小山包等，其对风能产生的影响在下方 5~10km 的范围。有些地层风是由于地面粗糙度的变化形成的。

三、风能资源区划

由于风有一定的质量和速度，并且有一定温度，因此它具有能量。太阳辐射到地球的光能大约有 2% 转变为风能。尽管如此，风能的数量依然很大，相当于全球目前每年耗煤能量的 1000 倍以上。表 3-4 为世界风能资源估计。

表 3-4　　　　　　　世界风能资源估计

地　区	陆地面积（×10³km²）	风力为三级至七级所占的比例和面积	
		比例（%）	面积（×10³km²）
北美	19 339	41	7876
拉丁美洲和加勒比	18 482	18	3310
西欧	4742	42	1968
东欧和独联体	23 047	29	6783
中东和北非	8142	32	2566
撒哈拉以南非洲	7255	30	2209
太平洋地区	21 354	20	4188
中国	9597	11	1056
中亚和南亚	4299	6	243
总计	106 660	27	29 143

地球上风能资源十分丰富，据世界能源理事会估计，在地球 $1.07 \times 10^8 km^2$ 的陆地面积中，有 27% 的地区年平均风速高于 5m/s（距地面 10m 处）。表 3-4 给出了地面风速高于 5m/s 的陆地面积，这部分面积总共约为 $3 \times 10^7 km^2$。

我国是季风盛行的国家，风能资源量大、面广，风能资源比较丰富，仅次于俄罗斯和美国，居世界第三位，风能理论总储量约为 $16 \times 10^{11} W$，可利用的风能资源约 $2.5 \times 10^{11} W$。

为了了解各地风能的差异，以便充分利用风能资源，对我国风能资源进行区划。进行风能区划时，主要考虑三个因素：①风能密度和利用小时数，或者风能储量即风能密度乘可利用小时数。风能密度越大、利用小时数越多，或者风能储量越大，风力机利用效率就越高。

②风能的季节变化。这也是设计蓄电装置和备用电源的重要参数。③风力机最大设计风速（即极限风速）。极限风速过大，会造成浪费；偏小，风力机又有被损坏的危险。要使风力机安全可靠地运行，必须推算出最大风速。

风能分布具有地域的规律性，这种规律反映了大型天气系统的活动和地形的影响作用。

第一级区划指标是有效风能密度和全年 $3\sim20m/s$ 风速的年累积小时数。第一级区划选用能反映风能资源多寡的指标，即利用年有效风能密度和年风速不小于 $3m/s$ 风的年累计小时数的多少将全国分为四个区，见表 3-5。

表 3-5　　　　　　　　　　　　　　　　风 能 区 划 标 准

指标	丰富区	较丰富区	可利用区	贫乏区
年有效风能密度（W/m^2）	$\geqslant200$	$200\sim150$	$150\sim50$	$\leqslant50$
风速不小于 $3m/s$ 的年小时数（h）	$\geqslant5000$	$5000\sim4000$	$4000\sim2000$	$\leqslant2000$
占全国面积（%）	8	18	50	24

第二级区划指标是一年四季中各级风能大小和有效风速出现的小时数，表明全国范围内风力资源最丰富的季节。利用这种资料可以算出可供利用的风能与动力负荷匹配的可能性。

利用 1961—1970 年间每日四次定时观测的风速资料，先将 483 站风速不小于 $3m/s$ 的小时数（有效风速）点绘制出年变化曲线。然后将变化趋势一致的归在一起，作为一个区，再将各季有效风速累计小时数相加，按大小次序排列。

第三级区划指标是风力机最大设计风速，一般取当地最大风速。在此风速下要求风力机能抵抗垂直于风向的平面上所受到的压强，使风机保持稳定、安全，不致产生倾斜或被破坏。但是，关于最大设计风速的取值问题，目前我国尚不统一。有的取几十年观测的一个最大风速值，显然这种取值存在观测的抽样误差，是不合理的。只有把在一定概率下的最大风速，即一定重现期的年最大风速取作风力机的最大设计风速才是合理的。由于风力机寿命一般为 $20\sim30$ 年，为了安全，取 30 年一遇的最大风速值作为最大设计风速。根据我国建筑结构荷载规范规定，"以一般空旷平坦地面、离地 10m 高、30 年一遇、自记 10min 平均最大风速"作为计算标准。

根据上述三级区划指标，结合天气气候特点、自然地形和水体等，我国风能资源的分布可划分为风能丰富区、风能较丰富区、风能可利用区以及风能贫乏区四类区域。

1. 风能丰富区

东南沿海，山东半岛和辽东半岛及其附近的海岛，内蒙古北部和松花江下游地区，新疆和甘肃的有些地区，都是风能丰富区。这些地区的有效风能密度一般都超过 $200W/m^2$，有些海岛甚至可达 $300W/m^2$，其中福建省有的海岛最高达 $500W/m^2$；$3\sim20m/s$ 有效风速出现频率高达 70%，全年在 6000h 以上。东南沿海地区的风能资源主要集中在海岛和距海岸10 余千米内的沿海陆地区域。由于受丘陵地势的影响，海风登陆后风速迅速下降，在离海岸 50km 后一般风速要降低到 $60\%\sim65\%$。内蒙古北部和松花江下游是内陆风能资源最好的区域，由于受蒙古和贝加尔湖一带气压变化的影响，每次冷空气南下都可造成较强风力，而且地面平坦，风速梯度较小，春季风能最大，冬季次之。

2. 风能较丰富区

从汕头海岸向北沿东南沿海 $20\sim50km$ 地带和东海及渤海沿岸地区，从东北图们江口向西沿燕山北麓经河西走廊过天山到艾比湖南岸，横穿我国东北、华北、西北的广大地区，以及西藏高原中部和北部地区，都是风能较丰富区。该区风能资源的特点是有效风能密度为 $150\sim200W/m^2$，$3\sim20m/s$ 风速出现的全年累计时间为 $4000\sim5000h$。青藏高原中部和北部地区风能密度在 $50\sim150W/m^2$，而有效风速出现的累计时间却与风能丰富区差不多，如茫崖达 $6500h$。当然，高原地带空气稀薄，风能密度低，风的能量有所下降。

3. 风能可利用区

风能可利用区包括南岭以南，离海岸在 $50\sim100km$ 的地带、大小兴安岭山地、三北地区中部、黄河和长江中下游以及川西和云南部分地区。该区有效风能密度在 $50\sim150W/m^2$ 之间，$3\sim20m/s$ 风速年出现时数为 $2000\sim4000h$。这是我国分布最广的地区，一般风能集中在冬春两季。

4. 风能贫乏区

除上述三区域以外，其他区域均属于风能贫乏区，主要是内陆山地和盆地。该区风能密度低于 $50W/m^2$，$3\sim20m/s$ 风速年累计时数在 $2000h$ 以下。除特殊地形外，在该区范围内基本无风能利用价值。

图 3 - 22 所示为我国风能资源分布。

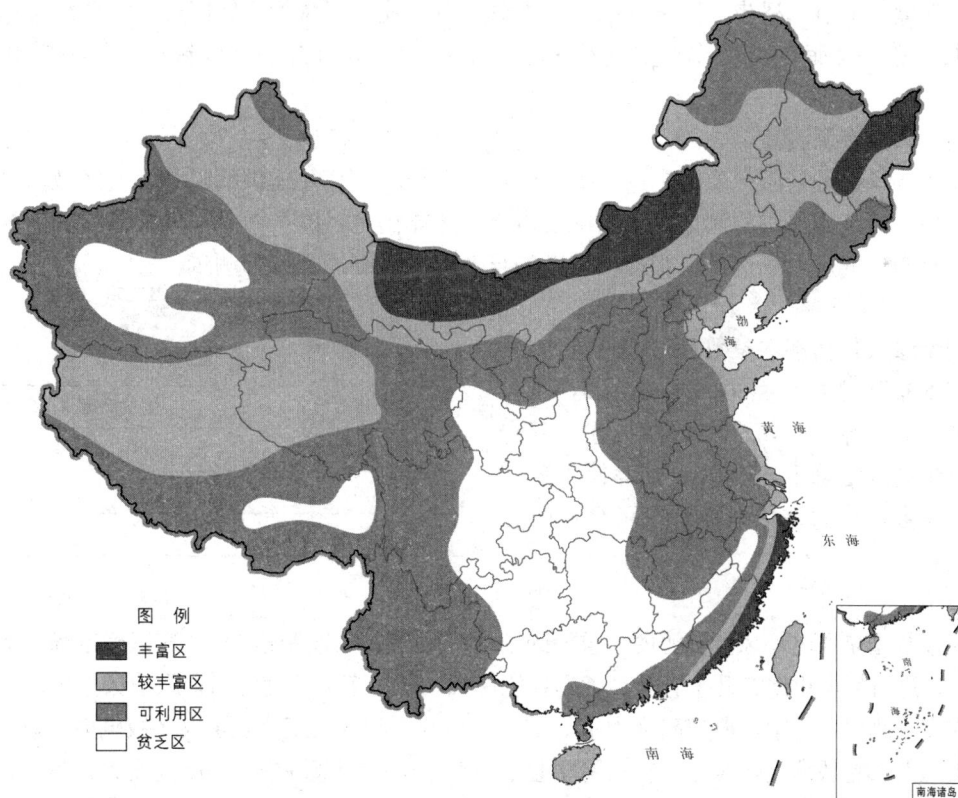

图 3 - 22 风能资源分布

上述四个区域的划分仅反映了风能资源分布的总趋势，并不能一概而论，因为风能受地形条件的影响较大，在特殊的地理环境中，局部地方风能的潜力也不同，如吉林天池位于风能可利用区，但是它的年平均风速高达 11.7m/s，居全国之冠，无疑应属于风能最丰富区。

内蒙古自治区地域辽阔，风能资源丰富，为我国重要的风能资源区，全区风能总储量 10.52 亿 kW，技术可开发量 3 亿 kW，约占全国风能资源储量的 40%，居全国首位。平均风能密度为 200~300W/m²，大于等于 3m/s 的风速全年有 5000h 以上，大于等于 6m/s 的风速在 2000h 以上，是可以连片开发利用的最大风能资源区。风能丰富地区的面积 46 万 km²。10m 高度的可开发利用的风能资源为 1.01 亿 kW，占全国的 40%，50m 高度的可开发风能资源为 2.02 亿 kW，具有巨大开发潜力。

内蒙古自治区风能资源具有分布面广、平均风速大、有效风时长、主风能方向集中、破坏性阵风及龙卷风极少等特点，因而风电机组利用率高，等效满负荷上网小时数长，同等投资条件下，单位发电成本相对较低。所以在内蒙古自治区投资建设风电场有较高的收益回报，在电价上有竞争优势。内蒙古自治区可开发的大型风电场主要集中在风能资源丰富区和较丰富区，主要分布在阿拉善盟、巴彦淖尔市、包头市、乌兰察布市、锡林郭勒盟以及赤峰市北部等地区，平均风速 5.0~6.5m/s，开发总面积约 50.09 万 km²，风能资源总储量 7.32 亿 kW，适合开发建设百万千瓦级风电基地。

风能优点是不枯竭、可再生、无污染，是一种可就地利用而且洁净的能源。风能缺点是受地理环境、季节、昼夜等因素影响，要充分、有效地利用风能比较困难，需要综合运用高新技术。就学科而言，它涉及空气动力学、电机学、结构力学、材料学、气象学和控制论等。

四、风能资源测量

当风电场选址采用气象台、站所提供的统计数据时，往往提供的只是较大区域内的风能资源情况，而且其采用的测量设备精确度也不一定能满足风电场微观选址的需要，因此，一般要求对初选的风电场选址区用高精确度的自动测风系统进行风的测量。

（一）测量参数

测量参数包括基本参数和可选参数。

基本参数测量项目的核心是收集风速、风向和气温数据。对每个参数的描述，其合适的测量高度汇总于表 3-6。推荐使用这些指定的参数，作为评估风能开发可行性时的基本资料。

表 3-6　　　基本测量参数

测量参数	测量高度（m）
风速（m/s）	10、25、40
风向（°）	10、25、40
温度（℃）	3

1. 风速

风速数据是风电场风能资源的最重要的指标。推荐在多个高度测量风速以确定场址的风切变特性，进行风电机组在几个轮毂高度的性能模拟，同时多个高度的测量风速数据可以互为备用。在实际测风项目中，典型高度为 40、25m 和 10m。40m 高度代表了大多数电力企业并网风电机组的大致轮毂高度，实际的轮毂高度通常在 50~65m 的范围内。25m 高度大致是一台旋转的风电机组的叶片部分所达到的最低高度，并且有助于确定一台典型的风电机组在扫风面上的风况。10m 是普遍的标准气象测量高度。然而，在一些地方，植被（如森林）在这个高度的影响不可避免时，可能会用在森林顶部以上 10m 的高度作为最底层的标准高度。

2. 风向

要确定盛行风向，应在全部有意义的高度设置风向标，风向频率资料对确定更好的地形和方向，以及优化风电机组在风电场内的布置是很重要的。

3. 气温

气温是风电场运行环境的一个重要表征，通常测量高度或者接近地面（2～3m），或者接近轮毂高度。在很多地方平均近地气温与轮毂高度处平均温度相差1℃以内。气温也用于计算空气密度，这是估算风功率密度和风电机组功率输出所需的一个变量。

如要扩展测量范围，包括额外的测量参数，即为可选参数，如太阳辐射、垂直风速、温度随高度的变化、大气压等。

风能资源评估项目所采用的仪器应满足所有数据测量目标，如设备应在整个测量过程中在规定高度可靠地测量所选参数，并且保证规定水平的数据完整率和准确性，还应该适应要进行测风地点的环境（如极端天气、沙尘、盐碱）和距离的遥远（如数据是手工提取还是通过通信连接）。设备还应经过检验，价位合理，并易于应用，可以从一家厂商购买全套测量系统，或者从不同厂商购买部件组装。

（二）测量仪器

本节描述了测量风速、风向和空气温度的仪器。

1. 基本传感器

基本传感器用来测量指定的环境参数。表3-7为基本传感器规格。

表3-7　　　　　　　　　　　　　基本传感器规格

规　格	风速计（风速）	风向标（风向）	温度计
测量范围	0～50m/s	0°～360°（≤8°）	−40～+60℃
启动下限	≤1.0m/s	≤1.0m/s	NA
距离常数	≤4.0m/s	N/A	NA
运行温度范围	−40～+60℃	−40～+60℃	−40～+60℃
运行湿度范围	0%～100%	0%～100%	0%～100%
系统误差	≤3%	≤5°	≤1℃
记录分辨率	≤0.1m/s	≤1°	≤0.1℃

注　NA表示不适用（not applicable）。

（1）风速计。杯式或螺旋桨式风速计是最普遍应用的测量准水平风速的传感器。

杯式风速计包括一个杯组（三或四个杯），中心连接到一个旋转垂直轴，至少一个杯总是面向来风。杯的空气动力学形状把风压力转化成旋转扭矩。杯的旋转在一个特定范围内接近线性正比于风速。风速计内的一个转换器把旋转运动转换成电信号，通过线路送至数据采集器，然后记录仪用已知的增益（或斜率）和偏移（或截距）常数来计算实际风速。

螺旋桨式风速计包括一个安装在水平轴上的螺旋桨（或推进器），通过尾翼对准风向，也产生与风速成比例的电信号。

这两种传感器对风速波动的响应多少有些不同，实际应用中杯式风速计在风能资源测量中应用的最普遍。

选择风速计形式时，应考虑应用目的、启动阈值（风速计启动和保持旋转的最小风速）、距离常数以及可靠性和维护。风能资源测量最常用的测风传感器是三杯风速计。该风速计已被证明具有长期的可靠性和标定稳定性，其所装的杯是黑色聚碳酸酯塑料模塑，风杯被连接到一个加硬的铜铍合金轴，并使用改进的特弗龙轴承旋转。此轴承配件不需维护，在大多数环境下至少保持两年精确度。

（2）风向标。风向由风向标测量。最普遍应用的风向标型式是一个叶片连接到一根垂直轴，不断通过对准风向寻找力平衡的位置。大多数风向标使用电位表型式的转换器，产生与风向标位置相关的电信号，电信号通过电线传送到数据采集器，把风向标的位置联系到一个已知的参考点（通常是北）。因此，重要的是风向标对齐（或定向）到一个指定参考点。

数据采集器提供一个已知的经过全部电位表元件的信号电压，测量一个电刷臂接触导电元件处的电压，这两个电压间的比例确定了风向标的位置。信号被数据采集器系统解释，它应用增益（已知的斜率）和偏移（已知的对任何错误地对齐到标准参考点的修正）来计算实际的风向。从电子角度讲，线性电位表元件不能覆盖整个 360°角。"开口"区域是风向标的死区。当电刷臂处于此区时，输出信号是随机的。一些制造商在他们的数据采集器软件中，对死区作了补充，以防止产生随机信号。因此，死区不应对准或接近主风向。

选择风向标时，应该采用与选择风速计相同的标准。特别注意电位表开口死区的大小，它不应该超过 8°。风向标的分辨率也很重要，一些风向标将整个 360°旋转范围只分成 16 个 22.5°扇区。这个分辨率对于优化风电机组布置来说太粗糙了。普遍应用的风向标型号是 NRG200P，因为它设计简单，维护要求低，是一种热塑塑料和不锈钢零件组成的负电位计。其他型号提供增强的性能，如较高灵敏度，但价格高很多。

（3）空气温度传感器。典型的空气温度传感器由转换器、接口设备和辐射防护罩三部分组成。转换器原材料（通常是镍或铂）电阻与温度有关。热敏电阻、电阻热探测仪和半导体通常是推荐使用的元件型式。电阻值通过数据采集器（或接口设备）测量，用一个已知的公式计算实际空气温度。转换器装在一个辐射防护罩内，以防止直接的太阳辐射。常用的防护罩是 Gill 型，为多层、被动式防护罩。

2. 可选传感器

除了必需的测量，可采用可选传感器测量太阳辐射、垂直风速、ΔT（温差）和大气压。表 3 - 8 为可选传感器规格。

表 3 - 8　　　　　　　　　　　可 选 传 感 器 规 格

规　　格	日射强度计（太阳辐射）	W 测风仪（垂直风速）	ΔT 传感器（温差）	气压计（大气压力）
测量范围	0～1500W/m²	0～50m/s	−40～60℃	94～106kPa（海平面基准）
启动下限	NA	≤1.0m/s	NA	NA
距离常数	NA	≤4.0m	NA	NA
运行温度范围	−40～+60℃	−40～+60℃	−40～+60℃	−40～+60℃
运行湿度范围	0%～100%	0%～100%	0%～100%	0%～100%
系统误差	≤5%	≤3%	≤0.1℃	≤1kPa
记录分辨率	≤1W/m²	≤0.1m/s	≤0.01℃	≤0.2kPa

五、风能资源评估

风能资源潜力的多少是风能利用的关键。收集风能的成本是由风力发电机组设备的成本、安装费用和维修费等和实际的产能量确定的。因此选择一种风力发电机组，不但要着重考虑节省基本投资，而且要根据当地风能资源，使风力发电机组与风能资源两者相匹配，才能获得最大的经济效益。

风况是影响风力发电经济性的一个重要因素，风能资源的评估是建设风电场成败的关键所在。随着风力发电技术的不断完善，根据国内外大型风电场的开发建设经验，为保证风力发电机组高效率的稳定运行，达到预期目的，风电场场址必须具备较丰富的风能资源。由此，对风能资源进行详细的勘测和研究越来越被人们所重视。

（一）风能资源评估步骤

对某一地区进行风能资源评估，是风电场建设项目前期所必须进行的重要工作。风能资源评估分以下几个阶段：

（1）资料收集、整理分析。从地方各级气象台、站及有关部门收集有关气象、地理及地质数据资料，对其进行分析和归类，从中筛选出具代表性的完整的数据资料。数据应能反映某地风气候的多年（10年以上，最好30年以上）平均值和极值，如平均风速和极端风速、平均气温和极端（最低和最高）气温、平均气压、雷暴日数以及地形地貌等。

（2）风能资源普查分区。对收集到的资料进行进一步分析，按标准划分风能区域及其风功率密度等级，初步确定风能可利用区。

（3）风电场宏观选址。风电场宏观选址遵循的原则一般是根据风能资源调查与分区的结果，选择最有利的场址，以求增大风力发电机组的出力，提高供电的经济性、稳定性和可靠性；最大限度地减少各种因素对风能利用、风力发电机组使用寿命和安全的影响；全方位考虑场址所在地对电力的需求及交通、电网、土地使用、环境等因素。

根据风能资源普查结果，初步确定几个风能可利用区，分别对其风能资源进行进一步分析，对地形地貌、地质、交通、电网及其他外部条件进行评价，并对各风能可利用区进行相关比较，从而选出并确定最合适的风电场场址。一般通过利用收集到的该区气象台、站的测风数据和地理地质资料并对其分析，到现场询问当地居民、考察地形地貌特征，如长期受风吹而变形的植物、风蚀地貌等来进行定性，从而确定风电场场址。

（4）风电场风况观测。一般来说，气象台、站提供的数据只是反映较大区域内的风气候，而且，数据由于仪器本身精度等问题，不能完全满足风电场精确选址及风力发电机组微观选址的要求。因此，为正确评价已确定风电场的风能资源情况，取得具有代表性的风速风向资料，了解不同高度处风速风向变化特点，以及地形地貌对风的影响，有必要对现场进行实地测风，为风电场的选址及风力发电机组微观选址提供最准确有效的数据。

现场测风应连续进行，时间至少1年以上，有效数据不得少于总数据的90%，内容包括风速、风向的统计值和温度、气压。测风主要通过在场区设立单个或多个测风塔进行，塔的数量依地形和项目的规模而定。

（5）测风塔安装。为进行精确的风力发电机组微观选址，现场所安装测风塔的数量一般不少于2座，若条件许可，对地形相对复杂的地区应增至4～8座。测风塔应尽量设立在最能代表并反映风电场风能资源的位置。测风应在空旷地进行，尽量远离高大树木和建筑物，在选择位置时应充分考虑地形和障碍物的影响。如果测风塔必须位于障碍物附近，则在盛行风向的下风向与障碍物的水平距离不应少于该障碍物高度的10倍处安置；如果测风塔必须设立在树木密集的地方，则至少应高出树木顶端10m。

为确定风速随高度的变化（风剪切效应），得到不同高度可靠的风速值，一座测风塔上应安装多层测风仪。一般测风塔上测风仪数量可根据上述目的及地形确定。对气压和温度的测量，每个风电场场址只需安装一套气压传感器和温度传感器，其塔上安装高度为2~3m。

测风设备的安装和管理应严格按气象测量标准进行，测量内容为风速（m/s）、风向（°）、气压（Pa）、温度（℃）。

一般来说，测风方案依选址的目的而不同。若要求在选定区域内确定风电场场址，则可以采用临时方案，安装一个或几个单层安装测风仪的临时塔。该塔可以是固定的，也可以是移动的，测风仪应安装在10m和大约风力发电机组轮毂高度处（30~70m）；若测风的目的是要对风电场进行长期风况测量及对风电场风力发电机组进行产量测算，则应采用设立多层测风塔长期测量有关数据，测风仪应安装在10、30、50、70m高度甚至更高。

（6）风电场风力发电机组微观选址。场址选定后，根据地形地质情况、外部因素及现场实测风能资源分析结果，在场区内对风力发电机组进行定位排布，称为微观选址。

（二）风能资源评估参数

建设风电场，选定合适的场址至关重要。场址选择的正确与否与许多方面的因素有直接关系，不仅涉及运输、施工、安装及环境等方面的因素，还与将来的风力发电机组出力及产量，甚至风电场效益。其中，风力发电机组发电量又是决定风电场效益好坏的最直接的决定性因素。要确定正确的风电场场址，进行精确的风能资源评估分析是非常关键的，只有对风能资源进行详细细致的考察评估并对其进行处理计算，才能了解当地的风势风况。风能资源分析评估是设计选择建设风电场的首要条件。以下为在进行风能资源评估及风电场选址时，所要考虑的几个主要指标及因素。

（1）平均风速。平均风速是最能反映当地风能资源情况的重要参数，分为月平均风速和年平均风速。由于风的随机性，计算时一般按年平均来进行计算。年平均风速是全年瞬时风速的平均值。年平均风速越高，则该地区风能资源越好，安装风力发电机组的单机容量也可相应的提高，风力发电机组出力也好。一般来说，只有年平均风速大于6m/s（四级风）的地区才适合建设风电场。风能资源的统计分析及年平均风速的计算要依据该地区多年的气象台、站数据和当地测风设备的实际测量数据进行。

（2）风功率密度。由风能公式可知，风功率密度只和空气密度和风速有关，对于特定地点，当空气密度视为常量时，风功率密度只由风速决定。

由于风速具有随机性，每时每刻都在变化，故不能使用某个瞬时风速值来计算风功率密度，只有使用长期风速观测资料才能反映其规律。风功率密度越高，则该地区风能资源越好，风能利用率也高。风功率密度的计算可依据该地区多年的气象站数据和当地测风设备的实际测量数据进行；也可利用WASP软件对风速风向数据进行精确地分析处理后计算。

（3）主要风向分布。风向及其变化范围决定风力发电机组在风电场中的确切的排列方式，风力发电机组的排列方式在很大程度上决定各台风力发电机组的出力，从而决定风电场的发电效率，因此，主要盛行风向及其变化范围要精确。同平均风速一样，风向的统计分析也要依据多年的气象站数据和当地测风设备的实际测量数据进行。

（4）年风能可利用时间。年风能可利用时间是指一年中风力发电机组在有效风速范围（一般取3~25m/s）内的运行时间。一般年风能可利用小时数大于2000h的地区为风能可利用区。

六、风能利用

风能利用历史悠久，我国是世界上最早利用风能的国家之一。利用风力机可将风能转化为电能、热能、机械能等各种形式的能量，用于发电、提水、助航、制冷和制热等。人类利用风能的历史可以追溯到公元前 1000 多年前，中国人首先发明了风车，用它来提水、磨面，替代繁重的人力劳动。到了宋代更是我国应用风车的全盛时代，当时流行的垂直轴风车，一直沿用至今。在国外，公元前 2 世纪，古波斯人就利用垂直轴风车碾米。10 世纪，伊斯兰人用风车提水。11 世纪，风车在中东已获得广泛的应用。12 世纪，风车从中东传入欧洲。13 世纪风车传入欧洲，14 世纪已成为欧洲不可缺少的原动机。16 世纪，荷兰人利用风车排水、与海争地，在低洼的海滩地上建国立业，逐渐发展成为一个经济发达的国家，荷兰有"风车之国"之称。

在 19 世纪，风力机更为荷兰、丹麦、美国等国的经济发展作出了重要贡献。今天，荷兰人将风车视为国宝，北欧国家保留大量荷兰式的大风车，已成为人类文明史的见证。

工业革命后，特别是到了 20 世纪，由于煤炭、石油、天然气的开发，农村电气化的逐步普及，风能利用呈下降趋势，风能技术发展缓慢。直到 20 世纪 70 年代中期，能源危机才使人们重新重视风力机的研究和发展。30 年来风能利用技术已取得了显著的进步。

由于空气的密度仅仅是水密度的 1/813，因此与水能相比，在相同的流速下，风能的能流密度是很低的。风能和其他能源的能流密度之比见表 3-9。由于风能能流密度低，给其利用带来了一定的困难。

表 3-9　　　　　　　　　　不同能源的能流密度

能源类别	能流密度（kW/m²）	能源类别		能流密度（kW/m²）
风能（风速 3m/s）	0.02	潮汐能（潮差 10m）		100
水能（流速 3m/s）	20	太阳能	晴天平均	1
波浪能（波高 2m）	30		昼夜平均	0.16

（一）风力发电

历史上，由于西欧各国燃料缺乏，而且其地理位置在盛行西风带上，故刺激其发展风力发电。19 世纪末，丹麦人首先研制了风力发电机。1891 年，丹麦建成了世界第一座风力发电站。现在丹麦已拥有风力发电机 3000 多座，年发电量 100 亿 kWh。100 多年来，世界各国研制成功了类型各异的风力发电机。1998 年，全世界风力发电装机容量达到 960 万 kW，全球风力发电量达 210 亿 kWh，可供 350 万户家庭使用。在电力不足的地区，为节省柴油机发电的燃料，可以采用风力发电与柴油机发电互补，组成风—柴互补发电系统。

利用风力发电已越来越成为风能利用的主要形式，受到世界各国的高度重视，而且发展速度最快。风力发电通常有三种运行方式：一是独立运行方式，用蓄电池蓄能，以保证无风时的用电；二是风力发电与其他发电方式相结合；三是风力发电并入常规电网运行。近 10 年来，全球的风电发展迅速，自 1995 年以来，世界风能发电以 48.7％ 的速率增长，即几乎增加 5 倍。自 20 世纪 90 年代以来，全球风电的增长，每年为 40％（与移动电话的增长可媲美），仅德国去年一年就装了 1568MW（半个核电厂），超过了其他传统发电装机的总和。

我国风力发电发展迅速，自 1986 年山东省荣成第一个风力发电场并网发电以来，到 1999 年末全国共有 24 个风力发电场，装机容量达 268.3MW。到 2015 年底，我国风力发电场的装机容量超过 130 750MW，2016 年我国部分风电场分布情况见表 3 - 10。

表 3 - 10 我国部分风电场分布情况（2016 年）

序号	风电场名称	总容量（kW）	序号	风电场名称	总容量（kW）
1	新疆达坂城风电一场	12 100	31	山东长岛风电场	27 200
2	新疆达坂城风电二场	75 000	32	山东威海风电场	19 500
3	新疆布尔津风电场	1050	33	山东潍北风电场	10 000
4	新疆阿拉山口风电场	1200	34	山东即墨风电场	16 400
5	宁夏贺兰山风电场	112 200	35	山东栖霞风电场	36 950
6	宁夏天净神州风电场	30 600	36	甘肃玉门风电场	8400
7	内蒙古辉腾锡勒风电场	465 250	37	河北张北风电场	9850
8	内蒙古克什克腾风电场	153 360	38	河北承德风电场	3600
9	内蒙古克旗赛罕坝风电场	50 000	39	河北尚义风电场	35 000
10	内蒙古朱日和风电场	359 150	40	河北满井风电场	45 000
11	内蒙古锡林浩特风电场	4780	41	河北张家口风电场	248 000
12	内蒙古灰腾梁风电场	250 500	42	浙江苍南鹤顶山风电场	14 350
13	内蒙古永盛风电场	200 000	43	浙江临海括苍山风电场	19 800
14	内蒙古商都风电场	3875	44	浙江泗礁风电场	300
15	内蒙古多伦风电场	50 000	45	浙江慈溪风电场	49 500
16	内蒙古赤峰风电场	98 000	46	上海崇明风电场	15 000
17	黑龙江伊春大青山风电场	16 150	47	上海奉贤风电场	3400
18	辽宁大连东岗风电场	22 505	48	上海南汇风力发电场	21 000
19	辽宁横山风电场	7400	49	福建平潭风电场	7000
20	辽宁东港海洋红风电场	21 000	50	福建东山风电场	6000
21	辽宁仙人岛风力发电场	31 660	51	福建漳浦六鳌风电场	75 600
22	辽宁康平风力发电场	10 200	52	福建南日岛风电场	16 150
23	辽宁彰武金山风电场	25 000	53	广东南澳风电场	56 800
24	辽宁小长山风电场	3600	54	广东惠来风电场	13 200
25	辽宁獐子山风电场	3000	55	广东横琴岛风电场	24 650
26	辽宁法库风电场	9600	56	广东汕尾风电场	36 900
27	辽宁锦州风电场	37 500	57	广东甲东风电场	30 600
28	吉林通榆风电场	30 060	58	广东红海湾风电场	20 400
29	吉林洮北青山风电场	49 300	59	海南东方风电场	8755
30	山东荣成风电场	6000			

（二）风力泵水

风力泵水从古至今一直得到较普遍的应用。至 20 世纪下半叶，为解决农村牧场的生活、灌溉和牲畜用水以及为了节约能源，风力泵水机有了很大的发展。现代的风力提水机是在美国农场式风力提水机的基础上不断改进而来，主要是利用低速风能较好的提水机。现在最常见的多叶片低速风力提水机，转速不快，可配钢制螺杆泵或双程活塞泵，一般分低扬程大流量和高扬程小流量两类。现代风力泵水机根据用途可以分为两类：一类是高扬程小流量的风力泵水机，它与活塞泵相配提取深井地下水，主要用于草原、牧区，为人畜提供饮水；另一类是低扬程大流量的风力泵水机，它与螺旋泵相配，提取河水、湖水或海水，主要用于农田灌溉、水产养殖或制盐。

风力提水不仅用于农田灌溉和人畜饮水需要，还可用于大面积土壤改良，如我国黄河、淮海一带多盐碱地，近年来天津市郊采用风力提水排碱，经过几年的努力，已把大片原来不可耕种的土地变成了果园和菜地，经济效益明显。有的地方还在水产养殖业中利用风力提水机，不仅用于换水，更可作为鱼池的增氧设备，节约用电。现代化的农牧渔业都可利用风力提水设备，海滩晒盐更少不了风力提水。尽可能多地利用风力提水，减少用柴油机和电机抽水，不仅是节能措施，更是环境保护需要。

发展大型风力提水机，可以利用有利地形与农村小水电结合，建立风水互补的蓄能电站。我国许多小水电站都是冬季枯水期停运或发电不足，若利用冬季风大，将发电后的水抽回水库，使水能得到循环利用，增加水电站的发电量，风力提水就间接地变成了风力发电。

（三）风帆助航

风能利用已有数千年的历史。最早的利用方式是"风帆行舟"。埃及的风帆船、中国的木帆船，都有两三千年的历史记载。唐代有"乘风破浪会有时，直挂云帆济沧海"的诗句，可见那时风帆船已广泛用于江河航运。最辉煌的风帆时代是中国的明代，14 世纪初叶中国航海家郑和七下西洋，庞大的风帆船队功不可没。在机动船舶发展的今天，为节约燃油和提高航速，古老的风帆助航也得到了发展。利用风帆获得风能作为船舶推进动力，是自古以来所共知的事。将风帆装置应用于现代化的内燃机船上，作为辅助动力，从而达到节能的目的。日本已在万吨级货船上采用电脑控制的风帆助航，节油率达 15%。

（四）风力致热

"风力致热"是将风能转换成热能。目前有三种转换方法：一是风力机发电，再将电能通过电阻丝发热，变成热能；二是由风力机将风能转换成空气压缩能，再转换成热能；三是将风力机直接转换成热能。第三种方法致热效率最高。

随着人民生活水平的提高，家庭用热能的需要越来越大，特别是在高纬度的欧洲、北美取暖和煮水是耗能大户。为解决家庭及低品位工业热能的需要，风力致热有了较大的发展。

风力机直接转换成热能也有多种方法，最简单的是搅拌液体致热，即风力机带动搅拌器转动，从而使液体（水或油）变热。在风力机的转轴上连接一搅拌转子，转子上装有叶片。将搅拌转子置于装满液体的搅拌罐内，罐的内壁为定子，同样也装有叶片。当转子带动叶片旋转时，液体就在定子叶片之间作涡流运动，并不断冲击定子叶片。如此慢慢使液体变热，然后将热取出使用。这种方法可以在任何风速下运行，比较安全方便，磨损小。荷兰采用这种方法建成了一个风力致热系统，使用风力机的风轮直径为 16.5m，产生热水温度 80～90℃，每年获得的热能约相当于燃烧 22 000m³ 天然气。图 3 - 23 所示为风力热水装置示意。

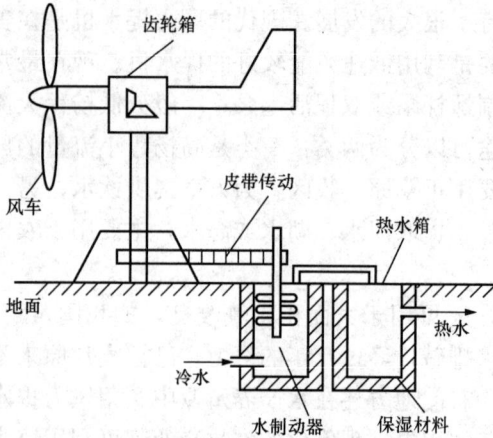

图 3-23　风力热水装置示意

固体摩擦致热是在风轮机的转动轴上安装一组制动元件，利用离心力的原理，在风力机的风轮转动时，使制动元件与固体表面发生摩擦，用摩擦产生的热去加热油，然后用水套将热传出，即得到所需的热。这种方法比较简便，但是关键在于制动元件的材质，要选择合适的耐磨材料。国内试验，采用普通汽车的刹车片做制动元件，大约运转 300h 就要更换，磨损太快。

液体挤压致热主要利用液压泵和阻尼孔来进行的。当风力机带动液压泵工作时，将液体工质（通常为油料）加压，使机械能产生液压作用，然后让被加压的工质从狭小的阻尼孔高速喷出，使其迅速射在阻尼孔后尾流管中的液体上，于是发生液体分子间的高速冲击和摩擦，这就使液体发热。这种方法也没有部件磨损，比较可靠。

在日本北海道，有人利用风力挤压液体致热，建成了一台"天鹅一号"风炉，用它来做热源建造了一座风力温泉，可供人们洗浴。所使用的风力机风轮直径为 10m，液压泵转速为 191r/min，产生的温度为 80℃，用风力机带动液压泵，使液体加压后再从狭小的阻尼小孔中高速喷出冲击液体（水或油）从而使工作液体加热。

用风力机转轴驱动一个转子，在转子外缘与定子之间装上磁化线圈。当微弱电流通过磁化线圈时，便产生磁力线，若转子旋转，则切割磁力线。在物理学上，磁力线被切割时，即产生涡电流，并在定子和转子之间生成热，这就是涡电流致热。这种致热过程主要是机械转动，磁化线圈所消耗的电量很少，而且可以从风力发电充电的蓄电池获得直流电源，因此不同于电加热，风能转换效率较高。

上述各种风力致热，有的已进入实用阶段，主要可用于浴室、住房、花房、家禽牲畜饲养房等的供热采暖。风力致热装置可以提供农村或牧区居民采暖、温室和浴室等所需热源。一般风力致热效率可达 40%，而风力提水和发电的效率只有 15%～30%。

七、风力发电机

风力发电机又称风车，是一种将风能转换成机械能、电能或热能的能量转换装置。风力发电机经过 2000 年的发展过程，现在已有很多种形式。

（一）风力发电机分类

1. 按风力发电机的功率分类

（1）微型风力发电机，其额定功率为 50～1000W。

（2）小型风力发电机，其额定功率为 1.0～10.0kW。

（3）中型风力发电机，其额定功率为 10.0～100.0kW。

（4）大型风力发电机，其额定功率大于 100kW。

2. 按风力发电机的运行方式分类

（1）独立运行风力发电机，风力发电机输出的电能经蓄电池蓄能，再供用户使用。这种方式可在边远农村、牧区、海岛、边防哨所等电网达不到的地区使用。一般单机容量在几百瓦到几千瓦。我国目前拥有这类风电机组达 16 万台，为电网不能到达地区的约 60 万居民基本解决了用电问题，使电灯、电视进入了寻常百姓家中，提高了人民的生活质量。

（2）并网运行风力发电机组，在风力资源丰富地区，按一定的排列方式安装风力发电机组，称为风力发电场，发出的电能全部经变电设备送到电网。这种方式是目前风力发电的主要方式。

（3）风力同其他发电方式互补运行，如风力 - 柴油互补方式运行，风力 - 太阳能电池发电联合运行，风力 - 抽水蓄能发电联合运行等。这种方式一般需配备蓄电池，以减少因风速变化导致的发电量的突然变化所造成的影响，还可节约一次能源。

3. 按风轮轴安装形式分类

风力发电机按风轮轴安装形式不同可分为水平轴风力发电机和垂直轴风力发电机两种。水平轴风力发电机目前技术最成熟。它由风轮、增速齿轮箱、发电机、偏航装置、控制系统、塔架等部件组成。风轮将风能转换为机械能，低速转动的风轮通过传动系统由增速齿轮箱增速，将动力传递给发电机。整个机舱由高大的塔架举起，由于风向经常变化，为了有效地利用风能，还安装有迎风装置，它根据风向传感器测得的风向信号，由控制器控制偏航电机，驱动与塔架上大齿轮啮合的小齿轮转动，使机舱始终对风。水平轴风力发电机是当今风力发电机的主要形式，需要对风装置，因此有对风损失。垂直轴风力发电机无需对风，可吸收任何方向的风能，但启动力矩大，尖速比较低，在风轮、质量和成本一定的情况下，提供的功率输出较低。

另外，还有一种特殊型风力发电机，如扩压式、旋风式、浓缩风能型风力发电机。特殊型风力发电机的共同特点是通过一个辅助装置使较小的叶轮扫风面积收集较大的风能，从而提高风力发电机的功率和风能利用系数，目前还处于研究发展阶段，一旦理论上突破并推广应用，将为风能利用开辟一条新途径。

（二）风力发电机的工作原理

风力发电机组是将风能转换为电能的机械装置，其基本工作原理是利用一个风力机械来吸收风的动能，再利用发电机将风的动能转化为电能，小型风力发电机一般将风力发电机组发出的电能用储能设备储存起来（一般用蓄电池），需要时再提供给负载（可直流供电，亦可用逆变器变换为交流供电），大型风力发电机组发出的电能可直接并到电网上，向电网馈电。图 3 - 24 所示为风力发电机结构原理。

下面主要以水平轴风力机为例来简述风力发电机的工作原理。水平轴风力发电机一般由风轮、增速齿轮箱、发电机、偏航系统、控制与安全系统、液压与刹车系统、塔架等附属设备七个部分组成下面对部分重要设备及系统进行介绍。

1. 风轮

风轮是风力发电机最重要的部件之一。风力发电机就是依靠风轮把风所具有的动能有效地转化为机械能并加以利用的。风轮使空气运动的速度减慢，在空气动力的作用下风轮绕轴旋转并将风能转变为机械能。水平轴风力发电机的风轮通常由几何形状一样的两个以上叶片组成。叶片又可分为变桨距叶片和定桨距叶片，从叶片结构上又可分为木制叶片、铝合金挤压成型的等弦长叶片、钢制叶片、玻璃钢叶片、复合材料叶片等。

多年来风力发电机组的风轮大都采用三桨叶与轮毂刚性连接的结构，即所谓定桨距风轮。定桨距风力发电机组的主要结构特点是：桨叶与轮毂的连接是固定的，即当风速变化时，桨叶的迎风角度不能随之变化。这一特点给定桨距风力发电机组提出了两个必须解决的问题：一是当风速高于设计点风速即额定风速时，桨叶必须能够自动地将功率限制在额定值附近。桨叶的这一特性被称为自动失速性能。二是运行中的风力发电机组在突然失去电负荷（突甩负载）的情况下，桨叶自身必须具备制动能力，使风力发电机组能够在大风情况下安全停机。

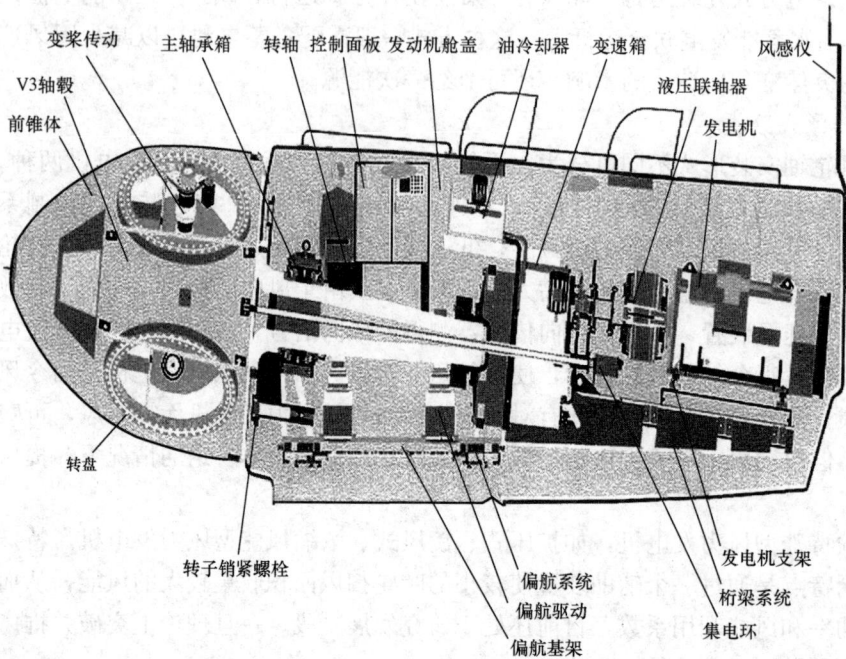

图 3 - 24　风力发电机结构原理

扫码看彩图

近年来，随着风力发电机组设计水平的不断提高，在大型风力发电机组，特别是兆瓦级风力发电机组的设计中，开始采用变距风轮，即变桨距风力发电机组，桨叶与轮毂不再采用刚性连接，而通过可转动的推力轴承或专门为变距机构设计的回转支撑连接。变桨距风轮启动性能好且输出功率平稳。

2. 增速齿轮箱

风力发电机组中的齿轮箱是一个重要的机械部件，其主要功能是将风轮在风力作用下所产生的动力传递给发电机并使其得到相应的转速。当风力机驱动发电机时，通常发电机的额定转速要比风力机的风轮转速高很多，这时风轮必须通过增速机构来带动发电机，故也将齿轮箱称为增速箱。但也有些风力发电机不包括变速齿轮箱。

3. 发电机

因为风速是不稳定的，所以发电机常处于负载不稳定状态，极端时发电机严重过载，对于并网型风力发电机还要处于频繁的投、切（并网和脱网）切换过程中，所以对于用于风力发电的发电机还要有一些特殊要求。因感应发电机结构紧凑，价格便宜，并网方法简单，并网运行稳定，在风力发电机中得到最为广泛的应用。在风力发电机组的设计中，也涉及如何设计发电机或设计者对发电机选型的问题。对于水平轴风力发电机，由于发电机要安装在距地面十几米、几十米高的塔架上方随风转动的机舱里，因此，对于发电机的设计和选型尤为重要。在设计发电机或对发电机选型时的原则：第一，发电机应尽量是多极发电机，额定转速较低，以有效地降低增速比，使增速传动少、齿轮少、质量小、体积小；第二，由于发电机安装在很高的随风向转动的机舱里，要求发电机结构简单、质量小、可靠性高、寿命长；第三，应充分注意发电机的生产制造成本。

4. 偏航系统

由于风向是不断变化的，为了使风轮旋转平面始终正对风向，提高风能利用率，就需要一套对风装置，即偏航系统。偏航系统是水平轴式风力发电机组必不可少的组成部分。偏航系统的主要作用有两个：其一是与风力发电机组的控制系统相互配合，使风力发电机组的风轮始终处于迎风状态，充分利用风能，提高风力发电机组的发电效率；其二是提供必需的锁紧力矩，以保障风力发电机组的安全运行。

风力发电机组的偏航系统一般分为主动偏航系统和被动偏航系统。被动偏航系统指的是依靠风力通过相关机构完成对风动作的偏航方式，常见的有尾舵、舵轮和下风向自动对风三种。主动偏航系统指的是采用电力或液压拖动完成对风动作的偏航方式。对于并网型风力发电机组来说，通常都采用主动偏航系统的齿轮驱动形式。

5. 塔架

塔架和基础是风力发电机的主要承载部件。其重要性随着风力发电机的容量增加、高度增加，越来越明显。由于近年来风力发电机组容量已达到 2～3MW，风轮直径达 80～100m。在德国，风力发电机组塔架设计必须经过建筑部门的批准和安全证明。塔架是支撑风力发电机的支架，不仅要有一定的高度，使风力机处在较为理想的位置（即涡流影响较小的高度）运转，而且还应该有足够的强度和刚度，以保证在台风或暴风袭击时，不会使整机倾倒。塔架按外形结构可分为单管拉线式、桁架拉线式、桁架式、圆台（或棱台）式。

由于地面的剪切效应，在地面附近的风速很小，越高处风速越大，所以需要一个塔架将风力机支撑到一定高度，塔架不但承受着整个风力发电机组的质量，还承受着很大的弯矩，所以塔架也需要进行特别设计。由于风力发电机的工作条件非常恶劣，有时风速很小，有时风速非常大，极端时发电机严重过载，所以就需要对发电机进行控制，使其安全运行或停机。液压系统是风力发电机组的执行机构，以实现风力发电机组的转速控制、功率控制，同时也控制刹车机构。

风力机的效率主要取决于风轮效率、传动效率、储能效率、发电机和其他工作机械的效率。图 3-25 所示为不同用途风力机装置的主要构成部分。

（三）风力发电机组的控制与安全系统

风力发电机组控制系统工作的安全可靠性已成为风力发电系统能否发挥作用，甚至成为风电场长期安全可靠运行的重大问题。在实际应用过程中，尤其是一般风力发电机组控制与检测系统中，控制系统满足用户提出的功能上的要求是不困难的。往往不是控制系统功能而是它的可靠性直接影响风力发电机组的声誉。有的风力发电机组控制系统功能很强，但由于工作不可靠，经常出故障，而出现故障后对一般用户来说维修又十分困难。于是，这样一套控制系统可能发挥不了它应有的作用，造成不应有的损失。因此，对于一个风力发电机组控制系统的设计和使用者来说，系统的安全可靠性必须认真加以考虑，引起足够的重视。

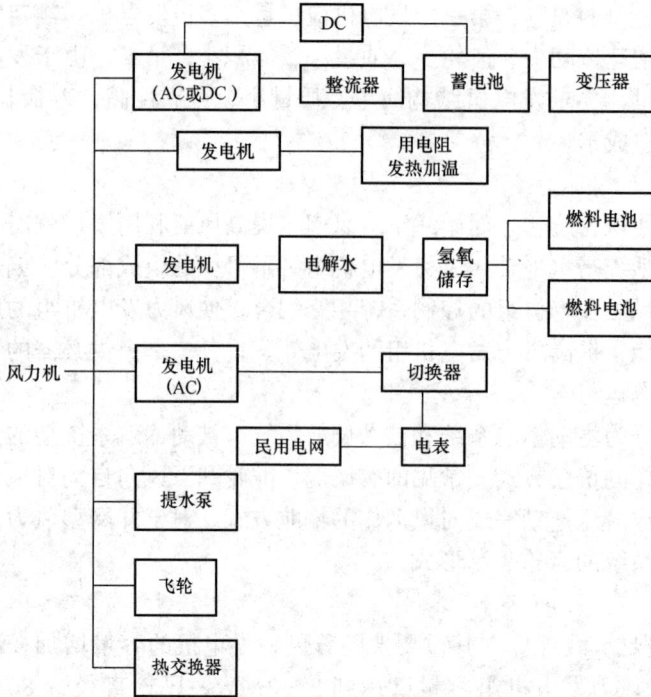

图 3-25　不同用途风力机装置主要构成部分

机组控制运行安全保护系统包括十个部分。

1. 大风保护安全系统

一般风速达到 25m/s（10min）即为停机风速，机组必须按照安全程序停机，停机后，风力发电机组必须 90°对风控制。

2. 参数越限保护

各种采集、监控的量根据情况设定有上、下限值，当数据达到限定值时，控制系统根据设定好的程序进行自动处理。

3. 过压、过流保护

过压、过流保护是当装置元件遭到瞬间高压冲击和电流过流时动作的保护，通常采用隔离、限压、高压瞬态吸收元件、过流保护器等。

4. 振动保护

机组应设有振动球开关、振动频率上限 1、振动频率极限 2 三级振动频率保护，当开关动作时，控制系统将分级进行处理。

5. 开机关机保护

该保护设计机组开机正常顺序控制，确保机组安全；在小风、大风、故障时控制机组按顺序停机。

安全系统组成如图 3-26 所示。多数风力发电机组都安装在山谷的风口处、山顶上、空旷的草地、海边海岛等，易受雷击，安装在多雷雨区的风力发电机组受雷击的可能性更大，其控制系统大多为计算机和电子器件，最容易因雷电感应造成过电压损坏，因此需要考虑防雷问题。一般使用避雷器或防雷组件吸收雷电波。当雷电击中电网中的设备后，大电流将经接地点泄入接地装置，使接地点电位大大升高，若控制设备接地点靠近雷击大电流的入地点，则电位将随之升高，会在回路中形成共模干扰，引起过电压，严重时会造成相关设备绝缘击穿。

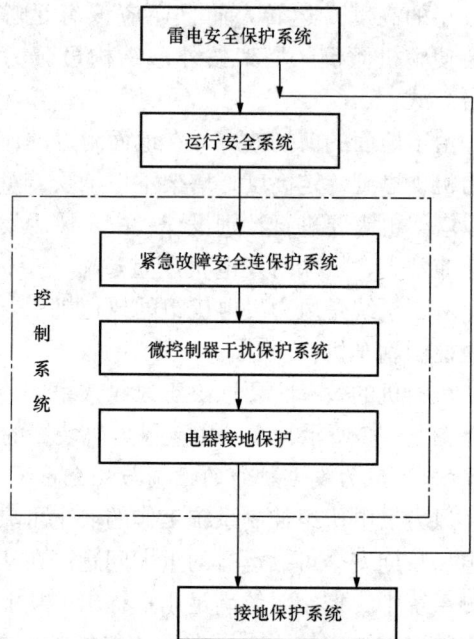

图 3-26　安全系统组成

6. 电网掉电保护

风力发电机组离开电网的支持是无法工作的，一旦有突发故障而停电时，控制器的计算机由于失电会立即终止运行，并使风机失去控制，控制叶尖气动刹车和机械刹车的电磁阀就会立即打开，液压系统会失去压力，制动系统动作，执行紧急停机。紧急停机意味着在极短的时间内，风机的制动系统将风机叶轮转数由运行时的额定转速变为零。大型风力发电机组在极短的时间内完成制动过程，将会对机组的制动系统、齿轮箱、主轴和叶片以及塔架产生强烈的冲击。紧急停机的设置是为了在出现紧急情况时保护风电机组的安全。然而，电网故障无须紧急停机；突然停电往往出现在天气恶劣、风力较强时，紧急停机将会对风机的寿命造成一定影响。另外风机主控制计算机突然失电就无法将风机停机前的各项状态参数及时存储，这样就不利于迅速对风机发生的故障作出判断和处理。针对上述情况，可以在控制系统电源中加设在线 UPS 后备电源，当电网突然停电时，UPS 自动投入，为风电机控制系统提供电力，使风电控制系统按正常程序完成停机过程。

7. 紧急停机安全链保护

系统的安全链是独立于计算机系统的硬件保护措施，即使控制系统发生异常，也不会影响安全链的正常动作。安全链是将可能对风力发电机造成致命伤害的超常故障串联成一个回路，当安全链动作后将引起紧急停机，执行机构失电，机组瞬间脱网，控制系统在 3s 左右将机组平稳停止，从而最大限度地保证机组的安全。发生下列故障时将触发安全链：叶轮过速、机组部件损坏、机组振动、扭缆、电源失电、紧急停机按钮动作。

8. 微机控制器抗干扰保护

风电场控制系统的主要干扰源有：工业干扰，如高压交流电场、静电场、电弧、可控硅等；自然界干扰，如雷电冲击、静电放电、磁爆等；高频干扰，如微波通信、无线电信号、雷达等。这些干扰通过直接辐射或由某些电气回路传导进入的方式进入到控制系统，干扰控制系统工作的稳定性。从干扰的种类来看，可分为交变脉冲干扰和单脉冲干扰两种，它们均以电或磁的形式干扰控制系统。

9. 接地保护

接地保护是非常重要的保护。良好的接地将确保控制系统免受不必要的损害。在整个控制系统中通常采用以下几种接地方式，来达到安全保护的目的。

工作接地、保护接地、防雷接地、防静电接地、屏蔽接地。接地的主要作用，一方面是为保证电气设备安全运行；另一方面是防止设备绝缘被破坏时可能带电，以致危及人身安全，同时能使保护装置迅速切断故障回路，防止故障扩大。

10. 风电场的计算机监控系统

风电场计算机监控系统分中央监控系统和远程监控系统，主要由监控计算机、数据传输介质、信号转换模块、监控软件等组成。

远程监控系统（见图 3-27）实现通信网络又是关键环节。根据国家经贸委关于《电网和电厂计算机监控系统及调度数据网络安全防护规定》，电力监控系统和电力调度数据网络均不得和互联网相连，因此远程监控系统通常只能使用专线或电力调度数据网络。考虑到实际情况的需要，现在实现的风电场远程监控系统一般采用电话线进行通信。

八、风光互补系统

风光互补系统是指由风力发电和太阳能电池发电两部分组成的联合发电系统。这是一种

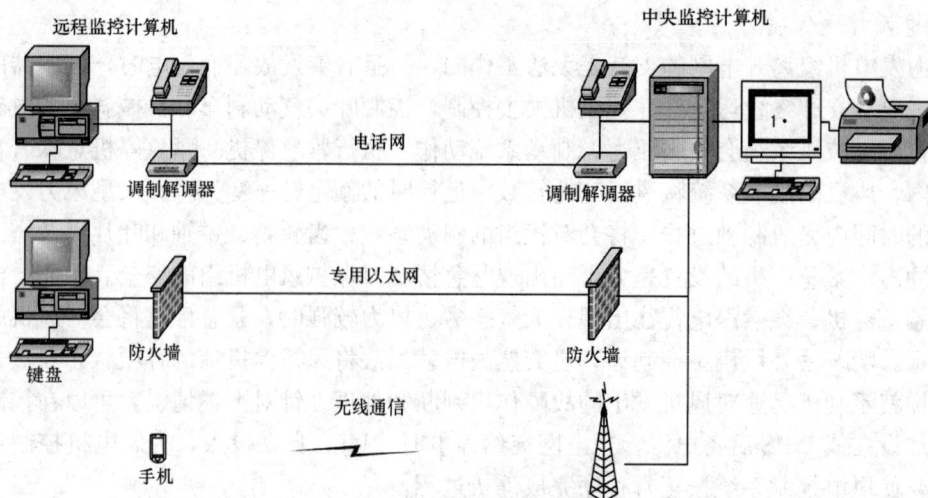

图 3-27　远程监控系统结构

清洁的发电系统，都使用可再生能源，不带污染的发电机组，同时也节约大量的燃料。事实上，无论是风能或太阳能，都有共同的弱点，能量密度低、稳定性差、常受天气影响不连续，风能有季节性强弱变化，太阳能有日夜间断，但是两者合在一起，同时变为弱势的机会就小一些，尤其其一般规律是，白天太阳光强，夜间风多，夏天日照好风弱，冬春季节风大，这样正好可以互补。因此，在设计风力发电和光电系统时，要根据当地的气象条件，选择适当的容量搭配，并在蓄电池方面留有足够的余地，以保证负荷的需要。当然，风光互补系统一次性投资较大，但运转费用低，因为风力发电机和太阳电池的寿命较长，只是蓄电池需要定期更换，一般国外蓄电池的寿命也较长，并且少维护，我国蓄电池正在逐步改进。随着新能源的发展，今后必有专用性蓄电池生产。

九、中国风电技术的发展趋势

中国风力发电机技术的开发利用起源于 20 世纪 70 年代初，经初期发展、单机分散研制、示范应用、重点攻关、实际推广、系列化和标准化几个阶段的发展，无论在科学研究、设计制造，还是试验、示范、应用推广等方面均有了长足的进步和很大的提高，并取得了明显的经济效益和社会效益，特别是在解决常规电网外无电地区农、牧、渔民用电方面走在世界的前列，生产能力、保有量和年产量都居世界第一。在 21 世纪初，中国还有约 2000 万人口没有用上电，在常规电网外，推广独立供电的风力发电机组，对解决农、牧、渔民看电视、听收音机、照明和用电动鼓风机做饭等生活用电问题，以及对于改善和提高当地经济，促进地区社会文化事业发展，加强民族团结，巩固国防建设有着重大的意义。

大容量风力发电技术的应用起始于 20 世纪 80 年代初，风力发电技术的商业化发展则是 20 世纪 90 年代初期开始的。1994 年，电力工业部发布了风力发电上网有关规定后，并网风力发电技术的发展越来越受到重视。风力发电产业从新疆、内蒙古和东南沿海部分地区起步，到 1996 年底，已初具规模，风力发电装机容量达到 60MW。近年来，在国家有关部门的大力支持下，并网风电场的建设发展迅速在中国发展风电产业大有可为，未来风电主要从以下几个方面发展。

1. 单机容量增大

在过去 20 年中，涡轮风机的典型装机容量从 50kW 增加到 750kW，随着技术逐渐成熟，多样化的设计概念也逐渐走向统一。由于风力场中采用大的涡轮风机比小的更加经济，因而风机的容量不断增加。涡轮风机的容量将继续增大，一些制造商已经开发出了 5000kW 甚至更高级别的涡轮风机。而且，随着风机容量的增大，其中必然要采用一些新的复合材料和新的技术。

大型机器更适合滨海风力场。在人口密度较高的国家，随着陆地风力场利用殆尽，滨海风力场在未来的风能开发中将占有越来越重要的份额。

2. 风电机桨叶的变化

单机容量不断增大，桨叶的长度也不断增长，目前 2kW 风机叶轮扫风直径已达 72m，最长的叶片已超过 100m。现有的大部分涡轮风机大都具有三个叶片，只有极少数涡轮风机还是只有两个叶片，而且这种涡轮风机的数量还在进一步减少。涡轮风机技术现已足够成熟，机器的可靠性极高，可利用率通常为 98%～99%。桨叶材料由玻璃纤维增强树脂发展为强度高、质量轻的碳纤维，桨叶也向柔性方向发展。

早期的一些风机桨叶是根据直升机的机翼设计的，但风机的桨叶运行在与直升机很不同的空气动力环境中。对叶型的进一步改进，增加了风机捕捉风能的效率。例如，美国国家再生能源实验室开发了一种新型叶片，比早期的一些风机桨叶捕捉风能的能力要大 20%。在丹麦、美国、德国等风电技术发达国家，有许多专业研究人员都在利用较先进的设备和技术条件致力于新叶型从理论到应用的开发研究。

风电界普遍认为，风电机组的风轮直径或扫风面积比额定容量更能反映风电机组的特性，而风电机组的风轮直径与额定容量并不是一一对应的。

3. 塔架高度上升

在中、大型风电机的设计中，采用了更高的塔架，以捕捉更多的风能。在地处平坦地带的风机，在 50m 高度捕捉的风能要比 30m 高处多 20%。

4. 控制技术的发展

尤其值得注意的是，随着电力电子技术的发展，近几年来发展了一种变速风电机。它取消了沉重的增速齿轮箱，发电机轴直接连接到风机轴上，转子的转速随风速而改变，其交流电的频率也随之变化，经过置于地面的大功率电力电子变换器，将频率不定的交流电整流成直流电，再逆变成与电网同频率的交流电输出。由于它被设计成在几乎所有的风况下都能获得较大的空气动力效率，从而大大地提高了捕捉风能的效率。试验表明，在平均风速 6.7m/s 时，变速风电机要比恒速风电机多捕捉 15% 的风能。同时，由于机舱质量减轻和改善了传动系统各部件的受力状况，可使风机的支撑结构减轻，基础等费用也可降低，运行维护费用也较低。这是一种很有发展前途的技术。

5. 海上风力发电

发展海上风电场也成为新的大型风机应用领域而受到重视。丹麦、德国、西班牙、瑞典等国都在计划较大的海上风电场项目。海上风速较陆上大且稳定，一般陆上风电场平均设备利用小时数为 2000h，好的为 2600h，在海上则可达 3000h 以上。为便于浮吊的施工，海上风电场一般建在水深为 3～8m 处，同容量装机，海上比陆上成本增加 60%（海上基础占 23%、线路占 20%；陆上仅各占 5% 左右），电量增加 50% 以上。

第三节　地　热　能

一、概述

人类很早以前就开始利用地热能，例如温泉沐浴、医疗，利用地下热水取暖、建造农作物温室、水产养殖及烘干谷物等，但真正认识地热资源并进行大规模的开发利用则始于20世纪中叶。

地热能来自地球内部，在地球核心地带，温度高达7000℃。在地质因素的控制下，这些热能会以热蒸汽、热水、干热岩等形式在地壳的某一范围聚集，如果达到可开发利用的条件，便成了具有开发意义的地热资源。地热能起源于地球的熔融岩浆和放射性物质的衰变，地下水的深处循环和来自极深处的岩浆侵入到地壳后，把热量从地下深处带至近表层，这种热能的储量相当大。据估计，每年从地球内部传到地面的热能相当于1×10^{14} kWh。不过，地热能的分布相对来说比较分散，开发难度大。如果不是地球本身把地热能集中在某些地区，用目前的技术水平是无法将地热能作为一种热源和发电能源来使用的。

地热能分布最广，能量最丰富，而且可以在人类发展的历史中不断地得到补充。地球像是一个巨大的"热水瓶"，外凉内热，而且是越往里温度越高。人们把蕴藏于地球内部的热能称为地热能。地球通过火山爆发和温泉外溢等途径，将其内部蕴藏的热能源源不断地输送到地面上来，平均年流失的热量约达1×10^{21} kJ。但是，由于目前经济上可行的钻探深度仅在3000m以内，再加上热储空间地质条件的限制，因而只有当热能运移并在浅层局部富集时，才形成可供开发利用的地热田。

二、地热资源

地热资源是指在当前技术经济和地质环境条件下，使地壳内能够科学、合理地开发出来的岩石和地热流体中的热能量及其伴生的有用组分。据估计在地壳表层10km的范围内，地热资源就达1.26×10^{27} kJ，相当于4.6×10^{16} t标准煤，即超过世界技术和经济力量可采煤储量含热量的70 000倍。

一般说来，深度每增加100m，地球的温度就增加3℃左右。这意味着地下2km深处的地球温度为70℃左右，深度为3km时，温度将增加到100℃，以此类推。然而在某些地区，地壳构造活动可使热岩或熔岩到达地球表面，从而在技术可以达到的深度上形成许多个温度较高的地热资源储存区。要提取和实际应用这些热能，需要有一个载体把这些热能输送到热能提取系统。这个载体就是在渗透性构造内形成含热水层的地热流。这些含水层或储热层便称为地热液田。热液源在全球分布很广，但却很不均匀。高熔（熔表示为可实际利用的能量）地热田位于地质活动带内，常表现为地震、活火山、热泉、喷泉和喷气等现象。地热带的分布与地球大构造板块或地壳板块的边缘有关，主要位于新的火山活动区或地壳已经变薄的地区。低熔地热资源要比高熔地热资源丰富，而且分布也比较广。它们分布在许多世界深海沉积盆地上，例如美国墨西哥湾沿岸、加拿大西部、西西伯利亚及中欧和南欧相当一部分地区，此外还分布在高熔地热资源的边缘地区。

（一）地热资源的类型

地质学上常把地热资源分为蒸汽型、热水型、干热岩型、地压型和岩浆型五大类，另一种分类法把蒸汽型和热水型合在一起统称为热液。

1. 蒸汽型

蒸汽型地热田是最理想的地热资源，指以温度较高的干蒸汽或过热蒸汽形式存在的地下储热田。形成这种地热田要有特殊的地质结构，即储热流体上部被大片蒸汽覆盖，而蒸汽又被不透水的岩层封闭包围。这种地热资源最容易开发，可直接送入汽轮机组发电，腐蚀较轻。但蒸汽型地热田很少，仅占已探明地热资源的 0.5%，而且地区局限性大，到目前为止只发现两处具有一定规模的高质量干热蒸汽储藏，一个是位于意大利的拉德雷罗地热田，另一个是位于美国的盖瑟尔斯地热田。

2. 热水型

热水型地热田是指以热水形式存在的地热田，通常既包括温度低于当地气压下饱和温度的热水和温度高于沸点的有压力的热水，又包括湿蒸汽。这类资源分布广，储量丰富，温度范围很大。90℃以下称为低温热水田，90～150℃称为中温热水田，150℃以上称为高温热水田。中、低温热水田分布广，储量大，我国已发现的地热田大多属这种类型。

热水型地热田反映以水为主体的对流水热系统。这种地热能分布较广，约占已探明的热资源的 10%；其温度范围也很广，从接近于室温到高达 390℃。

3. 地压型

地压型地热指在高压下由深部地层提取含有可溶性甲烷（沼气）的高盐分热水。它的温度为 150～260℃，以高压高盐分热水的形式储存于地表以下 2～3km 的深部沉积盆地中，并被不透水的页岩所封闭，可以形成长 1000km、宽几百千米的巨大的热水体。地压型地热除了高压（可达几百个大气压）、高温（温度处在 150～260℃范围内）外，还溶有大量的甲烷等碳氢化合物。所以，地压型资源中的能量，实际上是由机械能（高压）、热能（高温）和化学能（天然气）三个部分组成。由于沉积物的不断形成和下沉，地层受到的压力会越来越大。地压型地热一般与石油资源有关。地压水中溶有甲烷等碳氢化合物，形成有价值的副产品，其储量较大，约占已探明地热资源的 20%。地压型地热能的开发利用目前尚处于研究探索阶段。

4. 干热岩型

干热岩型地热是指地层深处普遍存在的没有水或蒸汽的热岩石，温度范围很广，在 150～650℃之间，储量十分丰富，比蒸汽、热水和地压型地热资源大得多，约占已探明的地热资源总量的 30%。目前大多数国家都把这种资源作为地热开发的重点研究目标。不过从现阶段来说，干热岩型资源是专指埋深较浅、温度较高的有开发经济价值的热岩。提取干热岩中的热量，需要有特殊的办法，技术难度大。干热岩体开采技术的基本概念是形成人造地热田，亦即开凿通入温度高、渗透性低的岩层中的深井（4000～5000m），然后利用液压和爆破碎裂法形成一个大的热交换系统。这样，注水井和采水井便通过人造地热田连接成一个循环回路，水便通过破裂系统进行循环。

5. 岩浆型

岩浆型地热是指蕴藏在地层更深处处于动弹性状态或完全熔融状态的高温熔岩，温度高达 600～1500℃。在一些多火山地区，这类资源可以在地表以下较浅的地层中找到，但多数则是深埋在目前钻探还比较困难的地层中。火山喷发时常把这种岩浆带至地面。岩浆型资源据估计约占已探明地热资源的 40% 左右。在各种地热资源中，从岩浆中提取能量是最困难的。岩浆的储藏深度为 3000～10 000m。这种资源目前尚未被开发，美国这方面的研究计划已于 1991 年终止，有待于在今后开展进一步研究。

　　上述五类地热资源中，目前应用最广的是热水型和蒸汽型，干热岩和地压型两大类，尚处于试验阶段，开发利用很少。不过，仅仅是这一部分热能，其储量也极为可观。仅按目前可供开采的地下 3km 范围内的地热资源来计算，就相当于 $2.9×10^{12}$ t 煤炭燃烧所发出的热量。地热资源是地球上能源资源的重要组成部分，虽然至今尚难准确计算它的储量，但是根据一些专家的估计，美国能源部曾把各种类型的地热资源和其他化石能源做过比较，认为能量最大的为干热岩地热，其次是地压型地热和煤炭，再次为热水型地热，最后才是石油和天然气。可见地热作为能源将会对人类的生活起多么重要的作用。随着科学技术的不断发展，完全可以确信，地热能的开发深度还会逐渐增加，为人们提供的热量将会更大。

　　地热资源的生成与地球岩石圈板块发生、发展、演化及其相伴的地壳热状态、热历史有着密切的内在联系，特别是与更新世纪以来构造应力场、热动力场有着直接的联系。从全球地质构造观点来看，大于 150℃ 的高温地热资源带主要出现在地壳表层各大板块的边缘，如板块的碰撞带、板块开裂部位和现代裂谷带；小于 150℃ 的中、低温地热资源则分布于板块内部的活动断裂带、断陷谷和凹陷盆地地区。

　　（二）全球地热资源的分布

　　在一定地质条件下的"地热系统"和具有勘探开发价值的"地热田"都有其发生、发展和衰亡过程，绝对不是只要往深处打钻，到处都可发现地热。作为地热资源的概念，它也和其他矿产资源一样，有数量和品位的问题。就全球来说，地热资源的分布是不平衡的。明显的地温梯度每公里深度大于 30℃ 的地热异常区，主要分布在板块生长、开裂 - 大洋扩张脊和板块碰撞、衰亡 - 消减带部位。环球性的地热带主要有四个。

　　1. 环太平洋地热带

　　它是世界最大的太平洋板块与美洲、欧亚、印度板块的碰撞边界，包括堪察加半岛、日本、菲律宾、印度尼西亚，以及从南美西部起直至阿根廷、秘鲁、厄瓜多尔、中美洲和北美洲西部。世界许多著名的地热田，如美国的盖瑟尔斯、长谷、罗斯福；墨西哥的塞罗、普列托、新西兰的怀腊开、中国台湾的马槽、日本的松川大岳等均在这一带。

　　2. 地中海—喜马拉雅地热带

　　它是欧亚板块与非洲板块和印度板块的碰撞边界。这条地热带横穿亚洲一直延伸到地中海地区。世界第一座地热发电站意大利的拉德瑞罗地热田就位于这个地热带中。中国的西藏羊八井及云南腾冲地热田也在这个地热带中。

　　3. 大西洋中脊地热带

　　这是大西洋海洋板块开裂部位，冰岛的克拉弗拉、纳马菲亚尔和亚速尔群岛等一些地热田就位于这个地热带。还有，热地壳物质还存在于洋中脊（如爱尔兰和亚速尔群岛）和内大陆断裂区（如东非断裂、肯尼亚和埃塞俄比亚断裂）。

　　4. 红海—亚丁湾—东非裂谷地热带

　　该地热带包括吉布提、埃塞俄比亚、肯尼亚等国的地热田。

　　除了在板块边界部位形成地壳高热流区而出现高温地热田外，在板块内部靠近板块边界部位，在一定地质条件下也可形成相对的高热流区。其热流值大于大陆平均热流值 1.46 热流单位，达到 1.7～2.0 热流单位。如中国东部的胶东、辽东半岛，华北平原及东南沿海等地。

　　（三）我国的地热资源

　　我国处于全球欧亚板块的东南边缘，在东部和南部分别与太平洋板块和印度洋板块连接，是地热资源较丰富的国家之一。两个高温地带或温泉密布地带就分别位于上述两个板块边缘的碰撞带上，而中、低温泉密布带则多集中于板块内的区域构造边界的断层带上，如图3-28 所示。西藏的地热资源最为丰富，云南的地热点最多，已知的达 706 处。在常规能源比较缺乏的福建省，已探明的地热能达 $3.34×10^{20}$ J，相当于 117 亿 t 标准煤。根据地热资源成因，我国地热资源分为四种类型。

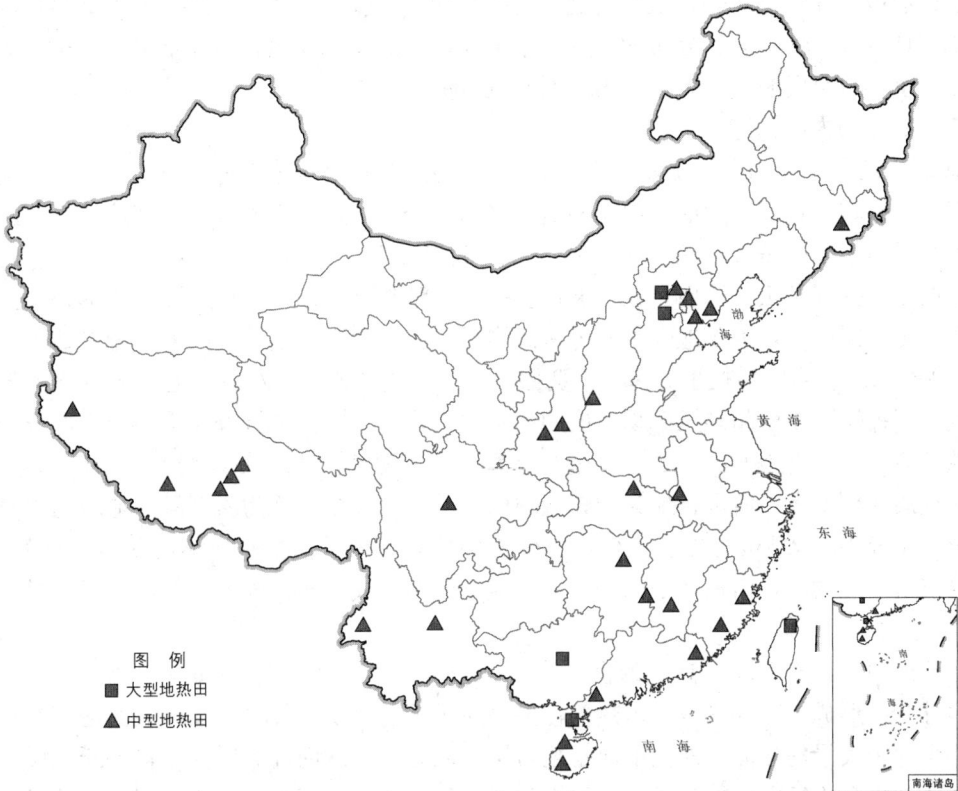

图 3-28　我国地热田分布

1. 现（近）代火山型

现（近）代火山型地热资源主要分布在台湾北部大屯火山区和云南西部腾冲火山区。腾冲火山高温地热区是印度板块与欧亚板块碰撞的产物。台湾大屯火山高温地热区属于太平洋岛弧之一环，是欧亚板块与菲律宾小板块碰撞的产物。在台湾已探到 293℃ 高温地热流体，并在靖水建有装机 3MW 地热试验电站。

2. 岩浆型

在现代大陆板块碰撞边界附近，埋藏在地表以下 6～10km，隐伏着众多的高温岩浆，成为高温地热资源的热源。如在我国西藏南部高温地热田，均沿雅鲁藏布江即欧亚板块与印度板块的碰撞边界出露，就是这种生成模式的较典型的代表。西藏羊八井地热田，在井深 1500～2000m 处，探获 329℃ 的高温地热流体；羊易地热田，在井深 380m 处，探获 204℃ 高温地热流体。

3. 断裂型

断裂型地热资源主要分布在板块内侧基岩隆起区或远离板块边界由断裂形成的断层谷

地、山间盆地，如辽宁、山东、山西、陕西、福建、广东等。这类地热资源的生成和分布主要受活动性的断裂构造控制，热田面积一般几平方千米，甚至小于 $1km^2$，热储温度以中温为主，个别也有高温，单个地热田热能潜力不大，但点多面广。

4. 断裂、凹陷盆地型

断裂、凹陷盆地型地热资源主要分布在板块内部巨型断陷、凹陷盆地之内，如华北盆地、松辽盆地、江汉盆地等，主要受盆地内部断块凸起或描皱隆起控制，该类地热资源的热储层常常具有多层性、面状分布的特点，单个地热田的面积较大，达几十平方公里，甚至几百平方公里，地热资源潜力大，有很高的开发价值。

三、地球的内部构造

地球本身就是一座巨大的天然储热库。所谓地热能就是蕴藏于地球内部的热能。地球分为地壳、地幔和地核三个圈层。地壳和地幔之间的分界面是莫霍面，地幔和地核之间的分界面是古登堡面，地壳是地球最外面的一层，一般厚 33km（大陆）或 7km（海洋）。地壳分为上下两层，其间是康拉德面，在 10km 左右。上部地壳只有大陆有，海洋基本缺失。上部地壳主要为花岗岩层，下部地壳主要为玄武岩层。介于地壳和地核之间的部分是地幔，平均厚度为 2870km 左右。地幔也分为上下两层，分界面为 1000km 左右。上地幔主要由超基性岩组成，下地幔主要由超高压矿物组成的超基性岩构成。在上地幔分布着一个呈部分熔融状态的软流圈，其深度为 60～400km，是液态岩浆的发源地。由于莫霍面上下物质都是固态，其力学性质区别不大，所以将地壳和软流圈以上的地幔部分统称为岩石圈。地球的中心部分为地核，半径为 3473km 左右。地核又可分为外核和内核。根据对地震波传播速度的测定，外核可能是液态物质，内核则是固体物质。地核的物质成分与铁陨石相似，所以有时又称为"铁镍核心"。

地球的内部是一个高温高压的世界，是一个巨大的"热库"，蕴藏着无比巨大的热能。据说地球开始形成的时候是一个炽热的行星，在漫长的地质年代里，地球表面逐渐冷却，但内部仍保存了大量的热能。地壳下面是覆盖层，同时，地球内部放射性元素不断地蜕变，这种化学反应也在不断释放能量。由于地幔和地壳的热传导速度比较慢，地壳以下的温度逐步上升，越接近地壳温度越高。图 3-29 所示为地球内部推测温度分布曲线。

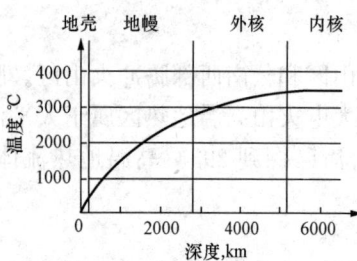

图 3-29　地球内部推测温度分布曲线

四、地热能的利用

目前世界上有 120 多个国家和地区，已经发现和开采的地热泉及地热井多达 7500 多处。对于地热能的开发利用，目前主要是在采暖、发电、育种、温室栽培和洗浴等方面。地热能的利用可分为地热发电和直接利用两大类。在工业上，地热能可用于加热、干燥、制冷、脱水加工、提取化学元素、海水淡化等方面。在农业生产上，地热能可用于温室育苗、栽培作物、养殖禽畜和鱼类等。例如，地处高纬度的冰岛不仅以地热温室种植蔬菜、水果、花卉和香蕉，近年来又栽培了咖啡、橡胶等热带经济作物。在浴用医疗方面，人们早就用地热矿泉水医治皮肤病和关节炎等，不少国家还设有专供沐浴医疗用的温泉。

（一）地热发电系统

地热能的最大利用潜力是发电。世界上最早的地热发电站于 1940 年在意大利塔斯坎尼的拉德雷洛地区建成。在当地，温度为140～260℃的蒸汽从地隙中喷出，因含有污染的化学物质，汽轮机不能直接引用蒸汽，便将地热蒸汽引入热交换器，利用其热量加热净水，再将干净的水蒸气引入汽轮机。1913年250kW的发电机组开始发电，目前装机容量达到42万kW。

从20世纪60年代以来，国内外30多个国家建立了大大小小的地热电站，发电量已达250多万kW，美国地热发电规模较大，发展速度很快。1960年加利福尼亚州在盖塞建成第一座地热蒸汽电站，装机容量1万kW。1979年美国地热发电量达66.3kW，占世界上第一位。菲律宾有12座活火山，地热资源极为丰富，目前正在积极开发利用。地热发电系统主要有四种。

1. 地热蒸汽发电系统

地热蒸汽发电系统利用地热蒸汽推动汽轮机运转，产生电能。本系统技术成熟、运行安全可靠，是地热发电的主要形式。西藏羊八井地热电站采用的便是这种形式。图3-30所示为地热蒸汽发电系统。

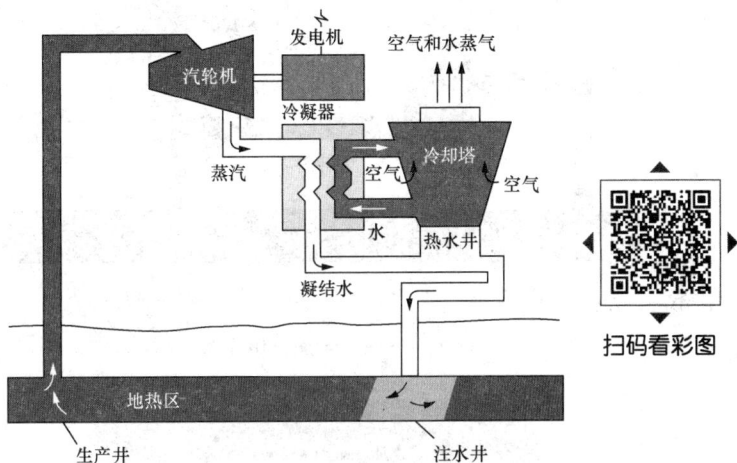

2. 双循环发电系统

双循环发电系统也称有机工质朗肯循环系统。它以低沸点有机物为工质，

图3-30 地热蒸汽发电系统

使工质在流动系统中从地热流体中获得热量，并产生有机质蒸汽，进而推动汽轮机旋转，带动发电机发电。图3-31所示为双循环发电系统。

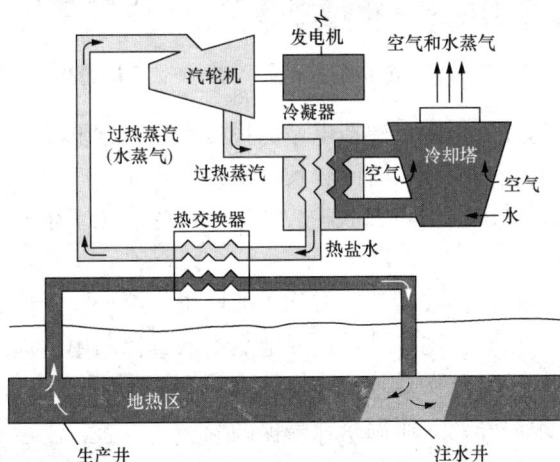

3. 全流发电系统

全流发电系统将地热井口的全部流体，包括所有的蒸汽、热水、不凝气体及化学物质等，不经处理直接送进全流动力机械中膨胀做功，其后排放或收集到凝汽器中。这种形式可以充分利用地热流体的全部能量，但技术上有一定的难度，尚在攻关。图3-32所示为全流发电系统。

图3-31 双循环发电系统

4. 干热岩发电系统

干热岩发电系统是利用地下干热岩体发电的系统，由美国人莫顿和史密斯于1970年提出。1972年，他们在新墨西哥州北部打了两口约4000m的深斜井，从一口井中将冷水注入

干热岩体，从另一口井取出自岩体加热产生的蒸汽，功率达 2300kW。进行干热岩发电研究的还有日本、英国、法国、德国和俄罗斯，但迄今尚无大规模应用。图 3-33 所示为干热岩发电系统示意。

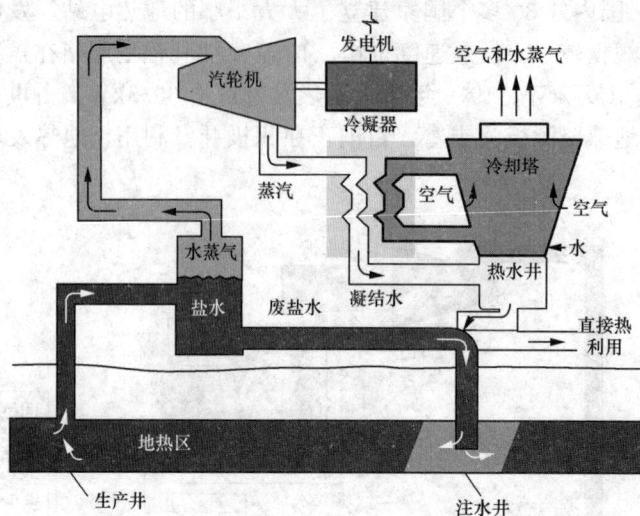

图 3-32　全流发电系统

扫码看彩图

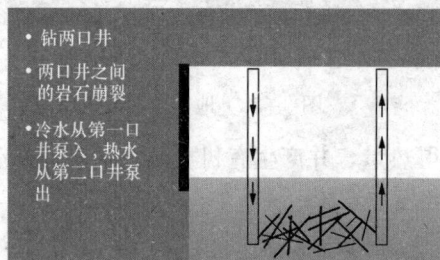

图 3-33　干热岩发电系统示意

扫码看彩图

　　利用地热能来进行发电的好处很多：建造电站的投资少，通常低于水电站；发电成本比火电、核电及水电都低；发电设备的利用时间较长；地热能比较干净，不会污染环境；发电用过的蒸汽和热水，还可以再加以利用，如取暖、洗浴、医疗、化工生产等。

　　（二）地热能的直接利用

　　地热能直接利用于烹饪、沐浴及暖房，已有悠久的历史。至今，天然温泉与人工开采的地下热水仍被人类广泛使用。据联合国统计，世界地热水的直接利用远远超过地热发电。中国的地热水直接利用居世界首位，其次是日本。地热水的直接用途非常广泛，主要有采暖空调、工业烘干、农业温室、水产养殖、旅温泉疗养保健等。

　　1. 地热供暖

　　将地热能直接用于采暖、供热和供热水是仅次于地热发电的地热利用方式。因为这种利用方式简单、经济性好，备受各国重视，特别是位于高寒地区的西方国家，其中冰岛开发利用得最好。该国早在 1928 年就在首都雷克雅未克建成了世界上第一个地热供热系统，现今这一供热系统已发展得非常完善，每小时可从地下抽取 7740t、80℃ 的热水，供全市 11 万居民使用。由于没有高耸的烟囱，冰岛首都已被誉为"世界上最清洁无烟的城市"。此外利用地热给工厂供热，如用作干燥谷物和食品的热源，用作硅藻土生产，木材、造纸、制革、纺织、酿酒、制糖等生产过程的热源也是大有前途的。目前世界上最大两家地热应用工厂就是冰岛的硅藻土厂和新西兰的纸浆加工厂。

现在各国的地热供暖技术为地源热泵技术。地源热泵技术是一种利用地下浅层的热资源（也称地能，包括地下水、土壤或地表水等），通过输入少量的高位能源（如电能），将低温位能向高温位能转移，以实现既可供热又可制冷的高效节能空调系统。地源热泵利用地能一年四季温度稳定的特点，冬季把地能作为热泵供暖的热源，即把高于环境温度的地能中的热能取出来供给室内采暖；夏季把地能作为空调的冷源，即把室内的热能取出来释放到低于环境温度的地能中。通常地源热泵消耗1kW的热量，用户可以得到4kW左右的热量或冷量。地源热泵系统利用地球表面浅层地热资源，没有燃烧、排烟及废弃物，清洁环保，无任何污染，是21世纪的环保技术。我国利用地热供暖和供热水发展也非常迅速，在京津地区已成为地热利用中最普遍的方式。图3-34所示为土壤和空气进行热量交换的示意。

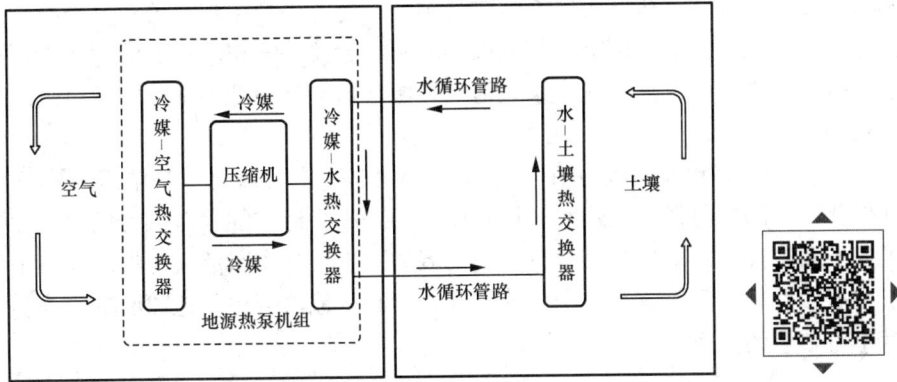

图3-34　土壤和空气进行热量交换的示意

扫码看彩图

2. 地热务农

地热在农业中的应用范围十分广。如利用温度适宜的地热水灌溉农田，可使农作物早熟增产；利用地热水养鱼，在28℃水温下可加速鱼的育肥，提高鱼的出产率；利用地热建造温室，育秧、种菜和养花；利用地热给沼气池加温，提高沼气的产量等。将地热能直接用于农业在我国日益广泛，北京、天津、西藏和云南等地都建有面积大小不等的地热温室。许多地方还利用地热大力发展养殖业，如培养菌种，养殖非洲鲫鱼、鳗鱼、罗非鱼、罗氏沼虾等。

3. 地热行医

地热在医疗领域的应用有诱人的前景，目前热矿水就被视为一种宝贵的资源，世界各国都很珍惜。由于地热水从很深的地下提取到地面，除温度较高外，常含有一些特殊的化学元素，从而使它具有一定的医疗效果。如含碳酸的矿泉水供饮用，可调节胃酸、平衡人体酸碱度；含铁矿泉水饮用后，可治疗缺铁贫血症；氢泉、硫水氢泉洗浴可治疗神经衰弱和关节炎、皮肤病等。由于温泉的医疗作用及伴随温泉出现的特殊地质、地貌条件，使温泉常常成为旅游胜地，吸引大量疗养者和旅游者。在日本就有1500多个温泉疗养院，每年吸引1亿人到这些疗养院休养。我国利用地热治疗疾病历史悠久，含有各种矿物元素的温泉众多，因此充分发挥地热的行医作用，发展温泉疗养行业是大有可为的。因火山活动而在云南腾冲境内形成的汽泉、温泉群有 80 多处，水温高达 90℃以上。

五、我国地热能的发展现状

中国地处环太平洋热带和喜马拉雅 - 地中海热带，地热资源丰富。高温地热资源主要集中在台湾、西藏南部、云南、四川西部。中低温地热资源主要分布在福建、广东、湖南、湖北、山东、辽宁等省。中国地热资源的远景储量为 1353.5 亿 t 标准煤，推测储量为 116.6 亿 t 标准煤，探明储量为 31.6 亿 t 标准煤。

目前中国地热资源的开发利用，以直接用地热水为多。低温地热利用已有 1300 余处，每年相当于 6 万 t 标准煤，主要用于种植、养殖、采暖及医疗，用于地热发电的尚少。西藏羊八井地热电站，装机 2.52 万 kW，年发电量约 1 亿 kWh，约占拉萨电网供电量的 50%。

据估计，全世界地热资源总量相当于 4.948×10^7 亿 t 标准煤，据不完全统计，我国已查明地热资源相当于 2.0×10^7 亿 t 标准煤。西藏、云南、四川、广东、福建等地的温泉多达 1503 处，占全国温泉总数的 61.3%。在全国 121 个水温高于 80℃的温泉中，云南、西藏占 62%，广东、福建占 18.2%，其他省区不足 1/5。我国地热资源的特点是类型较多，有近期火山和岩浆活动类型，有褶皱山区断裂构造类型，还有中新生代自流水盆地类型。其形成主要受构造体系和地震活动的影响，与火山活动密切相关。根据其形成的地质作用和赋存条件，可以划分为三种类型：火山或岩浆型地热资源、盆地型中低温地热资源以及断裂带型中低温地热资源。

21 世纪，一个个地热电站将屹立在世界各地，地热带出的硫化氢被浓缩、提炼成为制造硫酸和其他化工产品的原料，地热水经过利用后，又成为清洁的水源供人们生产和生活使用，开拓了一条新水源。未来随着科学技术的发展和进步，一座座活火山将成为一个个热电厂，一块块地震频发区，反而成为一个个地热开采中心。地热资源是地球奉献给人类的能量宝库，有其不可估量的前途。

第四节　海　洋　能

海洋是一个巨大的能源宝库，仅大洋中的波浪、潮汐、海流等动能和海洋温差能、盐度差能等的存储量高达天文数字。这些海洋能都是取之不尽、用之不竭的可再生能源。海洋能通常指海洋中所蕴藏的可再生的自然能源，主要为潮汐能、波浪能、温差能、盐度差能、海流能（潮流能）。更广义的海洋能还包括海洋上空的风能、海洋表面的太阳能以及海洋生物质能等。究其成因，潮汐能和潮流能来源于太阳和月亮对地球的引力变化，其他均源于太阳辐射。

海洋能在海洋总水体中的蕴藏量巨大，而单位体积、单位面积、单位长度所拥有的能量较小。这就是说，要想得到大能量，就得从大量的海水中获得。它具有可再生性，海洋能来源于太阳辐射能与天体间的万有引力，只要太阳、月球等天体与地球共存，这种能源就会再生，就会取之不尽，用之不竭。海洋能有较稳定与不稳定能源之分。较稳定的为温度差能、盐度差能和海流能。不稳定能源分为变化有规律与变化无规律两种。属于不稳定但变化有规律的有潮汐能与潮流能，既不稳定又无规律的是波浪能。海洋能属于清洁能源，也就是海洋能一旦开发后，其本身对环境污染影响很小。

根据联合国教科文组织 1981 年公布的数字，全世界海洋能的理论可再生量为 760 多亿

kW。其中最多的是太阳能辐射的热能被海水吸收储存，形成海洋温差能约 400 亿 kW；大陆河流汇入大海在河口处形成的盐度差能为 300 亿 kW 左右；由于月球和太阳对地球的引力作用，造成海水涨落和流动，形成潮汐能 30 多亿 kW；还有海水受风力作用而产生的波浪能约 30 亿 kW（这里不包括海底的石油及固体天然气等其他一次能源）。中国拥有大陆海岸线长达 18 000 多 km，海岛岸线总长 14 000 多 km，海域面积 470 多万 km^2，拥有 6500 多个岛屿。因此，中国的海洋能资源相当丰富。据初步估算，在现有条件下可开发利用的海洋能可再生量为 4 亿～5 亿 kW，其中潮汐能 1 亿 kW，波浪能 0.7 亿 kW，海流能 0.3 亿 kW，温差能 1.5 亿 kW，盐度差能 1.1 亿 kW。

下面对潮汐能、波浪能、温差能、盐度差能以及海流能进行介绍。

一、潮汐能

（一）潮汐能简介

因月球引力的变化引起潮汐现象，潮汐导致海水平面周期性地升降，因海水涨落及潮水流动所产生的能量，称为潮汐能。潮汐能是以位能形态出现的海洋能，是指海水潮涨和潮落形成的水的势能。海洋的潮汐中蕴藏着巨大的能量。在涨潮的过程中，汹涌而来的海水具有很大的动能，而随着海水水位的升高，就把海水的巨大动能转换为势能；在落潮的过程中，海水奔腾而去，水位逐渐降低，势能又转换为动能。

潮起潮落所形成的水位差，即相邻高潮潮位与低潮潮位的高度差，称为潮位差或潮差。通常，海洋中的潮差不大，一般只有几十厘米至 1m 左右。而在喇叭状海岸或河口的地区，其潮差就比较大。据估计，全球海洋中所蕴藏的潮汐能约有 27 亿 kW，若能把它充分利用起来，其每年的发电量可达 $3.348×10^8$ 亿 kWh，所以人们把巨大的潮汐能誉为"蓝色的煤海"。

（二）潮汐发电

潮汐能利用的主要方式是发电，潮汐发电与水力发电的原理相似。通过储水库，在涨潮时将海水储存在储水库内，以势能的形式保存，然后，在落潮时放出海水，利用高、低潮位之间的落差，推动水轮机旋转，带动发电机发电。图 3-35 所示为潮汐发电示意。世界主要潮汐电站见表 3-11。

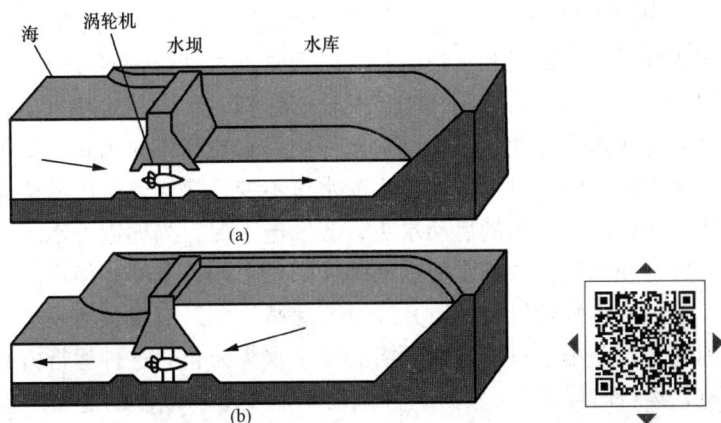

图 3-35 潮汐发电原理示意
(a) 涨潮时；(b) 落潮时

扫码看彩图

表 3-11　　　　　　　　　　　　世 界 主 要 潮 汐 电 站

国　家	站　名	潮差（m）	容量（MW）	投运时间（年）
法国	朗斯	8.5	240	1966
加拿大	安纳波利斯	7.1	19.1	1984
俄罗斯	基斯拉雅	3.9	0.4	1968
中国	江厦	5.1	3.2	1980
中国	白沙口	2.4	0.64	1978
中国	幸福洋	4.5	1.28	1989
中国	岳浦	3.6	0.15	1971
中国	海山	4.9	0.15	1975
中国	沙山	5.1	0.04	1961
中国	浏河	2.1	0.15	1976
中国	果子山	2.5	0.04	1977

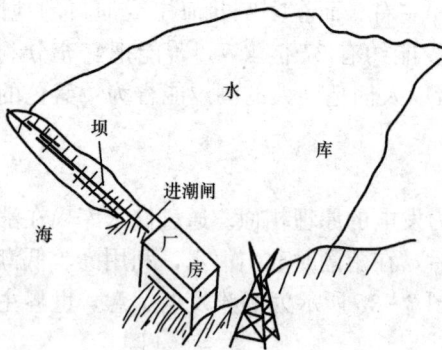

图 3-36　单库潮汐电站示意

具体地说，如图 3-36 所示，潮汐发电就是在海湾或有潮汐的河口建拦水堤坝，将海湾或河口与海洋隔开构成水库，再在厂房（坝内或坝上）安装水轮发电机组，然后利用潮汐涨落时海水位的升降，使海水通过水轮机转动带动水轮发电机组发电。潮汐电站按照运行方式和对设备要求的不同，可以分成单库单向型、单库双向型和双库单向型三种。

1. 单库单向潮汐电站

这种潮汐电站一般只有一个水库，水轮机采用单向式。由于落潮时水库存量和水位差较大，通常都选择落潮时发电。在整个潮汐周期内，电站运行按以下几个工况进行。①充水工况：当涨潮时，电站停止发电，开启水闸，海水通过坝上的进水闸进入水库，使水位抬高，至库内外水位齐平时为止；②等候工况：等库内外水位齐平时关闭水闸，停止过水，保持水库水位不变，海洋侧则因落潮而水位下降，直至库内外水位差达到水轮发电机组的启动水头；③发电工况：当库内外水位差达到水轮发电机组的启动水头时，打开水轮机的排水闸，同时关闭坝上的进水闸，使海水只能单方向通过水轮机排向大海，于是推动水轮机旋转，并经过变速机构使发电机运转发电。水库的水位逐渐下降，直至库内外水位差小于机组发电所需的最小水头为止。这种运行方式只能在每天两次的退潮时间发电，运行时间为 10～12h，涨潮时不能发电，潮汐的能量不能充分利用，电站效率约为 20%。但是这种电站的水工建筑和机组结构都比较简单，投资较少。通常小型潮汐电站多采用这种方式，如山东的白沙口潮汐电站和浙江的岳浦潮汐电站均属此类。图 3-36 所示为单库潮汐电站示意。

2. 单库双向潮汐电站

这种电站也只要修建一个水库，但采用双向水轮机，涨潮和落潮都可进行发电，但一般以落潮发电为主，只是在水坝两侧水位齐平时（即平潮水位）暂时停止发电。这就延长了发电时间，发电量较多，潮汐能利用率提高，每昼夜电站运行时间最高可达 20h。单库双向运行的潮汐电站有六个工况，即等候、涨潮发电、充水、等候、落潮发电、泄水。实行双向发电主要靠水轮机的叶片和导叶调节，使轴承能承受正反向水的推力，以达到正向和反向旋转的目的。这样，水工建筑也要做适当变动，电站厂房建筑要在涨潮时使水流多通过水轮机，泄水时要尽可能使水库的水位降到最低。因此，无论是水工建筑或水轮机的结构都较复杂，电站投资也会较高。如浙江的江厦潮汐电站和法国的朗斯潮汐电站就属这类电站。它较适合于大型潮汐发电。

3. 双库单向潮汐电站

根据地形修建两个相邻的水库，水轮机安装在两水库之间的隔坝内，一个高位水库（上水库）只在涨潮时进水，另一个低位水库（下水库）只在落潮时放水，两个水库始终保持不同水位，使水流不断由高水库流向低水库，水轮发电机组可以不停地运转，做到全日发电，而且水轮机是单向旋转，结构简单，只是水工建筑要做特别布置。如浙江的海山潮汐电站就是这种形式。

潮汐电站的水库是利用河口或海湾来建造的，不占用耕地，也不像河川水电站或火电站那样要淹没或占用大量的良田；既不像河川水电站那样受洪水和枯水季节的影响，也不像火电站那样污染环境，是一种既不受气候条件影响，又非常"干净"的发电站；潮汐电站的堤坝较低，建造容易；投资也相对较少。图 3-37 所示为双库潮汐电站。

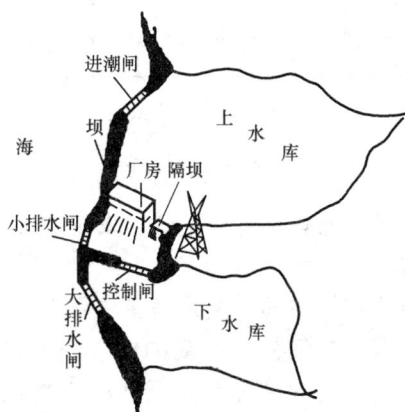

图 3-37 双库潮汐电站

二、波浪能

（一）波浪能简介

波浪能是指海洋表面波浪所具有的动能和势能。波浪的能量与波高的平方、波浪的运动周期以及迎波面的宽度成正比。波浪能是海洋能中能量最不稳定的一种能源。全世界波浪能的理论估算值为 10^9kW 量级。利用中国沿海海洋观测台站资料估算得到，中国沿海理论波浪年平均功率约为 1.3×10^7kW。但由于不少海洋台站的观测地点处于内湾或风浪较小位置，故实际的沿海波浪功率要大于此值。其中浙江、福建、广东和台湾沿海为波浪能丰富的地区。波浪能发电是波浪能利用的主要方式。此外，波浪能还可以用于抽水、供热、海水淡化以及制氢等。波浪能利用装置的种类繁多，有关波浪能装置的发明专利超过千项，获得专利证书的也达数百件。波浪能利用被称为"发明家的乐园"。

（二）波浪能发电

100 多年前人们开始探索利用波浪能发电的途径。1799 年，在巴黎发表了第一个波浪能转换装置的专利。1910 年，法国科学家第一次进行了波浪能发电实验。1964 年，日本制成了第一盏用海浪发电的航标灯，开创了波浪能发电的先例。虽然这台海浪发电机发出的电力仅有 60W，只够一盏灯使用，但却证明了波浪能发电是完全可能的。多年来这些导航装置在茫茫的大海上闪闪发光，为过往船只指引航向，也为波浪能发电指明了发展道路。20 世纪 70 年代末，日本研制成"海明"号波力发电船，单机发电能力为125kW，安装 10 台发电机，总装机容量为 1250kW，经两次海上试验成功。英国将波力发电的研究放在新能源开发的首位，甚至称其为"第三能源"。目前，英国已建成世界上最大的波浪能发电站，装机容量 1000kW。从 20 世纪 70 年代中期开始，我国也开始研究波浪能发电技术。1985 年中国科学院广州能源研究所研制成功 BD-102 号波力发电装置，达到了世界先进水平，受到了世界能源界的瞩目。1990 年 12 月，我国第一座具有实际使用价值的波浪能发电站发电实验成功，随后广东开始着手建造一座 20kW 的波浪能发电站。波浪能发电不占用土地，不消耗任何燃料和资源，没有任何污染，是一种洁净的能源，随着大海"脉搏"不停地跳动，给人们源源不断地输送能量，为解决世界性能源危机带来希望。

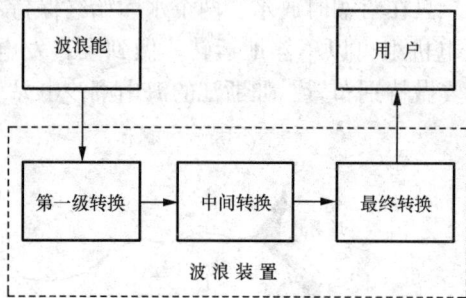

图 3-38　波浪能转换的形式

（三）波浪能转换的原理

波浪能转换装置的三个基本转换环节：第一级转换，即受波体；第二级中间转换；第三级最终转换应用装置。图 3-38 所示为波浪能转换的形式。

第一级转换是将大海的波浪能转换为装置实体特有的能量，通常为一对实体，即受能体和固定体。受能体直接与海浪接触，将波浪能转换为本身的机械运动；固定体相对固定，与受能体形成相对运动。第一级转换装置的形式很多，例如点头鸭式、推板式、浪轮式和筏式等。

第二级中间转换是将第一级转换与最终转换沟通。因为波浪能经过第一级转换往往达不到最终推动机械运动的要求，不仅是因为其水头低、速度低，而且稳定性也较差。中间转换就要起到传输能量和稳定输出的作用。作为中间转换的形式，有机械式、水动式和气动式等。早期多采用齿轮、杠杆、离合器等机械部件，这往往要受海水腐蚀的影响，不太理想。水动式是采用液压系统，先用泵将机械能变为水能，经管道传输，至液压电机或水轮机，又把水能变为机械能，这样在增速、传输、调节上比机械式方便。气动式是利用空气泵室，经整流气阀和管道，最终推动涡轮机旋转。气动式是以空气为介质，可以减少海水腐蚀，空气泵借助水体为活塞，结构简单，同时空气密度小，限流流速高，可使涡轮机有较高的转速，整个机组的体积可减小。气动式是目前世界上广泛采用的波浪能中间转换装置。

最终转换是适应用户的需要，如发电则将中间转换的机械能变为电能，通过发电机发电；若直接利用机械能，可用于搅拌海水，做海水提铀或海水淡化等方面的应用。

（四）波浪能发电装置

波浪能发电装置按工作方式可分为四类：一是浮力式，利用海面浮体受海浪上下颠簸引起的运动，通过机械传动带动发电机发电；二是空气气轮机式，利用波浪的上下运动，产生空气流，以推动空气汽轮机发电；三是波浪整流方式，装置由高、低水位区及不可逆阀门组成,当该装置处于浪峰时,海水由阀门进入高水位区,当它处于波谷时,高水位区的水流向低水位区,再流回大海,即利用两水位间的水位差推动水轮机发电;四是液压方式,即利用波浪发电装置的上下摆动或转动,带动液压电机,产生高压水流,推动涡轮机发电。

1. 波力发电船

波力发电船是一种利用海上波浪能发电的大型装置,也可以说是漂浮在海上的发电厂。它可以用海底电缆将发出的电输送到陆地并网,也可以直接为海上用户提供电力,为人们向海洋进军创造条件。日本建造的"海明"号发电船,船体长 80m、宽 12m、高 5.5m,大致上相当于一艘 2000t 级的货轮。该发电船的底部设有 22 个空气室,作为吸能固定体的"空腔"。每个空气室占水面面积为 $25m^2$,室内的水柱受船外海浪作用而升降,使室内空气受压缩而抽吸。每两个空气室安装一个阀箱和一台空气气轮机和发电机。通过"海明"号波力发电船的试验,证明了建立海上波力发电站的可能性。

2. 岸式波力发电

它是一种固定式波力发电站,有两种形式:一种是利用开阔的集波地势,在海岸修筑集波水工建筑,如溢流堰、收敛水道等,当波浪涌来时,使海水翻越溢流堰进入水库,利用堰内水位提高形成的水位差,通过水轮机泄流发电,类似退潮发电的潮汐电站。另一种与上一种相似,不过在转换原理上采用空腔振动水柱气动式,即通过波浪的起伏使气室中的气柱上下运动来推动涡轮机发电。图 3-39 所示为岸式波力发电示意。

3. 航标用波力发电装置

海上航标用量很大,其中包括浮标灯和岸标灯塔,波力发电的航标灯更具有竞争力,尤其是海上浮标灯,它可以就地取能,而且越是需要航标灯的地方,往往波浪也越大,一般航标工人也难到达,所以航运部门对设置波力发电航标比较感兴趣,这就促进了波力发电航标灯的发展。一般该装置的功率为 15~60W。它是利用航标灯的浮筒作为第一级波浪能换能体,浮筒下装有中心管,中心管内的

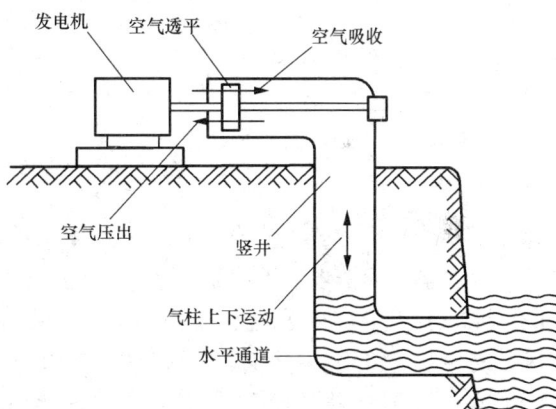

图 3-39 岸式波力发电示意

水柱便是固定体。由于中心管伸入水下,管内水位相对海面近乎静止,当浮筒随波飘动时,管内的空气时进时出,气流即可推动小涡轮机旋转而发电。发电机为直流式,可给浮筒上的蓄电池充电,浮标灯则由蓄电池供电。目前我国南海已安装很多这种波力发电航标灯。由于海上浪多,充电较好,电力充足,灯光明亮,优于其他浮标灯。中国科学院广州能源研究所和交通部广州海上安全监督局研制的船用波力发电装置——"中水道一号"标灯船,船长 22.5m、宽 7.6m,排水量 143.3t,灯塔距水面高 13.1m,为 12V、36W 自动闪光航标灯,射程约 16km,雷达应答距离约 33.8km,船底开有吸波口,装有 2 台波力发电机,并向蓄电池组充电。该船锚定于琼州海峡东口,自 1990 年秋投入运行后,经多次台风袭击,工作情况仍良好。

三、温差能

（一）温差能简介

温差能是指海洋表层海水和深层海水之间水温之差的热能。

海洋的表面把太阳辐射的大部分转化成为热水并储存在海洋的上层。另外，接近冰点的海水大面积地在不到 1000m 的深度从极地缓慢地流向赤道。这样，就在许多热带或亚热带海域终年形成 20℃以上的垂直海水温差。

（二）温差发电

利用海洋温差能的发电方式称为海洋温差发电，如图 3-40 所示。据估计，仅北纬 20°至南纬 20°之间的海域，海水温差能大约可发电 26 亿 kWh。全世界蕴藏的海水温差能为 600 亿 kWh。目前技术条件下，我国海域可利用的海洋温差能为 1.2 亿 kWh。温差发电的基本原理就是借助一种工作介质，使表层海水中的热能向深层冷水中转移，从而做功发电。

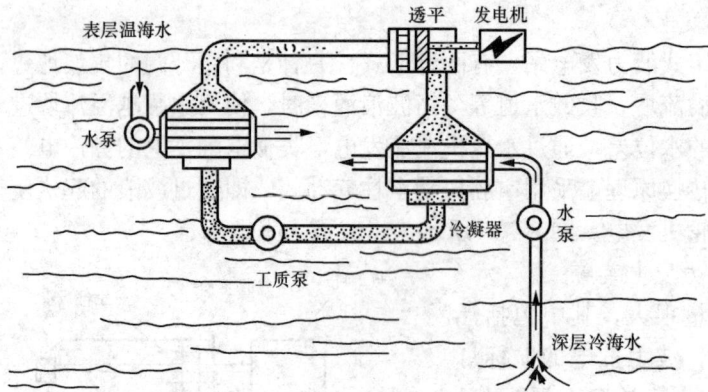

图 3-40　温差发电示意

海洋温差能转换方式主要有开式循环和闭式循环两种。开式循环系统主要包括真空泵、温水泵、冷水泵、闪蒸器、冷凝器、透平-发电机组等部分。开式循环的副产品是经冷凝器排出的淡水，这是它的有利之处。海洋温差发电开式循环系统如图 3-41 所示。表层温海水在闪蒸蒸发器中由于闪蒸而产生蒸汽，蒸汽进入汽轮机做功后再流入凝汽器。来自深层的冷海水作为凝汽器的冷却介质。由于水蒸气在负压下工作，所以必须配置真空泵。这种系统简单，还可兼制淡水；但设备和管道体积庞大，真空泵及抽水水泵耗功较多，影响发电效率。

闭式循环系统不用海水而采用一些低沸点的物质（如丙烷、氟利昂、氨等）作为工作介质，在闭合回路内反复进行蒸发、膨胀、冷凝。这种系统因为使用低沸点的工作介质，蒸气的工作压力得到提高，同时可以大大减小装置，特别是透平-发电机组的尺寸，但使用低沸点工质会对环境产生污染。

海洋温差发电闭式循环系统如图 3-42 所示。来自表层的温海水先在热交换器内将热量传给低沸点工质——丙烷、氨等，使之蒸发，产生的蒸气再推动汽轮机做功。深层冷海水仍作为凝汽器的冷却介质。这种系统因不需要真空泵是目前海洋温差发电中常采用的循环。

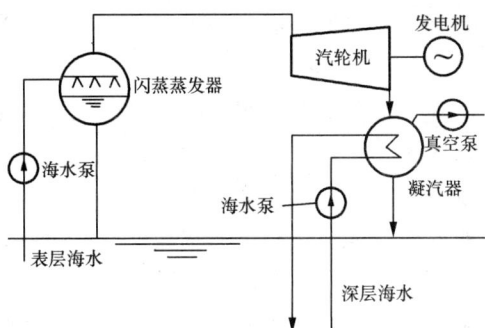

图 3-41　海洋温差发电开式循环系统　　　　图 3-42　海洋温差发电闭式循环系统

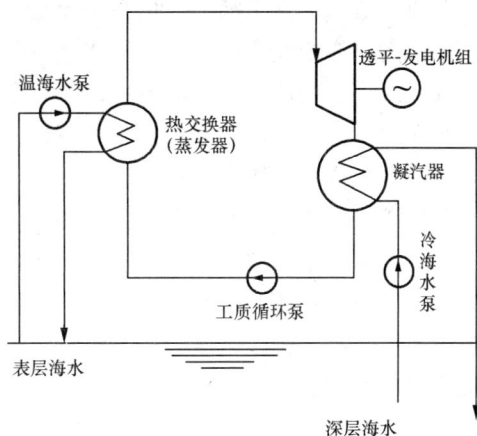

海洋温差发电由于冷热温差很小，其效率远低于普通火电厂，仅为 3% 左右，且温差小，换热面积大，建设费用高，海水腐蚀和海洋生物的吸附以及远离陆地输电困难等不利因素都制约着海洋温差发电的发展。但海洋辽阔，储能丰富，修建海上温差发电站仍具有广阔前景。其发出的电能可以采用以下几种方式利用：

（1）陆地较近时，可用海底电缆向陆地变电站送电。

（2）离陆地较远时，可利用电能先蒸发海水，制取淡水，再将淡水电解成氢和氧，然后用船将它们分别运往陆地，其中氢是一种宝贵的燃料。

（3）利用电能从浓缩海水中提取铀和重水，然后运往陆地供核电站使用。

（4）向海上采油和锰矿开采提供电力。

温差能利用的最大困难是温差太小，能量密度太低。温差能转换的关键是强化传热传质技术。同时，温差能系统的综合利用还是一个多学科交叉的系统工程问题。

我国水域辽阔，水深大于 800m 的海域为 140 万～150 万 km²，位于北回归线以南，太阳辐射强烈，是典型的热带海洋，表层水温均在 25℃ 以上；500～800m 以下的深层水温在 5℃ 以下，表深层水温差为 20～24℃，蕴藏着丰富的温差能资源，在各类海洋能资源中居首位。具体地说，这些资源主要分布在南海和台湾以东海域，尤其是南海中部的西沙群岛海域和台湾以东海区，具有日照强烈，温差大且稳定，全年可开发利用，冷水层离岸距离小，近岸海底地形陡峭等优点，开发利用条件良好，可作为我国温差能资源的先期开发区。

海洋温差能利用装置除了发电之外，还可以同时获得淡水、深层海水，进行空气调节并可以与深海采矿系统中的扬矿系统相结合。因此，基于温差能装置，可以建立海上独立生存空间并作为海上发电厂、海水淡化厂或海洋采矿、海上城市或海洋牧场的支持系统。总之，温差能的开发应以综合利用为主。

四、盐度差能

陆地上大大小小的河流，除少数内陆河外，多数都要汇流归大海。它们不断将淡水流入海洋，然后靠太阳的辐射蒸发，水蒸气变成云、雨和雪，再降落到大地，这样就构成了水的循环。

　　然而，河水尽管是淡的，但总是带走不少矿物盐类流进大海。水可以蒸发，矿物盐却只能被存留在海洋中。众所周知，海水有一种苦咸味，这就是因为海水里面溶解了不少矿物盐的缘故。由于这些使海水变得苦咸的矿物盐，使海水和河水的浓度大不相同，海水含盐浓度高，河水的含盐浓度低，在它们之间就形成了盐度差。正是它们之间的这种盐度差使海水具有另一种本领——利用盐度差来发电。

　　在大江大河的入海口，即江河水与海水相交融的地方江河水是淡水，海水为咸水，淡水和咸水就会自发地扩散、混合，直到两者含盐浓度相等为止。在混合过程中，还将放出相当多的能量。在海水和淡水混合时，含盐浓度高的海水以较大的渗透压力向淡水扩散而淡水也在向海水扩散，不过渗透压力小。这种渗透压力差所产生的能量，称为海水盐浓度差能或者叫做海水盐度差能。

　　盐度差能的利用主要是发电。其基本方式是将不同盐浓度的海水之间的化学电位差能转换成水的势能，再利用水轮机发电，具体主要有渗透压式、蒸汽压式和机械化学式等，其中渗透压式方案最受重视。试验表明，许多江河入海口处的海水渗透压力差相当于 240m 高的水位落差，从理论上讲，如果这个压力差能利用起来，从河流流入海中的每立方米的淡水可发 23kWh 的电。一条流量为 $1m^3/s$ 的河流的发电输出功率可达 2340kW。目前，世界上水坝高于 240m 的大水电站可以说是寥寥无几。在约旦河流入死海的汇合处，海水盐度差能更为可观。由于死海的盐水浓度几乎达到饱和状态，其渗透压大约相当于 5000m 高的大坝的水头，可见其能量之大。

　　如何利用如此丰富的海水盐度差能呢？人们设想了利用化学中浓差电池的原型，以电化学的方法把盐度差能转换成电能的办法。

　　海水浓差电池的原理是在由多孔质隔膜（离子交换膜）隔开的两个容器之中，分别装以海水和淡水，并插入电极，结果便在两极间产生了 0.1V 的电压。接通电路，就可得到由化学方程转换而成的电流。

　　根据这种装置的原理，只要有大量浓度不同的海水和淡水相混合，就可以释放出巨大的能量来。人们通过试验研究，认为河流入海口是利用海水盐度差能最理想的地方。这是因为在河流入海口处，含盐极少的江河水总是不停地流向大海，而海水本身含有较多的盐分，这样在河流入海处，海水与河水之间就必然形成盐浓度差，它们之间总是持续不断地混合，却总也没有达成相等的时候，只要将两个电极分别插在海水和河水里，并将两电极用导线连接成回路，电流就会源源不断地产生出来。

　　但是，这种方案实现起来许多技术问题一时还难以解决，例如这样大的电极制作起来问题就不少，所以这种发电办法目前在实际中还未得到应用。另外，还有一种利用海水盐度差能发电的方法，是用海水与淡化水之间的盐分浓度差产生的渗透压力来推动水轮发电机发电。日本科学家已从 1978 年开始对这种发电方法进行研究试验，然而离真正实用还有不小的距离。

　　盐度差能不仅存在于河海交接处，同时，淡水丰富地区的盐湖和地下盐矿也存在盐度差能。盐度差能是海洋能中能量密度最大的一种可再生能源。由于海水盐度差能的蕴藏量十分巨大，世界上许多国家，如美国、日本、瑞典等都积极开展这方面的研究和开发利用工作。我国也很重视海水盐度差能的开发利用。据估计，我国在河口地区的盐度差能约有 1.6 亿 kWh。

五、海流能

海流能是指海水流动的动能，主要是指海底水道和海峡中较为稳定的流动以及由于潮汐导致的有规律的海水流动。海流能的能量与流速的平方和流量成正比。图 3‑43 所示为全球海流图。

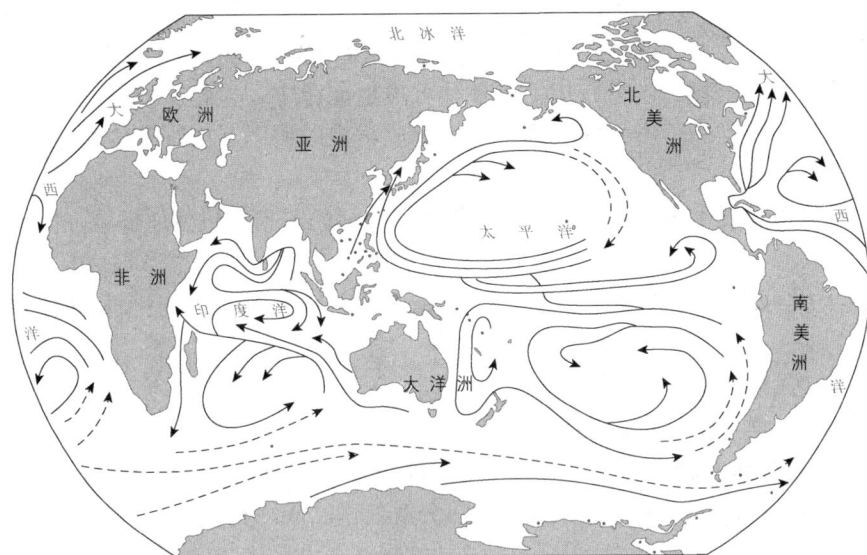

图 3‑43　全球海流图

扫码看彩图

海水环流是海流的一种，是指大量的海水从一个海域长距离地流向另一个海域。这种海水环流通常由两种因素引起：一种因素是海面上常年吹着方向不变的风，如赤道南侧常年吹着不变的东南风，而其北侧则是不变的东北风。风吹动海水，使水表面运动起来，而水的动性又将这种运动传到海水深处。随着深度增加，海水流动速度降低；有时流动方向也会随着深度增加而逐渐改变，甚至出现下层海水流动方向与表层海水流动方向相反的情况。在太平洋和大西洋的南北两半部以及印度洋的南半部，占主导地位的风系造成了一个广阔的，也是按逆时针方向旋转的海水环流。在低纬度和中纬度海域，风是形成海流的主要动力。另一种因素是不同海域的海水其温度和含盐度常常不同，它们会影响海水的密度。海水温度越高，含盐量越低，海水密度就越小。这种两个邻近海域海水密度不同也会造成海水环流。相对波浪而言，海流能的变化平稳且有规律，一般来说，最大流速在 2m/s 以上的水道，其海流能均有实际开发的价值。利用中国沿海 130 个水道、航门的各种观测资料，计算统计获得中国沿海海流能的年平均功率理论值约为 $1.4×10^7\text{kW}$。属于世界上功率密度最大的地区之一，其中辽宁、山东、浙江、福建和台湾沿海的海流能较为丰富，具有良好的开发值。

海流和河流一样也蕴藏着巨大的动能，它在流动中有很大的冲击力和潜能，因而可以利用它来发电。据估计，世界大洋中所有海流的总功率达 50 亿 kW 左右，是海洋能中蕴藏量最大的一种能源。

海流能的利用方式主要是发电，其原理和风力发电相似，几乎任何一个风力发电装置都可以改造成为海流发电装置。但由于海水的密度约为空气的 1000 倍，且装置必须放于水下，故海流发电存在一系列的关键技术问题，包括安装维护、电力输送、防腐、海洋环境中的载荷与安全性能等。

第五节 生 物 质 能

一、概述

生物质能是太阳能以化学能形式储存在生物中的一种能量形式，一种以生物质为载体的能量。它直接或间接地来源于植物的光合作用。在各种可再生能源中，生物质能是独特的，它是储存的太阳能，更是一种唯一可再生的碳源，可转化成常规的固态、液态和气态燃料。生物质能主要来源有以下几种：

（1）柴薪至今仍是许多发展中国家的重要能源。但由于柴薪的需求导致林地日减，应适当规划与广泛植林。

（2）牲畜粪便经干燥可直接燃烧供应热能。若将粪便经过厌氧处理，可产生甲烷和肥料。

（3）制糖作物可直接发酵，转变为乙醇。

（4）水生植物同柴薪一样，也可转化成燃料。

（5）城市垃圾主要成分包括纸屑（占 40%）、纺织废料（占 20%）和废弃食物（占 20%）等。将城市垃圾直接燃烧可产生热能，或经过热分解处理制成燃料使用。

（6）城市污水。一般城市污水含有 0.02%～0.03% 的固体与 99% 以上的水分，下水道污泥有望成为厌氧消化槽的主要原料。

（7）光合成微生物主要包括硫细菌、非硫细菌等。

（8）能源作物是指各种用以提供能源的植物，通常包括快速成长作物树木、能榨油或产油的植物（如向日葵）、草本作物（如高粱、玉米、甘蔗、木薯可供制造乙醇）、可供厌氧发酵用的藻类和其他植物等。许多能源作物是自然生长的，收集比较困难。现在人们有意识地培育一些能源作物，经过嫁接、驯化、繁殖，不断提高产量，以满足对能源不断增长的需要。

二、生物质资源

生物质能是仅次于煤炭、石油、天然气的第四大能源，在整个能源系统占有重要地位。生物质能一直是人类赖以生存的重要能源之一，在世界能源消耗中，生物质能占总能耗的 14%，但在发展中国家占 40% 以上。

广义的生物质能包括一切以生物质为载体的能量，具有可再生性。据估计，全球每年水、陆生物质产量的热当量为 3×10^{12} J 左右，是全球目前总能耗量的 10 倍。采用新技术生产的各种生物质能替代燃料，主要用于生活、供热和发电等方面，生物质能在未来能源结构中具有举足轻重的地位。

三、生物质能利用技术

生物质能的利用技术大体上分为直接燃烧技术、物化转换技术、生化转换技术和植物油技术四大类。

1. 直接燃烧技术

生物质的直接燃烧是最简单的利用方式，大致可分为炉灶燃烧、锅炉燃烧、垃圾焚烧和固型燃料燃烧四种情况。炉灶燃烧是最原始的利用方法，一般适用于农村或山区分散独立的家庭用炉，它的投资最小，但效率最低，燃烧效率为 15％～20％。锅炉燃烧采用了现代化的锅炉技术，适用于大规模利用生物质，它的主要优点是效率高，并且可实现工业化生产，但投资大，不适于分散的小规模利用，生物质必须相对比较集中才能采用本技术。垃圾焚烧也是采用锅炉技术处理垃圾，但垃圾的品位低，腐蚀性强，所以它要求技术更高，投资更大。固型燃料燃烧是把生物质固化成型后再采用传统的燃煤设备燃用，主要优点是所采用的热力设备是传统的定型产品，不必经过特殊的设计或处理，主要缺点是运行成本高。所以它比较适合企业对原有设备进行技术改造时，在不重复投资前提下，以生物质代替煤，以达到节能的目的，或应用于对污染要求特别严格的场所，如饭店烧烤等。

直接燃烧过程所产生的热和（或）蒸汽可用于发电，或向需要热量的地方供热，如各种规模的工业过程、空间加热、煮饭和城市的家庭供暖等；小规模利用，如家庭做饭和房间取暖等，通常效率非常低。为此，发达国家和发展中国家正在试图引进更有效的炉具。现在已经研制出大型工业所需要的燃烧炉和锅炉，这些炉具能够燃烧各种不同形式的生物质，例如木材、废木、制浆作业所产生的黑色废液、食品加工业的废物和城市固体废物等。大型设备的效率相当高，其性能接近于使用矿物性燃料的锅炉。

2. 物化转换技术

物化转换包括三方面：一是干馏技术；二是生物质热解气化；三是热解制油。干馏技术主要目的是同时生产生物质碳和燃气，可以把能量密度低的生物质转化为热值较高的固定碳或燃气，碳和燃气可分别用于不同用途。其优点是设备简单，可以将生物质转换成碳和多种化工产品；缺点是利用率较低，而且适用性较小，一般只适用于木质生物质的特殊利用。生物质热解气化是把生物质转化为可燃气的技术，根据技术路线的不同，可以是低热值气，也可以是中热值气。它的主要优点是生物质转化为可燃气后，利用效率较高，而且用途广泛，如可以用作生活煤气，也可以用于烧锅炉或直接发电；主要缺点是系统复杂，而且由于生成的燃气不便于储存和运输，必须有专门的用户或配套的利用设施。热解制油是通过热化学方法把生物质转化为液体燃料的技术。它的主要优点是可以把生物质制成油品燃料，作为石油产品替代品，用途更为广泛，附加值大大提高；主要缺点是技术复杂，目前的成本仍然太高。

3. 生化转换技术

生化转换技术主要以厌氧消化和特种酶技术为主。厌氧消化主要是把水中的生物质分解为沼气，包括小型的农村沼气技术和大型的厌氧处理污水的工程。它的主要优点是提供的能源形式为沼气（CH_4），非常洁净，具有显著的环保效益；主要缺点是能源产出低，投资大，所以比较适宜于以环保为目标的污水处理工程或以有机易腐物为主的垃圾堆肥过程。利用生物技术（包括特种酶技术）把生物质转化为乙醇的主要目的是制取液体燃料。它的主要优点可以使生物质变为清洁燃料，拓宽用途，提高效率；主要缺点是转换速度太慢，投资较大，成本相对较高。

4. 植物油技术

植物油技术也是生物质能利用技术的一种。植物油除了可以作食用或化工原料之外，也可以作为能源利用。它的主要优点是提炼和生产技术简单；主要缺点是油产出率较低，速度很慢，而且品种的筛选和培育也较困难。

四、生物柴油

在世界能源日益紧张的情况下，科学家正在研究用生物柴油替代石油。与用石油提炼的普通柴油不同的是，生物柴油可以从动植物脂肪中提炼出来。生物柴油以植物油和动物油脂为原料，经催化剂作用，裂解加工而成的优质柴油代用品。看到一株枝叶舒展、绿意满眼的油棕树，大多数人想到的可能只是旖旎的热带风情，而在专家们眼里，它也是绿色可再生能源——生物柴油的原材料。事实上，大豆、油菜籽、玉米、棉籽、花生和葵花籽等油料作物，油棕和黄连木等野生油果，微藻等油料水生植物，动物油脂，甚至宾馆饭店炒菜后的废弃油都可以用来炼制生物柴油。可见，产生生物柴油的可再生原料比较丰富。目前，美国生产的生物柴油约 95% 来源于大豆。从全世界来看，生物柴油生产者一般选用当地最丰富的原料，欧洲和加拿大的生物柴油生产者倾向于用油菜籽作为原料。

生物柴油是典型"绿色能源"，大力发展生物柴油对经济可持续发展，推进能源替代，减轻环境压力，控制城市大气污染具有重要的战略意义。

与普通柴油相比，生物柴油更有利于环保，生物柴油车尾气中有毒有机物的排放量仅为普通柴油的 10%，颗粒物为 20%，二氧化碳和一氧化碳为 10%，并且润滑性能也比常规柴油要好得多。另外，使用生物柴油造成中毒及致癌的机会比使用普通柴油少得多。它作为燃料，燃烧性能与柴油相似，可用于与使用柴油相同的运输、储存和配给设施。因此，生物柴油成为一种很有吸引力的柴油替代品。在不改变车辆发动机、部件及加油设施的情况下，生物柴油就可减少废物的排放量，且负责修理以生物柴油为燃料的机械师无须经过专门培训。生物柴油同时具有较高的着火点，因此挥发性较低，从而提高了使用的安全性。目前全世界生物柴油每年产量达到 250 万 t。

美国 1990 年开始以小规模用大豆油生产生物柴油，并被国家能源署列为清洁燃料，进行推广应用。目前，全球生物柴油生产的主要国家和地区有美国、巴西、印尼、阿根廷和欧盟。推广力度最大的为德国，生物柴油应用在奔驰、宝马、大众、奥迪轿车上。德国约有 50 家生物柴油生产厂商，2002 年，在德国的销量为 45 万 t，2010 年为 258 万 t，并有 1700 多个生物柴油加油站。最大的用户是载货车运输公司，在萨尔州和下萨克州，平均每 20km 就能找到一个生物柴油加油站，并规定在主要交通要道只准销售生物柴油（如在跨国高速公路设置的加油站）。

欧洲和北美利用过剩的菜籽油和豆油为原料生产生物柴油获得推广应用。预计到 2020 年，生物柴油将占据欧盟使用交通燃料的 10% 以上。生物柴油之所以在欧盟发展迅速，离不开政策的支持。欧盟减免了生物柴油 90% 的税收，还从立法、补贴原材料生产、促进销售等多方面推动生物柴油产业的发展。

巴西东北部塞阿拉联邦大学的教授帕伦特经过 20 年研究，生产出一种以蓖麻油为原料的生物柴油。研究人员以氢氧化钠为催化剂，对蓖麻油进行脂基转换，研制出生物柴油。在这种化学反应中产生的丙三醇也可为工业所用。经巴西各汽车制造厂的实验证明，这种柴油可用于各种发动机，也可用于发电机，而且无需对发动机进行改装。但由于蓖麻油的黏度比较大，在使用时需将 20% 的生物柴油混入 80% 的普通柴油。研究还发现，除蓖麻外，任何植物油如豆油、葵花油、玉米油以及动物油如鱼油等，都可制成生物柴油。研究人员目前正在大力推广生物柴油的生产，以便减少石油进口。

我国政府为解决能源节约、替代和绿色环保问题制定了一些政策和措施，早有一些学者和专家已致力于生物柴油的研究、倡导工作。著名学者闵恩泽院士在《绿色化学与化工》一书中首先明确提出发展清洁燃料生物柴油的课题；原机械工业部和原中国石化总公司在 20 世纪 80 年代就拨出专款立项，由上海内燃机研究所和贵州山地农机所承担课题，联合研究长达 10 年之久，并邀请中国石化科学院詹永厚做了大量基础试验探索；中国农业工程研究设计院的施德路先生也曾于 1985 年进行了生物柴油的试验工作；辽宁省能源研究所承担中国—欧共体合作研究的项目也涉及生物柴油；中国科技大学、河南科学陆军化学所等单位也都对生物柴油作了不同程度的研究。

当前，一个从"泔水油"里提取"生物柴油"的项目将在北京实施。在这个项目中，研究人员将采取一种特殊方法，让"泔水油"和甲醇在酸性或碱性条件下进行反应，以获得生物柴油和甘油的混合物，去掉甘油，经过适度加工后，生物柴油就制成了。可以看出，随着我国加入 WTO，在面对经济高速发展和环境保护的双重压力下，加快高效清洁的生物柴油产业化进程必将加快。

第六节 氢 能

一、概述

1766 年，英国的卡文迪什从金属与酸的作用所得气体中发现氢，以希腊语"水的形成者"命名，它比空气轻的性质很快就被认识，而氢气球在法国革命之后很快就升空。在伏打制成第一个电池之后不久的 1818 年，英国利用电流分解水产生了氢气。而氢气用于动力机器是在 1820 年由剑桥大学的 William Cecil 在一篇论文中建议的。对氢燃料的现代研究始于20 世纪 20 年代的德国和英国。1923 年英国剑桥大学的 J. B. S. 霍尔丹（J. B. S. Haldane）提出风力发电作为电解水的能源，而这个设想直到半个世纪以后才实现。1928 年鲁道夫·杰仁，一位德国的氢技术的先驱，获得了他的第一个氢气发动机专利。20 世纪 30 年代末期，德国设计了以氢气为动力的火车。第二次世界大战期间，德国曾试图制造以氢气为燃料的航空发动机，目的是用从煤中获得的燃料替代缺乏的石油，同样在第二次世界大战期间，德国就用氢作 V-2 火箭发动机的液体推进剂，空袭伦敦。

1974 年，受石油危机的启迪，一些学者组建了国际氢能协会（IAHE），随后创办了《国际氢能》杂志学术期刊。2003 年 11 月在美国首都华盛顿举行的"氢能经济国际合作伙伴 IPHE"会议，共有 15 个国家和欧盟代表团出席了会议，中国是首批成员国之一，这是氢能发展史上一个重要的时刻。

从 1974 年国际氢能学会的成立，到 30 年后，氢能经济国际合作伙伴计划，可以看到，氢能从一群学者的呼吁中，进入了多国政治家的规划中。

二、氢的制取

氢的主要来源是水，蕴藏于浩瀚的海洋之中，海洋的总体积约为 13.7 亿 km^3，若把其中的氢提炼出来，约有 1.4×10^9 亿 t，所产生的热量是地球上矿物燃料的 9000 倍。氢能的优点：燃烧发热量高，每千克氢燃烧后能放出 142.35kJ 的热量，约为汽油的 3 倍，酒精的 3.9 倍，焦炭的 4.5 倍；清洁无污染，燃烧的产物是水，对环境无任何污染，资源丰富，氢气可以由水分解制取，而水是地球上最为丰富的资源；适用范围广，储氢燃料电池既可用于汽车、飞机、宇宙飞船，又可用于其他场合供能。

　　普通氢是一种无色、无味、无臭、无毒的清洁气体。氢在空气中燃烧温度极高，可超过2000℃，而且火焰传播速度很快，约比甲烷快 4 倍，氢焰没有颜色，人眼不能察觉。氢的化合力特强，它与碳可以化合组成各种碳氢化合物，其中包括各种烃类燃料，所以氢是所有化石燃料之母。反之，石油、天然气和煤也可制成氢。

　　氢可同许多金属进行可逆的吸附和解附反应，这是金属电极电解水制氢的基础，也是为金属储氢的基本条件。总之，氢的特性非常活泼，人们若能科学地控制它，它就能更好地为人类利用。加之它在自然界有无穷的潜力，作为今后的主要能源，无论在技术上或是资源方面，都是最理想的。氢能实用化所需要解决的技术难题有大量且低成本地制造氢的技术开发；安全地储藏、运送氢的技术开发；高效率地转换氢能的技术开发；将氢能用于社会各行各业的技术开发。

　　氢能是一种二次能源，在人类生存的地球上，虽然氢是最丰富的元素，但自然氢的存在极少。因此必须将含氢物质分解后方能得到氢气。最丰富的含氢物质是水，其次就是各种矿物燃料（煤、石油、天然气）及各种生物质等。因此要开发利用这种理想的清洁能源，必须首先开发氢源，即研究开发各种制氢的方法。

　　（1）从含烃的化石燃料中制氢是过去以及现在采用最多的方法。它是以煤、石油或天然气等化石燃料作原料来制取氢气。用蒸汽作催化剂、以煤作原料来制取氢气的基本反应过程为

$$C + H_2O \longrightarrow CO + H_2$$

用天然气作原料、蒸汽作催化剂的制氢化学反应为

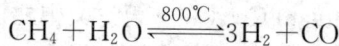

$$CH_4 + H_2O \xrightarrow{800℃} 3H_2 + CO$$

　　（2）电解水制氢这种方法是基于以下的氢氧可逆反应。分解水所需要的能量 ΔQ 是由外加电能提供的。为了提高制氢效率，电解通常在高压下进行，采用的压力为 3.0～5.0MPa，反应式为

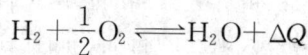

$$H_2 + \frac{1}{2}O_2 \Longleftrightarrow H_2O + \Delta Q$$

　　（3）热化学制氢。这种方法是通过外加高温使水起化学分解反应来获取氢气。到目前为止，虽有多种热化学制氢的方法，但总效率都不高，仅为 20%～50%，而且还有许多工艺问题需要解决。依靠这种方法来大规模制氢还有待进一步研究。

　　（4）太阳能制氢。随着新能源的崛起，以水为原料、利用核能和太阳能来大规模制氢已成为世界各国共同努力的目标。其中太阳能制氢最具吸引力，也最有现实意义。太阳能制氢包括太阳热分解水制氢、太阳能电解水制氢、太阳能光化学分解水制氢、太阳能光电化学分解水制氢、模拟植物光合作用、分解水制氢、光合微生物制氢等。

三、氢的储存和运输

　　氢的储存是非常重要的问题，它直接影响到氢能的应用。氢有常态、压缩、液态和金属氢化物四种形态。氢在一般条件下是以气态形式存在的，这就为储存和运输带来很大的困难。氢的储存有三种方法：高压气态储存、低温液氢储存、金属氢化物储存。

　　1. 高压气态储存

　　最普通的储氢方法是加压储存。由于氢气的密度很小，在高压的情况下才可用特制的钢瓶储存，通常需 15MPa 左右的压力。例如，现在用于氢氧焰焊接切割的氢气就是用圆柱状

钢瓶储存的。这种方法储氢量不大，高压钢瓶笨重，搬动不便。若将压力加大到 20MPa，一个 50L 的钢瓶也只能储氢 10m³（标态下），而储氢的质量仅占储氢钢瓶质量的 1.6％左右，即使采用坚固的钛合金钢瓶，最多也不过占瓶重的 5％左右。如果继续加大储氢的压力，将涉及材质和安全问题。压缩储存所用的高压容器要有足够的强度和良好的密封性。储氢容器还要克服氢脆问题。氢脆是指在一定条件下，氢会引起金属脆裂的现象。对于固定地点的大量储氢，可以采用加压地下储氢，如利用密封性好的气穴、采空的油田或盐窟等。这样只花费氢气压缩的费用，而不需储氢容器的投资，储氢费用将大为降低，算是比较经济安全的办法。因此，在有条件下，采用地下储氢还是可行的。

2. 低温液氢储存

高纯度氢在−252.8℃、一个大气压力下呈液态，这时它的体积缩小，密度提高。但是这一过程，每千克液氢理论上耗能 11.8MJ，实际上需要大约 3.3kWh 的电力，并且液氢还要保存在专门的深冷杜瓦瓶里面。

目前，杜瓦瓶的制造技术已有很大发展，最大体积可达 5000m³ 以上，不过造价昂贵，非特殊要求，此种储氢方法经济上不易接受，现在多数火箭燃料还是使用液氢，其储运办法只有此法可取。

氢的低位发热量等于汽油的 2.69 倍，但液态氢的密度等于汽油的 1/10，故在发热量相同的情况下，液态氢的体积等于汽油的 3.72 倍。考虑到液态氢不能装满，充填系数按80％，则液氢容器的体积等于汽油箱体积的 4.65 倍。类比目前已经获得广泛应用的压缩天然气汽车，20MPa 压力的天然气的容积系数为 4.47，二者比较接近，液态氢的能量密度是可以接受的。液氢容器要求有良好的绝热性能，为此，采用双层真空结构。为防止冷脆，液氢容器一般采用不锈钢或铝材料制造。液氢蒸发不可避免，经由限压阀会有少量释放。若停车不用，存放 2～3 天压力可达 0.3～0.5MPa。应注意存车处的通风条件，确保安全。

3. 金属氢化物储氢

氢在一定温度下，化学特性非常活泼，它可以同许多金属或合金化合，并且可以进行可逆反应。一般生成金属氢化物都是放热反应，而它的分解反应则是吸热反应。于是利用这种特性，以温度来控制吸氢和放氢，这样就达到了储氢的目的。20 世纪 70 年代以来，世界上对金属储氢材料的研究特别重视，它为氢能的方便利用开辟了新路。氢在金属化合物中的储存就像蓄电池一样。特别对移动式的用氢提供了条件，使氢代替燃料油用于交通工具上变得更为简单，可由移动的加氢汽车向金属充氢，也可以在专用加氢站由管道向金属充氢。金属氢化物不会自燃，比较安全。金属在吸氢时，会逐渐由大块裂为小块，经多次循环后将变为小颗粒甚至粉末。

目前，国内外研究的金属储氢材料很多，较常见的如镁及镁基合金、铁钛合金、稀土合金、钒族金属等，金属氢化物有低温型、高温型和稀土金属化合物三类。我国稀土资源丰富，发展稀土合金储氢材料具有较好的条件。

选择储氢金属材料的要求：①储氢密度尽量要大，这是决定金属储氢系统质量和体积比的关键。②金属氢化物的化学稳定性好，必须在热力上相对于其他元素来说有足够的化学稳定性，对水或空气应是惰性，不能起反应。③离解或生成金属氢化物时的反应热不要过大，以便适应氢能动力系统应用时可提供的能量。④金属氢化物系统要有良好的平衡压力 - 温度特性，它是决定某一工作温度下离解压力的大小或某一工作压力下所需离解温度的高低，压力以 0.1～2MPa 之间较适合氢气的离解，温度以发动机正常的排气温度为宜。⑤金属氢化物的转化反应性好，如吸氢和放氢速率快。⑥储氢金属的成本低，应选择资源丰富和廉价的材料。⑦储氢金属的使用寿命较长，吸、放氢循环次数多，对氢气中的杂质不易中毒，抗氧化力强，不易膨胀和爆裂。

4. 氢的输送和安全

氢气可以像煤气一样用管道输送，并采用普通钢管。当然，由于氢气的密度小，在管道输送中，按能量容积算，同样粗细的管道，输送氢气只有天然气的 1/3。但是，氢气的压缩性较大，在 10MPa 的压力下，氢气的压缩性要比天然气大 1.25 倍，而且氢气的黏性较小，所以输氢的工作压力可以减小。现在德国已有 200 多千米长的输氢管道，采用无缝钢管，管道直径 130～150mm，输送 1.8MPa 的不纯氢，主要用于化工厂，使用年限已超过 40 年，运行情况良好。美国得克萨斯州也有一条约 20km 的输氢管道，管径为 203mm，采用 40 号新钢种，输送 1.38MPa 的纯洁氢，已安全运行三十多年。南非在 20 世纪 90 年代初也建成了一条 80 多千米的输氢管道。世界上还有利用原有煤气管道改造成输氢管道的。可见氢气的管道输送技术较为成熟，但一般认为短距离较好，若距离过长，要有中间加压措施，则比较复杂。

氢气的车船运输，如卡车、火车或船舶运输都是可能的，但需要用钢瓶、钢罐装储。由于这些高压储氢容器的自身质量较大，往往实际运氢量仅占运输总质量的 1%～2%，经济上不太合理，但对于用氢量不大或不连续用氢的用户，此种运输方法还是目前唯一可取的。

短距离可用专门的液氢管道输送液氢，长距离用绝热保护的车船运输，国外已有 3.5～80m³ 的公路专用液氢槽车。液氢每天的挥发损失约 0.25%，运输成本也相当高。深冷铁路槽车也已问世，它采用平置的圆筒形大型杜瓦槽罐，储液氢量可达 100～200m³，宇航局还专门建造了输送液氢的大型驳船，船上的杜瓦罐储液氢的体积可达 1000m³ 左右，能从海上将路易斯安那州的液氢运到佛罗里达州的肯尼迪空间发射中心，这样无疑比陆上运氢更为经济和安全。

此外，国外还在研究洲际长距离输氢措施的其他方法，例如其中有借助于制成氢的化合物的方法。因为氢有很多可逆的化合物，如氢化锂（LiH_2）、甲基环己烷（C_7H_{14}）、异辛烷（C_8H_{18}）等，先把氢存放在这些化合物中，经过储运到达目的地，再用加热等措施，使氢离解出来。这种方法虽还存在一定的技术问题，但是比较方便和安全，储运成本也可能下降。

氢的特性决定了它与其他易燃气体一样，在储运过程中应注意安全。氢的分子量小，扩散系数大，在管道、阀门、容器中容易泄漏。若与空气中的氧混合，易着火爆炸。氢的燃烧热度高，火焰传播速度快，且火焰不易觉察，容易造成灾害。液氢的温度极低，与人体接触能造成冻伤。氢气虽无味无毒，但能大量稀释氧，吸入过量会造成窒息。氢原子对钢的晶体间易起侵蚀作用，形成"氢脆"，可以破坏金属构件的焊缝，使金属的强度下降，严重时能使管道产生裂纹，造成氢泄漏。

四、氢能的利用

氢能具有清洁、效率高、质量小和储存及输送性能好、应用形式多等诸多优点，赢得了人们的青睐。利用氢能的途径和方法很多，如航天器燃料、氢能飞机、氢能汽车、氢能发电、氢介质储能与输送以及氢能空调、氢能冰箱等，有的已经实现，有的正在开发，有的尚在探索中。随着科学技术的进步和氢能系统技术的全面进展，氢能应用范围必将不断扩大，氢能将深入到人类活动的各个方面，直至走进千家万户。

由于每千克氢燃烧所产生的能量为 33.6kWh，差不多等于汽油燃烧的 2.69 倍，燃氢汽车比汽油汽车总的燃料利用效率约可提高 20%。氢燃烧的主要生成物为水，除极少量的氮氧化物外，绝对没有 CO、CO_2、SO_2 等污染环境的有害物质排放，所以环境效益特别好。氢能是一种高效燃料，它的热值比石油高，既清洁又没有污染，资源丰富，可以再生。现在世界上不仅德国在加紧实现氢能汽车商品化，而且美、日、加、澳和欧洲许多发达国家也都在加紧进行制氢、储氢技术的研究，同时，试制各种专门用氢和掺氢燃油的汽车。

氢燃料电池的特点是无污染，只有水排放。用它装成的电动车，称为"零排放车""绿车"；无噪声，无传动部件，特别适于潜艇中使用；启动快，8s 即可达全负荷；可以模块式组装，即可任意堆积成大功率电站；热效率高，它是目前各类发电设备中效率最高的一种；体积小，质量小；成本低，将来有可能降至 150～300 美元/kW。

以氢作为燃料比任何其他燃料更适用于燃料电池，也可简化燃料电池。因为燃料电池的基本原理就是水电解的逆反应。20 世纪 70 年代以来，各种燃料电池技术发展迅速，第一代磷酸盐型的燃料电池早已商业化运行，日本已建有 4500kW 和 11000kW 的实用电站，发电成本快接近常规火电。第二代融熔碳酸盐型燃料电池也基本过关，已有 10kW 级小型发电装置，效率已达 55%，发电成本也与第一代差不多。第三代固体氧化物型燃料电池发电效率可达 60%，发电成本可望更低，目前正在加紧研究。燃氢的燃料电池，从技术上不会比以上几种类型的燃料电池难，只要解决廉价制氢问题，即可在上述燃料电池的基础上顺利过渡。因此，许多国家都把燃料电池大发展的希望寄托在氢燃料电池上。燃料电池不仅可以用于电站，也可作为车船等移动交通工具的动力，更可广泛用于工程所需的移动电源。图 3-44 所示为燃料电池原理示意。

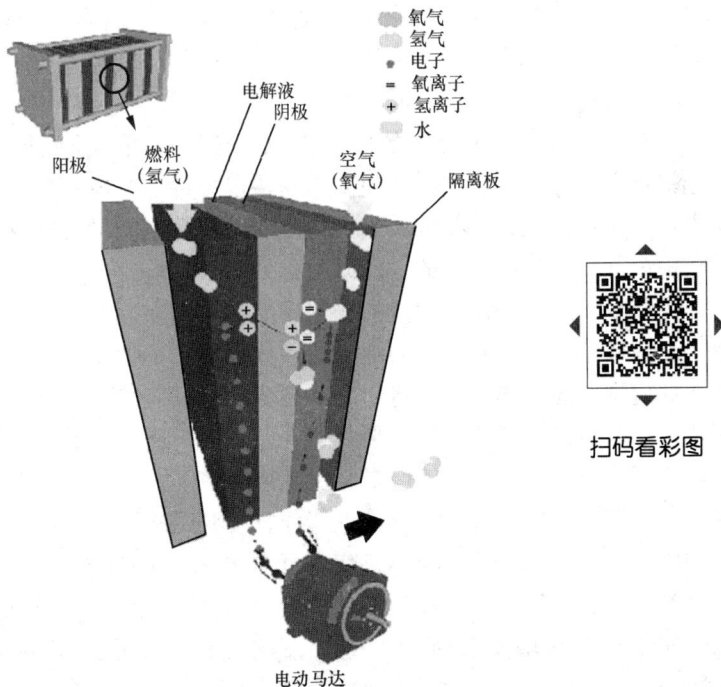

图 3-44 燃料电池原理示意

燃料电池用途广泛，可与太阳能电站、风力电站等建成储能站，也可建成夜间电能调峰电站，可望比抽水储电站占地少，投资低。从环境保护的角度出发，更是一种值得推广的新能源。

第七节　核　　　能

一、概述

第二次世界大战末期，美国使用绰号为"小男孩""胖子"的两颗原子弹在日本广岛、长崎造成的人间灾难，以及 1986 年苏联切尔诺贝利、1979 年美国三哩岛核电站、2011 年日本福岛核电站事故的发生，使人们"谈核色变"，因而长期以来核电成为举世瞩目的争议问题。但从整体上看，核能的开发、利用是 20 世纪科技发展的重大成果，是解决人类能源危机的最有效的手段之一，因而核能的发展将是势不可当的。

核能即原子核能，通常也称原子能。核能是原子核结构发生变化时释放出来的能量。一般的化学反应仅涉及原子与原子之间相互结合关系的变化，即外围电子的重新组合，原子核不发生变化。在核反应中，原子核的组成部分，即中子和质子的相互结合关系发生了变化，由于这些粒子间的结合能远远大于原子之间的结合能，因此，核反应中的能量变化要比化学反应大几百万倍。1kg^{235}U 的能量约相当于 2400t 标准煤，相当于 2 万 t TNT 炸药，但是裂变时间只需要亿分之一秒。

化石燃料主要利用碳或氢同氧结合而释放能量的化学反应。作为能源利用的核反应，有重元素原子核的裂变反应和轻元素原子核的聚变反应两种。核裂变反应是指较重原子核（如^{235}U）分裂成较轻的原子核，同时释放出能量的反应过程。重原子核的分裂，需要中子来引发。当中子与重原子核碰撞并被它吸收以后，后者会变得非常不稳定而立即分裂成两片，同时释放出几个中子和能量。新产生的中子与其他重原子核碰撞，会引起新的裂变。裂变再释放出中子，中子又引起裂变，这样就形成链式反应。核聚变的基本原理是把两种较轻的原子核——氢（^{1}H）元素的同位素氘（^{2}H，即重氢原子核）和氚（^{3}H，即超重氢原子核）聚集在一起，在超高温或超高压等特定条件下合成一种较重的原子核，在这种核聚变反应中，原子核会失去一部分质量，与此同时释放出能量，这就叫核聚变反应。因为这种反应是在极高温度下才能进行的，所以又称为热核反应。

核裂变反应堆是使核裂变的链式反应被控制在适当速度下进行，从而取出热能的一种装置。反应堆按引起链式反应的中子特性分成热中子裂变反应堆和快中子增殖反应堆。热中子裂变反应堆（简称热堆）是将作为核裂变链式反应媒介的中子由减速剂减速后成为热中子，用热中子来轰击原子核引起核裂变的堆型。现广泛应用的核反应堆均是热中子反应堆。快中子增殖反应堆（快堆）是使用未经过减速的中子，即快中子来轰击原子核，引起核裂变反应的堆型。在这种反应堆中，可将一部分非裂变元素转化为可裂变元素，如利用^{235}U 裂变释放出的中子轰击^{238}U，可获得可裂变的元素^{239}Pu，同样在自然界中大量存在的^{232}Tu 可转化为可裂变的元素^{233}U，这样消耗了一定数量的可裂变原子核，能产生更多的可裂变原子核，实现核燃料增殖和转换，是扩大核燃料资源的重要途径，这种反应堆又称为增殖反应。

二、世界及我国核电发展概况

自从 1896 年法国物理学家贝克勒尔发现铀的天然放射性以来，由于近百年来世界各国科学家的辛勤探索，人类不但对物质的微观结构有了更深刻的了解，而且还开发出了威力无比的核能。与此同时，与核能相关的核技术，如加速器技术、同位素制备技术、核辐射探测技术、核成像技术、辐射防护技术及应用核技术等，也得到迅猛发展。近百年来，在这个领域已有 40 多位科学家获得了世界科学技术成就的最高奖赏——诺贝尔物理学奖或化学奖，这是其他任何学科领域都从未有过的。

从苏联建成第一座核电站至今，世界核电得到了迅速发展。特别是 20 世纪 70 年代以后，核电技术的成熟和中东战争引发的石油危机，更促成了核电发展的高潮。美国有核电站 100 多座，法国核电占全国发电量的 70%，日本核电占全国发电量的 27%。

我国核能利用起步较晚，但发展迅速，目前我国核电在运装机规模世界第三，在建装机规模世界第一，目前两台"华龙一号"正在巴基斯坦建设，在英国建设"华龙一号"已被列入议事日程，未来还会有更多我国自主设计的核电机组走出国门，这些都标志着我国核能利用已上了一个新的台阶。我国在广东大亚湾核电厂建造两台 900MW 机组，在广东岭澳建造四台机组，还有阳江一期、三门等多个核电站。秦山核电站是我国自行设计和建造的第一座核电站，采用压水堆型，反应堆额定热功率为 96.6 万 kW，额定发电功率 300MW。自 1985 年动工，到 1991 年 12 月并网发电。位于广东省深圳市的大亚湾核电站，由广东省和香港合资兴建，技术上由法国公司承建，采用两座各 900MW 的压水堆机组，1987 年 8 月动工，一号机组于 1993 年 8 月并网发电，二号机组于 1994 年 4 月投入运行。在 21 世纪，核能利用将在我国取得更大的进展，并在改善我国能源结构中发挥越来越大的作用。

三、核电及其评价

核电站与火电站的区别，仅仅在于热源的不同。火电站靠燃烧煤炭、石油或天然气来取得热量，用以把锅炉里的水变成蒸汽，驱动汽轮发电机组发电。核电站反应堆一次回路中的冷却水流过核燃料元件表面，把裂变产生的热量带出来，在通过蒸汽发生器时，又把热量传递给二次回路中的水，把它变成蒸汽，驱动汽轮发电机组发电。

随着矿物燃料供应渐趋紧张，能源危机在许多国家出现，发展核电站已势在必行，一种发电方式能否得到发展取决于对资源、经济性、安全性等问题的分析与评价。

1. 核燃料资源

中国自 1955 年起大规模开始铀矿的勘探，在探测上百处铀矿床后，找到了五个重点铀矿。中国已探明的铀储量居世界九大产铀国之列。中国铀矿储量 80% 集中在中新生代；矿床规模以中小型为主，品位以中等为主；埋藏深度大都在 500m 以内；已发现的铀矿床类型以花岗岩中的脉型和火山岩型为主，并正尽力扩大可地浸砂岩铀资源。我国还有相当大的区域尚未进行工作，在寻找铀资源方面还具有潜力。截至 2016 年 7 月，我国（大陆）核电站装机容量为 5500 万 kW。根据我国已探明的天然铀地质储量和勘探能力，可以保证核电 40GW，满足 30 年的需要。若能采用铀钍循环，减少天然铀的消耗，还可使核电规模增加 50%。

钍在中子作用后可转变成核燃料^{233}U。中国的钍资源主要集中在热液稀土矿床中和碱性岩中的铀-钍-稀土矿床。中国南方独居石矿床、四川攀枝花、江西稀土矿等均含有较丰富的钍。

核聚变反应有氘氚聚变和氘氘聚变两类，目前集中关注的是氘氚核聚变。氘水在天然水中含量为 0.02%，氚通常要在反应堆内用中子轰击^{b}Li 制成。锂在自然界主要存在于锂辉石和锂云母中，我国江西、新疆、四川、青海等地有较丰富的锂资源。盐湖锂也是锂的主要存在形式，我国是世界上盐湖资源最为丰富的国家之一，盐湖锂资源约占世界同类资源的三分之一。

2. 核电站的安全性

发展核电人们最为担心的是它的安全性，由于核电站反应堆与核弹结构和特性的不同，所以反应堆发生事故时不会像核武器一样爆炸，核弹是由高浓度（大于 90%）的裂变物质和复杂精密的引爆系统组成的，当引爆装置点火起爆后，弹内的裂变物质被爆炸力迅猛地压紧到一起，大大超过了临界体积，巨大核能在瞬间释放出来，于是产生破坏力极强、毁灭性的核爆炸。核电反应堆的结构和特性与核弹完全不同，既没有高浓度的裂变物质，又没有复杂精密的引爆系统，不具备核爆炸所必须的条件，不会产生像核弹那样的核爆炸。核电反应堆通常采用天然铀或低浓度（约 3%）裂变物质作燃料，再加上一套安全可靠的控制系统，从而能使核能缓慢地有控制地释放出来。核电站是一个复杂的系统工程，它集中了当代的许多高新技术。为了使核电站能稳定、经济地运行，一旦发生事故时能保证反应堆的安全和防止放射性物质外泄，核电站设置有各种辅助系统、控制系统和安全设施。

核电站中最大的危险是强放射性裂变产物对环境的污染，如果因事故使大量的放射性物质进入环境，其后果是极为严重的。美国三哩岛核电站 2 号机组是 1978 年底建成的压水堆机组，电功率 88 万 kW，运行三个月发生事故，经济损失达 10 亿美元。切尔诺贝利核电站一台石墨沸水堆，4 号机组在 1986 年 4 月 26 日发生事故，引起压力管破裂，反应堆爆炸，大量放射性物质外逸，当场造成 31 人死亡，200 余人严重受伤，几十万人撤离。2011 年 3 月 11 日，日本发生 9.0 级地震并引发海啸，导致福岛核电站发生连续性爆炸，从而引发放射性物质泄漏，1.5 万人遇难、2000 多人失踪、7 万人依然避难，200 多吨核燃料堆芯熔化、约 100 万吨污染水仍难以处理，该事故等级与切尔诺贝利核电站核泄漏事故等级相同，皆为最高级 7 级。

核电站的放射性绝大部分来自裂变产物，98% 以上的裂变产物放射性保持在燃料芯体中，只要芯体不熔化，放射性裂变产物就不会释放出来，只有 1%～2% 的裂变产物放射性在芯体和包壳之间的空隙中。对于裂变产物的逸出，一般设有三道屏障：燃料元件包壳、一回路管道和容器、安全壳。

按照当前的技术水平，完全可以保证核电站在正常运行情况下成为十分安全的能源。核工业在生产运行中产生的废气、废水和固体废物，即"核三废"，需要进行妥善处理的紧迫程度，要比其他工业产物更为突出，主要因为它具有令人惧怕的核放射性元素。

放射性废气。这类废气主要指空气活化产生的氩，核燃料棒破损时放出的氪、氙、碘等裂变气体，核燃料破损时放出的锶、铯等裂变物质微粒。

放射性废水。这类废水主要指一回路系统设备取样后的废水、泄漏水、设备去污水设备冷却泄漏水等带有放射性的废水，分为堆性废水和非堆性废水。前者（工艺废水）含有较高的放射性废物，处理后作复用水；后者放射性较低，严格处理后可外排。

放射性固体废物。浓缩、缩小体积、燃烧、压缩装箱固化，封装后运进固体废物库，然后送往岩洞、水下、深海之中永久存放。此外，在核电站中还存在一种与冷却介质有关的叫做"低剂量放射性废弃物"，这就是放射性废液。在日本，采取把它们蒸发以后固化，然后存入圆筒罐中，暂在核电站内保存的办法。但是这种罐子越来越多，而且危险性也越来越大。据统计 1981 年时，仅日本就已经保存了 30 万个这种圆筒罐。这 30 多年来，又增加了多少？不得而知，反正数量是惊人的。

近年来，处理"三废"有了新的办法：①中子轰击法，美国布鲁海文国立实验室核洛斯阿拉莫斯国立实验室（裂变为安全物质）；②综合化学法，一种化学分离法，甚至可综合利用，生产核电；③深洞库存法，核物质极容易随地底的上升而返回地表，因此，过去这些年来的地下埋藏法仍未得到彻底解决。芬兰打算从 2020 年开始，将 5500t 左右的核废料深埋在地底下逾 420m 深处的地下隧道内。

3. 核电站的经济性

由于反应堆结构比锅炉复杂，核电站的造价比火电站要高，轻水堆核电站的建设费用约比同规模火电贵 50%～100%，重水堆和气冷堆的建设费用还要贵些。但由于核燃料的能量很大，消耗的燃料很少，比如一座 100MW 的压水堆核电站一年仅需低浓度铀核燃料 30～40t，可大大省燃料的运输和储存费用，使核发电的成本可比火力发电低 30%～50%。

从经济性上讲，建设核电站完全合算，特别在缺少煤和石油的地区，其优越性更为明显。

核能是一种具有独特优越性的动力。它不需要空气助燃，可作为地下、水下和太空中缺乏空气环境的特殊动力；它是少耗料的高效能源，工作寿命长，一次装料后可以长时间供能，可作为航天火箭、宇宙飞船、人造卫星、海上潜艇、航空母舰等的特殊动力。

核能供热，这是 20 世纪 80 年代才发展起来的一项新技术。核能是一种经济、安全、清洁的热源，因而在世界上受到广泛重视。在能源结构上，用于低温（如供暖等）的热源，占总热耗量的一半左右，这部分热多由直接燃煤取得，因而造成环境污染。在我国能源结构中，发展核反应堆低温供热，对缓解运输紧张、净化环境、减少污染都有十分重要的意义。

空间核能源在功率范围、使用年限、独立性、抗干扰等方面有其他非核能源（化学能、太阳能等）不可替代的优越性，核能源可作为火箭发动机的推进动力，也可作为航天器的电源。它几乎能满足所有航天活动对能源的要求，既可低功率长期供电（空间核电源），又可短时间高功率爆发式供能（空间核推进）。

核火箭是采用核反应堆裂变能加热推进剂（通常为液态氢），使其喷射而产生强大推力。它比目前的化学燃料火箭具有更高的有效载荷进入空间。可进一步扩大航天活动范围。1997 年 10 月 15 日美国宇航局发射的"卡西尼"号核动力空间探测飞船，它要飞往土星，历时 7 年，行程长达 35 亿 km。只有核动力推进才能实现这样漫长的征途。

核电池（放射性同位素电池）与反应堆电源。核电池的原理是利用核衰变或核裂变产生的热能转化为电能。现在航天上使用的电池，大多是利用放射性同位素 ^{238}Pu 的 β 衰变能，通过温差电效应把热能直接转化为电能。美国主要研究同位素电池。空间反应堆核电源的核反应堆是用浓缩度 90% 以上的 ^{235}U 作核燃料，有热中子堆，也有快中子堆，它的电功率大，使用寿命可达 3～5 年。苏联主要选择空间反应堆电源。核动力已广泛应用于海洋舰艇，全世界已有 300 多艘核潜艇。我国第一艘攻击型核潜艇于 1970 年 12 月下水，导弹核潜艇也于 1983 年 8 月建成，1988 年 9 月成功地进行了弹道导弹的水下发射，这标志着我国已经成为世界上第五个拥有潜射战略导弹能力的国家。1998 年 7 月服役的美国"杜鲁门"号核动力超级航空母舰，总长 332m、甲板宽 76m、满载排水量 97 000t，主机采用两座核反应堆，航速 30 节，一次装料可续航 25 年。在世界海军发展史上，核潜艇的诞生是人类将高科技广泛应用于军事领域的一个重要成果。1954 年，世界上第一艘核潜艇"鹦鹉螺"号在美国建成下水。在其后三年时间里，航行 6 万多海里，并从冰层下穿越北极，而消耗的核燃料却只有几公斤。核潜艇以其常规潜艇无法比拟的隐蔽性好、机动性强、航行速度快、活动范围广、续航能力大等优势，震惊了世界。世界上一些发达国家不惜巨资，重点研制发展核潜艇。英国、法国、俄罗斯等西方大国都相继研制成功了自己的核潜艇。

核电作为一种新的能源，只有短暂的 40 多年的历史。由于种种原因，核电的兴起与发展也不是一帆风顺的，它有发展的高潮，也遇到挫折，但可以预计，在新的世纪，核电及核能的利用将会进一步向前发展。

第八节　水　　能

一、我国的水力资源

水能是自然界广泛存在的一次能源。它可以通过水力发电站方便地转换为优质的二次能源——电能。所以通常所说的水电既是被广泛利用的常规能源，又是可再生能源。而且水力发电对环境无污染，因此水能是世界上众多能源中永不枯竭的优质能源。

地球上江河纵横、海洋辽阔，蕴藏着丰富的水力资源。在太阳的帮助下，地球上的水蒸发成汽升上天空，在天空中汽又冷凝成雨雪降至大地，通过江河又流入海洋，如此循环不已，永不枯竭。

我国土地辽阔，河流众多，径流丰沛，落差巨大，蕴藏着丰富的水能资源。据估计，我国河流水能资源的理论蕴藏量为 6.8 亿 kW，年发电量为 59200 亿 kWh，其中小水电为 1.52 亿 kW。不论是水能资源的理论蕴藏量，还是可能开发的水能资源，我国在世界各国中均居第一位。

水能资源取决于地形和河流。我国幅员辽阔，东南濒临太平洋，西南背靠世界屋脊喜马拉雅山脉，背面为西伯利亚和蒙古高原。全国地势西高东低，这是我国水能资源非常丰富的主要原因。

我国水能资源总量虽然十分丰富，但人均资源量并不高。例如，我国可开发的水能资源约占世界总量的 15%，但人均资源量却只有世界平均值的 70% 左右。我国水资源的分布不均衡。我国可开发的水能资源主要集中在长江、黄河中上游、雅鲁藏布江中下游、珠江、澜沧江、怒江和黑龙江上游。这七条江河可开发的大中型水电资源都在 $1×10^7 kW$ 以上，占全国大中型水电资源量的 90%。由于我国水能资源多集中在经济发展相对落后的地区。例如，云、川、藏水能资源就占全国的 57%，而经济较发达、人口集中的东部 11 省、市，水能资源仅占 6%，加上我国气候受季风影响，江河来水年内和年际变化大，这些不利条件都影响我国水能资源的开发利用。

二、水能利用

水能利用是水资源综合利用的重要环节。水资源的利用（即通常所说的水利开发）就是要充分合理地利用江河水域的地上和地下水源，以获得最高的综合效益。水能利用是一项系统工程，其任务是根据国民经济发展的需要和水资源条件，在河流规划和电力系统规划的基础上，拟定出最优的水资源利用方案。

水力资源的开发方式是按照集中落差而选定的，大致有三种基本方式，即堤坝式、引水式和混合式。但这三种开发方式还要各适用一定的河段自然条件。按不同的开发方式修建起来的水电站，其枢纽布置、建筑物组成等也截然不同，故水电站也随之而分为堤坝式、引水式和混合式三种基本类型。

水力发电是将水能直接转换成电能。水电站主要是由水库、引水道和电厂组成。水库具有储存和调节河水流量的功能。拦河筑坝形成水库，以提高水位，集中河道落差，是水电站发电的必备条件。水库工程除拦河大坝外，还有溢洪道、泄水孔等安全设施。引水道的主要功能是传输水量至电厂，冲动水轮机发电。电厂则主要由水轮发电机组及相应的控制设备和保护装置、输配电装置等组成。水力发电就是利用水力（具有水头）推动水力机械（水轮机）转动，将水能转换为机械能，如果在水轮机上接上另一种机械（发电机），随着水轮机转动便可发出电来，这时机械能又转换为电能。

水电站是水能利用中的主要设施。由于河道地形、地质、水文等条件不同，水电站集中落差、调节流量、引水发电的情况也不相同。按集中河道落差的方式，水电站可以分为堤坝式水电站、引水式水电站、混合式水电站和抽水蓄能式水电站四种基本类型。图 3 - 45 所示为水电站内部结构示意。

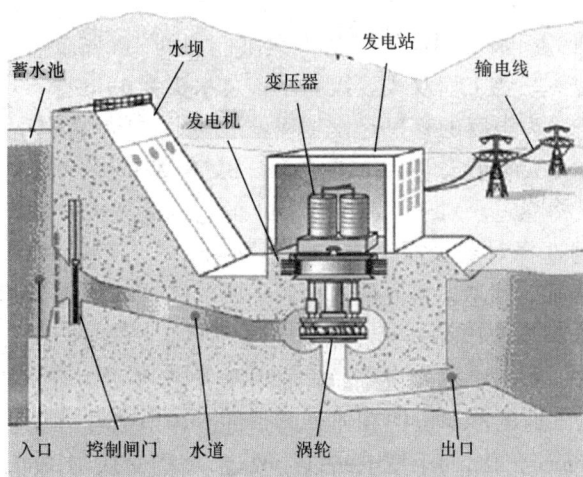

图 3 - 45　水电站内部结构示意

扫码看彩图

我国早在 4000 年前就开始兴修水利。至春秋战国时期，水利工程已有相当规模，建设水平也比较先进。但现代化的水电建设起步很晚，直到 1910 年才开始云南滇池修建第一个水电站——石龙坝水电站，装机容量 472kW。到 1949 年底，全国水电装机容量也仅为 1.63×10^5 kW，占全国总装机容量的 8.8%，当时的水电装机容量居世界第 20 位。经过 50 年的发展，我国水电事业突飞猛进，至 2015 年底，全国装机容量达到 $3.195\ 4 \times 10^8$ kW，占全国总装机容量的 20.9%，居世界第一。

目前我国水电建设技术已具有世界水平，现在世界上装机容量最大的水电站是巴西和巴拉圭合建的伊泰普水电站，装机容量为 1.26×10^7 kW。2000 年 3 月 14 日，广东省广州抽水蓄能电站 8 号机组移交生产，标志着该电站的建设已全面完成，成为世界上最大的抽水蓄能电站。我国已建成或正在建设的装机容量为 100 万 kW 以上的水电站共有 19 座，装机总容量 4768 万 kW。其中，广州抽水蓄能电站装机为 240 万 kW，是目前世界上最大的抽水蓄能电站，三峡工程装机 2240 万 kW，是世界上装机容量最大的水电站，各项规模都堪称世界之最。

三峡工程是世界防洪效益最为显著的水利工程：三峡水库总库容 393 亿 m³，防洪库容 221.5 亿 m³，能有效地控制长江上游洪水，增强长江中下游抗洪能力。三峡工程号称世界最大的水利工程，具有下面几个世界之最。

世界上最大的水电站：三峡电站总装机容量 2240 万 kW，年发电量 981 亿 kWh。

世界上建筑规模最大的水利工程：三峡大坝轴线长 2309.74m，装有 26 台 70 万 kW 的水轮发电机组，双线五级船闸加升船机，无论单项、总体都是世界建筑规模最大的水利工程。

世界上工程量最大的水利工程：主体建筑土石方挖填量为 1.34 亿 m³，混凝土浇筑量为 2794 万 m³，钢筋为 46.30 万 t，金结为 25.65 万 t。

世界上施工难度最大的水利工程：2000 年混凝土浇筑量为 548.71 万 m³，月浇筑量为 55 万 m³，创造了混凝土浇筑量的世界纪录。

施工期流量最大水利工程：三峡工程截流流量为 9010m³/s，施工导流最大洪峰流量达 79000m/s。

世界泄洪能力最大的泄洪闸：三峡工程泄洪闸最大泄洪能力为 10.25 万 m³/s。世界级数最多、总水头最高的内河船闸：三峡工程双线五级船闸，总水头为 113m。

世界上水库移民最多、工作最为艰巨的移民建设工程：三峡水库移民最终达 113 万。

小水电是指容量为 0.5～12MW 的小水电站，容量小于 0.5MW 的水电站又称农村小水电。运行寿命长，坚固耐用，价格稳定。对于用电规模较小的边远地区来说，所有这些优点使水力电站成为最具有吸引力的选择对象。拥有连接电厂和用电中心的输电网的地区并不多。许多地区，特别是在发展中国家，还必须依赖就地的小型电厂供电。几乎处处都有可以用来发电的小河流，一般来说，小型水电站造成的环境影响较小，当把河水用于其他目的时，如灌溉和供水等，如能同时加上小水电发电系统，往往会更有吸引力，在工业化国家，常常把小型水电站作为局部地区工业的能源。但在适宜的条件下，小型电站也可并入公用供电系统供电。对已有的大坝和设施上的旧的小型电站进行改建，发电的成本较低，在经济上比较合算。

我国有丰富的水力资源，小水电资源分布也很广泛，在全国 2166 个县（市）中有 1573 个县有可开发小水电资源，其中可开发量在 10～30MW 的县有 470 个，30～100MW 的县有 500 个，超过 100MW 的县有 134 个。1986 年我国在杭州建立了亚太小水电研究培训中心。1998 年联合国开发计划署（UNDP）又正式把国际小水电中心设在我国，这表明我国的小水电已走向世界。

第四章 能 源 与 动 力

第一节 概 述

在自然界中，蕴藏着极为丰富的能量，如风力、水力、燃料化学能、太阳能以及原子（核）能等。按照物质运动形式的不同，能量可以相应地分为机械能、热能、电能、化学能和辐射能等多种形式。物体在作机械运动时所具有的宏观能量（包括宏观动能及宏观势能）称为机械能，而所谓热能则是指组成物质的所有微粒作各种不规则运动时的总能量。

人类社会的发展，促使人们不断地开发和利用自然界的各种能源，其中以利用热能（主要由燃料中的化学能通过燃烧转变而来）最为广泛。人们利用热能一般有两种方式：一种是直接把热能用于加热、采暖、蒸煮或烘干等；另一种是间接利用方式，即把热能转变为发动机转轴上的机械能，用做生产上的动力或进一步将机械能转变成电能。

将热能转换为机械能是目前获得机械能最主要的方式。热能转换成机械能的装置称为热机。因为热机能为各种机械提供动力，故通常又将其称为动力机械。根据能量贬值原理（热力学第二定律），热能不可能全部转换为机械能，任何企图制造一种能将热能 100% 转换为机械能的热机是不可能实现的。换句话说，依靠单一热源做功的热机是没有的。因此，所有的热机都是工作在一个高温热源和一个低温冷源之间，高温热源的温度越高，低温冷源的温度越低，热机将热能转换为机械能的数量就越多，也就是说热机的效率越高。

热机可分为外燃机和内燃机两种类型。在外燃机中，燃料的燃烧发生在汽缸的外部，而工质（燃气）膨胀做功是在汽缸内部进行的，如蒸汽机、汽轮机等。因此外燃机存在着工质传递过程的热损失。在内燃机中，燃料的燃烧和工质的膨胀做功均在汽缸内部进行，因而内燃机能量损失较小，具有较高的热效率。

内燃机主要为各种运输车辆、工程机械提供动力，也用于可移动的发电机组。蒸汽轮机主要用于发电厂，用它带动发电机发电，也作为大型船舶的动力，或拖动大型水泵和大型压缩机、风机。燃气轮机除用于发电外，还是飞机的主要动力来源，也用作船舶的动力。

广泛应用的电能主要由机械能转换得到，在火力发电厂中蒸汽轮机、燃气轮机带动发电机发电；在水电站中水能先转换成水轮机的机械能，水轮机再带动发电机发电。

第二节 内 燃 机

一、内燃机的发展简史

内燃机发展至今已有一百多年的历史，经过不断改进和提高，现已发展到比较完善的程度。由于它的热效率高、适应性好、功率范围广，已广泛应用于工业、农业、交通运输业和国防建设事业。

1824 年，卡诺（S. Carnot）曾发表了热力发动机的经典理论——卡诺原理。过了半个世纪以后，即 1876 年，德国人奥托（N. Otto）才发明了四冲程煤气机。当时该机压缩比约为2.5，其热效率为10%～12%，此后的18年间垄断了市场，承袭了当时处于全盛时期的蒸汽机的宝座。

1883年，法国任达木烈尔（G. Daimler）制成了用热管点火的立式汽油机，在当时内燃机的最高转速也只不过200r/min，而他制作的汽油机竟达到1000r/min，1887年该机装在汽车上使用。与此同时，法国人奔驰（K. Benz）也开始研究高速内燃机，1890年左右，他应用了电火花点火法，使汽油机达到了与现今车用汽油机几乎相同的形式，高速机获得了迅速的发展。现在汽油机的转速为4000～5000r/min是很平常的，最高的已达到12000r/min。

1897年，法国人鲁道夫·狄塞尔（R. Diesel）最早制成了柴油机。该机在转速为172r/min时，发出功率为14.7kW，其热效率达26.2%，这在当时已是最高的热效率了。从此以后，柴油机得到迅速发展，1903年首先装在船上，四年后用于潜艇的正反转的柴油机试验成功。1912年装在远洋货轮上的柴油机首次远航试验成功，该船载重7000t，航速11节，在140r/min时，输出功率为1471kW。

在1926年就有人设计出利用排气能量将进气压缩的废气涡轮增压器，但由于当时未能制造出性能良好的增压器而使增压技术多年得不到普及和推广。第二次世界大战后，随着人们对废气涡轮的研究，在耐热材料和压气机方面取得了显著的进展。由于生产技术的发展，从1950年左右起，才开始在柴油机上采用增压方式。而如今的船用柴油机几乎已达到"无机不增压"的程度，因为增压后，柴油机的功率能提高1～3倍。废气涡轮增压对提高柴油机的性能作出了重大的贡献。

二、内燃机的分类

内燃机是热机的一种，是将燃料的化学能经过燃烧释放的热能转变为机械功的机器，包括汽油机和柴油机，是应用最广泛的热机。内燃机有很多种，如往复活塞式、转子式-汪克尔式、摆动活塞式、斯特林、自由活塞式等。大多数内燃机是往复活塞式，往复活塞式内燃机分类方法很多。

（1）按照所用燃料分类。内燃机按照所用燃料分类，可以分为汽油机和柴油机（见图4-1）。使用汽油为燃料的内燃机称为汽油机；使用柴油为燃料的内燃机称为柴油机。汽油机与柴油机比较各有特点：汽油机转速高，质量小，噪声小，启动容易，制造成本低；柴油机压缩比大，热效率高，经济性能和排放性能都比汽油机好。

（2）按照行程分类。内燃机按照完成一个工作循环所需的行程数可分为四行程内燃机和二行程内燃机（见图4-2）。把曲轴转两圈（720°），活塞在汽缸内上下往复运动四个行程，完成一个工作循环的内燃机称为四行程内燃机；而把曲轴转一圈（360°），活塞在汽缸内上下往复运动两个行程，完成一个工作循环的内燃机称为二行程内燃机。汽车发动机广泛使用内燃机。

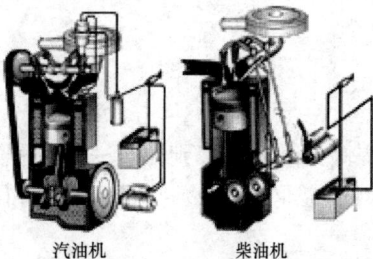

汽油机	柴油机	扫码看彩图	四行程	二行程

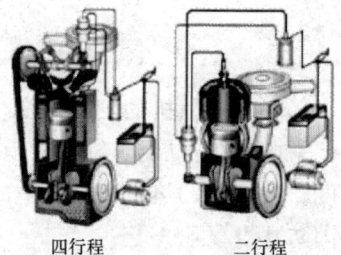

图4-1　汽油机和柴油机　　　　　　扫码看彩图　　　　　图4-2　四行程和二行程内燃机

（3）按照冷却方式分类：可以分为水冷发动机和风冷发动机（见图4-3）。水冷发动机是利用在汽缸体和汽缸盖冷却水套中进行循环的冷却液作为冷却介质进行冷却的；而风冷发动机是利用流动于汽缸体与汽缸盖外表面散热片之间的空气作为冷却介质进行冷却的。水冷发动机冷却均匀，工作可靠，冷却效果好，被广泛地应用于现代车用发动机。

（4）按照气缸数目分类：可以分为单缸发动机和多缸发动机（见图4-4）。仅有一个汽缸的发动机称为单缸发动机；有两个及以上汽缸的发动机称为多缸发动机。如双缸、三缸、四缸、五缸、六缸、八缸、十二缸等都是多缸发动机。现代车用发动机多采用四缸、六缸、八缸发动机。

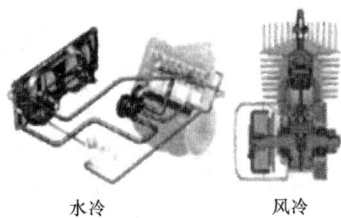

水冷　　　　风冷　　　　扫码看彩图　　　　单缸　　　　多缸

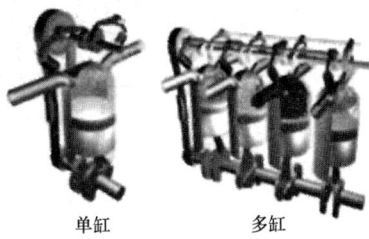

图4-3　水冷和风冷发动机　　　　　　　　　　图4-4　单缸和多缸发动机

（5）按照气缸排列方式分类：可以分为单列式和双列式（见图4-5）。单列式发动机的各个汽缸排成一列，一般是垂直布置的，但为了降低高度，有时也把汽缸布置成倾斜的甚至水平的；双列式发动机把汽缸排成两列，两列之间的夹角小于180°（一般为90°）称为V形发动机，若两列之间的夹角等于180°称为对置式发动机。

（6）按照进气系统是否采用增压方式分类：可以分为自然吸气（非增压）式发动机和强制进气（增压式）发动机（见图4-6）。汽油机常采用自然吸气式，柴油机为了提高功率常采用增压式的。

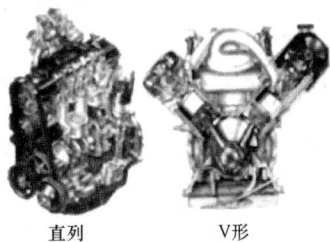

直列　　　　V形　　　　扫码看彩图　　　　自然吸气　　　　增压

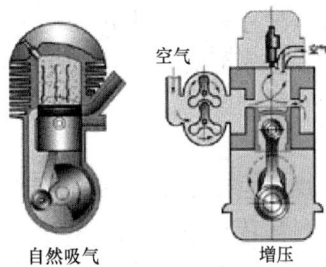

图4-5　单列式和双列式发动机　　　　　　　图4-6　增压和非增压发动机

按代用燃料能源分为压缩天然气、液化天然气、液化石油气、氢气、甲醇、乙醇、二甲醚、植物油、电瓶、太阳能。

柴油机与汽油机（见图4-7）比较，柴油机的压缩比高，热效率高，燃油消耗率低，同时柴油价格较低，因此，柴油机的燃料经济性能好，而且柴油机的排气污染少，排放性能较好。但它的主要缺点是转速低、质量大、噪声大、振动大、制造和维修费用高。在其发展过程中，柴油机不断发扬其优点，克服缺点，提高速度，有望得到更广泛的应用。

汽油机比较轻巧，常用在汽车、飞机和小型农业机械上面，柴油比较便宜，但柴油机比较笨重，主要用在载重汽车、拖拉机、坦克上面。

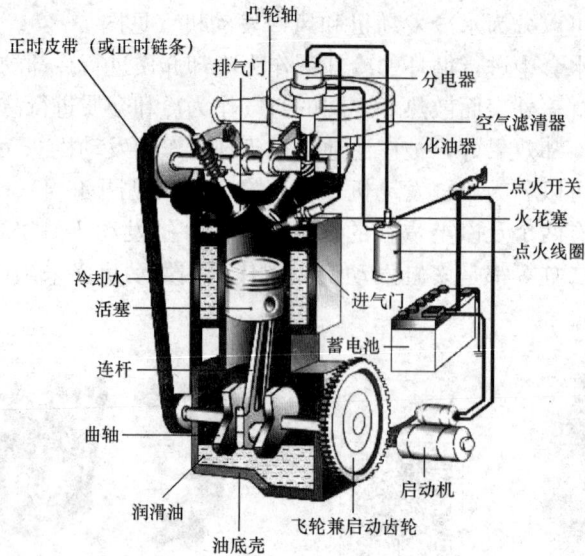

图 4-7　四行程汽油机示意

扫码看彩图

三、内燃机工作原理

按活塞的运动规律分，内燃机有往复运动式和旋转活塞式两类。其中，往复运动式内燃机性能更为完善，使用最广泛。内燃机的基本工作过程是完成两次能量转换，即燃料在汽缸中燃烧，将化学能转变为热能，燃烧产生的高温高压燃气作为工质在汽缸内膨胀，推动活塞运动，将热能转变为机械能。活塞的往复运动通过曲柄连杆机构转变为曲轴的回转运动，驱动机械工作。

内燃机具有下列突出优点：

（1）经济性好，热效率在热机中最高，一般为 $30\% \sim 50\%$。

（2）尺寸小、质量小、结构紧凑，便于安装布置。

（3）功率范围广。单机功率在 $(0.6 \sim 6.8) \times 10^4 \mathrm{kW}$，适用范围广。

（4）机动性好。启动方便、迅速，加速性能好，正常启动只需要几秒钟，并能很快达到全负荷工况。

内燃机也存在以下一些缺点：

（1）运转时噪声大。

（2）废气中有害成分对大气污染较严重。

内燃机的优点使其作为发动机，在交通运输、港口机械、工程机械及矿山机械等方面，得到极其广泛的应用。内燃机主要由曲柄连杆机构、配气机构、燃料供给系、汽油机点火系、润滑系、冷却系及启动系等组成，这些机构和系统保证了内燃机连续不断地正常工作。

内燃机是一种能量转换机构，其通过工作循环将燃料的化学能转变为机械能，工作循环由进气、压缩、燃烧、膨胀、排气几个过程组成，如图 4-8 所示。工质成分为空气、燃料或它们的燃烧产物；工质在循环过程中发生着复杂的物理、化学变化，即伴随着质和量的变化，存在燃烧、散热、流动、机械摩擦等不可逆损失。发动机是一种能量转换机构，它将燃料燃烧产生的热能转变成机械能。那么，它是怎样完成这个能量转换过程呢？也就是说它是怎样把热能转换成机械能的呢？要完成这个能量转换必须经过进气，把可燃混合气（或新鲜空气）引入汽缸；然后将进入汽缸的可燃混合气（或新鲜空气）压缩，压缩接近终点时点燃可燃混合气（或将柴油高压喷入汽缸内形成可燃混合气并引燃）；可燃混合气着火燃烧，膨胀推动活塞下行实现对外做功；最后排出燃烧后的废气，即进气、压缩、做功、排气四个过程。把这四个过程叫做发动机的一个工作循环，工作循环不断地重复，就实现了能量转换，使发动机能够连续运转。把完成一个工作循环，曲轴转两圈（720°），活塞上下往复运动四次，称为四行程发动机。而把完成一个工作循环，曲轴转一圈（360°），活塞上下往复运动两次，称为二行程发动机。图 4-9 所示为四行程发动机的工作原理。

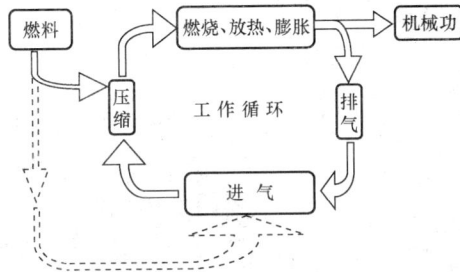

图 4-8　内燃机工作原理　　　　　　　　扫码看彩图

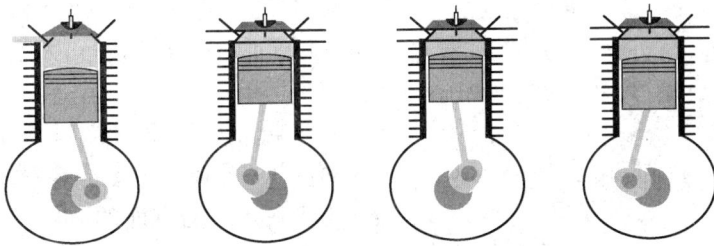

图 4-9　四行程发动机工作原理　　　　　　扫码看彩图

　　二行程汽油机的工作循环也是由进气、压缩、燃烧膨胀、排气过程组成，但它是在曲轴旋转一圈（360°），活塞上下往复运动的两个行程内完成的。因此，二行程发动机与四行程发动机工作原理不同，结构也不一样。例如，曲轴箱换气式二行程汽油机，汽缸上有三排孔，利用这三排孔分别在一定时刻被活塞打开或关闭进行进气、换气和排气的。工作原理如下：图 4-10（a）表示活塞向上运动，将三排孔都关闭，活塞上部开始压缩，当活塞继续上行时，活塞下方打开了进气孔，可燃混合气进入曲轴箱［见图 4-10（b）］，活塞接近上止点时［见图 4-10（c）］，火花塞点燃混合气，气体燃烧膨胀，推动活塞向下运动，进气孔关闭，曲轴箱内的混合气受到压缩，当活塞接近下止点时，排气孔打开，排出废气，活塞再向下运动，换气孔打开，受到压缩的混合气便从曲轴箱经进气孔流入汽缸内，并扫除废气［见图 4-10（d）］。二行程发动机构造见图 4-11。

　　四冲程发动机和二冲程发动机相比，经济性好、滑润条件好、易于冷却；二冲程发动机运动部件少，质量小，发动机运动较平稳。

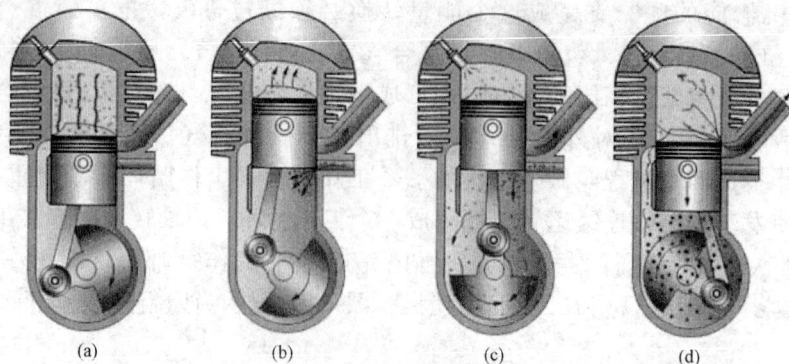

扫码看彩图

图 4-10　二行程发动机工作原理

(a) 压缩；(b) 进气；(c) 燃烧；(d) 排气

扫码看彩图

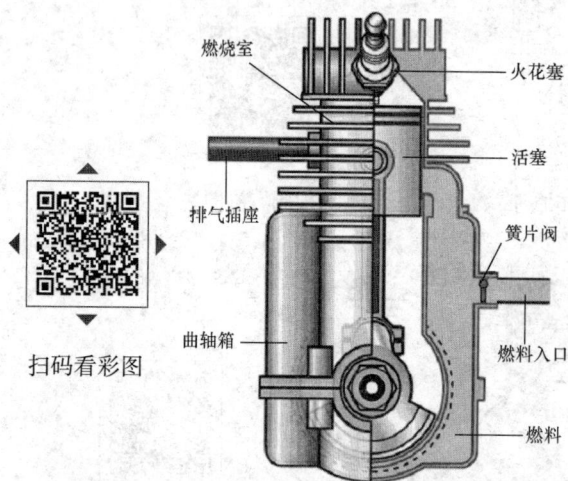

燃烧室　　　火花塞　　活塞　　排气插座　　簧片阀　　曲轴箱　　燃料入口　　燃料

图 4-11　二行程发动机构造

四、内燃机的应用

广义而言，内燃机是指燃料直接在机器内部燃烧的发动机，包括往复活塞式柴油机、汽油机、燃气轮机和喷气式发动机等。燃料在机器外部燃烧的发动机称外燃机，包括蒸汽机、蒸汽轮机以及核动力装置等。蒸汽轮机和核动力装置主要用于大型远洋船舶和大型军用舰艇上。

在航空动力方面，燃气轮机和喷气式发动机几乎是唯一的动力装置。但是，燃气轮机在水、陆方面的应用尚未获得大量推广。虽然燃气轮机具有质量小、尺寸小、结构简单、扭矩特性好、振动小以及排气中有害气体少等一系列优点。但是，它的热效率低，燃料消耗率高，特别是在部分负荷时更明显。虽在大功率时已有明显改善，在中、小功率时尚不能与柴油机相比。

汽油机由于具有功率高、噪声低、振动小以及对负荷变化的反应迅速等优点，在小客车上的应用占优势。目前世界上的小客车数量很大，所以汽油机的产量也很高。此外，汽油机也用于中、小型载重汽车、摩托艇、小型农业、林业机械中。但是，由于汽油机所用燃料的价格和燃料的消耗率比柴油机高，因此，在其他经济领域不能与柴油机相竞争。

在内河船舶和工程机械方面，柴油机几乎是唯一的原动机。在铁路机车方面，蒸汽机车在国外已被淘汰，在我国已停止生产正逐步被柴油机车和电力机车所代替，而且机车用柴油机的功率不断增长。目前单机功率一般为 3000kW 左右，最高的可达 4600kW。在远洋海轮方面，柴油机也是主要动力。据 1984 年统计，全世界当年生产的大型船舶有 1007 艘，其中 99% 是用柴油机驱动的。在 25 万 t 以下的船舶中，柴油机是目前最经济的动力装置，其占据多数。

在军用舰艇方面，近年来，各国均在大力发展核能动力及燃气轮机动力装置，但在轻型舰艇上，柴油机仍占优势。在水面舰艇中的猎潜艇、导弹快艇、鱼雷快艇、巡逻艇、扫雷艇、登陆艇以及大部分常规潜艇和各种军辅船等仍以柴油机为主要动力，只有少数的水面舰艇采用柴油机－燃气轮机联合动力装置。

柴油机还广泛用于移动式电站和备用电站。随着大功率中速柴油机的发展，柴油机在固定式电站的应用逐渐得到推广。现代大功率中速柴油机已能经济地使用于装机容量为 10 万 kW 的电站。

柴油机已广泛应用于汽车、拖拉机、铁路机车、远洋轮船、内河传播、排灌机械、工程机械、矿山机械、军用车辆、军用舰艇以及部分电站等，由于柴油机的使用范围如此广泛，世界各国柴油机的产量十分巨大，并不断增长。在各经济部门和国防工业中，柴油机都占有极其重要的地位。

第三节 蒸 汽 轮 机

一、蒸汽轮机简介

蒸汽轮机简称汽轮机，是一种以水蒸气作为工质的叶轮式发动机，是利用蒸汽的热能来做功的旋转式原动机，与其他热力发动机（如燃气轮机、柴油机等）相比，蒸汽轮机装置效率低一些，为 $25\%\sim40\%$。但它具有转速高、运行平稳、工作可靠、单机功率大、热经济性高，便于与发电机直接连接，以及能使用廉价燃料（煤）等优点，在现代火力发电厂、大型船舶和核电站中都用它驱动发电机，汽轮发电机组所发的电量占总发电量的 80% 以上。此外汽轮机还用来驱动大型鼓风机、水泵和气体压缩机，也用作舰船的动力。

在冶金、化工等部门，也常以汽轮机驱动各种从动机械，如泵、风机、高炉风机、压气机等。此外，还可利用汽轮机的排气或中间抽气满足生产和生活上的供热需要，这种既供热又供电的热—电联产汽轮机具有较高的经济性。因此，汽轮机在现代工业各部门中占有相当重要的地位。

从 1883 年第一台实用性蒸汽轮机问世至今，已有 100 多年历史，汽轮机制造能力往往标志着一个国家的科学技术和工业水平，所以世界上各发达或发展中国家汽轮机制造工业发展都比较快。美国主要集中在 GE 和 WH 公司，俄罗斯主要集中在列宁格勒金属工厂和哈尔科夫汽轮机厂，其他如日本的日立、东芝、三菱等都是综合性机械制造企业，瑞士的 ABB 公司也是生产汽轮机的大型公司之一，它们都已取得了许多重要成就。

二、蒸汽轮机工作原理

汽轮机本体由静止和转动两大部分构成。静止部分称作静子，包括喷嘴、隔板、汽缸和轴承等主要部件；转动部分就是指转子，它由动叶、叶轮及主轴等组成。蒸汽的热能转变为机械能是分两步完成的。首先将蒸汽的热能转变为蒸汽汽流的动能，而后将此汽流的动能传递给叶片，使之最后转变为机轴上的机械能。前者在喷嘴内进行，后者在动叶槽道内完成。能量转换的主要部件是一组喷嘴和一圈动叶，由它们组合而成的工作单元，称为汽轮机的一个"级"。由此可见，研究单级汽轮机的工作原理，主要就是分析蒸汽在喷嘴及动叶槽道内的能量转换过程。汽轮机内的能量转换过程，即工作蒸汽先在喷嘴内进行膨胀，压力降低而速度增大，形成一股高速汽流，此高速汽流喷射到动叶上，推动转子转动，因而使蒸汽的热能转变为机械能。图 4‐12 所示为蒸汽在蒸汽轮机内的流动过程，图 4‐13 所示为蒸汽轮机的工作过程。

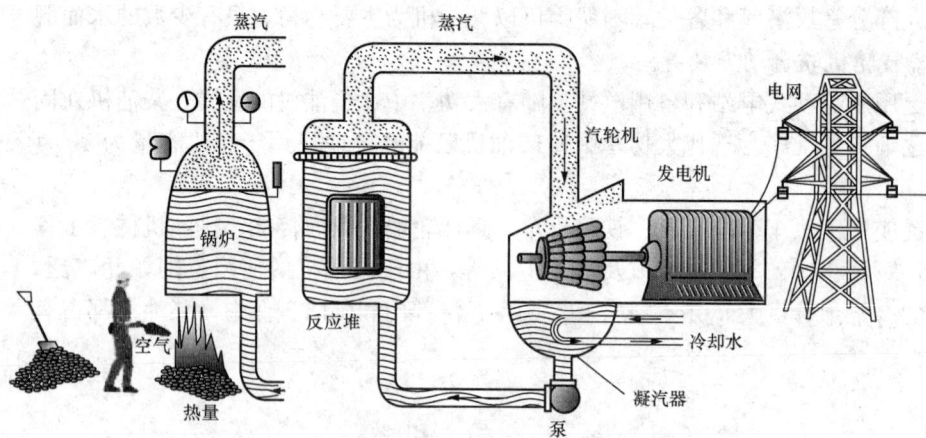

图 4-12　蒸汽在蒸汽轮机内的流动过程

扫码看彩图

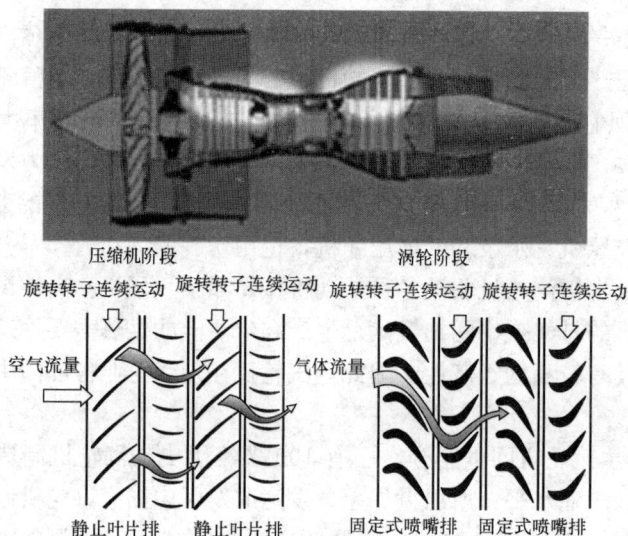

图 4-13　蒸汽轮机的工作过程

扫码看彩图

　　发电厂中的汽轮机主要用来带动交流发电机，作为其最终产品的交流电是不能储存的，因此，发电厂必须根据用户的需要随时改变自己的电能生产量。另外，由于各种用电设备对电能的频率和电压都有一定的要求，因此对单独运行的汽轮机的转速稳定性要求就比较高。当外界负荷改变时，必须及时调节这种汽轮机的进汽量，使其所发出的功率与外界负荷相适应，从而维持转速不变，保证输出电能的质量。

　　汽轮机不仅是高温高压设备，而且转速又很高，一旦发生重大事故，对人身及设备所造成的直接危害将十分严重；因处理事故而被迫停机、停电期间，给发电厂本身以及各种用户间接带来的经济损失也是无法估量的。所以，汽轮机的安全运行具有特别重大的意义。为此，汽轮机运行人员必须严格遵守操作规程，在保证设备安全的前提下，努力争取机组运行有尽可能高的经济性。

第四节 燃 气 轮 机

一、燃气轮机简介

燃气轮机（gas turbine）是以连续流动的气体为工质、把热能转换为机械功的旋转式动力机械，包括压气机、加热工质的设备（如燃烧室）、透平、控制系统和辅助设备等。

走马灯是燃气轮机的雏形，我国在 11 世纪就有走马灯的记载，它靠蜡烛在空气中燃烧后产生的上升热气推动顶部风车及其转轴上的纸人马一起旋转。15 世纪末，意大利人达芬·奇设计的烟气转动装置，其原理与走马灯相同。

燃气轮机有重型与轻型两类结构形式，重型的零部件较厚重，设计寿命与大修寿命都长；轻型的结构紧凑而轻，所用的材料较好，但寿命较短。

燃气轮机动力装置是指包括燃气轮机发动机及为产生有用的动力（如电能、机械能或热能）所必需的基本设备。为了保证整个装置的正常运行，除了主机的三大部件外，还应根据不同情况配置控制调节系统、启动系统、润滑油系统、燃料系统等。

与活塞式内燃机相比，燃气轮机有两大特征：一是发动机部件的运动方式，它为高速旋转且工质气流朝一个方向流动（不必来回吞吐），这使它摆脱了往复式动力机械功率受活塞体积与运动速度限制的制约，因此在同样大小的机器内每单位时间内通过的工质量要大得多，产生的功率也大得多，且结构简单、运动平稳、润滑油耗少；二是主要部件的功能，其工质经历的各热力过程是在不同的部件中进行的，故可方便地把它们加以不同组合来处理，以满足各种用途的要求。

燃气轮机区别于汽轮机有三大特征：一是工质，它采用空气而不是水，故可不用或少用水；二是多为内燃方式，使它免除庞大的传热与冷凝设备，因而设备简单，启动和加载时间短，电站金属消耗量、厂房占地面积与安装周期都成倍地减少，但直接燃用廉价而丰富的煤就变得困难；三是高温加热、高温放热，使其有更大的提高系统效率的潜力，但也使它在简单循环时热效率较低，且高温部件的制造需更多的镍、铬、钴等高级合金材料，影响使用的经济性与可靠性。

现代燃气轮机发动机主要由压气机、燃烧室和透平三大部件组成。当它正常工作时，工质顺序经过吸气压缩、燃烧加热、膨胀做功以及排气放热四个工作过程而完成一个由热变功转化的热力循环。压气机从外界大气环境吸入空气，并逐级压缩（空气的温度与压力也将逐级升高）；压缩空气被送到燃烧室与喷入的燃料混合燃烧产生高温高压的燃气；然后进入透平膨胀做功；最后是工质放热过程，透平排气可直接排到大气，自然放热给外界环境，也可通过各种换热设备放热以回收利用部分余热。在连续重复完成上述的循环过程的同时，发动机也就把燃料的化学能连续地部分转化为有用功。

燃气轮机和蒸汽轮机最大的不同是，它是以气体做工质，燃料燃烧时所产生的高温气体直接推动燃气轮机的叶轮对外做功，因此，以燃气轮机作为热机的火力发电厂不需要锅炉。燃气轮机是靠机器内部燃料燃烧释放出的热量直接加热空气，并通过形成的燃气将热能转换成机械功的一种热力机械，因此，它与往复式内燃机同样是内燃机。图 4-14 所示为轴流式燃气轮机，图 4-15 所示为小型燃气轮机。

燃气轮机的优点：质量和体积小、投资省；启动快、操作方便；水、电、润滑油消耗少，只需少量的冷却水或不用水，因此可以在缺水的地区运行；辅助设备用电少，润滑油消耗少，通常只占燃料费的 1% 左右，而汽轮机要占 6% 左右。

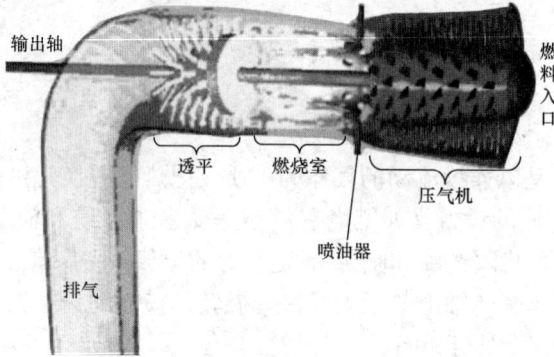

图 4-14　轴流式燃气轮机

扫码看彩图

二、燃气轮机发展概况

1905 年，法国勒梅尔（C. Lemale）和阿芒戈（R. Armengard）研制出首台能输出有效功的燃气轮机，但效率仅有 3%～4%，没有获得实际应用。1920 年，德国 H·霍尔茨瓦特制成首台实用的 370kW 燃气轮机，其效率为 13%。但因采用等容加热循环，存在断续爆燃等许多缺点而被放弃。到了 20 世纪 30 年代中期，随着科技的长足进步，特别是气动热力学解决了设计高效率压气机的问题，高温铬镍合金的出现使其能采用较高的透平初温，为研制更为实用的等压加热循环（布雷顿循环）奠定了基础，使燃气轮机发展进入了实用阶段。

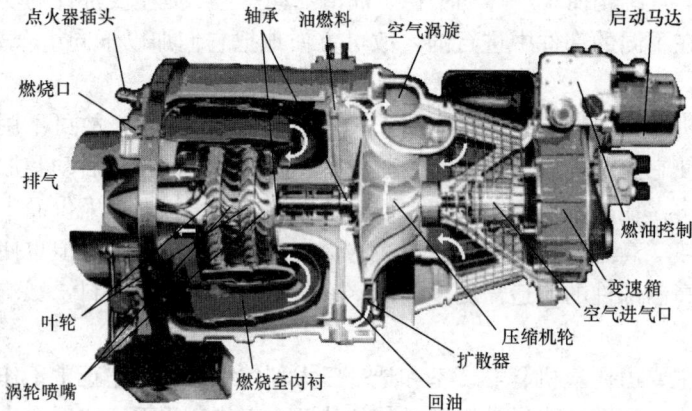

图 4-15　小型燃气轮机

扫码看彩图

1939 年秋，瑞士研制出第一台发电用燃气轮机（功率为 4000kW，热效率为 18%），与此同时，德国则研制出第一台飞机用燃气轮机（4900N 推力的涡轮喷气发动机）。1941 年，瑞士制造的第一辆燃气轮机机车（功率为 1640kW）通过验收试验。1947 年，英国第一艘装备有燃气轮机的舰艇下水，它以 1860kW 燃气轮机作为加力动力。1950 年，英国制成第一辆燃气轮机汽车（功率为 75kW）。此后，燃气轮机在更多部门得到应用。早期发展中，除了燃用柴油和天然气外，还燃用重油、渣油，并研究过直接燃用煤。

20 世纪中叶，开始出现燃气轮机与其他热机相结合的复合装置。最早出现的是燃气轮机与自由活塞内燃机相结合的装置，后来发展了柴油机 - 燃气轮机复合装置。1949 年世界首套燃气蒸汽联合循环装置投入运行，由于它能有效利用燃气轮机高温排气的热量，明显地提高了系统效率，得到越来越广泛的应用。

美国工业燃气轮机在总体上处于世界领先地位，实施多项大的发展计划，已开发出 FA 型、H 型燃气轮机。欧洲在发电用大型燃气轮机方面毫不逊色，德国、瑞士和瑞典有自己研制的高性能燃气轮机。日本、英国、意大利、法国等国也生产当今性能最好的 FA 型燃气轮机，另外，英国和法国在航机陆用领域有很大进展，日本则在开发高温的陶瓷燃气轮机上进展迅速。

三、应用概况

燃气轮机动力装置具有功率大、质量小、尺寸小、启动快、安装周期短、工程总投资少、可燃用多种燃料、污染排放低以及不用冷却水或少用水等优点。它从 20 世纪 40 年代航空发展应用开始，迅速扩展到其他领域，目前在发电、原油与天然气输送、交通运输以及冶金、化工等部门都已得到了比较广泛应用。

1. 发电用燃气轮机

燃气轮机发电机组能在无外界电源的情况下快速启动与加载，很适合作为紧急备用电源和电网中尖峰负荷，能较好地保障电网的安全运行，故很快就得到广泛应用。从安全与调峰的角度，在电网中装备 8%～15% 总装机容量的燃气轮机机组是很有必要的。燃气轮机移动电站（包括列车电站、卡车及船舶电站）具有体积小、启动快、机动性好等优点，适合于边远无电网地区与新建设的工矿、油田等急需电力的单位和新兴城市。随着高效大功率机组的出现，燃气轮机联合循环发电装置已开始在电网中承担基本负荷和中间负荷。随着高温气冷堆——闭式氦气轮机核电站的发展，又为燃气轮机提供了一个新的、很有潜力的应用前景。总之，随着燃气轮机发电动力装置的兴起，世界火电厂的发展格局发生重大变化：汽轮机长期占主导地位的局面开始变化，"大型火电厂以联合循环为主，中小机组热电并供居多"已是许多国家电站发展的主要格局。大量经验表明，简单循环燃气轮机发电机组是调峰、应急以及移动电站的最佳选择。燃用石油或天然气时，燃气－蒸汽联合循环电站优势明显，目前只有它能同时达到供电效率大于 55%、运行可用性大于 90%、NO_x 排放量小于 1×10^{-5}。燃煤联合循环是把洁净煤技术和高效总能系统相结合的先进发电技术，现有很多相关的装置投入商业验证运行。

2. 工业用燃气轮机

工业用燃气轮机主要用在石化、油田、冶金等工业部门，用于带动各种泵、压缩机及发电机等，以承担注水、注气、天然气集输、原油输送以及发电等任务。例如，俄罗斯生产的地面用燃气轮机中，大部分是用于输气管线的，美国索拉公司生产的五千多台工业燃气轮机，约有 80% 用于石油工业。另外，燃气轮机总能系统以联合循环和热电并供的形式广泛用于石化企业和冶金部门，成为重要的节能技术。

3. 船用燃气轮机

目前，俄、美、英等国的军舰都已大批配备燃气轮机。苏联早在 1957 年，就确定了现代化舰艇采用燃气轮机及核动力的动力政策，美国军舰从 20 世纪 60 年代开始大量配备燃气轮机，英国 1969 年后，新设计建造的中型水面舰艇几乎全部采用燃气轮机作为主推进动力。随着舰船用燃气轮机性能的不断改善，全世界逐年新造的舰艇中，装备燃气轮机的比例不断增加。在舰艇中，燃气轮机常采用组合装置的形式，如柴油机－燃气轮机组合动力装置，前者作为巡航动力，后者作为加力动力，还有两台燃气轮机组合的全燃气轮机组合动力装置。另外，燃气轮机气垫船也在国内外得到应用。

4. 机车用燃气轮机

燃气轮机机车能够较好地满足铁路牵引动力的要求，如好的牵引特性、加速性等，因此得到一定的发展应用。法国、加拿大等国采用燃气轮机的高速火车已正式载客运行，国内外在铁路上都有研制与使用过烧重油的燃气轮机机车经验。由于燃气轮机机车在高原寒冷地区运行时，具有随海拔升高功率下降小、单机功率大、效率高等优势，许多专家都认为它很适合于高原寒冷地区的铁路使用。然而与现有的牵引动力相比，燃气轮机机车的部分负荷经济性较差，特别是空载油耗特性大的问题比较突出，需要进一步研制经济性高的机车燃气轮机。

5. 车辆用燃气轮机

美国从 20 世纪 80 年代开始，正式开始使用燃气轮机作为坦克的动力装置，批量生产的 XM-Ⅰ型坦克用 AGTL500 型燃气轮机。英国已购买了它的生产专利，联邦德国已将它装在豹-Ⅱ型坦克上进行了试验，苏联把燃气轮机装备到 T-80 型坦克上进行试验，并已小批量应用，法、意、日、加、瑞典等国也都进行了某些研制工作或装车试验工作。坦克燃气轮机一般采用较高的燃气初温和回热循环，与柴油机相比，其突出的优点是质量小、寿命长以及低温启动性能好。燃气轮机也能用作汽车发动机，美国一直在研制，为了提高性能和减小尺寸，采用比较高的燃气初温和旋转式回热器。现在，燃气轮机及其联合循环动力装置已成为世界主要动力设备之一。

燃气轮机先于 20 世纪中叶为现代航空和宇航动力奠定基础，后逐步介入各种电站与汽轮机相竞争。目前基于总能系统概念，人们更注重把布雷顿和朗肯循环结合组成高效、低污染的联合循环。大量研究表明，燃气轮机及其总能系统将成为新世纪的主要动力，即燃用油、气火电站的主导动力、洁净煤发电系统的核心技术、冶金、石化等部门重要的节能技术、海、陆、空现代交通的重要动力。先进的燃气轮机是一种技术高度密集的动力设备，它比较集中地反映了一个国家在工程热物理、高温材料、冶金、机械制造以及自动控制等多学科和多工程领域科技发展的综合水平，它对许多国家的国民经济持续发展、环境保护及国家安全都是至关重要的。

影响燃气轮机发展应用的主要因素是性能、燃料问题、航空技术和理论概念。燃气轮机性能的提高是其发展应用的前提，而它又总是依托于集成技术发展的基础上。有了新材料、新工艺、新技术和新概念，才有燃气轮机的更新换代和性能的大幅度提高。

新中国成立以来，我国地面用燃气轮机的研究、设计、制造已经有了相当的基础和水平，先后研制过的燃气轮机型号已达数十种，功率等级从 30～42MW，并积累了一些实际使用的经验。

自 20 世纪 60 年代首次引进 6000kW 燃气轮机发电机组以来，我国已建成不少燃用油气的燃气轮机及其联合循环发电机组。但由于我国一次能源以煤为主的消费结构，并受到规定的"发电设备只准烧煤"的前燃料政策的制约，目前我国燃气轮机在现有发电设备装机容量中，占有量很小，且绝大部分为进口的。随着天然气和液体燃料在一次能源中比例的上升和燃气轮机燃煤技术的成熟之后，燃气轮机在我国发电设备中的比例将会越来越大。研究表明，由于燃气轮机在效率、环保和成本方面的优势，我国在电站基本负荷发电、老电站技术更新改造、洁净煤发电技术、石油与天然气的运输和高效利用以及舰船、机车交通动力等领域对燃气轮机都将有较大的需求。许多专家还强调燃气轮机在西部大开发中的重要性，国家构想实施的新世纪四大工程分别为西气东输、西电东送、青藏铁路、南水北调，其中前三个都与燃气轮机有关。总之，以燃气轮机为核心的总能系统也将成为我国火电的主要发展方向，我国将成为世界最大的燃气轮机市场。

第五节 电 站 锅 炉

一、电站锅炉设备构成

锅炉是火力发电厂的三大主机中最基本的能量转换设备。其作用是使燃料在炉内燃烧放热，并将锅内工质由水加热成具有足够数量和一定质量（汽温、汽压）的过热蒸汽，供汽轮机使用。

目前我国电厂锅炉所用燃料主要是煤。现代大型电厂锅炉一般先将煤磨制成煤粉，然后送入锅炉燃烧放热并产生过热蒸汽。在锅炉中实现煤的化学能转换成蒸汽的热能时，进行着四个相互关联的工作过程，即煤粉制备过程、燃烧过程、通风过程和过热蒸汽的生产过程。由此可将电厂锅炉划分为这样几个系统：制粉和燃烧系统、烟风系统、汽水系统。煤粉制备过程是在煤粉制备系统内进行的，任务是将初步破碎后送入锅炉房的原煤磨制成符合锅炉燃烧要求的细小煤粉颗粒，供锅炉燃烧。燃烧过程在炉膛内进行，任务是使燃料燃烧放出热量，产生高温火焰和烟气。为了使燃烧过程稳定持续地进行，必须连续提供燃烧需要的助燃氧气并将燃烧产生的烟气及时引出锅炉，是由锅炉的烟风系统来完成的通风过程。汽水系统的主要任务是通过各换热设备将高温火焰和烟气的热量传递给锅炉内的工质。

图 4-16 所示为煤粉锅炉及辅助设备示意。以下按该示意图说明电厂锅炉的构成及工作过程。由煤仓落下的原煤经给煤机 11 送入磨煤机 12 磨制成煤粉，在煤粉磨制过程中需要热空气对煤进行加热和干燥，送风机 14 将冷空气送入锅炉尾部的空气预热器 5 被烟气加热，从空气预热器出来的热空气一部分经排粉机 13 送入磨煤机中，对煤进行加热和干燥，同时这部分热空气也是输送煤粉的介质，从磨煤机排出的煤粉和空气的混合物经煤粉燃烧器 8 进入炉膛 1 燃烧，由空气预热器来的另一部分热空气直接经燃烧器进入炉膛参与燃烧反应。

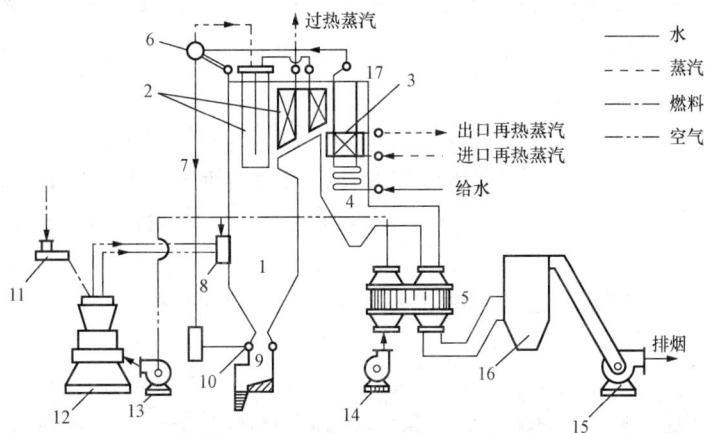

图 4-16 煤粉锅炉及辅助设备示意

1—炉膛及水冷壁；2—过热器；3—再热器；4—省煤器；5—空气预热器；6—汽包；7—下降管；
8—燃烧器；9—排渣装置；10—水冷壁下联箱；11—给煤机；12—磨煤机；13—排粉机；
14—送风机；15—引风机；16—除尘器；17—省煤器出口联箱

锅炉的炉膛具有较大的空间，煤粉在此空间内进行悬浮燃烧，煤粉燃烧放出热量，燃烧火焰中心具有 1500℃ 或更高的温度。炉膛周围布置大量水冷壁管，炉膛上部布置着顶棚过热器及屏式过热器等受热面，水冷壁和顶棚过热器等是炉膛的辐射受热面，其受热面管内有水和蒸汽流过，既能吸收炉膛的辐射热，使火焰温度降低，又能保护炉墙不致被烧坏。为了防止熔化的灰渣黏结在烟道内的受热面上，烟气向上流动到达炉膛上部出口处时，其温度要低于煤灰的熔点。

高温烟气经炉膛上部出口离开炉膛进入水平烟道，然后向下流动进入垂直烟道。在锅炉本体的烟道内布置有过热器 2、再热器 3、省煤器 4 和空气预热器 5 等受热面。烟气在流过这些受热面时以对流换热为主的方式将热量传递给工质，这些受热面称为对流受热面。过热器和再热器主要布置于烟气温度较高的区域，称为高温受热面。省煤器和空气预热器布置在烟气温度较低的尾部烟道中，故称为低温受热面或尾部受热面。烟气流经一系列对流受热面时，不断放出热量而逐渐冷却下来，离开空气预热器的烟气（即锅炉排烟）温度已相当低，通常为 110~160℃。

由于煤中含有灰分，煤粉燃烧所生成的较大灰粒沉降至炉膛底部的冷灰斗中，逐渐冷却和凝固，并落入排渣装置 9，形成固态排渣。大量较细的灰粒随烟气流动一起离开锅炉。为了防止环境污染，锅炉的排烟首先流经除尘器 16，使绝大部分飞灰被捕捉下来。最后，只有少量细微灰粒随烟气通过引风机 15 由烟囱排入大气。

送入锅炉的水称为给水，由给水到送出的过热蒸汽，中间要经过一系列加热过程。首先把给水加热到饱和温度，其次是饱和水的蒸发（相变），最后是饱和蒸汽的过热。给水经省煤器加热后进入汽包锅炉（以汽包锅炉为例）的汽包 6，经下降管 7 引入水冷壁下联箱 10 再分配给各水冷壁管。水在水冷壁中继续吸收炉内高温烟气的辐射热达到饱和状态，并使部分水蒸发变成饱和蒸汽。水冷壁又称为锅炉的蒸发受热面。汽水混合物向上流动并进入汽包。在汽包中通过汽水分离装置进行汽水分离，分离出来的饱和蒸汽进入过热器吸热变成过热汽，由过热器出来的过热蒸汽通过主蒸汽管道进入汽轮机做功。为了提高锅炉-汽轮机组的循环效率，对高压机组大都采用蒸汽再热，即在汽轮机高压缸做完部分功的过热蒸汽被送回锅炉进行再加热。这种对过热蒸汽进行再加热的锅炉设备称为再热器或称二次过热器。

当送入锅炉的给水含有杂质时，其杂质浓度随着锅水的汽化而升高，严重时甚至在受热面上结垢后使传热恶化，因此给水要进行预处理。由汽包送出的蒸汽可能因带有含杂质的锅水而被污染，高压蒸汽还能直接溶解一些杂质，当蒸汽进入汽轮机后，随着膨胀做功过程的进行，蒸汽压力下降，所含杂质会部分沉积在汽轮机的通流部分，影响汽轮机的出力、效率和工作安全。因此，不仅要求锅炉能供给一定压力和温度的蒸汽，还要求它具有一定的洁净度。

二、电站锅炉设备的基本特征

表征锅炉设备基本特征有锅炉容量、蒸汽参数、燃烧方式、汽水流动方式和锅炉整体布置等方面。

锅炉容量：锅炉的容量用蒸发量表示，一般是指锅炉在额定蒸汽参数（压力、温度）、额定给水温度和使用设计燃料时，每小时的最大连续蒸发量。常用符号 D_e 表示，单位为 t/h（或 kg/s）。习惯上，电厂锅炉容量也用与之配套的汽轮发电机组的电功率来表示，如

300MW 锅炉。

蒸汽参数：锅炉的蒸汽参数是指锅炉出口处的蒸汽温度和蒸汽压力。蒸汽温度常用符号 t 表示，单位为℃或 K；蒸汽压力常用符号 p 表示，单位为 MPa。锅炉设计时所规定的蒸汽温度和压力称为额定蒸汽温度和额定蒸汽压力。

锅炉所用燃料是多种多样的，有煤、油、气体及其他可燃物。在我国，由于煤炭资源丰富，而且分布地区广，所以常以煤作为锅炉的主要燃料。对于不同的燃料，锅炉的燃烧方式不同，锅炉的结构也不一样。

锅炉的受热面包括加热水的省煤器、使水汽化的蒸发受热面和加热蒸汽的过热器，一侧吸收烟气的热量，另一侧把热量传给水或蒸汽。不论哪种受热面，都应能随时把热量带走以保证受热面金属的正常工作，所以其内部工质应不断流动。锅炉省煤器中的工质（水）和过热器中的工质（蒸汽）都是一次流过受热面的，给水流经省煤器的阻力由给水泵提供的压头来克服，过热器中蒸汽的流动阻力是由压力降来克服的，即在过热器进口和出口之间存在压力差，而流经蒸发受热面的工质为水和汽的混合物。对于不同结构的锅炉，汽水混合物可能一次或多次流经蒸发受热面，所谓锅炉的汽水流动方式就是指推动汽水混合物流动的方式。锅炉的整体布置是指炉膛、对流烟道以及各级受热面之间的相对位置。

电厂锅炉存在几个明显的特点：电厂锅炉一般都是蒸发量在 400t/h 以上、超高压以上压力的锅炉，且大都进行中间再热，即锅炉容量大、蒸汽参数高。大容量、高参数电厂锅炉热效率都很高，多稳定在 90% 以上，大型电厂锅炉为实现安全、经济运行，大都设置一套高度可靠的自动化控制装置。

三、锅炉的分类和型号

（一）锅炉的分类

锅炉的分类方法很多，主要有以下几种。

1. 按锅炉容量分

按照蒸发量的大小，锅炉有小型、中型和大型之分，但它们之间没有固定的分界。随着锅炉工业的发展，锅炉的容量日益增大，以往的大型锅炉目前只能算中型甚至小型锅炉。根据目前的情况，一般认为 $D_e<400t/h$ 的是小型锅炉，$D_e=400\sim670t/h$ 的是中型锅炉，$D_e>670t/h$ 的是大型锅炉。

2. 按蒸汽参数分

按蒸汽压力的高低，可将锅炉分为：低压锅炉（$p\leqslant2.45MPa$，表压，下同）、中压锅炉（$p=2.94\sim4.92MPa$）、高压锅炉（$p=7.84\sim10.8MPa$）、超高压锅炉（$p=11.8\sim14.7MPa$）、亚临界压力锅炉（$p=15.7\sim19.6MPa$）和超临界压力锅炉（$p\geqslant22.1MPa$）等。

3. 按燃烧方式分

按燃料在锅炉中的燃烧方式不同，锅炉可分为层燃炉、室燃炉、旋风炉和流化床锅炉等。层燃炉具有炉箅（或称炉排），煤块或其固体燃料主要在炉箅上的燃料层内燃烧。燃烧所需空气由炉箅下的配风箱送入，穿过燃料层进行燃烧反应。这类锅炉多为小容量、低参数的工业用炉。

室燃炉是目前电厂锅炉的主要形式，燃油炉、燃气炉以及煤粉炉均属于室燃炉。在燃烧煤粉的室燃炉中，燃料是悬浮在炉膛空间内进行燃烧的，在燃烧煤粉的室燃炉中，根据排渣方式的不同，又可分为固态排渣炉和液态排渣炉。在我国电厂锅炉中，固态排渣室燃炉占有绝对的优势。

旋风炉是一个圆柱形旋风筒作为燃烧室的炉子，气流在筒内高速旋转，较细的煤粉在旋风筒内悬浮燃烧，而较粗的煤粒则贴在筒壁上燃烧。筒内的高速旋转气流使燃烧加速，并使灰渣熔化形成液态排渣。旋风筒有立式和卧式两种布置形式，可燃用粗的煤粉或煤屑。

流化床炉又称沸腾炉，炉子的底部为一多孔的布风板，空气以高速穿经孔眼，均匀进入布风板上的床料层中。床层中的物料为炽热的固体颗粒和少量煤粒，当高速空气穿过时床料上下翻滚，形成"沸腾"状态。在沸腾过程中煤粒与空气有良好的接触混合，着火燃烧速度快、效率高，床内安置有以水和蒸汽（或空气）为冷却介质的埋管，使床层温度控制为700~1000℃。现代的流化床炉，为了提高燃烧效率减轻环境污染和对流受热面的磨损，在炉膛出口处将烟气中的大部分固体颗粒从气流中分离并收集起来，送回炉膛继续燃烧，称为循环流化床锅炉。沸腾炉可在常压下燃烧，也可在增压下燃烧。由增压沸腾炉出来的高温高压燃气，经除尘后可送入燃气轮机，而由埋管等受热面出来的蒸汽则送入蒸汽轮机，这样就形成所谓燃气-蒸汽联合循环。

4. 按水的循环方式分

按工质在蒸发受热面中流动的主要动力来源不同，一般可将锅炉分为自然循环锅炉、控制循环锅炉和直流锅炉。

（二）锅炉的型号

锅炉型号通常用一组规定的符号和数字来表示。它反映了锅炉产品的制造厂家、容量大小、参数高低、性能和规格等。国产电厂锅炉型号一般表示方式如下：

$$××-×××/×××-×××/×××-△×$$

第一组为符号，是锅炉制造厂家的汉语拼音缩写。如 HG——哈尔滨锅炉厂；SG——上海锅炉厂；DG——东方锅炉厂；WG——武汉锅炉厂；BG——北京锅炉厂等。

第二组是数字。分子数字是锅炉容量，单位为 t/h；分母数字为锅炉出口过热蒸汽压力，单位为 MPa。

第三组也是数字。分子和分母分别表示过热蒸汽和再热蒸汽出口温度，单位为℃。

最后一组中，符号表示燃料代号，而数字表示设计序号。煤、油、气的燃料代号分别是 M、Y、Q，其他燃料代号是 T。

例如，DG-670/13.7-540/540-M8 表示东方锅炉厂制造、锅炉容量为 670t/h，其过热蒸汽压力为 13.7MPa，过热蒸汽和再热蒸汽的出口温度均为 540℃，设计燃料为煤，设计序号为 8。

四、锅炉技术的发展

（一）我国电厂锅炉发展概况

1949 年前，我国没有电厂锅炉制造业，仅引进瑞士技术合作试制了两台与 2000kW 汽轮发电机组配套蒸发量为 12t/h 的锅炉。1949 年全国装机总容量仅为 1849MW（其中火电装机容量为 1686MW），全国发电量为 4.3TWh，装机居世界第 21 位，发电量居世界第 25 位，人均年占有发电量仅 9.1kWh，发电煤耗超过 727g/kWh。

新中国成立后在第一个"五年计划"期间，建立了上海锅炉厂、哈尔滨锅炉厂，开始生产中、高参数的中、大型电厂锅炉。随后又建立了武汉、北京以及东方等锅炉厂，也生产电厂锅炉。

在工业锅炉方面，现我国已有 200 多家工业锅炉厂，能生产可以适应我国燃煤质量较差、效率和可靠性较高以及污染较低等条件的现代化工业锅炉。

（二）锅炉技术的发展趋势

蒸汽动力从 19 世纪开始到现在，已得到了极大的发展，蒸汽动力中不可缺少的锅炉技术也得到了同样的、极大的发展。目前，虽然核动力等已有所发展，但燃用化石燃料的蒸汽动力仍是世界上能源提供的主力，并仍在迅速发展。

推动锅炉技术发展的动力主要有三方面因素：①燃料价格上涨，供应短缺问题。化石燃料是属于一次性能源，随着开采量的增加，储藏量逐渐减少，而世界经济在增长，对能源的需求量不断增大，这使得煤炭、石油等的供应将更加紧张，使其价格上涨。这将促使能源部门更加有效地利用燃料的热量，如提高锅炉效率、提高蒸汽参数或采用其他提高发电效率的措施。此外，煤炭供应紧张，促使锅炉燃用劣质煤或难以燃烧的煤，相应地推动了燃烧技术的发展。②环境保护问题。随着工业的发展，燃料消耗量的增大，排放的烟尘、SO_2、NO_x 等污染也随之大增。由于环境保护的要求，这些污染物的排放受到了严格的限制，促使在锅炉技术中发展清洁有效的燃烧方法，寻求清洁有效的脱硫、脱硝技术。近年来减少 CO 排放的要求提得越来越多，迫切要求提高燃料能量利用的有效程度。③基础科学的发展。电子计算机及计算技术的发展也在推动锅炉的设计从主要是经验方式逐渐向理论分析方法过渡，使锅炉的设计更加精细、合理、可靠，其性能更加提高。

1. 锅炉容量和蒸汽参数

增大锅炉容量和提高蒸汽参数是电厂锅炉的主要发展方向。近几十年来，单台机组容量不断增长是一个总的趋势。扩大单机容量可使发电容量迅速增长以适应社会经济发展的需要，同时可以使基建投资和设备费用降低，减少运行费用以及节约金属材料。在 20 世纪初期，由于电力工业迅速发展，容量和燃烧效率上占有优势的煤粉炉得到很快的发展，在 20 世纪 50～70 年代间，大容量机组不断出现。美国率先投运了 1300MW 机组，锅炉容量为 4398t/h。其后，德国、日本等国先后投运了单机容量为 800MW 以上的大型机组，苏联于 1981 年投运了一台 1200MW 超临界压力直流锅炉，锅炉容量为 3950t/h。

由于超大容量机组的运行灵活性较差，可用率较低，每年故障和计划检修停机时间较长，目前机组容量达到 1300MW 后没有再增大。另外，由于发达国家电力工业接近饱和，不太需要容量太大的机组。因此，一般较大的火力发电设备单机容量停留在 500～800MW。随着机组容量的增大和节约燃料的需要，提高电厂热效率就变得更加迫切，提高锅炉所产生蒸汽压力、温度和采用蒸汽再热是提高热电转换效率的有效方法。

热电联产是提高燃料能量利用率的有效方法。热电联产可以减少凝汽式电厂的凝汽损失或者根本上不存在凝汽损失，可以省去数量众多、效率较低的小锅炉房，既节省了能源，又保护了环境。粗略估计，一个工厂若采用自备热电联产电厂，要比从电网供电、由效率低的小锅炉供热节省 30%～40% 的燃料。

2. 锅炉燃烧技术

高参数大容量锅炉的发展推动了锅炉燃烧技术的进步。它使燃烧技术从层燃发展到燃烧效率高、锅炉容量大的煤粉燃烧，这对扩大电力工业的规模，以适应经济增长对电力的需求起了重要的作用。随着世界上工业的发展，燃煤对环境的污染日趋严重，而环境保护的要求却日益严格，这是推动锅炉发展清洁而有效燃烧技术的动力。此外，随着煤炭资源的逐渐减少，煤炭供应的紧张，促使锅炉燃用劣质煤、难烧的贫煤、无烟煤等，这也推动劣质煤燃烧技术的发展。

近 30 年来，人们在解决锅炉燃烧生成的 NO_x 和 SO_2 的污染问题上取得了很大的进展。例如，已开发了选择性催化还原脱氮技术和低 NO_x 燃烧器，使 NO_x 的排放量得到了控制；采用烟气脱硫和煤粉炉中加喷石灰石粉的脱硫技术已是比较成熟的煤粉锅炉脱硫技术，也得到了应用，虽然他们的脱硫费用高昂且效率只有 80％ 左右，还未能彻底满足环保的要求，但在电厂中得到了日益广泛的应用，燃烧中脱硫的流化床燃烧锅炉能较好地解决燃煤脱硫问题。

循环流化床燃烧技术既能在燃烧中高效地脱硫，又能控制 NO_x 的生成，对劣质煤还有较好的适应性。因此，受到了电力工业、锅炉制造业的重视，包括我国在内的世界许多知名锅炉厂都在努力开发这种技术。近几年来，这项燃烧技术在我国得到了广泛的应用，最大单机容量已达 300MW 左右，600MW 循环流化床锅炉机组已试验成功。

3. 燃气 - 蒸汽联合循环机组的锅炉

提高电厂发电效率的一条途径是提高蒸汽参数。但凝汽式发电机组的发电技术趋于成熟，仅从提高蒸汽参数的方法使发电效率提高幅度并不太大，而初投资和设备运行维护费用增加不少。另一条提高发电效率的方法是采用燃气 - 蒸汽联合循环发电。对于燃油或天然气的联合循环机组，蒸汽参数只需采用高压，同时燃气轮机入口的燃气温度采用 1100～1260℃ 的高温，则供电效率就能提高到 45％～52％。但由于石油、天然气资源的减少，人们把希望寄托在燃煤联合循环发电方式上。

目前燃煤联合循环发电技术主要有这样几种方式：整体煤气化联合循环、增压流化床联合循环以及为城市既供电又供热，还供应煤气的所谓三联供技术。

第六节　火 力 发 电 厂

一、电力工业发展状况

电力工业是国民经济发展的基础工业，电力工业的发展水平和电能供应的数量和质量是衡量工业、农业、国防和科技现代化水平的重要标准。发电能源的种类很多，如火力发电、水力发电、核能发电、风力发电、太阳能发电、地热能发电、潮汐发电等，但主要有三类发电形式：火力发电、水力发电和核能发电。而从总体上讲，火力发电仍然是世界电能生产的主要形式，我国由于能源构成的特点更是如此。

电力工业起源于 10 世纪后期。世界上第一台火力发电机组是 1875 年建于巴黎北火车站的直流发电机，用于照明供电。1879 年，美国旧金山实验电厂开始发电，这是世界上最早出售电力的电厂。1882 年，美国纽约珍珠街电厂建成发电，装有六台直流发电机，总容量是 900 马力（670kW），以 110V 直流为电灯照明供电。经过约 100 年的发展，到 1980 年全世界发电装机总容量达到 20.24 亿 kW，年发电量达到 82 473 亿 kWh；1997 年全世界发电装机容量超过 32 亿 kW，年发电量达到 139 487 亿 kWh。

自 20 世纪 70 年代以来，世界各国的电力工业从电力生产、建设规模、能源构成到电源和电网的技术都发生了较大变化。进入 20 世纪 90 年代后，其发展逐渐形成了以下三个突出的动向。

（1）世界发电量的年增长率趋缓，而一些发展中国家，特别是亚洲国家仍维持较高的电力增长速度；

（2）电力技术的发展向效率、环保的更高目标迈进；

（3）电业管理体制和经营方式发生变革，由垄断经营逐步转向市场开放。

中国电力工业始于 1882 年，至 2018 年已有 136 年的历史。1949 年以前的 67 年中，中国电力工业发展极其缓慢，到 1949 年底，全国发电装机容量仅有 185 万 kW，发电量 43 亿 kWh，分别居世界第 21 位和第 25 位。

1949 年以后，电力工业的发展可以分为 1950—1978 年和 1978 年以后两个阶段。在 1950—1978 年期间，新中国的建立为电力工业的发展创造了有利条件，电力生产和建设发展迅速。在此期间，国产 10 万、12.5 万、20 万、30 万 kW 汽轮发电机组和国产 15 万、22.5 万、30 万 kW 水轮发电机组相继制成并投产；东北、京津唐、华东、华中电网形成了 220kV 主干电力网架，而中国第一条 330kV 刘天关线路的建成，将陕、甘、青电网互联，初步形成了西北电网。至 1978 年底，全国发电装机容量达到 5712 万 kW，年发电量达到 2566 亿 kWh。

1978 年后，中国开始实行改革开放政策，电力工业更是以前所未有的速度向前发展。目前，比较完备的电力工业体系已经初步建立，技术装备水平正在逐步提高，除去中国台湾和港、澳地区外，中国已经形成华北、东北、华东、华中、西北、川渝和南方联营七个跨省区电网，以及五个独立的省级电网。除西北电网最高电压等级为 330kV 外，其他跨省电网和山东电网已建成 500kV 主网架。华东电网和华中电网的发电装机容量已超过了 4000 万 kW。截至 2017 年底，我国发电设备装机容量 17.8 亿 kW（其中火电 11.1 亿 kW，人均装机容量突破 1kW），全年共完成发电量 64 179 亿 kWh（人均年占有发电量约 4558kWh），分别比 1949 年增长了 962 倍和 1492 倍，电力增长速度、发电设备装机容量和年发电量均全世界第一。在已投运的电厂中，最大的火力发电厂为内蒙古大唐国际托克托电厂（540 万 kW），最大的水力发电厂为三峡水电站（2240 万 kW），最大的核电站为秦山核电站（656.4 万 kW）。中国电力工业已经从大机组、大电厂、大电网、超高压、自动化发展时期进入跨大区联网和推进全国联网的新阶段。

二、火力发电厂

利用热能动力装置来生产电能的工厂，称为热力发电厂或火力发电厂。它是先将燃料的化学能转变为热能和机械能，然后通过交流发电机转变为电能，再向外界输出。可见，热力发电厂是由一系列热力设备和电气设备所组成的有机综合体。汽轮机发电厂又分为凝汽式发电厂和热电厂（也称为热电站）两大类。前者只生产供应用电用户的电能；后者则进行电能和热能的联合生产，在向其电用户供应电能的同时，还向其热用户供应热能。

鉴于热力发电厂的产品（电能或热能）是无法储存的，这就迫使发电厂只能是随产随销，并需做到产销之间的严格协调，否则就难以保证产品的质量。为此，要求发电厂的生产必须具有高度的安全性、可靠性和机动性，而这些正是发电厂生产的主要特点。火力发电厂的生产过程可简要地表述为：燃料在锅炉中燃烧，放出的热量将锅炉内的水加热、蒸发并过热成为具有一定温度和压力的过热蒸汽，过热蒸汽由管道引入汽轮机，蒸汽在汽轮机内膨胀做功，冲转汽轮机，带动发电机转动并发出电能。蒸汽在汽轮机内做完功后排入凝汽器，在其中被循环水泵提供的冷却水冷却而凝结成水。凝结水由凝结水泵提升压力后进入低压加热器加热，经除氧器除氧后，由给水泵升压，再经高压加热器进一步加热后送回锅炉继续重复上述循环过程。水在加热器和除氧器内加热的热源均来自汽轮机的各级抽汽。

由此看出，在火力发电厂中存在着三种形式的能量转换过程：在锅炉中燃料的化学能转化为蒸汽的热能、在汽轮机中蒸汽的热能转化为机械能、在发电机中机械能转化为电能。进行能量转换的主要设备——锅炉、汽轮机、发电机，被称为火力发电厂的三大主机。

火力发电厂有两种类型：只承担电能生产任务的凝汽式电厂和既能生产电能又提供热能的热电厂（又称热电联产厂）。前者为减少燃料运输，多建在产煤区，故又称坑口电厂。坑口电厂的另一个优点是灰渣问题易于处理，如用以回填矿床。这类电厂为提高发电的效率都采用凝汽式汽轮机。热电厂为了同时提供热能，多采用抽气式汽轮机。供热和供电的比例可以根据需要调节。从能源利用的角度来说，热电联产是公认的节能手段。近几年来，除了热电联产外，还将发电和海水淡化结合起来，并发展了所谓的热、电、冷联产（即冬季供热、夏季供冷）和热、电、煤气联产等。从能源利用的角度讲，热电联产是公认的节能手段。图4-17所示为火力发电厂，图4-18所示为火力发电厂生产系统。

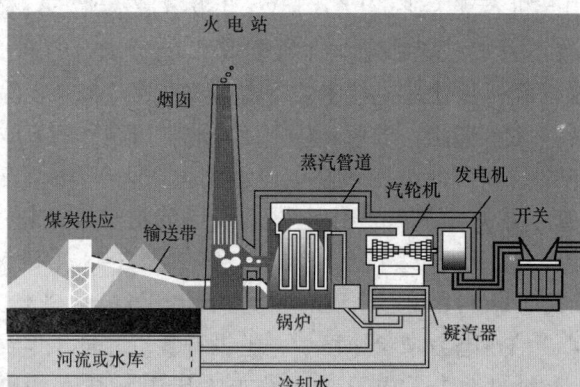

图 4-17　火力发电厂　　　　　　　扫码看彩图

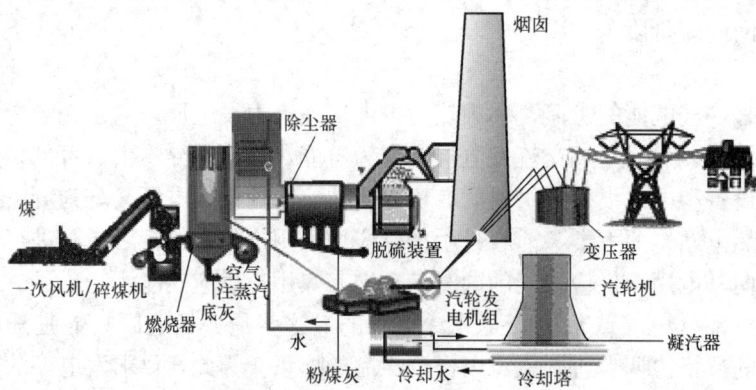

图 4-18　火力发电厂生产系统　　　　扫码看彩图

三、火力发电系统工作原理

火力发电是将从煤炭、石油和天然气等燃料所得到的热能变换成机械能，再带动发电机转动产生电能的发电方式。火力发电有汽轮机发电、内燃机发电和燃气轮发电等方式。通常所说的火力发电，主要是指汽轮机发电，也就是利用燃料在锅炉中燃烧得到的热能将水加热成为蒸汽，蒸汽冲动汽轮机，汽轮机带动发电机发出电力。火力发电系统由锅炉、汽轮机、发电机等主要设备和许多附属设备组成，如图4-19所示。

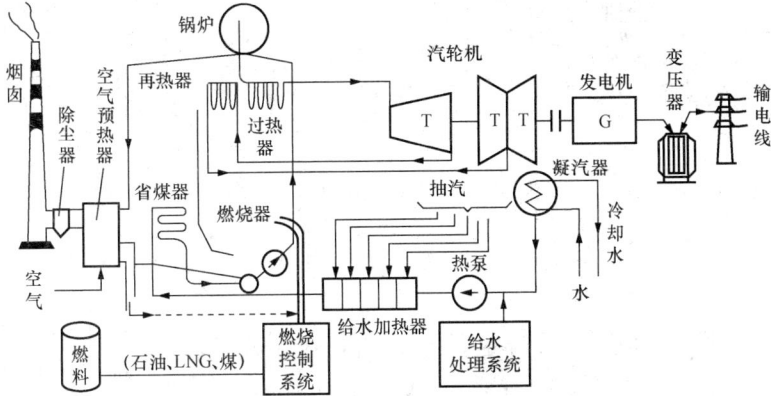

图4-19 火力发电系统设备组成

（一）火力发电的原理

图4-20所示为蒸汽做功的过程。燃料燃烧产生的热能将锅炉中的水加热产生湿饱和蒸汽，湿饱和蒸汽通过输汽管时继续加热成为干饱和蒸汽，再经过过热器进一步加热成为过热蒸汽，高温高压的过热蒸汽通过汽轮机喷嘴后，压力和温度降低，体积膨胀，流速增高，热能转变为动能，推动汽轮机转动，由汽轮机带动发电机旋转发电。汽轮机排出的低温低压蒸汽送进凝汽器凝结成水，再送入锅炉循环使用。

火力发电过程中，燃料的热能要经过锅炉、汽轮机和发电机才能转变为电能，在锅炉和汽轮机等处都有能量损失，其热效率只有30%～40%。

（二）火力发电系统的能量转换过程

图4-21所示为火力发电系统的能量转换过程，即煤炭、石油和天然气等燃料包含的化学能在燃烧即氧化反应过程中以

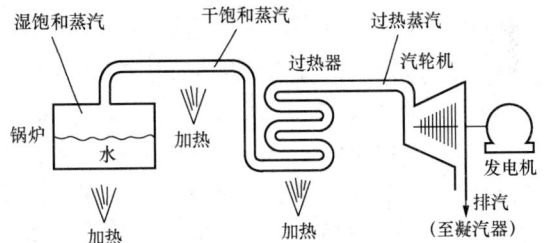

图4-20 蒸汽做功的过程

热量的形式释放出来，热量加热锅炉中的水和蒸汽，成为蒸汽所包含的热能。高温高压的蒸汽在汽轮机中膨胀做功，转化为高速气流，推动汽轮机旋转，热能转换为机械能，最后，由汽轮机带动发电机旋转发电，输出电能。这就是火力发电系统发电的整个能量转换过程。

四、发电机

将蒸汽轮机或燃气轮机的机械能转换成电能是通过同步发电机。同步发电机由定子（铁芯和绕组）、转子（钢芯和绕组）、机座等组成，如图4-22所示。转子绕组中通入直流电并在汽轮机的带动下高速旋转，此时转子磁场的磁力线被定子三相绕组切割，定子绕组因感应会产生电动势。当定子三相绕组与外电路连接时，则会有三相电流产生。这一电流又会同步

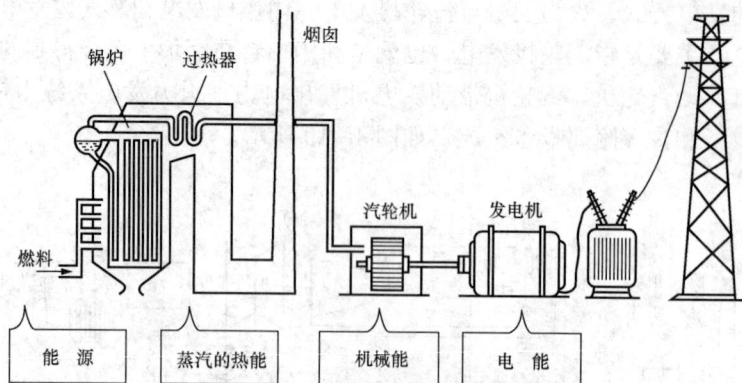

图 4-21　火力发电系统的能量转换过程

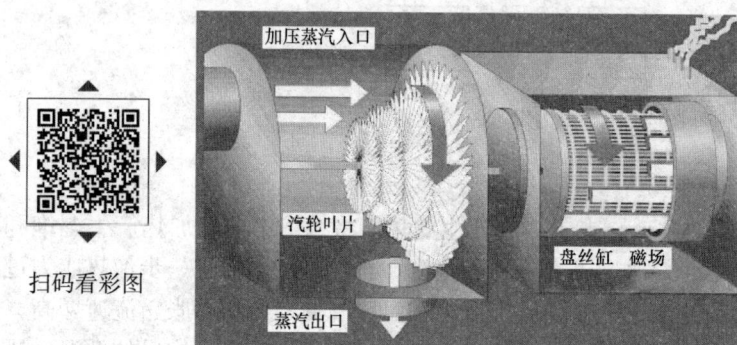

扫码看彩图

图 4-22　发电机

产生一个与转子旋转方向相反的力矩，这一力矩将阻止汽轮机旋转，因此为了维持转子在额定转速下旋转，汽轮机一定要克服该力矩而做功，也就是说汽轮机的机械能通过同步发电机中的电磁相互作用而转变为定子绕组中的电能。

五、我国火力发电的发展方向

我国一次能源以煤为主的格局将持续相当长的一段时间，减轻煤炭消费所引起的环境污染，最好的办法之一是大规模地利用煤炭发电。今后我国火力发电的发展方向如下：

1. 发展高参数的大机组

高参数大机组效率高、调峰性能好、运行可靠，是今后我国火力发电的发展方向。对于大型火电厂，减少过量空气系数、降低排烟温度、降低凝汽器压力、提高蒸汽参数及采用二次再热等，都是提高火电机组效率、使火电机组现代化的重要途径。

2. 采用先进的煤炭洁净燃烧技术

先进的煤炭洁净燃烧技术包括煤粉燃烧技术和流化床燃烧技术，例如煤粉火焰稳燃技术、低氮氧化物燃烧技术、高浓度煤粉燃烧技术等。先进燃烧技术的采用不但能提高燃烧效率，适应调峰的需要，而且可以减少对环境的污染。

3. 进一步提高燃煤电厂的效率

进一步提高燃煤电厂效率的关键是进一步减小发电过程的各种损失，包括燃料化学能转变为热能过程中的损失，如燃料的加工损失、不完全燃烧损失、灰渣热损失、排烟损失、锅炉的散热等；热力学过程损失，如流动损失、凝结的端部温差损失等；辅助的动力消耗，如燃料制备系统，风机、水泵、凝结水泵、给水泵的动力消耗，发电及输电损失等。

4. 关停和改造小火电

小火电效率低、煤耗高、污染严重，因此应逐步淘汰低、中参数的火电机组，或将其改造为热电联产机组。2007 年，国务院明确提出"十一五"关停 5000 万 kW 小火电机组的目标。截至 2011 年，全国累计关停小机组 7682.5 万 kW，超额 53.6% 完成关停任务，为实现"十一五"全国节能减排目标发挥了重要作用。"十三五"期间，力争完成 2.2 亿 kW 火电机组灵活性改造，提升电力系统调节能力 4600 万 kW。

5. 积极发展热电联产

工业生产中要消耗大量较低参数的蒸汽来满足加热、烘干、蒸煮、清洗等工艺流程的需要。在北方，采暖也消耗很可观的能源。目前分散的小工业锅炉数量过多，烟囱林立，不仅造成严重的环境污染，更由于热效率低（有的小锅炉效率甚至低于 50%），煤炭浪费严重。

6. 发展燃气 - 蒸气联合循环机组

燃气 - 蒸气联合循环机组效率高、建设周期短、启动快，因此根据各地资源的经济性和电网需求，在沿海缺能地区及大城市，因地制宜地利用天然气和进口液化天然气发展燃气 - 蒸气联合循环机组是解决电力紧张的有效途径。

7. 加紧建设坑口电厂

由于我国资源分布不均，因此国家将会在西北、华北、东北及西南等能源产地进行规划布局，分批、分阶段建设一批坑口电厂，向东部缺能地区输送电力，以促进资源优化配置，并推动全国联网。

第五章 能源与环境

第一节 概　述

一、环境

　　环境是指影响人类生存和发展的各种天然和经过人工改造的自然因素的总体，包括大气、水、海洋、土地、矿藏、森林、草原、野生生物、自然遗迹、人文遗迹、自然保护区、风景名胜区、城市和乡村等。1972 年 10 月，第 27 届联大规定每年的 6 月 5 日是世界环境日，历年世界环境日主题：

1974　Only One Earth
　　　只有一个地球

1975　Human Settlements
　　　人类居住

1976　Water：Vital Resource for Life
　　　水：生命的重要源泉

1977　Ozone Layer Environmental Concern；Lands Loss and Soil Degradation
　　　关注臭氧层破坏，水土流失

1978　Development Without Destruction
　　　没有破坏的发展

1979　Only One Future for Our Children-Development Without Destruction
　　　为了儿童和未来——没有破坏的发展

1980　A New Challenge for the New Decade：Development Without Destruction
　　　新的十年，新的挑战——没有破坏的发展

1981　Ground Water；Toxic Chemicals in Human Food Chain and Environmental Economics
　　　保护地下水和人类的食物链，防治有毒化学品污染

1982　Ten Years After Stockholm（Renewal of Environmental Concerns）
　　　斯德哥尔摩人类环境会议十周年——提高环境意识

1983　Managing and Disposing Hazardous Waste：Acid Rain and Energy
　　　管理和处置有害废弃物，防治酸雨破坏和提高能源利用率

1984　Desertification
　　　沙漠化

1985　Youth；Population and the Environment
　　　青年、人口、环境

1986　A Tree for Peace
　　　环境与和平

1987 Environment and Shelter：More Than A Roof
环境与居住

1988 When People Put the Environment First，Development Will Last
保护环境、持续发展、公众参与

1989 Global Warming；Global Warning
警惕全球变暖

1990 Children and the Environment
儿童与环境

1991 Climate Change. Need for Global Partnership
气候变化——需要全球合作

1992 Only One Earth，Care and Share
只有一个地球——一齐关心，共同分享

1993 Poverty and the Environment-Breaking the Vicious Circle
贫穷与环境——摆脱恶性循环

1994 One Earth one Family
一个地球，一个家庭

1995 We the Peoples：United for the Global Environment
各国人民联合起来，创造更加美好的未来

1996 Our Earth，Our Habitat，Our Home
我们的地球、居住地、家园

1997 For Life on Earth
为了地球上的生命

1998 For Life on Earth-Save Our Seas
为了地球上的生命——拯救我们的海洋

1999 Our Earth-Our Future-Just Save It!
拯救地球就是拯救未来

2000 2000 The Environment Millennium-Time to Act
2000 环境千年——行动起来吧！

2001 Connect with the World Wide Web of life
世间万物 生命之网

2002 Give Earth a Chance
让地球充满生机

2003 年世界环境日主题：水——二十亿人生于它！二十亿人生命之所系！
Water，Two Billion People are Dying for It!

2004 年世界环境日主题：海洋存亡，匹夫有责
Wanted! Seas and Oceans，Dead or Alive?

2005 年世界环境日主题：营造绿色城市，呵护地球家园！
Green Cities，Plan for the Planet!

2006 年世界环境日主题：莫使旱地变为沙漠

Deserts and Desertification，Don't Desert Drylands！

2007 年世界环境日主题：冰川消融，后果堪忧

Melting Ice，a Hot Topic？

2008 年世界环境日主题：转变传统观念，促进低碳经济

Kick the Habit！Towards a Low Carbon Economy

2009 年世界环境日主题：地球需要你：团结起来应对气候变化

Your Planet Needs You - Unite to Combat Climate Change

2010 年世界环境日主题：多样的物种，唯一的地球，共同的未来

Many Species. One Planet. One Future

2011 年世界环境日主题：森林：大自然为您效劳

Nature at Your Service

2012 年世界环境日主题：绿色经济：你参与了吗？

Green Economy：Does it include you？

2013 年世界环境日主题：思前，食后，厉行节约

Think. Eat. Save

2014 年世界环境日主题：提高你的呼声，而不是海平面

Raise your voice not the sea level

2015 年世界环境日主题：可持续消费和生产

Sustainable consumption and production

2016 年世界环境日主题：为生命呐喊

Go Wild for Life

2017 年世界环境日主题：人与自然，相联相生

Connecting People to Nature

二、环境系统的组成

环境系统的组成从环境科学研究角度分为自然环境、经济和社会环境；从依法开展环境保护工作角度指自然因素的总体（天然、经人工改造的自然环境）；从环境要素分为大气环境、水环境、土壤环境和生态环境；根据与人类生活的密切关系和人类对自然环境改造、加工的程度，由近及远、由小到大分为聚落环境、地理环境、地质环境和星际环境。

三、环境问题

环境问题指人类经济社会发展与环境的关系不协调所引起的问题，分为两类：一是不合理开发利用自然资源，超出环境承载力，使生态环境质量恶化或自然资源枯竭的现象；二是人口激增、城市化和工农业高速发展引起的环境污染和破坏。发展演变过程分为环境问题萌芽阶段（工业革命以前）、环境问题的发展恶化阶段（工业革命至 20 世纪 50 年代前）、环境问题的第一次高潮（20 世纪 50～80 年代以前）、环境问题的第二次高潮（20 世纪 80 年代以后）。

20 世纪 30～60 年代震惊世界的八大公害事件：公害通常是指由于人类活动而引起的环境污染和破坏，以致对公众的安全、健康、生命、财产和生活舒适性等造成的严重危害。

1. 马斯河谷烟雾事件

1930 年 12 月 1—5 日，比利时马斯河谷的气温发生逆转，工厂排出的有害气体和煤烟粉尘，在近地大气层中积聚。三天后，开始有人发病，一周内，60 多人死亡，还有许多家畜死亡。这次事件主要是由于几种有害气体和煤烟粉尘污染的综合作用所致。

2. 洛杉矶光化学烟雾事件

美国洛杉矶市，临海依山，处于 50km 长的盆地中，20 世纪 40 年代初，全市 250 多万辆汽车每天消耗汽油约 1600 万 L，向大气排放大量碳氢化合物、氮氧化物、一氧化碳。汽车排出的废气在日光作用下，形成以臭氧为主的光化学烟雾。1943 年 5—10 月，当地大多数居民患病，有 400 多人死亡。

3. 多诺拉烟雾事件

1948 年 10 月 26—31 日间，处于河谷的美国宾夕法尼亚州的多诺拉小镇，出现逆温，大部分地区持续有雾，致使全镇 43％的人口（5911 人）相继发病，其中 17 人死亡。这次事件是由二氧化硫和烟尘所致。

4. 伦敦烟雾事件

1952 年 12 月 5—8 日，素有"雾都"之称的英国伦敦，几乎全部为浓雾覆盖，许多人患了呼吸系统病，在短短的四天时间里，有 4000 多人相继死亡。此后两个月内，又有 8000 多人死亡。

5. 水俣事件

1956 年，日本熊本县水俣湾附近发现了一种奇怪的病。这种病症最初出现在猫身上，被称为"猫舞蹈症"。病猫步态不稳、抽搐、麻痹，甚至跳海死去，被称为"自杀猫"。不久后，此地也发现了患这种病症的人。轻者口齿不清、步履蹒跚、面部痴呆、手足麻痹、感觉障碍、视觉丧失、震颤、手足变形，重者精神失常，或酣睡，或兴奋，身体弯弓高叫，直至死亡。当时这种病由于病因不明而被叫做"水俣病"。1991 年，日本环境厅公布的中毒病人为 2248 人，其中 1004 人死亡。

6. 骨痛病事件（富山事件）

1955—1972 年，日本富山县神通川流域锌、铅冶炼厂等排放的含废水污染了神通川水体，两岸居民利用河水灌溉农田，使稻米和饮用水含镉而中毒，1963 年至 1979 年 3 月共有患者 130 人，其中死亡 81 人。

7. 四日事件

20 世纪五六十年代日本东部沿海四日市设立了多家石油化工厂，这些工厂排出的含二氧化硫、金属粉尘的废气，使许多居民患上哮喘等呼吸系统疾病而死亡。1967 年，有些患者不堪忍受痛苦而自杀，到 1970 年，患者已达 500 多人。

8. 米糠油事件

1968 年，日本九州爱知县一带在生产米糠油过程中，由于生产失误，米糠油中混入了多氯联苯，致使 1400 多人食用后中毒，病人开始眼皮发肿，手掌出汗，全身起红疙瘩，接着肝功能下降，全身肌肉疼痛，咳嗽不止。四个月后，中毒者猛增到 5000 余人，并有 16 人死亡。实际受害者约 13 000 人。

当前人类面临的主要环境问题：人口问题、资源问题、生态破坏、大气环境污染、有毒化学品贸易和危险废物管理、生物多样性危机、淡水资源缺乏与水污染、海洋污染等。

人口的急剧增加是当今环境的首要问题。1999 年世界人口突破了 60 亿，人口比 20 世纪初增长了 4 倍，随着生活水平的提高，资源消耗并未等比例地增加，而是加速增长资源消耗，1999 年比世纪初增长了 10 倍。与此同时，人类消耗的资源、能源以及产生的废物对环境造成的污染也都在急剧地增加，人口的激增，必然引起消耗的能源和资源的进一步增长，并使环境污染更为严重。

土地资源在不断减少和恶化，森林资源不断缩小，生物物种在减少，某些矿产资源濒临枯竭等。我国约有 59% 的耕地缺磷，23% 的耕地缺钾，14% 的耕地磷、钾俱缺。由于森林的过度采伐，严重影响到生态环境，部分林场的恢复至少需要几十年。水资源的短缺，使其将成为继石油之后又一个严重的社会危机。

随着人口增长、农业生产规模的扩大和强度增大、过度放牧以及人为破坏植被，导致水土流失、沙漠化、土地贫瘠和盐碱化。如果森林砍伐、沙漠化及湿地等的破坏按目前的速度继续下去，那么至 21 世纪初将有 100 万种生物从地球上永远消失。

温室气体过量排放造成的气候变化、广泛的大气污染和酸沉降、臭氧层破坏、有毒有害化学物质的污染危害及其越境转移等。

过去数十年中，化学品的生产和使用大大增加，现在的化学品国际贸易值每年超过 200 亿美元。1987 年 2 月，联合国环境规划署在伦敦召开了会议，通过了"国际化学品贸易中交流的伦敦准则"，制定这个准则的目的是想在国际贸易中通过情报交流，从而提高各国使用和管理的经验，以及确定进口化学品的安全性。

由于人类活动频繁，人类的足迹差不多遍及世界每个角落，破坏了生物的生存环境，由于生物物种生存环境的不可逆转，生物正在以空前的速度灭绝。

淡水资源在地球上分布得不均匀，导致许多地区缺水，又由于城市化和工业发展，需消耗大量的水，同时大量污染物的排放破坏了水体，更加加剧了水的供求矛盾。

海底石油的开采和运输过程中原油的泄漏以及地表径流进入海洋的大量有机物造成海洋污染，近年来频繁的赤潮是海洋污染的突出表现。

由于世界人口的激增，人类对自然资源的大量耗用以及工农业生产的高度发展，造成了环境要素的污染及生态系统的破坏，在世界各地带来了各种环境问题，如日益严重的酸雨问题、温室效应、臭氧层破坏、地球上生物种类的不断灭绝、森林的急剧减少、土地沙漠化等，这些问题已经严重威胁到了人类的生存与发展。

四、环境与健康

从影响人体健康的角度来看，环境污染具有以下几个特点：影响范围大、作用时间长、污染物浓度低、情况复杂、污染容易治理难等。

（1）环境中的致病因素。物理性致病因素包括噪声、振动、红外线、紫外线、微波、激光强电场、强磁场和放射性等；化学致病因素包括过量的天然化学物质、环境污染物质及缺少人体所必需的化学元素；生物致病因素包括未经处理的医院污水、废物、居民区的生活垃圾、农牧畜业的粪便等污染物，均含有致病微生物，有可能引起伤寒、痢疾、霍乱和肝炎等流行性疾病。

（2）环境中的有毒物质进入人体后，同机体发生作用，损害机体组织，扰乱或破坏机体的正常代谢机能，引起病变以致危及生命的过程。腐蚀性毒物作用，如浓硫酸、光气、强碱等；代谢性毒物作用，如 CO、氰化物、重金属等；神经性毒物作用，如罂粟 - 吗啡 - 海洛因、肉毒毒素等。环境致癌作用与致癌物常见的有黄曲霉素、亚硝基化合物、味精等。环境中某些物质或因素，通过母体影响胚胎的发育，使细胞分化和器官发育不能正常进行，以致出现器官或形态结构上的畸形，此种作用称为致畸作用或致畸胎作用，如风疹病毒、放射线辐射。

（3）食品污染食品受到细菌、霉菌及其所产生的毒素，以及寄生虫卵的污染，会引起人患病或食物腐败，称为生物性污染。有些农药在自然界中不易降解，能在食品中长期残留等化学性污染，如六六六和 DDT 等，现在有机磷农药也被禁止使用，传统农药将逐渐被高效生物农药所取代。食品添加剂多为人工合成的化学制品，它们中可能有毒性、致畸、致癌、致突变等作用，不合理使用将会导致食品的严重污染。

（4）环境激素。当人类进入 21 世纪时，有一类毒性物质悄悄遍布了全球，并在所有人的身体中都有了微量分布，这类物质称为环境激素，也称环境荷尔蒙。环境激素是指污染在环境中的人造化学品，却具有类似生物体内激素的性质，它们通过食物链进入人体和动物体内，在血液中循环，在脂肪中积累，引起生物体中自身荷尔蒙被扰乱。环境激素在地球上广泛污染的现象引起了环境科学家们对人类存亡问题的极大担忧。

在近 50 年，人类男性的平均精子数量减少了一半，另外，精子畸形的人数也在增加；人类女性的不孕现象明显上升；在自然界中，水生动物雌化现象严重。比如在英国，某些河流中所有的雄性鱼类都被雌化了，有些鸟类出现了行为反常，雄鸟不再履行父亲的职责，弃巢而去，而雌鸟则成双成对来抚养双倍的鸟卵，而这些卵却常常不能被孵化，有的动物失去了生育能力，有的动物虽仍具有生育能力，但其后代的生命力却很差，而且退化现象普遍存在，有些健康的幼小动物会突然退化甚至死亡。以上所有这些人类和动物的健康和行为异常现象，都与其内分泌系统被环境激素扰乱有关。环境激素的污染成为当今影响地球物种生存的严重问题，环境激素直接或间接地隐藏在人们生活中的多种物质里。典型的一类被称为"持久性有机污染物"（persistent organic pollutant，POP）。这类物质几乎都直接或间接地具有环境激素作用，最具代表性的是 DDT 类杀虫剂和除草剂物质、多氯联苯（PCB）类绝缘材料和塑料物质、二噁英等垃圾焚烧产生的物质、激素类医用药物。这些物质长期与人类和动物接触，会渐渐引起内分泌系统、免疫系统、神经系统出现多种异常。

第二节　环境保护与监测

一、环境状况

世界经济发展和人类赖以生存的环境是不协调的，经济发展和人口增长给环境造成了巨大的压力，发展中国家这种情况尤为突出。全球环境恶化主要表现在大气和江海污染加剧、大面积土地退化、森林面积急剧减少、淡水资源日益短缺、大气层臭氧空洞扩大、生物多样性受到威胁等多方面，同时温室气体的过量排放导致全球气候变暖，使自然灾害发生的频率和强度大幅增加。

20 世纪 80 年代中期，在南极上空发现了臭氧空洞，它与地球变暖及所谓的温室效应和酸雨沉降问题构成全球性的大气环境问题，明显地危及全人类的生存和繁衍，引起了国际社会的高度关注，使当今的世界环境问题具有明显的时代特征。

中国环境态势的五个特点。

1. 全国范围的生态问题频频凸现

1997 年创纪录的黄河断流（226 天）、1998 年的长江大水灾、2000 年波及北京等地的频繁沙尘暴。我国第一大河长江，全长 6300 多千米，流域面积 180 万 km^2，横跨西南、华中、华东三大经济区，长江养育了四亿多华夏儿女，长江的安危，事关全中国的安危，水土流失、环境污染等几大问题正困扰着这条流淌了数百万年的母亲河。长江水利委员会在 1990 年的调查表明，长江沿岸主要城镇已经形成了至少 560km 的近岸污染带，数千万人口的"饮水安全"受到直接威胁，一些水资源丰富的城市反而陷进"缺水"的困境。环境与经济是一个整体，如果忽视西部、忽视生态、忽视乡村、忽视农民，到头来只能阻碍东部、阻碍经济，影响到中心城市。

2. 面源问题上升和污染转移加速

在污染物结构中，大城市先后进入生活型污染占主要成分、工业型污染比重下降的阶段，生活型污染是面源污染，而工业型污染主要是集中的点源污染。有些污染从大城市向中小城市，进而向农村乡镇转移的趋势加强，从东部发达区向西部欠发达地区转移的趋势。污染转移还有一个影响，它使得一些引人注目的环境问题（如大城市、集中、高强度的污染）变得缓和，却使真正解决这些问题变得困难了。

3. 中国环境正在迅速与整个世界连接

中国进口贸易的增加对减轻国内生态环境压力有相当重要的作用。另外，国际贸易条款（绿色壁垒）对中国一些传统出口商品的制约迅速增大。

4. 健康源于环境的意识开始普及

近年来，居民特别是大城市居民越来越重视环境，视之为最主要生活质量要素，突出反映在环境纠纷、绿色住宅、绿色食品等。

5. 经济化是环境问题直面的一个更加市场化前提

只有在经济性被考虑的前提下，通过提高效率而改善环境的行为和政策才有了可能，这同时又为环境成为经济竞争力因素提供了经济前提。

二、环境保护

环境保护是指采取行政、法律、经济和科学技术等多方面的措施，合理利用自然资源，防止环境污染，保持生态平衡，保障人类社会的健康发展，使环境更好地适应人类和自然界生物的生存和发展，即运用环境科学的理论、方法，在合理利用自然资源的同时，防止环境污染和破坏，促进人类和环境的协调发展。

环境污染会造成重大经济损失，制约经济的进一步发展。自然资源和生态的破坏，危及人类生存条件，给人民带来灾难性的恶果，影响千家万户，影响全社会的稳定，环境污染的远期效应影响人类质量，民族的基因库，贻害子孙后代，现代化生产离不开清洁的环境。

我国的环境污染已相当严重，它不仅影响到了生产和人民的生活，日益成为一个突出的社会问题，而且浪费了宝贵的自然资源和能源，在经济上造成了巨大的损失。因而采取有效措施，制止环境的继续恶化，不断改善环境质量，为国民经济的顺利发展扫清道路，成为摆在人们面前的一项战略任务。

三、环境监测

环境监测是指测定代表环境质量的各种标志数据的过程，即通过物理测定、化学测定、仪器测定和生物监测等手段，有计划、有目地对环境质量某些代表值实施测定的过程。环境监测是环境保护工作的重要组成部分，通过监测，能够及时掌握污染物产生的原因和污染动向，提出防治污染的方法，制定环境保护的规划。

环境监测的目的是评价环境质量，预测环境质量变化趋势，检验和判断环境质量是否符合国家规定的环境质量标准，掌握环境污染物的时空分布特点，追踪污染途径，寻找污染源，预测污染的发展动向，评价污染治理的实际效果，为制定环境法规、标准、环境规划、环境污染综合防治对策提供科学依据；收集环境本底值及其变化趋势，积累长期监测资料，为保护人类健康和合理使用自然资源，以及为确切掌握环境容量提供科学依据。

第三节 环 境 污 染

一、环境污染的几个概念

1. 环境污染

由于人为或自然的原因，使介入环境的污染物超过环境容量的限制，导致环境丧失自净能力，环境条件恶化，对人类和其他生物的生存和发展产生有害影响的现象称为环境污染。

2. 环境容量

在人类生存和自然生态不受影响的前提下，某一环境所能容纳污染物的最大允许量称为环境容量。

3. 环境自净能力

当污染物进入环境后，因大气、水、土壤等环境要素的扩散、稀释、氧化还原、生物降解等物化和生化作用，使污染物的浓度和毒性逐渐自然降低的现象称为环境自净能力。

4. 污染物

由人类生产、生活过程中排放到大气、水、土壤中，并引起环境污染的物质称为污染物。由污染源排放到环境中，其理化性状未发生改变而直接危害环境的污染物，称为一次污染物；某些一次污染物在自然条件作用下改变了原有性质而形成新的污染物，这种新污染物称为二次污染物。

5. 污染源

污染源包括工业污染源、农业污染源、交通运输污染源、生活污染源等。工业污染源来自燃料的燃烧、工业用水、生产工艺造成的污染、工业噪声等；农业污染源包括农药污染、化肥污染、土壤流失及农业废弃物的污染等；交通运输污染源包括交通工具运行时发出的噪声、燃料燃烧时产生的大气污染、运载有毒有害物质时发生泄漏，清洗车船体的污水、扬尘等；生活污染源包括生活用煤造成的污染、生活用水造成的污染、生活垃圾造成的污染等。

二、大气污染

按照国际标准化组织（ISO）做出的定义，大气污染通常是指由于人类活动和自然过程引起某种物质进入大气中，呈现出足够的浓度，达到了足够的时间并因此而危害了人体的舒适、健康和福利或危害了环境的现象。地球上的大气是自然环境的组成部分，人类一刻也离不开大气，没有大气就没有地球上的生命，就没有生机勃勃的世界。大气又是人类极其重要的自然资源，在环境保护中，对特定场所或区域，供人和动植物生存的气体称为空气；而以大区域或全球性的气流为研究对象时，则采用"大气"一词。随地球引力而转的大气层称为大气圈，大气圈最外层的界限是很难确切划分的，但大气也不能认为是无限的。在地球场内受引力而旋转的气层高度可达 10 000km，有的学者就以 10 000km 作为大气圈的最外层。一般情况下认为，从地球表面到 1000～1400km 的气层作为大气圈的厚度，超出 1400km 以外气体非常稀薄，就是宇宙空间了。大气圈中的空气分布是不均匀的，海平面上的空气最稠密，在近地层的大气层里，气体的密度随高度的上升而迅速地变稀，而在 400～1400km 大气层里空气是渐渐变稀薄的，大气圈的总质量约为 6000 万亿 t，约为地球质量的百万分之一。

（一）大气结构

1. 对流层

平均厚度约为 12km，集中了占大气总质量 75% 的空气和几乎全部的水蒸气量，是天气变化最复杂的层次，具有以下两个特点。

（1）气温随高度增加而降低，高度每增加 100m，气温约下降 0.65℃。

（2）空气具有强烈的对流运动。

对流层中气象条件复杂，既有形成污染物易于扩散的条件，又会出现污染物。在对流层中，正常条件下的空气温度是随高度增加而降低的，因此具有强烈的对流运动，但有时会形成逆温。

2. 平流层

对流层层顶之上 12～55km 处的大气为平流层。平流层内温度垂直分布的特点是大气温度随高度的增加而升高，一方面是由于它受地面辐射影响小，另一方面也是由于该层含有臭氧，存在着臭氧层，臭氧层可直接吸收太阳的紫外线辐射，造成了气温的增加。

在平流层的中上部，由于受阳光紫外线辐射，使 O_2 发生化学反应生成 O_3 而形成了臭氧层，臭氧层吸收了阳光中对生物杀伤力极强的短波紫外线和宇宙射线，从而保护了地球上的生物免受其害，所以一定厚度的臭氧层的形成对地球环境至关重要。目前由于人类活动，使一些有机污染物进入平流层，使臭氧层受到破坏，给地球上的生物造成危害，必须引起人们的高度重视。

3. 中间层

平流层顶 55～85km 高处的大气为中间层。无臭氧组分，气温随高度的增加而迅速降低。

4. 电离层

在离地 80～500km 的这一空间称为电离层。

5. 散逸层

电离层以上的大气层称为散逸层，是大气层向星际空间过渡的区域，没有什么明显的界限。

（二）大气组成

从自然科学角度来看，空气和大气常常作为同义词，两者没有实质性的差别。按国际标准化组织给大气和空气下的定义，大气是指地球环境周围所有空气的总和。环境空气是指暴露在人群、植物、动物和建筑物之外的室外空气。但在研究近地层的空气污染规律及对空气质量进行评价时，为便于说明问题，有时两个名词分别使用。一般对于居住在室内或特指某个地方（如车间、厂区等）供动、植物生存的气体习惯上称为空气。在大气物理、大气气象、自然地理以及环境科学研究中，常常是以大区域或全球性的气流作为研究对象，因此，就常用大气一词。大气是由多种气体和水蒸气组成的混合物，由恒定气体、可变气体和不定气体组成。恒定气体在地球上任何地方的体积分数几乎是不变的；可变气体的含量往往随各地季节、天气变化和人类活动的状况而变化的；不定气体包括自然灾害和人为原因造成的大气污染物及有毒气体，后者是人类保护大气和防治大气污染的主要对象。

1. 大气的恒定组分

大气的恒定组分是指大气中的 O_2、N_2 和稀有气体。在近地层大气中这些气体组分的含量几乎可认为是不变的，它们约占大气总量的 99.96%。

2. 大气的可变组分

可变组分主要指 CO_2 和 H_2O，这些气体组分受不同地区气候、季节等多种因素的影响而发生变化。由恒定组分和可变组分所组成的大气称为洁净大气。

3. 大气的不定组分

大气中的尘埃、硫化物、氮氧化物、硫氧化物等是大气中的不定组分，当它们进入大气后，可能造成大气污染。

（三）大气污染物及来源

由于人类活动或自然过程引起某种物质进入大气中，呈现出足够的浓度，达到了足够的时间并因此而危害了人、动植物及物体的现象，称为大气污染。大气污染源按发生类型分工业污染源、农业污染源、生活污染源、交通运输污染源；按排放空间分高架源和低架源，高架源是在距地面一定高度排放污染物，如电厂烟囱等；低架源是在地面上或离地面高度很低的排放源；大气污染源按排放形式分为线源、面源、点源，线源是沿着一条线排放污染物，如汽车、火车等，面源是在一个大范围内排放污染物，如煤田自燃的煤堆、密集而低矮的居民住宅烟囱群等，点源是集中在一点或在可当作一点的小范围内排放污染物，如烟囱等。

（四）大气主要污染物

大气污染物主要分为颗粒物、含硫化合物、氮氧化物、碳氧化物及光化学氧化剂。

1. 颗粒物

颗粒物是指大气中弥漫着的固态和液态物质，成分较复杂。

（1）总悬浮颗粒物：用标准大容量颗粒采样器在滤膜上所收集到的颗粒物的总质量，通常称为总悬浮颗粒物，用 TSP 表示。其粒径多在 $100\mu m$ 以下，尤以 $10\mu m$ 以下的为最多。

（2）飘尘：颗粒物粒径小于 $10\mu m$ 的颗粒物称为飘尘。它们能长时间地悬浮于大气中而不沉降下来。

（3）降尘：颗粒物粒径大于 $10\mu m$ 的颗粒物称为降尘。它们在重力的作用下能很快降落到地面。

（4）可吸入粒子：易于通过呼吸过程而进入呼吸道的粒子。目前国际标准化组织建议将其定为粒径小于或等于 $10\mu m$。

2. 含硫化合物

污染大气的含硫化合物有 H_2S、SO_2、SO_3、硫酸酸雾及硫酸盐气溶胶等，但在大气中

主要是 SO_2。大气中的 SO_2 主要来源于矿物燃料的燃烧。据估计，全世界每年由于人类活动排放到大气中的 SO_2 可能超过 1.5×10^4 万 t，其中 $2/3$ 来自于煤的燃烧，$1/3$ 来自石油的燃烧，矿物燃料燃烧时，主要生成 SO_2。所以人类活动排放到大气中的硫氧化物主要是 SO_2。

SO_2 是无色、有刺激性和窒息性的气体，对呼吸道有刺激作用，能引起呼吸道和心血管疾病。值得注意的是 SO_2 与飘尘的协同作用将使其毒性大大增强，使得大气污染加剧。大气中的 SO_2 可以通过均相或非均相氧化生成 SO_3，SO_3 一经形成，便迅速与大气中的水蒸气作用生成硫酸，因此大气中 SO_3 的含量十分低微，生成的硫酸是严重危害健康的物质，其毒性远大于 SO_2。

3. 氮氧化物

对流层中危害较大的氮氧化物是 NO 和 NO_2，统称为总氮氧化物（NO_x）。当矿物燃料高温燃烧时，空气中的 N_2 与 O_2 结合而生成 NO，温度越高，生成 NO 的速度和量就越大，由这种方式生成的 NO_x 称为热力型 NO_x；另一类是因燃料中含有吡啶、氨基化合物等含氮化合物，在燃烧的过程中生成了 NO_x，这种方式生成的 NO_x 称为燃料型 NO_x；另外一些工厂（如生产硝酸或使用硝酸、氮肥厂等）的生产过程中排放到大气中的 NO_x。NO 是无色，有刺激性气味不活泼的气体，它能与血红蛋白结合生成亚硝基血红蛋白而引起中毒，并可产生缺氧症状和中枢神经受损。NO 氧化后生成红棕色、有刺激性的 NO_2，它的毒性较强，能迅速破坏肺细胞，可能是引起肺气肿和肺癌的病因。NO_2 又是一吸光物质，易发生光化学反应，是形成光化学反应的元凶，由此产生的二次污染物的危害更大。

4. 碳氧化物

大气中 CO 来源于燃料的燃烧。而由汽车尾气中的 CO 造成的大气污染已引起世界各国的重视。值得注意的是一氧化碳的另一人工源是吸烟排出的烟气。吸烟者吸入的 CO 远高于不吸烟者。

CO 的主要危害是妨碍体内氧气的传输。它与血红蛋白的亲和力比氧大 200 多倍，而生成的羰基血红蛋白的解离速度比氧合血红蛋白小 3600 多倍，因此一旦生成羰基血红蛋白就很难解离，导致输氧能力降低，造成机体缺氧，危害人体健康。体内缺氧时对所有的器官都有影响，而最敏感的是中枢神经系统和心肌。

CO_2 是无色、无毒的气体，目前由于人类活动排放到大气中的 CO_2 的量不断增加，而吸收 CO_2 的森林反遭到严重破坏，使得大气中 CO_2 的浓度不断增加。据测定，一个世纪前，大气中 CO_2 的含量约为 $558mg/m^3$，2016 年已超过 $786mg/m^3$。CO_2 浓度的增加，可能对全球的气候产生影响，因而是目前环境科学上颇为注意的问题之一。

5. 光化学氧化剂

在太阳紫外线作用下，大气中的某些污染物发生反应，生成新的污染物，这种反应称为光化学反应，由此产生的烟雾称为光化学烟雾。

光化学烟雾最明显的危害是对人眼的刺激作用，出现眼流泪、发红（俗称红眼病）。除眼外，对鼻、咽、气管和肺均有明显的刺激作用，对老人、儿童和病弱者尤为严重。污染严重时，会引起哮喘发作，导致上呼吸道疾病恶化，使视觉敏感度和视力降低。受害严重者，呼吸困难、胸痛、头晕、发烧、呕吐，以致血压下降、昏迷不醒。长期慢性伤害，可引起肺机能衰退、支气管炎甚至发展成肺癌等。光化学烟雾能使植物叶片受害变黄以致枯死。据资料统计，仅加利福尼亚州 1959 年由于光化学污染引起的农作物减产损失已达 800 万美元，使大片树木枯死，葡萄减产 60％以上，柑橘也严重减产。对光化学烟雾敏感的植物还有棉花、烟草、甜菜、番茄、菠菜、某些花卉和多种树木。

据资料统计，美国加利福尼亚州由于光化学烟雾的作用，曾使该州 3/4 的人发生了红眼病。日本东京 1970 年发生的光化学污染时期有约 20000 人患了红眼病，1952 年洛杉矶事件发生时，两天内就使 65 岁以上的老人死亡 400 余人。

（五）大气污染的危害

大气污染可看作是污染源所排放出的污染物和对污染物起着扩散稀释作用的大气，以及承受污染的物体三者相互关联所产生的一种效应。一个地区的大气污染情况是与该地区的污染源所排放出的污染物总量有关的，这个总量是不因气象条件的影响而发生变化的。但是，排放出的污染物的浓度在时空分布上却是受到气象条件的控制，由于气象条件的不同，污染物作用于承受者的污染程度也就不一样。近几十年来，世界上发生了多次大气污染事件，每次污染事件都是在一定地形和一定气象条件下发生的。

大气污染物的种类繁多，排放量大，污染范围广，对人体健康的危害是多方面的，如呼吸道疾病、中枢神经系统受损、癌症等。大气污染对人体健康的影响与污染物的种类、性质、暴露时间及个体敏感性有关。大气污染使得城市气温高于农村，城市的能见度较农村低，云、雾、降雨比农村多。目前对地表气温上升的真正原因还未证实，提得较多的是温室效应。的确，人类的活动已使得大气中 CO_2 的含量有所升高，因此不得不引起人们的高度重视。

依据中华人民共和国大气环境质量标准，将空气质量分为以下三级标准。

一级标准：为保护人群健康，在长期接触的情况下，不发生任何危害性影响的空气质量要求。

二级标准：为保护人群健康和城市、乡村的动植物，在长期和短期的接触情况下，不发生伤害的空气质量要求。

三级标准：为保护人群不发生急、慢性中毒和城市一般动植物（敏感者除外）正常生长的空气质量要求。

将人们居住的地区分为三类：一类区为国家规定的自然保护区、风景游览区、名胜古迹和疗养地等；二类区为城市规划中确定的居民区、商业交通居民混合区、文化区、名胜古迹和广大农村等；三类区为大气污染程度比较重的城镇和工业区以及城市交通枢纽、干线等。

第四节　能　源　与　环　境

实现可持续发展已经成为我国社会经济发展的一个重要基本方针。可持续发展是一个术语，甚至只是一个概念，在近年来才被广泛应用。1987 年世界环境与发展大会上定义可持续发展为"既满足当代人的需求又不损害后代将来满足其需求的能力的发展"，这个定义是数十年来世界范围内关于经济发展和环境保护的争论的结果。能源既是重要的必不可少的经济发展和社会生活的物质前提，又是现实的重要污染来源，解决好我国环境保护和能源开发利用问题，是实现我国社会经济可持续发展的重要环节。

如果 20 世纪 70 年代节约使用化石能源是从防止世界范围内产生石油危机考虑，进入 90 年代以后，则不仅是考虑能源资源的不可再生性，而更突出的是世界环境保护问题。

我国能源的基本国情是以煤为主、燃煤利用率低、燃煤污染严重、燃煤与燃煤污染控制技术落后。我国是世界上少数几个能源以煤为主的国家之一，煤烟型污染是我国生态环境的首要因素，也是酸雨形成的主要原因。化石燃料产生的温室气体造成了全球气候的变化，而我国 CO_2 的排放量仅次于美国居世界第二位，因而引起国际的关注。

我国为典型的能源消费性污染，据统计，1997 年，全国 SO_2 排放量为 2370 万 t，烟尘排放量为 1840 万 t，能源消费在上述两项的排放中的贡献分别为 85％和 70％，中国的环境污染为典型的能源消费性污染；1995 年，酸雨沉降，造成的经济损失达 1165 亿元，占当年GDP 的 1.9％；空气污染引起的呼吸道疾病成为死亡的祸首，列城市第二、三位。

能源对环境的污染主要表现在温室效应、酸雨、破坏臭氧层、热污染、放射性污染等。

一、温室效应

（一）温室效应及其产生原因

大气层中某些微量组分能使太阳的短波射透过，加热地面，而地面增温后所放出的热辐射，却被这些组分所吸收从而使大气增温，形成"温室效应"（green house effects）。主要的温室气体有 CO_2、CH_4、N_2O、CFC（氟氯烃）等，其中 CO_2 的作用占 55％，CFC 占24％。CO_2 是保温气体，它在红外辐射 $13\sim20\mu m$ 波段具有很大的吸收区域，而由于地球上有大量的水蒸气重新吸收地球表面的低温辐射，这使红外辐射中只有 $7\sim20\mu m$ 的红外线才能透过（称为大气窗），CO_2 的存在在很大程度上关闭了大气窗，起到保温地球的作用，CO_2 是重要的温室气体，化石燃料尤其是煤炭燃烧会产生大量的二氧化碳；18 世纪以前的CO_2 量长期保持一定，约（540 ± 9.8）mg/m^3，这时，由于自然界的呼吸、腐败而产生的CO_2 和由于植物的光合作用而消耗的 CO_2 互相保持平衡。随着产业活动的开始，CO_2 浓度逐渐在上升，进入 20 世纪突破了 $550mg/m^3$，已超过 $589mg/m^3$。20 世纪后半叶，由于开始使用很方便的化石燃料，CO_2 排放量有了急剧上升，现在继续以每年 $2.5mg/m^3$ 的速度增加，如果以此种状态继续上升，21 世纪后半叶，大气中的 CO_2 量的约为工业化以前的两倍，超过 $1179mg/m^3$。

全球变暖的主要原因是发达国家在其工业化过程中因过度耗能而大量排放 CO_2 等温室气体所造成的。目前，CO_2 年排放量为 361 亿 t，占世界人口 1/4 的美国等工业发达国家CO_2 年排放量占世界总排放量的 75％（美国 40％），发展中国家的 CO_2 年排放量占 25％，而人均排放量仅为发达国家的 1/9。

（二）温室效应对环境的影响

温室效应的后果是全球气候变暖、海平面上升、改变降雨和蒸发体系、影响农业和粮食资源、改变大气环流进而影响海洋水流、导致富营养化地区的迁移、海洋生物的再生分布和一些商业捕鱼区的消失、大量物种迅速灭绝、人口死亡率增加。全球变暖带来的最大危害是海水受热膨胀和南北两极冰雪融化，导致海平面上升，过去 60 年全球海平面平均升高约1.8mm，近几年来海平面升高速度为 3.9mm/年，到 2050 年，全球海平面平均将升高 $300\sim500mm$。

（三）解决温室效应的对策

防止温室效应的主要对策如下：

（1）提高能源的利用率，减少化石燃料的消耗量，大力推广节能新技术。

（2）开发不产生 CO_2 的新能源，如核能、太阳能、地热能、海洋能。

（3）推广植树造林或绿化沙漠，限制森林砍伐，制止对热带森林的破坏。

（4）固化化石燃料产生的 CO_2（制成干冰投弃到海中）、转化为甲醇等有用物质（见图 5-1）。

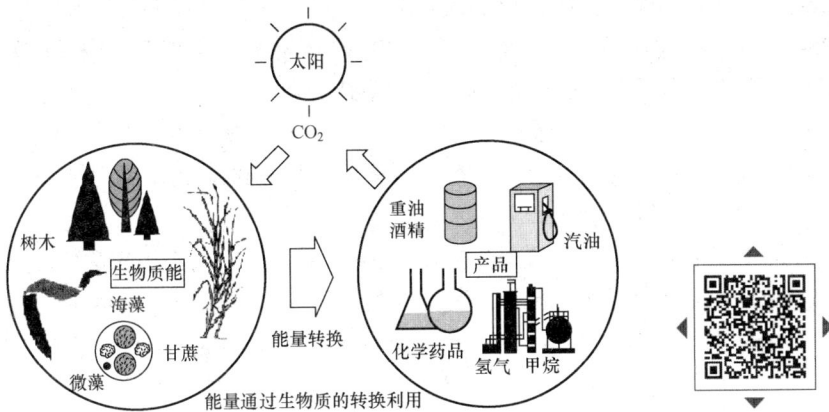

图 5-1　CO_2 通过生物质的循环利用　　　　　扫码看彩图

（5）减慢世界人口增长速度，在农村发展"能源农场"，一方面利用种植薪柴树木通过光合作用固定 CO_2，另一方面燃烧薪柴比燃用化石燃料产生的 CO_2 要少得多。

（6）采用天然气等低含碳燃料，大力发展氢能。

二、酸雨

（一）酸雨的形成

pH 值小于 5.65 的雨称为酸雨；pH 值小于 5.65 的雪称为酸雪；在高空或高山（如峨眉山）上弥漫的雾，pH 值小于 5.65 时称为酸雾。

酸雨早在 19 世纪中叶就在英国发生过，英国是工业革命的发源地，煤炭的大规模利用和燃烧，造成大气质量恶化和酸雨的产生。现代工业、农业和交通排放污染物（包括酸碱性物质），且与尘埃一起升到高空，与天上的水蒸气相遇，就会形成硫酸或硝酸液滴，使雨水酸化，落到地面的雨水就成了酸雨。造成雨水酸化的污染物很多，其污染来源大致可分为两类，一类为自然物质，另一类为人为物质。前者如火山爆发喷出的大量硫化物及悬浮固体物，自然水域表面释放的硫化氢，动植物分解产生的有机酸，土壤微生物及海藻释放的硫化氢、二甲基硫及氮化物等，都会使雨水的 pH 值降至 5.0 左右；后者则为工业化后，燃料的大量使用，燃烧过程中产生 CO、HCl、SO_2、NO_x 及悬浮固体物，排放至大气环境中，经光化学反应生成硫酸、硝酸等酸性物质使得雨水的 pH 值降低，形成酸雨。

高硫煤和石油燃烧产生的 SO_2 和 NO_x 是形成酸雨的主要因素。大气中的 SO_2 是形成酸雨的一个主要污染物。酸雨已经使世界上大片森林的生态系统破坏、水源和土壤酸化、水生物濒临灭绝、植物枯死、农作物大面积减产、建筑物和材料的严重腐蚀。

（二）酸雨的危害

1870—1963 年近百年中发生了几十起烟雾事件。20 世纪五六十年代，北欧的瑞典和挪威地区开始受到来自欧洲中部工业区（英、法、德等国）SO_2 的长距离输送（高烟囱）的影响，湖泊中鱼类开始减少，古建筑和石雕受侵蚀，到 20 世纪 60 年代末北欧湖水酸化十分明显，许多湖泊成为没有鱼类和其他水生生物的"死湖"，酸雨的危害逐步发展为"区域性"事件。最早欧洲的酸雨多发生在挪威、瑞典等北欧国家，后来扩展到东欧和中欧，直至几乎覆盖整个欧洲。20世纪七八十年代，随着经济快速发展，酸雨范围由北欧扩大至中欧。整个欧洲的降水pH值为4.0～5.0，雨水中硫酸盐含量明显升高。同时，在北美（主要是美国的东部和北部五太湖美、加交界区）也形成了大面积的酸雨区，成为美国和加拿大棘手的环境问题。1982年6月在瑞典斯德哥尔摩召开了"国际环境酸化会议"，这标志着酸雨污染已成为当今世界重要的环境问题之一。酸雨的危害概括如下：

（1）破坏农田的土壤成分，使农作物减产甚至死亡。酸雨会影响农作物的叶片，酸可以溶解叶表皮上的蜡质，使植物的水分更易流失，同时土壤中的金属矿物因被酸雨溶解，造成矿物质流失，植物无法获得足够的养分。

（2）导致森林成片死亡，因为酸雨会损坏植物叶面和根部。酸雨除危害农作物之外，也危害森林，如阿尔卑斯山和德国、瑞士、英国等的森林中，半数以上的树木呈枯黄，枝叶凋落。在加拿大魁北克受损严重的山区，绝大部分的树木已经枯萎。另外，美国的针叶林也遭受伤害。

（3）使湖泊酸化，湖中鱼虾绝迹。在欧洲和北美洲，酸雨所引起的湖泊酸化情形十分严重。瑞典85 000个湖泊，其中约20 000个已受到酸雨的影响。挪威有265个湖泊已经没有鱼虾；而加拿大已有400个"死湖"，以前有鲑鱼的河川，现在都看不到鲑鱼的踪影了。

（4）造成地下水酸化，引起对人体的危害。因酸雨pH值太低，造成泥土及岩石中的有毒金属元素溶解，流入地下水及河流中，使水中动物如鱼类等大量死亡。水生植物和以河水灌溉的农作物，因累积有毒金属，将经由食物链进入人体，影响人类的健康，这就是累积作用。

（5）腐蚀建筑物和工业设备，对露天文物起腐蚀作用，加速文物资源的破坏甚至毁灭，造成重大的经济损失。酸雨腐蚀建筑物、公共设施、古迹和金属物质，造成人类经济、财物及文化遗产的损失，酸雨对希腊神殿、罗马遗迹和德国的教堂等历史性建筑遗迹也有很大影响。

（6）酸雨对人体也有不良的影响。如可引起眼睛和皮肤疼痛，甚至脱发。酸雨污染对人类最严重的影响就是导致呼吸方面问题，二氧化硫和二氧化氮会引起呼吸系统的疾患，如哮喘、干咳、鼻子和咽喉过敏等。

（三）我国酸雨污染现状

我国煤平均含硫量为1.72%，其中大于2.5%的占27.08%，呈现"北方低、南方高、上层低、下层高"，其中，贵州、四川有的煤含硫量高达5%，二氧化硫是导致酸雨产生的主要原因之一。据国家环保总局介绍，目前，我国酸雨已从20世纪80年代西南少数民族地区发展到长江以南、青藏高原以东和四川盆地的大部分地区，降水pH值小于5.6的面积已经占国土面积的40%。研究表明，降水pH值小于等于4.9时，将会对森林和农作物产生巨大损害。仅南方江浙等七省，因酸雨减少的农田就达1.5亿亩，年经济损失约37亿元，森林受害面积128亿m^2，林业及生态效益损失约54亿元。

监测表明，我国的广东、广西、四川盆地和贵州大部分地区已成为与北欧、北美并列的世界三大酸雨地区之一，我国酸雨的化学特征是pH值低、离子浓度高，硫酸根、铵和钙离子浓度远远高于欧美，而硝酸根浓度则低于欧美，属硫酸型酸雨。20世纪80年代以来，我国的酸雨污染呈加速发展趋势。在20世纪80年代，我国的酸雨主要发生在以重庆、贵阳和柳州为代表的高硫煤使用地区及部分长江以南地区，到20世纪90年代中期，酸雨已发展到青藏高原以东及四川盆地的广大地区。以长沙、赣州、南昌、怀化为代表的华中酸雨区，现在已成为全国酸雨污染最严重的地区，其中心区年均降水 pH 值低于 4.0，酸雨频率高于90%，已到了几乎"逢雨必酸"的程度。北起青岛、南至厦门，以南京、上海、杭州、福州和厦门为代表的华东沿海地区也成为我国主要的酸雨地区，年均降水 pH 值低于 5.6 的区域面积已占全国面积的 30% 左右。

三、臭氧层的破坏

近几十年来，由于地面向大气排放氯氟烃化合物过多，导致平流层里局部臭氧层浓度降低，此低浓度臭氧区称为"臭氧空洞"。

氯氟烃释放到大气中，再上升到高空时，会分解出氯原子。自由的氯原子遇上臭氧分子后，会夺走臭氧分子 O_3 中的一个氧原子，使之变成为普通的氧分子 O_2，每一个氯原子可以把上万个臭氧分子变成普通氧分子。实验数据显示，平均每一个氯原子可以消灭 1 万个臭氧分子，其威力惊人。其结果是高空中由臭氧分子组成的臭氧层就被大大损耗，导致了臭氧层变薄，甚至出现臭氧空洞。

南极上空的臭氧层是在 20 亿年的漫长岁月中形成的，可是仅在一个世纪里就被破坏了60%。目前全球臭氧层削减率正以每年 2%～3% 的速度在进行，如果任其发展，在 21 世纪末，平流层臭氧含量将降至目前的一半以上，届时，人类将会面临一场空前的浩劫。

地球上的生物能在陆地上生活，是因为集中在平流层中的臭氧对于阳光中的紫外线具有隔除的作用，如果没有臭氧层，进入大气层的紫外线就很容易被细胞核吸收，破坏生物的遗传物质 DNA，陆地上的生物便无法存在了。而这个臭氧层目前正受到人类持续不断的破坏。

据科学研究，臭氧减少 10%，紫外线可能增加 20%，皮肤癌患者可能增加 30%，此外还会产生下列几种现象：白内障罹患率增加；免疫系统受到抑制；谷物的收成减少，品质降低，植物和浮游生物减少，破坏自然界的生物链；塑料、橡胶制品加速老化；紫外线直射会引起对流层臭氧的增加，致使产生光化学烟雾，造成空气污染。

人类尚未找到对已被破坏的臭氧层进行补救的措施，但全世界正努力限制和停止对消耗臭氧层物质的生产和使用。另外，人类正努力开发无害的制冷剂、发泡剂等。任何关心保护臭氧层的普通人都可以通过选择对臭氧层无害的消费品，来参与保护臭氧层行动。

四、热污染

热污染是指现代化的工农业生产和人类生活中排放的各种废热所造成的环境污染。火力发电厂、核电站和钢铁厂的冷却系统排出的热水以及石油、化工、造纸等工厂排出的生产性废水中均含有大量废热。热污染可以污染大气和水。

热污染首当其冲的受害者是水生生物。由于水温升高，使水中溶解氧减少，水体处于缺氧状态，同时又使水生生物代谢率增高而需要更多的氧，造成一些水生生物在热效力作用下发育受阻或死亡，从而影响环境和生态平衡。河水水温上升给一些致病微生物造成一个人工温床，使它们得以滋生、泛滥，引起疾病流行，危害人类健康。

随着人口和耗能量的增长，城市排入大气的热量日益增多。按照热力学定律，人类使用的全部能量终将转化为热，传入大气，逸向太空，使地面反射太阳热能的反射率增高，吸收太阳辐射热减少，沿地面空气的热减少，上升气流减弱，阻碍云雨形成，造成局部地区干旱，影响农作物生长，使土壤沙化。近一个世纪以来，地球大气中的二氧化碳不断增加，气候变暖，冰川积雪融化，使海水水位上升，一些原本十分炎热的城市，变得更热。

五、放射性污染

核能的开发带给人类的另一巨大福利是核技术在科研、教育、医疗、工业、农业等许多领域中的广泛应用，这种应用也伴随着现实的或潜在的放射性污染。

在和平利用核能的过程中，放射性污染主要是在核电厂等核设施营运、放射性同位素和射线装置应用等过程中产生的。管理严格、设计良好的核电厂在正常运行时，产生的放射性污染很小。但是，核电厂等核设施从建设、运营到退役全过程中都存在着潜在的放射性危害。若不加强管理，核电厂在任何环节发生事故时，都会造成严重的放射性污染，威胁公众健康。

六、火力发电对环境的影响

大型火力发电厂在提供强大电力造福人类社会的同时，也占用大面积土地，消耗大量的一次能源和水资源，排放大量的废气、废水和废渣，给环境带来了严重的影响。例如，一座240 万 kW 的燃煤电厂，厂区占地面积 60 万～80 万 m^2，灰场占地约 200 万 m^2，每年消耗约 750 万 t 煤炭，5000～7000m^3 的补给水，3 万 m^3 的助燃油。若以煤含硫量 1% 和除尘效率 99.5% 计，每年排放的 SO_x 也有 14 万 t，飘尘 0.68 万 t，NO_x 7 万 t，灰渣 150 万 t 左右，约有 55% 热量（相当于每年 400 万 t 煤的燃烧热量）作为废热由循环冷却水带出排放。

中国的火力发电对环境造成的污染是相当严重的，而且有逐年增加的趋势。根据成煤条件，中国煤炭的特点是高硫分、高灰分，并且难洗选煤的比例大，灰分小于 15% 的煤约占 40%，原煤的平均灰分含量为 28% 左右。硫分小于 1% 的低硫煤约占 56.4%，约 8.2% 的原煤含硫量高于 2%，35.4% 的原煤含硫量为 1%～2%，而且随着煤矿开采深度的增加，原煤的含硫量会大幅度增加。

七、能源发展与环境保护

能源是人类社会存在和发展的物质基础。人类社会的发展历程与人类利用能源的历史密不可分，每一次对新型能源的开发和利用都给人类的生活带来了重大的影响，特别是近 200 年来，建立在煤炭、石油、天然气等化石燃料基础上的能源体系极大地推动了人类社会的进步和发展。

然而，能源开发利用过程中产生的环境问题随着能源生产和消费的增长而日趋严峻。同样，能源开发仍然是未来生态影响和环境污染物排放的主要来源，是影响区域环境质量和人体健康的重要因素。因此，减少能耗，保护环境，成为未来人类社会可持续发展最具有挑战性的问题。

能源与环境的关系十分密切。能源开发利用影响环境质量，环境保护要求能源结构升级。能源是环境问题产生的根源，能源的生产、利用对当地、区域和全球大气环境产生重要影响，环境是影响能源决策的关键因素。经验表明，环境约束对可持续能源战略和能源供求的技术进步有决定性的作用。由于受环境容量、全球温室气体减排以及环境友好型社会建设等要求的制约，环境保护将成为中国能源长期发展必须考虑的重要因素。能源与环境的关系主要体现在三个方面：一是燃煤过程中排放的二氧化硫污染形成严重的酸雨；二是化石燃料燃烧产生的二氧化碳排放引起全球气候变暖；三是人民生活水平的提高对环境质量的要求不断提高。目前能源生产和利用技术落后，先进的环保技术没有得到广泛应用仍是中国环境污染的重要因素。以二氧化硫排放为例，2004 年中国二氧化硫排放 2400 万 t，90% 是燃煤造成的。由于二氧化硫排放大大超过环境自净能力，我国已有约 1/3 的国土受到酸雨污染。

第六章　能源与交通

第一节　概　　述

据美国能源部估计，2050 年全球的汽车保有量将增长到 35 亿辆，其中发达国家增长约 1 倍，发展中国家增长 15 倍。国际能源机构的统计数据表明，预计到 2020 年，交通用油占全球石油总消耗的 62％以上。美国能源部研究预测，2020 年以后，全球石油需求与常规石油供给之间将出现净缺口，2050 年的供需缺口将达到 500 亿桶，几乎相当于 2000 年世界石油总产量的 2 倍。为此，全球已达成共识：交通能源转型势在必行。

近年来，我国汽车业迅猛发展，预测表明，2020 年中国很有可能超过美国成为世界上最大的汽车制造国。2015 年我国汽车保有量 1.72 亿辆，预计 2020 年汽车保有量将达到 2.7 亿辆，是汽车市场潜力最大的国家。但我国车用石油消费在石油总消费中的比例还大大低于世界平均水平，我们已经感受到了石油的供应日益紧张和石油安全的巨大挑战。我国所面临的交通能源问题来势更猛，影响更大，挑战更加严峻。

交通能源利用效率低，严重影响国家石油安全，目前全球一半以上的石油消耗在运输部门，其中美国接近 70％。我国汽车保有量持续增加，按目前油耗趋势，石油进口依存度大大提高，国家石油安全面临严峻挑战，汽车燃料将进入多元化时代。纵观全球，交通能源问题是各国能源战略的核心部分，而汽车能源动力又是交通能源的核心。

面对节能环保的巨大压力，交通能源动力系统的技术变革与转型加速发展。其主要趋势是汽车能源的多元化和汽车动力的电气化：氢能作为与电一样的能源载体，易于解决能源多元化带来的燃料基础设施问题，将不同能源转换成统一的燃料，因此，成为新一代主导型车用燃料的最佳选择；燃料电池作为一种高效零污染电化学能量转换装置，被认为是汽车动力电气化核心部件的理想选择；氢能燃料电池作为新一代汽车能源动力系统的转型目标被全球所看好。以质子交换膜燃料电池（PEM）为代表的车用"移动式"燃料电池动力系统的突破，也带动了发电用"固定式"燃料电池系统的发展。从长远看，"固定式"和"移动式"燃料电池系统将相互耦合，氢和电两种能源载体将互为补充，形成集成化能源动力系统，构成未来氢能经济的基础。为此，全球各主要国家全力推进氢能燃料电池交通能源动力系统研发计划并向氢能经济过渡。根据国内外研究，预计燃料电池轿车的大规模商业化大约在2020 年，最终的氢能经济会在 2040—2050 年之间实现。为实现这一目标还需要克服一系列技术和经济挑战。为此，必须经历一个转型过程：近期石油燃料仍将占主导地位；2010 年后，汽车燃料将进入多元化时代，非石油燃料将与石油燃料结合获得广泛的商业应用；2020年后，氢燃料应用得到快速发展，以多种能源为基础的氢燃料将逐步上升为主导型燃料。与之相对应，汽车动力将逐步从内燃机到混合动力（内燃机/电机/电池混合），然后到氢能燃料电池动力。这是全球交通能源发展的大趋势。

我国交通能源动力系统转型包括三个方面的内容：一是能源结构转型，逐步实现从石油、天然气、煤炭燃料向化石能、核能和可再生能源制氢等多元化能源过渡；二是动力系统转型，推进传统内燃机技术向新型燃气发动机、混合动力和燃料电池动力系统的技术变革；三是基础设施转型，研发安全、高效和经济的储运、加注和制氢技术，推进基础设施建设。

在常规汽车技术开发方面，国内外存在明显的技术差距，由于合资外方对核心技术的保护和不转让，我国汽车企业对外方产生了高度依赖。长此以往，中国汽车产业将陷入"引进—落后—再引进"的恶性循环。电动汽车作为一种新兴的节能环保型汽车，其技术和市场仍然处于一种蓬勃的发展阶段，国内外还不存在明显的代差，重视和扶持我国电动汽车产业，能够快速缩短与世界汽车技术水平的差距。节能汽车与新能源汽车两个方面是一种相互配合、互相促进、互为补充的协调关系，要将两者统一起来，形成我国交通能源动力系统的技术创新体系。

第二节　新能源汽车的特点

作为石油制品的汽油和柴油尽管有这样或那样的不尽如人意之处，但它们毕竟是综合素质优良的汽车能源，否则就无法解释从 1886 年第一辆汽车问世经历了上百年之后的今天，它们依然是汽车的基本能源。

作为汽车能源，应当具备一系列的基本性能。一种能源很难在所有方面都很优秀，决定其可否用作汽车能源，取决于它的综合性能。在不同的时代这些性能或条件具有不同的权重。如 20 世纪 60 年代之前人们几乎没有实质性的环境意识，而时至今日对环境的影响早已成为决定取舍的十分重要的砝码。

经多年的研究已知有可能用于汽车的石油替代能源有电能、氢气、甲醇、乙醇、天然气、液化石油气、二甲醚、太阳能和生物质能等，它们的优缺点和应用前景，见表 6-1。这些能源类型有的处于研究开发阶段，如电能、氢气、二甲醚、太阳能和生物质能等，有的已经获得实用，甚至有了一定的规模，如天然气汽车、液化石油气汽车和醇类汽车都有了几十年的应用历史，保有量均达数百万辆。但相对于目前汽车的基本能源——汽油和柴油，仍属于新能源，从应用角度，数百万辆只能算是初具规模，如约 600 万辆的天然气（含液化石油气）汽车，还不到世界汽车保有量 7.2 亿辆的 1%。

21 世纪呈现在人们面前的交通能源将是汽油、柴油、天然气、电能、氢气、醇类以及二甲醚等多种能源活跃的多极模式。21 世纪上半叶，上升势头最猛的非电能莫属，到 21 世纪末，汽油和柴油可能已经或即将退出历史舞台，天然气汽车也成了强弩之末，如果没有氢能这一潜在的黑马杀出，电能势必成为最重要的交通能源。

| 表 6-1 | 新能源汽车的比较与展望 | | |

新能源	主 要 优 点	主要缺点或问题	现状与前景
电能	（1）来源非常丰富，且来源方式多 （2）直接污染及噪声很小 （3）结构简单，维修方便	（1）蓄电池能量密度小，汽车续驶里程短，动力性较差 （2）电池质量大，寿命短，成本高 （3）蓄电池充电时间长	从总体看仍处于试验研究阶段，要完全解决技术上的难题并降低成本，还需要一定的时间；公认的未来汽车的主体

续表

新能源	主 要 优 点	主要缺点或问题	现状与前景
氢气	(1) 来源非常丰富 (2) 污染很小 (3) 氢的辛烷值高，热值高	(1) 生产成本高 (2) 气态氢能量密度小且储运不便，液态氢技术难度大，成本高 (3) 需要开发专用发动机	仍处于基础研究阶段，制氢及储氢技术有待突破 有希望成为未来汽车的重要组成部分，但前景尚难估量
天然气	(1) 资源丰富 (2) 污染小 (3) 辛烷值高 (4) 价格低廉	(1) 建加气站网络投资大 (2) 气态天然气的能量密度小，影响续驶里程等性能 (3) 与汽油车比动力性低 (4) 储带有所不便	在许多国家获得广泛使用并被大力推广，是21世纪汽车重要品种
液化石油气	(1) 来源较为丰富 (2) 污染小 (3) 辛烷值较高	面临天然气汽车的类似问题，但程度较轻	目前世界上液化石油气汽车的保有量达400多万辆，是21世纪汽车的重要品种
甲醇（乙醇)	(1) 来源较为丰富 (2) 辛烷值高 (3) 污染较小	(1) 甲醇的毒性较大 (2) 需解决分层问题 (3) 对金属及橡胶件有腐蚀性 (4) 冷启动性能较差	已获得一定程度的应用；可以作为能源的一种补充，在某些国家或地区可能保持较大的比例
二甲醚	(1) 来源较为丰富 (2) 污染小 (3) 十六烷值高	面临与液化石油气类似的储运方面的问题	正在研究开发。采用一步法生产二甲醚成本大幅度下降后，可望有较好的发展前景
太阳能	(1) 来源非常丰富，可再生 (2) 污染很小	(1) 效率低 (2) 成本高 (3) 受时令影响	正在研究，达到实用需要相当长的时间
生物质能	(1) 来源丰富，可再生 (2) 污染小	(1) 供油部件易堵塞 (2) 冷启动性能较差	可以作为能源的一种补充，应用于某些国家或地区

第三节 电 动 汽 车

一、电动汽车概述

电能在汽车上的应用可以分为两大方面：一是用于电控和辅助功能等，如电控汽油喷射、电控防抱死制动、发动机启动、声响、照明、空调和汽油机点火等；二是用作汽车的动力源。本节讨论的是第二方面的应用。以电能作为动力源的汽车称为电动汽车。

1769年法国炮兵军官居钮研制成功世界上第一辆蒸汽机机动车，使19世纪进入蒸汽机汽车时代。接着，电科学方面的一系列突破孕育着电动汽车的问世；1831年法拉第研制成功世界上第一台旋转直流电机；1834 年苏格兰人德汶博特研制成功不可充电蓄电池电动汽车；1859 年法国人伽斯顿·普拉特发明可充电铅酸电池；在 1886 年 1 月 26 日世界上第一辆汽车诞生（汽油机汽车）之前，1881 年法国工程师克斯塔夫·特鲁夫研制成功世界上第一辆可充电铅酸电池电动三轮机动车，1881 年 8—11 月参展巴黎国际电器展览会。

电动汽车以及内燃机汽车的问世，使走过了 100 多年历程的蒸汽机汽车因热效率低下和结构笨重等缺点凸显，而受到双重打击。当时内燃机汽车处于初创时期，许多关键技术有待突破，发展缓慢。而电动汽车虽然也有许多关键技术没有解决，但因运转平稳、易启动、易操纵、效率高、噪声低和无排放等原因而受到特殊青睐，许多国家竞相开发。继英国之后，美国和德国分别于 1890 年研制成功电动汽车，并迅速占有了可观的市场份额，如 1900 年在美国售出的 4200 辆机动车中，电动汽车占 38%，蒸汽机汽车占 40%，内燃机汽车占 22%。1912 年早期电动车辆发展达到鼎盛，仅美国电动车辆即达 3.4 万辆。1915 年美国电动汽车的年产量达 5000 辆。在此期间，电动汽车的新技术不断涌现，如 1894 年世界上第一辆混合动力概念车问世；1899 年法国人 Camille 和 Jenatzy 制造的一辆炮弹形铝合金车身电动汽车，在当年的汽车大赛中创造了车速 98km/h 的世界纪录；1910 年爱迪生发明铁 - 镍电池，该型电池一度成为电动车的主要能源；可以认为 1895—1915 年是早期电动汽车的黄金时代。

1915 年美国州际公路和欧洲公路进入快速发展时期，续驶里程短的电动汽车显得很不适应，而内燃机汽车的关键技术获得突破（如爆震机理的发现和四乙基铅抗爆剂的发明等），于是很快形成了内燃机汽车近乎一统天下的局面。从 1915 年到 20 世纪六七十年代电动汽车沉寂了大约半个世纪，但仍在继续使用，如英国在第二次世界大战期间有 3.5 万辆电动汽车运营。20 世纪六七十年代汽车污染和石油危机两件大事，对电动汽车的研究和开发起到了强有力的推动作用。近 30 年来，世界范围内能源意识和环保意识空前强化，电动汽车重新受到高度重视。

1975 年出现第一辆现代汽油 - 电动混合动力车辆，1981 年出现第一辆飞轮 - 电动混合动力车辆，1981 年英国太阳能车辆诞生，1986 年福特和通用电气公司开发出 ETX-Ⅰ型和 ETX-Ⅱ型电动汽车，20 世纪 80 年代通用汽车公司的甲醇燃料电池样车问世。1990 年通用汽车公司开发出"冲击牌"电动汽车，据悉这是第一辆为批量生产而设计的现代电动汽车。其车身材料采用玻璃纤维，动力系统为 32 块铅酸电池和两台 42kW 三相感应电机，最高时速为 128km/h，一次充电可行驶 144km，被称为 20 世纪 90 年代的经典之作。

1996 年通用、丰田联合研制的 EVL 蓄电池电动汽车进入市场，1999 年福特汽车公司研制的燃料电池汽车 P2000 在北京、上海展出；2004 年通用在欧洲的欧宝公司拟将甲醇燃料电池汽车投放市场；各汽车大国十分重视电动汽车的研究开发，不仅注入巨额资金，而且给予特殊的政策优惠。如美国许多州制定了强制性的电动汽车发展计划，规定 1998 年电动汽车的销售量要占新车销售的 2%，2003 年要达到 10%。购买一辆电动汽车可从联邦政府获得 10%（不超过 4000 美元）的补贴，从地方获得 5000 美元补贴。

我国于 20 世纪 70 年代曾开展蓄电池汽车的研究，如交通部公路科学研究所，采用离子导流薄膜式钠硫电池，进行了装车试验。90 年代"八五"期间蓄电池电动汽车被列为国家重点攻关项目，以清华大学为主，开发出我国第一代蓄电池汽车，已在清华校园作为绿色交通车使用。

20 世纪 90 年代，国内推出了若干种电动汽车样车，见表 6 - 2。"九五"期间国家将电动汽车项目确定为国家重大科技产业工程项目加以实施，并于 1998 年在广东省汕头市南澳建立了"国家电动汽车运行试验示范区"，区内运行示范的电动汽车有我国自己研制的，如广东益威厂轿车、华南理工大学中巴、广东长润集团轿车等，也有美国通用、日本丰田、法国雪铁龙和德国大众等汽车公司开发的电动汽车。

表 6 - 2　　　　　　　　　　　国内研制出的电动汽车

研制单位	车　型	最高车速（m/s）	续驶里程（km）	电机型式		功率（kW）	电池类型
远望	YW6120	80	165	交流感应		150	铅酸
清华大学	16 座中巴	85	120	永磁无刷	永磁有刷	20	铅酸
东风汽车公司			130	永磁无刷		20	铅酸
广东电动客车厂	GZK	55		直流他激		22	铅酸
天津汽研所	微型厢式车	70	90	直流并激		8.5	铅酸镉镍
华南理工大学	6630 中巴	65		直流串激		25	铅酸
雷天绿色动力源公司	EV8581A	110	223				锂离子

2001 年，我国科技部在"十五"国家 863 计划中，特别设立电动汽车重大专项，选择新一代电动汽车技术作为我国科技创新的主攻方向，组织联合攻关，以电动汽车产业化技术平台为工作重点，力争在电动汽车关键单元技术、系统集成技术及整车技术上取得重大突破。

二、电动汽车的特点

电能是二次能源，原则上讲，它可以来源于任何一种其他的能源。能源的种类很多，许多并不适合在汽车上直接应用。如水力、地热能和海洋能等不可能直接用于汽车，在小巧机动的汽车上建核电站也不可设想。风能汽车曾由荷兰人汉斯·范·文恩变成现实——他将风车的支架和叶片焊接在一辆小汽车上，制成了时速为 10km 的风能汽车，但风能汽车成为汽车的一个商业品种并不实际。电能用作汽车的能源，有许多突出的优点，首先是它的来源极其丰富，即便是地球上的矿物能源消耗殆尽，作为二次能源的电能仍然可以从太阳能、水能、风能、地热能以及海洋能等无穷尽地获取；其次电能在运行中不排放污染物，是各种交通新能源中难得的可以称得上零污染的汽车能源。电动汽车的噪声低、能源效率高、结构简单、维修方便等优点也相当突出。这些优点为一个多世纪以来人们追求电能用作汽车能源提供了无穷动力。

电能用作汽车能源，也存在一些无法回避的突出缺点，如蓄电池的能量密度小，导致汽车的续驶里程短、动力性差和较为笨重，蓄电池的充电时间太长，多有不便。此外，电动汽车的成本也还高了一些。成本高并不致命，大量生产后电动汽车的成本自然会较大幅度下降，即使按目前水平，由于电能的能源效率高，电动汽车的总成本也并不见得高。真正制约电动汽车发展的因素还是能量密度和充电时间两大技术因素。电动汽车在特殊用途车辆方面早已进入市场。混合动力和燃料电池的发展使电动汽车的主要缺点得到一定程度的缓解。目前世界范围内能源意识和环保意识空前强化，电动汽车受到广泛的重视，在高度发达的现代科技面前，攻克电动汽车技术难关应当不再是旷日持久的事情。根据世界能源的发展格局、电动汽车基础能源多样性的特点以及世界各国对电动汽车的重视程度和研究势头，预计一二十年内，电动汽车将从实验车型成长为真正的商品并成为汽车市场上的一个活跃品种。到21 世纪中叶，电动汽车将成为汽车的主要品种之一。21 世纪后期电动汽车有可能成为汽车市场的领头羊。

汽车是由动力装置驱动、具有四个或四个以上车轮的无轨道、无架线的车辆。电动汽车也是汽车，但它对汽车的动力源进行了彻底的革命，电动汽车与内燃机汽车的主要区别见表6-3。用电动机取代了传统汽车的内燃机，这是电动汽车与传统汽车的基本区别；内燃机汽车装载的能源是汽油或柴油等燃料，而电动汽车装载的能源是电能（对于纯电动汽车及混合动力电动汽车）或燃料（对于燃料电池电动汽车、混合动力电动汽车）；内燃机汽车的储能装置是燃料箱（对于汽油车或柴油车等）或储气瓶（对于天然气汽车或液化石油气汽车），电动汽车的储能装置是蓄电池（对于纯电动汽车、混合动力电动汽车）或燃料箱（对于燃料电池电动汽车、混合动力电动汽车）；内燃机汽车的传动系部件较多，包括离合器、变速器、万向传动装置、驱动桥等，而电动汽车由于有更好的转矩特性和控制特性，传动系统可以简化，还有取消变速器、取消变速器、传动轴、主传动差速器等类型，直至将电机直接嵌入车轮内的电动轮驱动式，与传统汽车的传动系相比已经面目全非。除此而外，在控制方面，电动汽车则面临多能源控制和能源监控等方面的新问题。

表6-3 电动汽车与内燃机汽车的主要区别

项目	内 燃 机 汽 车	电 动 汽 车
装载能源	汽油柴油等	电能（蓄电池式）或燃料（燃料电池式）
储能装置	燃料箱 储气瓶	蓄电池（蓄电池式） 燃料箱（燃料电池式）
动力装置	内燃机	电动机 控制器
传动系	离合器、变速器、万向传动装置 驱动桥	部件减少

电动汽车的能量转换模式与内燃机汽车相比也发生了根本性的变化，内燃机汽车是把燃料燃烧的热能转变为机械能，而电动汽车是将电能转变为机械能。

三、电动汽车的类型

电动汽车可以按用途、行驶道路条件、电池的类型以及动力的组合情况等进行分类。

1. 按用途分类

与传统汽车对比，按用途电动汽车分为以下几类。

（1）电动运输汽车。

1）电动轿车。乘坐 2～9 个乘员，主要供私人使用。

2）电动客车。乘坐 9 个以上乘员，主要供公共服务用。

3）电动货车。用于运载各种货物，驾驶室内还可容纳 2～9 个乘员。

4）电动牵引汽车。专门或主要用于牵引挂车的汽车。

（2）电动特种用途汽车。

1) 电动娱乐汽车。旅游汽车，高尔夫球场专用汽车，海滩游玩汽车等。

2) 电动竞赛汽车。按照特定的竞赛规范设计的汽车。

3) 电动特种作业汽车。该类汽车是指在车上安装各种特殊设备进行下列特种作业的汽车：环卫环保作业车、商业售货车、市政建设工程作业车、机场作业车、医疗救护车、农林牧副渔作业车、石油地质作业车、公安消防车等。鉴于电动汽车尚存在续驶里程短等问题有待解决，近期电动汽车主要用在部分类型的特种作业领域和微型轿车、普及型轿车领域。

2. 按动力源分类

按动力源分为纯电动汽车、燃料电池电动汽车和混合动力电动汽车。纯电动汽车是指单纯以蓄电池作为汽车动力源的电动汽车；燃料电池电动汽车是指以燃料电池作为汽车动力源的电动汽车；混合动力电动汽车（混合型电动车辆）是指至少有一种存储器、能源或能源转换器能提供电能的混合型地面车辆。通常的说法是指由电力和其他动力混合驱动的电动汽车，其他动力主要是燃用某种燃料的内燃机。

混合动力电动汽车又有并联式、串联式和并串联式三种类型。其中串联式混合型电动车辆是指只有一种能量转换器能提供动力的混合型电动车辆；并联式混合型电动车辆是指有多于一种的能量转换器能提供动力的混合型电动车辆。

在串联型中，提供动力的能量转换器是电机。发动机（一般指内燃机）用来带动发电机，向动力电池充电。动力电池组通过控制器驱动电机，进而将动力传给传动系统。在这种联合装置中，发动机始终以高效低污染的最优状态工作。当汽车低负荷运行时，发动机发出的功率大于驱动汽车的需要，多余的电能向蓄电池充电。当汽车高负荷运行时，除发动机带动发电机发出的电能外，电池也提供部分电能，共同驱动汽车。由于发动机通过发电机对动力电池经常补充电能，从而使汽车的续驶里程成倍地加长。在并联式中，发动机和电动机是并列的能量转换器，它们产生的动力沿着两条线路将能量传往传动系统。并联式混合动力电动汽车的两套动力系统既可同时使用，又可单独使用。通常由发动机提供车辆的平均行驶功率，由电动机提供峰值功率和低速低负荷工况的功率。发动机通过机械传动直接驱动汽车时，无机电能量转换损失，效率较高。故并联式混合动力电动汽车的能源经济性比串联式高。

混合动力电动汽车是目前较为成熟的电动汽车，也会是最先占领一部分市场的电动汽车。各国都十分重视混合动力电动汽车的研究开发和产业化。如丰田汽车公司在 1997 年推出电/汽油驱动的 Prius 混合车，电能由燃料电池提供。该车的 CO_2 排放量只有传统发动机轿车的50%，CO、HC 和 NO 只有传统发动机轿车的 10%。2001 年又推出 FCI-IV-4 混合动力系统，输出功率达 90kW，汽车能载五个人，最高速度为 150km/h，续驶里程为 250km。截至 2016 年，丰田在全球的混合动力（HEV）车型累计销售数量已经突破 900 万辆。

3. 按传动系统分类

（1）传统驱动式电动汽车。这种形式与内燃机汽车基本一样，只是以电机取代了内燃机，驱动线路为电动机—变速器—传动轴—后桥—驱动轮。

（2）简化传动驱动式电动汽车。该型分为无变速器驱动式电动汽车、双电机连接半轴驱动式电动汽车以及变速齿轮驱动式电动汽车。无变速器驱动式电动汽车与第一种形式的区别是去掉了变速器；双电机连接半轴驱动式电动汽车在二型的基础上又去掉了差速齿轮，两台电机固定在车桥上，分别通过半轴与驱动轮相连；变速齿轮驱动式电动汽车去掉了变速器、传动轴、主传动差速器和半轴，电机通过装在驱动轮上的变速齿轮与驱动轮相连。

（3）电动轮驱动式电动汽车。该型是将电机直接嵌入车轮内。电动轮电动汽车的主要结构特点是交流感应电动机和行星轮变速器制为一体（称为电动轮），轮胎直接装在电动轮上。工作时，电池电源经逆变后送入交流感应电动机，后者输出的转矩经行星轮变速器直接驱动车轮。这是对传统汽车传动系统的革命。

四、电动汽车的工作原理

1. 总体结构

电动汽车与传统汽车一样也是由动力装置、底盘、车身和电器设备四个部分组成。其中，电动汽车的车身和电气设备两大部分与传统汽车基本相同，底盘中的传动系统比内燃机汽车的有所简化，不同点主要集中在动力装置以及由于动力源的不同而需要的多能源动力总成控制系统，辅助能源系统和辅助控制系统，如图 6-1 所示。

电动汽车的动力装置由动力电池、能量管理系统、电机（驱动电机）及其控制系统组成。动力电池和能量管理系统又称主能源系统，相当于内燃机汽车的燃料系统。其中动力电池的功用是提供汽车运行所需的能源；能量管理系统用来实现能源利用的监控、协调控制

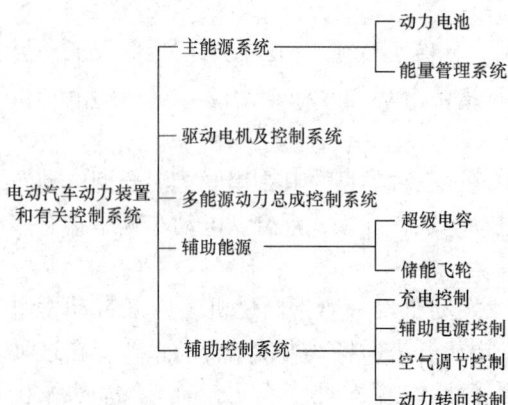

图 6-1　电动汽车的动力装置及其控制系统

和能量再生控制等。早期的能量管理系统很简单，主要为一个电度表，通过简单的换算，粗略地显示电池剩余电量或汽车还能行驶的里程数。目前的能量管理系统由传感器组（电流、电压及温度等），计算机信号采集、处理和分析模块，多功能显示器和控制执行单元等组成。工作时传感器将每节电池的电压、电流及温度等信息传送到计算机，计算机根据电池充放电和寿命指数模型进行分析，确定电池的状态，并通过系统控制器直接控制汽车的运行或通过多功能显示器告诉驾驶员以下信息：系统电压、已运行里程、还能行驶多少里程、系统充电警告、是否有已坏电池、每只电池的历史、电池的寿命估算等。采用先进的能量管理系统可使电池的寿命延长 5～10 倍。但电路复杂，造价昂贵，而且电池在充放电过程中的化学变化极其复杂，精确计算和预测电池的剩余电量和寿命相当困难，目前这项技术尚在发展中。

电机（驱动电机）及其控制系统。电机相当于内燃机汽车的发动机；电机控制系统用来接收来自电机的速度、电流信息和来自制动踏板、加速踏板等的信号，并将控制信息输往主控制系统，来自电池的信息也输往主控制系统，后者进一步控制驱动电机发出运行所需要的转矩。

多能源动力总成控制系统用来对采用多能源的电动汽车（如混合动力电动汽车）进行控制，包括动力总成电控单元、控制系统网络通信与接口等。

辅助能源（超级电容、储能飞轮）的功用是弥补蓄电池的动力不足。当汽车制动减速或低负荷运行时，将动力电池多余的能量储存于超级电容或储能飞轮中，而当加速或超速行驶时将储存的能量放出来。

辅助控制系统包括充电控制、辅助电源控制、空气调节控制和动力转向控制等。

2. 电动汽车的工作原理

电动汽车的基本工作原理框图如图 6-2 所示。电池通过控制系统向电动机供电，在电动机中电能转化为机械动力并传给传动系统，最后传给驱动车轮，力图使驱动车轮转动，并通过与地面间的相互作用产生使汽车行驶的牵引力。

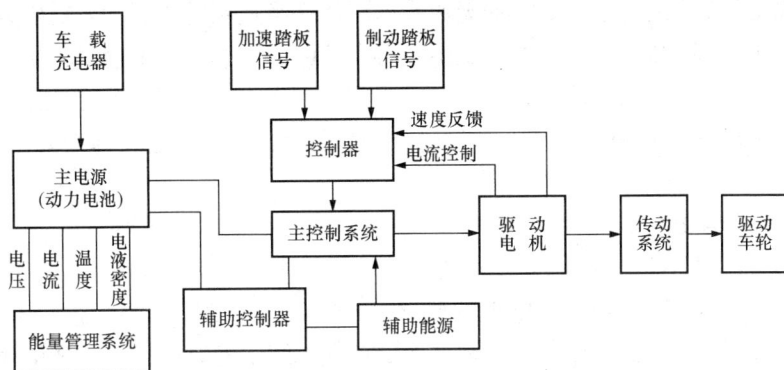

图 6-2　电动汽车的基本工作原理框图

由驾驶员操纵的加速踏板带有传感器（电位计式或差动变压器式位置传感器），后者将加速踏板的位置变成电信号送入控制器，控制汽车的行驶速度。

由驾驶员操纵的制动踏板也带有传感器，当汽车减速或制动时，制动踏板位置传感器将信号传给主控制器，后者识别信号和汽车行驶状态后，发出指令，使汽车进入减速滑行、减速再生制动、再生和机械联合制动或机械制动等状态。

五、电动汽车的蓄电池

蓄电池是一种化学电源，在充电时，靠内部的化学反应，将充电电源的电能转变为化学能储存起来；用电时，则是通过化学反应将储存的化学能转变为电能，输出给用电设备。

1789 年，意大利科学家伏打（A. Volta）研制成功以他的名字命名的铜、锌伏打电池。这种电池放电后不能充电复原，称为一次电池。图 6-3 所示为一次电池的基本原理，当电解液消耗完锌和铜电极之后，化学反应即停止，电池的寿命随之终结。

一次电池不能充电的原因或是电池反应本身不可逆，或是条件限制使可逆反应难以进行。相对于一次电池，可以用充电方法复原并能反复使用的电池称为二次电池。二次电池是由法国物理学家普朗特于 1859 年发明的。他用网状铅板制成电池的负极，而在正极板上涂上二氧化铅膏，用稀硫酸作为电解液。当电池放电时，在电解液的作用下，网状铅板和二氧化铅转化为硫酸铅；充电时恢复为原来的物质铅和二氧化铅。这就是现在仍在大量使用的铅酸

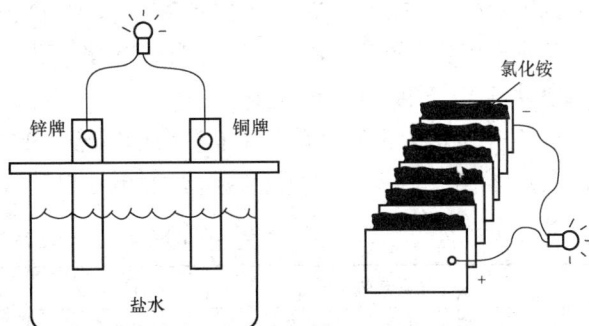

图 6-3　一次电池的基本原理

电池的基本原理。使用的储能电池是多个单体电池串、并联在一起组成的。

蓄电池按其电解液的不同分为酸性和碱性两种。蓄电池有许多类型，如铅酸电池、镍镉

电池、镍氢电池、钠硫电池、锂电池、锌空气电池等。

可用作电动汽车动力电池的蓄电池有数十种，不过截至目前还没有一种能够胜任工作。虽然可以降低一些要求，但既然是汽车就必须具有作为汽车所必备的基本素质，且不谈其他性能，仅就续驶里程来说，如果只有几十公里或 100 多千米，则一不能出城，二不能上高速公路，无论如何算不上是真正意义上的现代汽车。从已经达到的指标和发展看，一般认为新型铅酸电池、镍氢电池和锂离子电池等是最有潜力的电动汽车动力电池。

蓄电池的最终目标，除了保持其零污染、噪声小等优势品质之外，在比能量、比功率、快速添加能量（充电）和售价等方面应当向内燃机汽车看齐，这还需要走过一段艰巨的路程。

六、燃料电池电动汽车

（一）燃料电池汽车的发展概况

1802 年，H. Davy 提出了燃料电池的概念，1839 年，英国化学家、物理学家威廉·格罗夫（Willian Grove）爵士用氢和氧分别供到浸在稀硫酸中的铂电极上，在电极两端获得电流，同时氢和氧结合成水，这就是世界上的第一个燃料电池。但由于技术上和成本上的问题很难逾越，之后的 100 多年，燃料电池实际一直停留在概念上。到了 20 世纪 50 年代美国建成 11MW 磷酸燃料电池（PAFC）发电厂，标志着燃料电池进入实用阶段。1959 年 8 月第一台 6kW 燃料电池叉车问世，同年 10 月美国 Allis-Chaimers 公司研制成功 14.7kW 燃料电池拖拉机。60 年代美国航天局和国防部用碱性燃料电池为"双子座"载人飞船、"阿波罗"登月飞船以及航天飞机提供电力和热水，并为驻扎在边远地区的部队提供动力，这些成果标志着燃料电池开始被用作移动式动力装置。

近十几年来世界各工业国加大了对燃料电池的支持和开发的力度。1984 年，美国能源部交通技术司开始组织上百家公司研究燃料电池及其在汽车上的应用；1987 年，着手开发大客车用磷酸燃料电池（PAFC）；1990 年，美、欧及日本各国竞相开发性能潜力更好一些的质子交换膜燃料电池（PEMFC）；1993 年，加拿大巴拉德动力系统公司研制出世界第一辆质子交换膜燃料电池公共汽车；自 1998 年起巴拉德公司生产的六辆燃料电池公共汽车分别在加拿大温哥华和美国芝加哥正式投入运营；1997 年，美国推出世界上第一台以汽油为原料的 PEMFC，德国本茨公司推出采用 PEMFC 巴拉德动力系统的厢式旅行车第三代样车，日本丰田公司推出 PEM-FCRAV4 轿车第二代样车。燃料电池电动汽车正走向商品化，成为电动汽车中引人注目的品种。

表 6-4 所示为典型燃料电池电动汽车概况。其中戴姆勒 - 克莱斯勒、福特、巴拉德联盟 1999 年开发出的 Neear4-（A-class）燃料电池电动汽车被评为当年度世界杰出科技成果。

表 6 - 4　　　　　　　　　　典型燃料电池电动汽车概况

厂家	电动车名称	出产时间	燃料储存	燃料供应	辅助动力
戴姆勒 - 克莱斯勒	Necar（Van）	1994	压缩氢气	直接	
	Neear2（V-class）	1996	压缩氢气	直接	
	Neear3（A-class）			重整	
	Necal4（A-class）	1999	液氢	直接	
	Concept		汽油	重整	蓄电池

续表

厂家	电动车名称	出产时间	燃料储存	燃料供应	辅助动力
雷诺汽车公司	Laguna	1997	液氢	直接	
大众汽车公司	Concept		甲醇	重整	蓄电池
福特汽车公司	P2000	1999	压缩氢气	直接	
通用汽车公司	Concept		汽油	重整	蓄电池
	Hydrogenl	2000	液氢	直接	
尼桑汽车公司	Concept		甲醇	重整	蓄电池
马自达汽车公司	Demio	1997	金属氧化物		超级电容
丰田汽车公司	RAV4	1996	金属氢化物		蓄电池
	RAV4	1997	甲醇	重整	蓄电池

通用汽车公司推出的一辆五座液氢燃料电池概念车"氢动1号"在2000年悉尼奥运会上成功地完成了马拉松赛领跑车的任务，被誉为千年奥运的绿色使者。该车以欧宝赛飞利紧凑多用途车为基础，最高时速达140km/h，从静止加速到100km/h只需16s，在24h内连续行驶了1389.96km。据报道，"氢动1号"在美国亚利桑那州的沙漠试验场打破了国际汽车联盟燃料电池车类别11项世界纪录。

丰田汽车公司于2001年2月推出的燃料电池车"FCHV（fuel cell hybrid vehicle）-3"中也使用氢气燃料，近期又推出"FCHV-4"，它采用四个高压气罐，每个高压气罐的体积为34L，氢气压力为250MPa。这四个氢气罐均安装于汽车底盘下面。质量仅有100kg左右，与采用吸附合金储藏氢气的方式相比，总质量减轻了2/3。

另外，氢气燃料的充气时间只需7～8min，输出功率为90kW，连续行驶距离为262km。丰田和通用集团还决定从一种名为清洁碳氢化合物燃料的新型汽油中制取氢。采用这种制氢方式的燃料电池优点是硫黄含量比较少，既清洁，又可延长电池自身寿命，并且容易维修。

各大汽车厂商都认为，近期内最有可能取代传统汽车的清洁交通工具非燃料电池电动汽车莫属。美国能源部已制定了"氢计划"，据燃料电池项目组的保守预测，2030年燃料电池汽车将占美国轻型车市场份额的24%。零排放燃料电池汽车被美国《时代》周刊列为21世纪改变人类生活的十大高新技术之首。在我国，近期东风汽车公司、中科院大连生化所与中科院电工所共同开发出我国第一辆具有自主知识产权的燃料电池汽车。装用30kV质子交换膜燃料电池。中国燃料电池汽车正处于商业化示范运行考核与应用的阶段，已在北京奥运燃料电池汽车规模示范、上海世博燃料电池汽车规模示范、UNDP（United Nations development programme，联合国开发计划）燃料电池城市客车示范以及"十城千辆"、广州亚运会、深圳大运会等示范应用中取得了良好的社会效益。

（二）汽车燃料电池动力装置的组成

（1）燃料供给装置。燃料供给装置包括存储器、燃料滤清器、转换器和燃料调节装置等。存储器用来存储燃料。燃料滤清器用来滤除燃料中的杂质。转换器即燃料处理器，又名车载改质装置，用来对燃料进行重整，以产生一定浓度的氢。燃料调节装置用来调节燃料供给的多少。

（2）氧化剂供给装置。氧化剂供给装置包括储存器、空气滤清器、压缩机、调节装置等。储存器用来存储氧化剂。空气滤清器用来滤除空气中的杂质。压缩机用来对空气进行压缩，以提高氧气的输入量。调节装置用来调节氧化剂的供给量。

（3）燃料电池。燃料电池用来将氢和空气中的氧变成直流电，它包括燃料电池本体和辅助装置。燃料电池本体由多个单体燃料电池组成。单体燃料电池是燃料电池的基本组件，它由阳极（活性炭）、阴极（活性炭）和电解质（如 KOH）等组成。

按目前技术水平，单体燃料电池的工作电压为 0.55～0.75V，电流密度为 0.8～0.12A/cm²，大约可产生 1kW 的直流电能，远不能满足实际需要，因此必须将多只单体电池串联成电池堆以获得所需电压，再将多组电池堆并联以获得所需电流，从而构成具有一定发电能力的电池组。如通用汽车公司的环保概念车"氢动 1 号"的燃料电池组是由 200 只燃料电池组成的。辅助装置包括产物排除装置、废热排除装置等。

（4）控制装置。用来对各组件的工作进行协调和优化。

（三）燃料电池的类型

按电解质的不同，燃料电池有碱性（AFC）、磷酸（PAFC）、熔融碳酸盐（MCFC）、固体氧化物（SOFC）和质子交换膜（固体高分子）（PEMFC）等多种形式。碱性燃料电池是第一代燃料电池，它的效率较高，但比功率偏小。磷酸燃料电池的比功率比碱性燃料电池大，但效率偏低。熔融碳酸盐燃料电池的效率高，但比功率失之过小，此外工作温度太高。固体氧化物燃料电池的效率高，但比功率最小，工作温度最高。质子交换膜燃料电池的比功率最大，工作温度低，而且是所列几种燃料电池中唯一没有腐蚀的品种。

目前直接供给燃料电池的燃料是氢，而储带的燃料则可以是氢、天然气、汽油和甲醇等许多品种。故按储带燃料的不同，燃料电池又可分为氢燃料电池、天然气燃料电池、汽油燃料电池和甲醇燃料电池等。它们又可分为非改质型和改质型两大类或氢燃料和非氢燃料两大类。非改质型是由车载氢气直接供给燃料电池，改质型是用车载燃料经车载改质装置（重整器）制出氢气后再供给燃料电池。

（四）燃料电池的优缺点

1. 燃料电池的优点

效率高：燃料电池是一种将储存在燃料（氢气、天然气、甲醇等）和氧化剂中的化学能通过电极反应直接转化为电能的电池。它实际上就是一台电化学发电器，没有热机过程，没有中间燃烧过程，不受热循环限制，燃料电池的工作温度低（纯氢为 80℃），热损失少，因此效率高。而且，燃料电池在汽车的常用工况部分负荷时效率较高。

理论上，燃料电池的效率可达 90% 以上。考虑燃料电池辅助设备的能量消耗，燃料电池系统的综合实际效率为 50%～70%。而内燃机的热效率只有 20%～40%。

污染少、噪声小：当以氢/空气为原料时，化学反应只生成水。若采用改质型，在燃料处理过程中有 HC 和 CO 等污染物排出，但量值很小，远低于内燃机，属于低排放。尤其是甲醇，属于超低排放。燃料电池内进行的化学反应属"冷燃烧"，没有高温燃烧过程，故不会产生 NO_x，并且由于该过程为静态能量转换，基本无运动件，因此噪声很小。

燃料多样、来源丰富：原则上任何富含氢的燃料都可以作为燃料电池的燃料来源，不论是一次能源或是二次能源，如天然气、石油制品、液态丙烷、甲醇、乙醇、氢和气化煤等。

运动件少，工作可靠，质量小，结构简单，维护方便，一台 75kW 的燃料电池，质量为

70kg，而同功率的柴油机，质量为360kg。

2. 燃料电池存在问题

成本高：按目前的技术水平，批量生产燃料电池的成本大于200美元/kW，而生产常规动力总成的成本为20～35美元/kW。燃料电池成本高的一个主要因素是为了得到所需的电流，采用了价格昂贵的金属铂。

储运困难：燃料电池直接接受的燃料是氢，若直接以氢为燃料，固然可以减少燃料重整等许多麻烦，但常态氢的能量密度很小，其相对于汽油的体积系数为3210，无法接受。即使采用250MPa高压储带，体积系数仍高达12.8，即若保持与汽油相同的续驶里程，高压储氢瓶的容积大约应等于汽油箱的13倍，也很不理想。为了适应车载的空间要求，需要研制非圆柱形的高压储氢罐，若采用液态储带，则需要解决－253℃超低温制冷和储运方面的一系列技术问题。金属氢化物储氢技术正在研究之中并获得初步应用，如日本丰田汽车公司推出的燃料电池汽车即采用储氢合金供氢。这种储氢方式需要复杂的热量处理系统和水处理系统，其他储氢方法，如碳吸收系统、海绵铁吸收系统等也在研究之中。以上各种方法都有待技术上进一步的突破。

加氢站网络投资大：若用纯氢，需要投巨资建立加氢站网络。若采用其他燃料，也需要建立相应的加注网络。

启动性能较差：由于化学反应的限制，燃料电池电动汽车的启动性能欠佳。在燃料电池汽车上同时加装二次电池的混合电池技术是解决这个问题的措施之一。

功率密度小：虽然比功率及由此派生的尺寸和质量问题不是近期制约燃料电池发展的主要问题，但燃料电池比功率的提高仍然是一个长期的任务。

第四节　替代能源汽车

一、天然气汽车

（一）天然气汽车的发展概况

天然气（natural gas，NG）是气体燃料的一个重要分支，天然气汽车的发展大体上经历了孕育与诞生、初期发展、较快发展期和快速发展期几个阶段。

1. 孕育与诞生

1860年道依茨发动机厂制造出世界上第一台气体燃料发动机，1872年天然气发动机问世。20世纪30年代，意大利推出天然气汽车。

2. 天然气汽车发展的初期

从20世纪30年代起，意大利等少数国家开始应用天然气汽车。第二次世界大战期间，因汽油价格昂贵，贫油富气的意大利加快了发展天然气汽车的步伐。在天然气汽车发展方面几乎是一枝独秀。1969年美国引入NGV改装系统，但受加气网络和服务系统的限制，在以后的十几年中主要在天然气公司内部应用，没有获得实质性的进展。总之，就全世界而言，70年代之前，天然气汽车只在少数国家得到重视。

3. 天然气汽车较快发展期

20世纪七八十年代，由于石油危机、改善环境呼声日高和压缩机技术的进步，天然气汽车获得较快的发展。这期间，除意大利等国一如既往地重视天然气汽车的应用之外，许多国家也给予天然气汽车以较大的关注。1979 年，新西兰总理在该国率先驾驶天然气汽车，天然气汽车在新西兰获得较快发展。1984 年，福特汽车公司推出了单燃料天然气概念车，参加全美节约燃料赛车会，同年美国铝材公司研制成功铝合金内衬/玻璃纤维缠绕式轻质 CNG 储气瓶。1986 年，四川省建成第一座加气站，标志着我国天然气汽车进入实质性应用阶段。1986 年，世界范围 30 多个燃气企业在渥太华成立了国际天然气汽车协会（IAN-GV）。1988 年，美国 21 个燃气公司成立美国天然气汽车联合会（NGVC）。

4. 天然气汽车快速发展期

20 世纪 90 年代以来，天然气汽车进入从量到质的快速发展阶段。俄罗斯、澳大利亚、英国和法国等国分别成立了 NGV 协会。各大汽车生产厂商纷纷投巨资，进行 NGV 的研究与开发。全世界有 43 家汽车厂生产种类繁多的天然气汽车，2018 年全球天然气汽车保有量已逾 2645 万辆，加气站保有量已逾 3.1 万座。排名前 10 位国家的数据见表 6 - 5。

表 6 - 5　　　　　　　　　　世界天然气汽车、加气站统计

国家	NG 汽车数量（辆）	CNG 加气站数量（座）
中国	608 000	8400
伊朗	4 502 000	2400
印度	3 090 139	1424
巴基斯坦	3 000 000	3416
阿根廷	2 185 000	2014
巴西	1 859 300	1805
意大利	1 004 982	1219
乌兹别克斯坦	815 000	651
哥伦比亚	571 668	813
泰国	474 486	502
合计	23 582 575	22 644

从技术发展看，经过几十年的努力，天然气汽车已由第一代机械控制或电器控制真空进气型进步到第二代电脑闭环控制真空进气型（类似于电控化油器），以及第三代电脑闭环控制燃气喷射型（类似于电控汽油喷射）。

（二）汽车用天然气

天然气的主要成分是甲烷 CH_4，车用天然气应当比民用燃料有更优良的品质，不可随意将民用天然气用作汽车用燃料。

按压力、形态和储存状态，天然气主要有常压气态、高压气态、液态和吸附四种。

（1）压缩天然气（CNG）是泛指压力高于大气压的气态天然气。在汽车上通常将天然气储存在汽车携带的高压储气瓶里，压力约为 20MPa。高压气态是目前天然气储带的主要方式。汽车用压缩天然气技术要求见表 6 - 6。

（2）常压天然气（NNG）是指不施以压缩和降温的常压气态天然气。这是最简单的储带方式，因携带量少和不安全，一般不采用。

表 6-6　　　　　　　　　　　汽车用压缩天然气技术要求（GB 18047—2017）

项　目	质量指标	试验方法
高位发热量（MJ/m³）	≥31.4	GB/T 11062—2014
H_2S 含量（mg/m³）	≤15	GB/T 11060.1—2010
总硫（以硫计）含量（mg/m³）	≤100	GB/T 11061.4—2017
CO_2 含量 mol：mol(%)	≤3.0	GB/T 13610—2014
水露点（℃）	在压力不低于 25MPa 和环境温度低于−13℃的条件下，低于最低环境温度 5℃	GB/T 17283—2014

（3）液化天然气（LNG）是指液体状态的天然气，它在低于−161.5℃的超低温下以液态储存于绝热性能良好的容器中，是目前迅速发展的一种储带方式。

（4）吸附天然气（ANG）是指处于被吸附状态的天然气。天然气在不太高的压力（3.5～6MPa）下以被吸附状态储存在天然气吸附剂中，这是一种日益受到重视的天然气储带方式。

（三）天然气汽车的类型

燃用天然气的汽车称为天然气汽车。天然气汽车按所储带天然气的压力和形态、燃料的组成与应用特点以及天然气的供给方式等，可以分为多种类型。

1. 按储带的压力和形态

有压缩天然气汽车、常压天然气汽车、液化天然气汽车和吸附天然气汽车四种。

（1）压缩天然气汽车（CNGV）。以高压气态储带天然气的天然气汽车称为压缩天然气汽车。储带于储气瓶内的高压天然气（通常是 20MPa），工作时经降压、计量和混合后进入汽缸，也可以直接喷入汽缸或进气管。CNGV 是天然气汽车的主体。

（2）常压天然气汽车（NNGV）。以常压气态储带天然气的天然气汽车称为常压天然气汽车。常压天然气汽车出现于第一次世界大战期间，20 世纪五六十年代在我国四川省有少量这种汽车使用。这种原始的储带方式因携带不便和安全隐患太大，已基本被淘汰。

（3）液化天然气汽车（LNGV）。以液态储带天然气的天然气汽车称为液化天然气汽车。工作时液化天然气经升温、汽化、计量和混合后进入汽缸，也可以直接喷入汽缸或进气管。由于天然气液化后的体积仅为标准状况下体积的 1/625，储带方便，应用潜力较大。

（4）吸附天然气汽车（ANGV）。以吸附方式储带天然气的天然气汽车称为吸附天然气汽车。储带于储气瓶内的中压天然气（3.5～6MPa），工作时经降压、计量和混合后进入汽缸，也可以直接喷入汽缸或进气管。

2. 按燃料的组成与应用

（1）纯天然气汽车。纯天然气汽车是指燃用天然气的单一燃料汽车，其发动机为点燃式发动机，充分考虑了天然气的性质特点，使天然气的优点有可能发挥到极致，使天然气汽车的性能有可能达到最优。如考虑到天然气辛烷值很高（等于 120），较大幅度地提高压缩比，可以使发动机的效率较大幅度地增加等。

纯天然气汽车需要重新设计制造或对原机进行较大幅度的改造，其续驶里程较短，使用范围局限于有加气网络的地区。纯天然气汽车又可分为以汽油机为基础的天然气汽车和以柴油机为基础的天然气汽车两种类型。

（2）NG-汽油两用燃料汽车。NG-汽油两用燃料汽车是可以交替燃用 NG 或汽油的汽车，其发动机是点燃式发动机，备有两套燃料系统和 NG、汽油两种燃料。NG-汽油两用燃料汽车通常是在汽油车上加装一套天然气燃料供给装置而成，当燃用汽油时切断天然气的供给，燃用天然气时切断汽油的供给。不论哪种工作方式，混合气都是预混并由电火花点燃。其优点是：改装方便，原机基本不做变动；在保证供应的情况下可以尽可能地燃用天然气，而在需要时又可以随时方便地改用汽油；由于保存了原车的储油箱，续驶里程比原车还要长，主要问题是在燃用天然气时动力性下降显著。

（3）NG-柴油双燃料汽车。NG-柴油双燃料汽车是指同时燃用 NG 和柴油的汽车。在常规柴油车发动机上加装一套天然气供给装置，即成为 NG-柴油双燃料发动机。其主要优点是可以大幅度地降低大负荷工况的微粒排放，但小负荷时的 HC、CO 排放和燃料消耗率有所增加。

3. 按天然气的供给方式

（1）真空进气式天然气汽车是指天然气靠进气管真空度引入进气管的天然气汽车。其燃料供给方式类似于化油器式发动机的燃料供给方式。

（2）喷射式天然气汽车是指天然气以一定的压力经喷气嘴直接喷入汽缸或进气管的天然气汽车。其燃料供给方式类似于汽油喷射式汽油机或柴油机的供给方式。

4. 按燃料供给的控制方式

（1）机械控制式天然气汽车是指以机械方式为主控制天然气供给的天然气汽车。

（2）机电联合控制式天然气汽车是指以机电联合控制方式控制天然气供给的天然气汽车。

（3）电控式天然气汽车是指利用微机来控制不同工况天然气供给的天然气汽车。电控式又有开环和闭环之分。

（四）天然气在柴油车上的应用

从世界范围看，二战前柴油动力在汽车上的应用基本上局限于重型载货车领域。随着柴油机技术的成熟和进步，20 世纪 60 年代末出现了第一次车用动力向柴油机的转移，中型以上载货车普遍改用柴油机，城市大型柴油客车开始采用柴油动力。汽车柴油化的原因是由于柴油机相对于汽油机有以下主要特点和优点。

1. 节能

柴油机的压缩比高，燃用稀混合气，并且部分负荷和变工况下油耗低，所以柴油车比较省油。

2. 排污总量少，与汽油机各有千秋

柴油机与汽油机比，CO 排放少得多，HC 排放也较少，在小负荷情况下，NO_x 排放相对较多，在大负荷情况下，NO_x 排放相对较少，此外，柴油车的微粒排放较多。

柴油车排出的微粒直观上表现为排气冒黑烟，"看得见摸得着"，故给人以柴油车比汽油车排污严重的表象，这是一种误解。如果柴油机的技术水平欠高，则会使误解加深。我国由于"一汽"和"二汽"两个主要汽车厂家所产汽车从 20 世纪 80 年代才开始有柴油车品种，因此在我国，除重型载货车外，各类汽车中均以汽油动力为主。进入 20 世纪 90 年代以来，中、轻型载货车和城市公交客车采用柴油动力的有所增加，但柴油轿车尚无厂家问津。应当正视，我国的柴油车水平与国外先进水平还存在很大的差距。柴油公交车冒黑烟问题也的确是大城市尤其是旅游开放城市的心头病。

禁止柴油车进城不是解决问题的根本办法，治理柴油车污染的渠道，一是从改进柴油机的燃烧系统和燃料供给系统、采用电控技术和后处理技术等方面着手，扎扎实实地提高柴油机的技术水平；二是以原柴油机为基础采取一定的技术措施后，改烧或掺烧可以大幅度地降低微粒排放的绿色燃料，如天然气、液化石油气和二甲醚。

（五）天然气液化与储运技术

液化天然气（LNG）的工艺流程主要包括净化和液化等过程，天然气净化的主要内容是干燥脱水、脱烃类成分以及脱酸性气体，通常简称为"三脱"过程。预处理后的天然气被送到液化装置液化。天然气液化主要是通过气体深冷凝结实现的，在常压下需深冷制取LNG，此外，也可采用液氮的深低温补冷工艺，如图6-4所示。

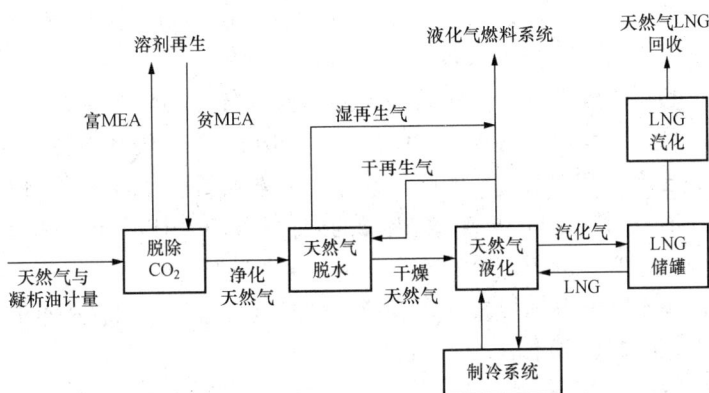

图6-4 天然气液化工艺流程装置框图

天然气的液化低温技术有天然气自身压力膨胀制冷、压缩机压缩膨胀制冷和液氮低温制冷三种。若井口压力较高，可利用带压天然气经膨胀机实现低温制冷，一般温度可达$-80 \sim -90$℃；若天然气的压力较低，可先用压缩机使气体升压，然后再实施膨胀制冷。

液化天然气的储存是液化天然气生产及使用过程中的重要环节。目前，液化天然气的储运技术比较成熟。

二、液化石油气汽车

液化石油气与天然气的理化性质有许多相似之处，如辛烷值（分别为94和120）都比较高，故很适合在点燃式发动机上应用；都属于气体燃料，故混合气质量良好、燃烧完全，加上含碳比例较小（分别为82%和75%，而汽油为85.5%），因而具有优良的净化性能；目前广泛使用的液化石油气和压缩天然气常态均为气态，在汽车上都是带压储带（储带压力分别为$0.6 \sim 0.8$MPa和20MPa），两者拥有类似的燃料供给装置（压力容器）；二者相对于汽油都具有质轻（分子量分别为44和16，而汽油为114）和自燃点高（分别为432℃和540℃，而汽油为$260 \sim 370$℃）的特性，因而相对汽油可做安全性方面的类似考虑；二者的能量密度都较汽油小（相对于汽油的体积系数分别为1.34和4.47），均面临燃料容器占据空间大和续驶里程比较短的问题等。由于以上原因，在做宏观统计时有时将液化石油气汽车和天然气汽车统称为天然气汽车。

但是，液化石油气与天然气的理化性质又存在许多不同之处，如辛烷值虽然都比汽油的高，但液化石油气的辛烷值比天然气的低；虽然都属于气体燃料，但液化石油气在不太高的压力（几个大气压）下即成为液态，而天然气在几百个大气压下仍为气态，二者的加气站设施以及在汽车上的储带容器（低压与高压）和燃料供给装置（二级减压与三级减压）等均有所不同；在含碳比例方面，液化石油气与天然气也不一样（前者高，后者低）；二者相对于汽油虽然都具有质轻和自燃点高的特性，但液化石油气的分子质量比天然气的高、密度比天然气大（液化石油气的液态密度为 $0.52kg/m^3$，天然气的液态密度为 $0.4kg/m^3$、气态密度为 $0.72kg/m^3$），自燃点比天然气的低；二者的能量密度虽然都较汽油小，但液化石油气的能量密度与汽油的相接近，而天然气的能量密度却要小得多等。这些不同点，给液化石油气和天然气二者在汽车上的应用带来许多不同，两者有许多差别，特别是燃料供给系统不能相互通用。

因液化石油气的能量密度比天然气大，在中小型汽车上推广比较容易，而且建加气站费用较低，液化石油气汽车的数量为天然气汽车的 4～5 倍，据不完全统计，2017 年仅我国的液化石油气汽车已超过 600 万辆。液化石油气的主要成分是丙烷 C_3H_8，此外还含有少量的丁烷 C_4H_{10}、丙烯 C_3H_6 和丁烯 C_4H_8，GB 19159—2012《车用液化石油气》，对汽车用液化石油气做出了有关规定，其中蒸气压的限值规定，用来限制轻烃的含量，以便保证液化石油气有正常的液化性能；对丙烷以上成分及丙烯的限值规定，用以保证燃烧良好和减少积渣，对腐蚀和含硫量也做了必要的规定。

一般的民用液化石油气含烯烃较多，会造成结渣、堵塞气路和膜片等橡胶件早期损坏等问题，不能满足车用燃料的要求。

（一）液化石油气汽车的类型

液化石油气汽车的类型与天然气相似。

1. 按液化石油气与汽车的匹配特点

（1）纯液化石油气汽车。纯 LPG 汽车是指燃用液化石油气的单一燃料汽车。其发动机为预混、点燃式发动机，专为燃用液化石油气而设计，可以充分发挥液化石油气辛烷值高（等于 94）的优势纯（专用）LPG 汽车与纯（专用）NC 汽车相比，因 LPG 的辛烷值比 NG 的低，故发动机的压缩比稍低，燃料经济性略差；因含碳比例较大，故排污比后者稍多；因 LPG 挤占空气体积较少，故动力性优于后者。

（2）LPG-汽油两用燃料汽车。LPG-汽油两用燃料汽车是可以视情况交替燃用 LPG 或汽油的汽车。它备有 IJC 和汽油两套燃料系统，燃用汽油时切断液化石油气的供给，燃用液化石油气时切断汽油的供给。一般汽油车发动机不改动，只是加装一套液化石油气燃料供给装置，就成为 LPG-汽油两用燃料汽车。

与纯（专用）LPG 汽车相比，LPG-汽油两用燃料汽车的优点是：改装方便，原机基本不做变动；在保证供应的情况下可以尽可能地燃用液化石油气，而在需要时又可以随时方便地改用汽油；由于保存了原车的储油箱，续驶里程比原车还要长。缺点是性能降低。

（3）LPG-柴油双燃料汽车。LPG-柴油双燃料汽车是指同时燃用 LPG 和柴油的汽车，与 NG-柴油双燃料汽车的主要优点类似，可以大幅度地降低大负荷工况的微粒排放，小负荷时的 HC 排放有所增加。与 NG-柴油双燃料汽车相比，LPG-柴油双燃料汽车的缺点是 LPG 的替代率略低于 NG 的替代率，优点是 LPG 不受管线限制，供油系统的成本低，LPG 的能量密度大、便于携带。

2. 按液化石油气的供给方式

（1）真空进气式液化石油气汽车。该类汽车是指液化石油气在进气管真空度作用下经混合器进入进气管的液化石油气汽车。其燃料供给方式与化油器式发动机相类似。

（2）喷气式液化石油气汽车。该类汽车是指液化石油气以一定的压力经喷气嘴直接喷入汽缸或进气管的液化石油气汽车。其燃料供给方式与汽油喷射式汽油机或柴油机相类似。

3. 按燃料供给的控制方式

（1）机械控制式液化石油气汽车。该类汽车是指以机械控制方式为主控制液化石油气供给的液化石油气汽车。

（2）机电联合控制式液化石油气汽车。该类汽车是指以机电联合控制方式控制液化石油气供给的液化石油气汽车。

（3）电控式液化石油气汽车。该类汽车是指利用微机来控制不同工况液化石油气供给量的液化石油气汽车。

（二）液化石油气汽车的供气系统的组成

LPGV 对供气系统的要求与 CNGV 对供气系统的要求相同。LPGV 供气系统分为真空进气式和喷射式两大类，现以真空式为例介绍 LPGV 供气系统的组成。

LPGV 燃料供给系由储气系统和燃气供给系统组成。其中储气系统包括充气装置、储气瓶（LPG 钢瓶、LPG 容器）、气压显示装置和 LPG 截止阀（燃料切断电磁阀）等。燃气供给系统如图 6-5 所示。

对于两用燃料发动机，除储气系统和燃气供给系统之外，还包括燃油供给系统和燃料转换系统。燃油供给系统与汽油车相同，燃料转换系统由燃料转换开关、LPG 截止阀和汽油截止阀等两种自动截止阀（也可分别划属燃气供给系统和燃油供给系统）组成。

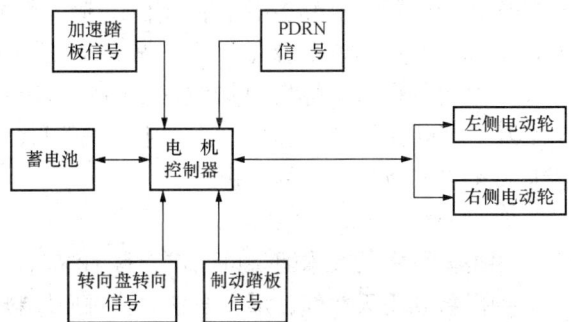

图 6-5 LPGV 燃气供给系的组成

三、醇类燃料汽车

（一）概述

醇类用作内燃机的燃料由来已久，世界上第一台内燃机即是以乙醇为燃料的。到了1909 年，美国人 HenryFord 设计并制造了世界上第一辆燃用乙醇的汽车。20 世纪二三十年代美国、巴西、德国、法国、新西兰等先后将乙醇与汽油混合燃料用于汽车。20 世纪 70 年代两次能源危机之后，醇类开始较大规模获得应用。据不完全统计，已有超过 40 个国家和地区推广生物燃料乙醇和车用乙醇汽油，年消费乙醇汽油约 6 亿 t，占世界汽油总消费的60% 左右。车用乙醇汽油在美国已实现全覆盖。醇类被重视一方面由于它是优良的代石油燃料，同时由于在汽油无铅化进程中，乙醇可以部分地起到替代铅的抗爆作用。

南美国家巴西，石油资源贫乏，早在 19 世纪 20 年代就开始在汽车上应用乙醇-汽油混合燃料，但在以后的几十年由于世界石油供应比较充分，发展代用燃料的原动力不足，乙醇-汽油混合燃料的应用进展缓慢。第一次能源危机爆发的第二年即 1974 年，巴西政府决心大力推广乙醇汽油，1975 年开始推行"车用乙醇汽油计划"，全力发展以甘蔗为原料的乙醇生产，乙醇的生产能力迅速增加到年产 135 万 t。第一批汽车使用的混合燃料含乙醇 22%，第二次能源危机爆发的 1979 年，巴西政府进一步加大了推行乙醇 - 汽油混合燃料的力度，20 年来，乙醇汽车在巴西获得快速发展和普及应用，早在 1990 年巴西的乙醇产量即达 428 万 t，2000 年燃料乙醇总产量约占其汽油消耗总量的 1/3，并成为世界上唯一不使用纯汽油作汽车燃料的国家。近年来，巴西发现了石油油田，并进行了开采，对乙醇汽车的支持力度有所减弱，但乙醇汽车依然是巴西最灿烂的亮点。

近年来，人们认识到推广车用乙醇汽油不仅可以缓解石油供求矛盾、有效降低汽车尾气中有害气体的排放，还可以解决国家粮食相对过剩、刺激农业生产，一举多得。

我国是一个农产品生产和消费大国，粮食综合生产能力已接近 5 亿，我国粮食库存很充足，极易发酵发霉。如果不采取有效的调控措施，一方面会造成不必要的浪费，同时也会挫伤农民的积极性。发展车用乙醇汽油，可有效地解决玉米等粮食作物的转化，形成一个长期、稳定、可控的粮食消费市场，使国家又拥有了一个可靠的粮食调控手段，有助于增加和稳定农民收入，实现农业生产的良性循环，为农业的产业化发展探索一条新途径。

自 2012 年工信部启动甲醇汽车试点工作以来，试点工作在 5 省 10 城展开，经过几年的稳步推进，取得了明显成效。累计投入运营的车辆有 1024 辆，其中，甲醇出租车 904 辆，甲醇客车 100 辆，甲醇多用途乘用车 15 辆，甲醇柴油双燃料重型载货车 5 辆。单车最长运行时间超过 3 年，单车最高行驶里程 29.5 万 km，试点车辆累计运行超过 6500 万 km。10 个试点城市共投入甲醇燃料加注站 18 座，其中包括 5 个撬装站，累计消耗甲醇燃料超过 1.1 万 t。开展甲醇汽车试点工作，推进车用替代燃料发展对我国制定汽车发展政策和能源发展战略具有重要意义的实践。

（二）甲醇和乙醇的特点

甲醇又称木精或木醇，可用作燃料和溶剂，也可以用来制造染料和甲醛等。

甲醇可利用天然气、煤、石脑油、重质燃料以及木材、垃圾等来提炼。传统方法主要是以天然气为原料制取，有些国家如俄罗斯和加拿大等盛产天然气，为运输方便，大量出口用天然气生产的甲醇。从大系统看，因天然气本身就是一种优良的燃料，加工成甲醇之后使用未必合算。长远考虑，以储量丰富、价格低廉的煤为原料制取甲醇，尚有较好的前景。我国、美国、加拿大、澳大利亚、俄国、哥伦比亚和印度等煤炭大国，将成为主要的甲醇生产国。

乙醇（CH_3CH_2OH），又称酒精，有的地区称为火酒，是制造合成橡胶、塑料、染料、涂料、化妆品、洗涤剂等的原料，也是化学工业上常用的溶剂，并有杀菌作用，用作消毒清洁剂、防腐剂。乙醇可由乙烯和水而成，也可用含糖作物（如甘蔗、甜菜等）、含淀粉作物（木薯、土豆和玉米等）以及作物含纤维下脚料（如草木秸秆）等为原料。这些原料的优点是属于可再生能源，问题是炼制 1t 乙醇要消耗 4t 甘蔗或 4t 粮食。用含纤维素原料来制取乙醇，则投资大、成本高、收效小，很少采用。

甲醇和乙醇都属有机化合物，是无色透明、易挥发的可燃液体。甲醇和乙醇与汽油相比，发热量低、汽化潜热大、抗爆性好、含氧量高。

甲醇和乙醇的来源较为丰富，合理应用可降低汽车排污，其能量密度虽然赶不上汽油和柴油，但仍不失为较高的能源品种之一，燃用甲醇或乙醇的发动机主机与汽油机成本相当，掺烧量不大时可以互相通用，汽车的使用成本与汽油车基本相当，燃料的运输性、燃料供给的方便性以及工作性能与汽油也十分接近。应当说甲醇和乙醇是一种值得重视的汽车新能源。从甲醇和乙醇的性质看，它们的主要特性与汽油接近，各有千秋。特别应当指出的是，甲醇和乙醇辛烷值高和含氧的特性，使其在点燃式发动机上有良好的应用前景。推广车用含醇汽油不仅可以缓解石油供求矛盾和有效降低汽车尾气中有害气体的排放，其中的乙醇汽油还可以刺激农业生产。

专家预测，21 世纪醇类将会是汽车较为重要的一种燃料，在某些国家或地区醇类汽车将占有较大的比例。由于甲醇的来源主要是化工副产品，或从其他重要能源转换而得，而乙醇虽然有一定的再生性，但以粮食作物为原料又使它具有一定的局限性，加之成本较高，这些因素使得醇类燃料从世界范围看尚不可能成为基本的代石油能源，只能作为汽车能源的局部补充。

（三）甲醇在汽车上的应用

（1）按甲醇的理化形态分为液态、气态甲醇及甲醇改质。液态甲醇指甲醇在汽车上以液态储带、液态燃料供给；气态甲醇指甲醇在汽车上以液态储带、利用发动机余热变成气态后再供入汽缸；甲醇改质指甲醇在汽车上以液态储带、利用发动机余热改质成为 H_2 和 CO，再供入汽缸。

（2）按应用的对象分为应用于点燃式发动机和应用于压燃式发动机。

（3）按同时使用的燃料分为纯烧和掺烧。纯烧指只烧甲醇，掺烧指甲醇与汽油掺烧。掺烧按甲醇的比例高低又有高、中、低之分。

（4）按燃料应用的灵活性分为固定燃料和灵活燃料。固定燃料指纯甲醇或甲醇与汽油以固定比例混合的燃料；灵活燃料指既可使用汽油，又可使用甲醇或甲醇与汽油以任何比例混合的燃料。工作时由燃料传感器识别燃料成分，通过电脑提供发动机最佳运行参数。

目前，甲醇应用最多的方式是以液态、掺烧（与汽油以一定比例混合）形式应用于点燃式发动机。

（四）乙醇在汽车上的应用

乙醇在汽车上的应用方式主要有纯烧、掺烧、变性燃料乙醇以及灵活燃料。纯烧指单烧乙醇；掺烧指乙醇与汽油掺烧；变性燃料乙醇指乙醇脱水后再添加变性剂而生成的以乙醇为主［体积含量大于 92.1％］的燃料；灵活燃料指既可使用汽油，又可使用乙醇或乙醇与汽油以任何比例混合的燃料。工作时由燃料传感器识别燃料成分，通过电脑提供发动机最佳运行参数。

灵活燃料汽车的商业前景很好，已在福特汽车厂生产线上大批生产，但由于近年来，汽油车的性能不断改进，汽油价格回落，影响了市场的发展，甲醇汽油灵活燃料汽车 1998 年暂时停产，而乙醇汽油灵活燃料汽车仍在继续生产。乙醇在汽车上的各种应用方式中，应用最多的方式是以液态、掺烧（与汽油以一定比例混合）形式应用于点燃式发动机。

四、二甲醚汽车

（一）概述

二甲醚（DME）是一种化工产品，它具有优异的环境性能指标，虽然对皮肤有轻微的刺激作用，但无毒，在大气中二甲醚能够在短时间内分解为水和二氧化碳（半衰期只有五天），不会对环境造成破坏，因此二甲醚被广泛用作喷雾剂、制冷剂及溶剂等。20世纪90年代初，陕西省新型燃料燃具公司将二甲醚用作民用燃料，开发和生产民用二甲醚液化石油气燃料和民用醚基复合燃料，与液化石油气相比，热值高、成本低、燃烧洁净、无残液，是一种优质的民用燃料。

二甲醚的分子式与乙醇相同，但分子结构不同，因此其性质与乙醇有很大差异。如乙醇属高辛烷值类燃料，而二甲醚属高十六烷值（55～66）类燃料，从而决定了它们应用的主方向不同，前者主要应用于点燃式发动机，后者主要应用于压燃式发动机。在压燃式甲醇发动机上只需增添一套甲醇脱水生成二甲醚的装置，就能解决二甲醚的来源问题。在压燃式甲醇发动机上使用二甲醚作引燃剂的技术方案有进气管引入式和缸内喷射式两种。从进气管引入二甲醚燃用甲醇可以在没有火花塞或电热塞的情况下，以压缩着火的方式燃用甲醇，并获得了高的热效率，同时也改善了发动机的冷启动性能，发动机可以在$-15℃$的低温下顺利启动、运行，比火花点火甲醇发动机的最低启动温度$10℃$降低了$25℃$。发动机排放物中NO_x降低，但CO、未燃碳氢和甲醛排放有所升高。

近年来，AVL公司在NAVISTAR7.3LV8柴油机上所做的可行性研究表明，二甲醚用作压燃式发动机燃料，具有优越的低排放和高效率的性能。首先是烟度为零，其次是NO_x排放大约降低30%，而当采用排气再循环进一步降低NO_x时，在较高的排气再循环率下，碳烟排放仍为零而NO_x排放得到大幅度降低。二甲醚这一优点彻底解决了传统柴油机不能同时降低颗粒和NO_x排放的矛盾。试验结果也显示，二甲醚能使压燃发动机在不采取任何后处理措施时能够达到EUROⅢ排放标准。

二甲醚具有优良的排放性能被发现后，世界各国近几年开始对其进行了较广泛深入细致的研究。AVL公司在AVL-LEADER高速直喷发动机上进行的改燃二甲醚燃料的研究表明，发动机燃烧柔和，排放好，热效率高，随着专用燃油喷射和燃烧系统的发展，NO_x排放能够降低到低于未来所期望的最严厉的法规（如ULEV和欧4）的限值，与传统柴油机相比，燃烧噪声可降低10～15dB，处于汽油机水平。

（二）二甲醚在汽车上的应用

二甲醚在汽车上应用的主渠道是用作压燃式发动机的燃料。在压燃式发动机上的应用，有纯二甲醚缸内直喷压燃式和二甲醚-柴油双燃料压燃式两种。

纯二甲醚缸内直喷压燃式：二甲醚的十六烷值高，很适于用作压燃式发动机的燃料，尤其是纯烧二甲醚可以获得相当优良的综合性能。在柴油机上，加装一套储气装置和加压设备，即可把柴油机改造成为二甲醚发动机。工作时，在压缩冲程终了附近，液态二甲醚经由原柴油机供油系统中的高压泵和喷油器喷入汽缸，迅速与缸内的空气混合并在缸内的高温作用下自燃、进行扩散燃烧。

二甲醚-柴油（或二甲醚-甲醇）双燃料压燃式：按燃料供给方式的不同又分为混合喷射式和二甲醚预混、柴油（或甲醇）喷射式两种。混合喷射是将二甲醚加压以液态与柴油（或甲醇）混合，一同经由喷油器喷入汽缸。此法也保留了柴油机压燃和负荷质调的特征。但效果不如纯烧二甲醚，而且仍然需要加压设备，装置也未简化。

二甲醚混合燃料点燃式：二甲醚除应用于压燃式发动机之外，适当加入抑制自燃的物质之后，也可应用于预混、点燃式发动机。

第五节 氢内燃机

一、氢内燃机基本概念

氢气可用作氢气汽车的能源。以氢气为原料的燃料电池汽车也是氢气汽车，但就汽车的结构属性看，燃料电池汽车划归于电动汽车更为适宜。这里只讨论将氢气直接用作燃料的氢气内燃机汽车。在常温、常压下，氢是无色、无味、无毒的气体，与其他已经获得广泛应用和具有应用潜力的燃料相比，氢的特点很突出。

(1) 最轻。氢气的分子量等于 2，是最轻的元素，其密度仅为空气的 1/14.5。

(2) 沸点最低。氢的沸点为 $-252.8℃$，属超低温。

(3) 理论混合比最大。氢的理论混合比为 34.48。

(4) 发热量大。氢的发热量为 119.9MJ/kg。

(5) 含碳量最少。氢气不含碳。

(6) 自燃点高。氢的自燃点为 400℃，比汽油、柴油和二甲醚的高。

氢气不含碳、只含氢，决定了氢有非常优秀的排放性能；气态决定了氢易于保证良好的混合气形成质量；自燃点高，使得氢气发动机有较高的许用压缩比，这意味着氢气发动机可以有较高的热效率。由于体积系数太小，加上沸点很低，决定了氢比其他燃料的储带难度都要大；质量很小的气态氢会有明显的挤占空气效应、质轻和理论混合比大导致氢以体积计的理论混合气热值小，都会影响氢气发动机的动力性。应当说，氢的优点和缺点都十分明显，氢的突出优点使人们一直坚持不懈地对氢气发动机进行研究，氢的突出缺点也实实在在地制约了它实际应用的进度。

氢的特殊的性质，使氢作为内燃机的燃料时，会带来新的问题，例如早燃、回火、爆燃等异常燃烧的现象，使发动机正常工作过程遭到破坏。经研究，专家认为适当地采取一些措施来减缓混合气着火的化学准备过程及火焰传播速度，降低燃烧温度，并尽可能减少热点形成的趋势，即可防止早燃、回火等的发生。一般采取以下一些控制措施。

(1) 尾气再循环。向汽缸中引入一部分发动机的排出尾气，增加汽缸中惰性气体含量，减少混合气中氧气的含量，同时也会减缓着火的化学过程，降低燃烧温度和燃烧速度等。试验结果表明，只是控制早燃、回火等异常燃烧的有效措施，并可有效地降低 NO_x 排放量。其缺点是由于尾气通入汽缸，减少了新鲜混合气的含量，功率有所下降。

(2) 向汽缸中氢-空气混合气喷水。通过喷入的水的蒸发，吸收一部分热量，从而降低燃烧温度，减缓着火前的化学过程和燃烧速度。根据试验结果，这也是控制早燃、回火的有效措施，也有效地降低 NO_x 排放量。同时可避免功率的下降，但是如果喷水量过多，机油容易乳化，丧失润滑能力，并锈蚀汽缸壁等。

(3) 提高压缩比。适当提高压缩比，相对的增加了激冷面积，同时，压缩比提高，膨胀比也大，膨胀后期的排气温度将更低，使燃烧室壁面温度降低，一些炽热点的温度也随之降低。试验表明，压缩比提高，排温明显降低，可在一定程度上抑制早燃、回火等现象，又可提高输出功率。

氢作为燃料用于内燃机的主要意义是替代有限的化工燃料，因为汽车、轮船、飞机等机动性强的现代交通工具无法直接使用从发电厂输出的电能，只能使用柴油、汽油这一类"含能体能源"。随着化石燃料耗量增加，其储量日益减少，总有一天这些资源要枯竭，这就迫切需要找一种不依赖化石燃料的、储量丰富的、不污染环境的含能体能源，氢能正是人们要寻找的理想替代能源。

二、氢内燃机历史

早在 1820 年，Rev. W. Cecil 就发表文章，谈到用氢气产生运动力的机械，还给出详尽的机械设计图。氢内燃机车（hydrogen internal combustion engine，HICE）继承了传统内燃机（ICE）100 多年来发展过程所积累的全部理论和经验，没有特别的不可逾越的技术障碍。德国的 BMW 公司、Daimler crysler 公司、日本的三菱公司、美国的别林公司受第一次石油危机的启示，在 20 世纪七八十年代开始对 HICE 进行了全面的、系统性的开发研究。其中德国 BMW 公司所取得的成果最令人瞩目，BMW 公司研制的 HICE 轿车，三辆装运 MAN 公司生产的 HICE（排量 12L，140kW）公共汽车，已连续运行了多年，至今运行情况良好。随着 1999 年 5 月德国第二个商用加氢站在慕尼黑的落成（第一个加氢站已于 1999 年 1 月在汉堡开始商业运作），BMW 公司有 15 辆使用液氢燃料的大型高级轿车，用于接送到慕尼黑"清洁能源"项目研究中心参观访问的客人。目前，BMW 集团的世界上第一个由 15 辆装备液氢内燃机的车队，已经进行环球巡游来演示氢内燃机的可行性。

美国 Ford 公司的 HICE 开发研究计划开始于 1998 年，Ford 公司决定开发 HICE 汽车的目的是以较低的费用制造出能满足 LEV-Ⅱ 排放标准的汽车发动机。经过近两年的工作也取得了实质性的成果。通过试验考核，FORD 公司研制的 HICE 在不采用任何催化转换装置的情况下，HC 和 CO 的排放接近于零，NO_x 的排放也很低，整个发动机有害物质排放达到了 LEV-Ⅱ 排放标准。

三、氢内燃机汽车

在过去的近 20 年中，轿车汽油机经历了从化油器、电控汽油喷射、发动机集中管理系统的技术飞跃，为降低汽油机的能耗和有害物的排放作出了重要贡献。但在目前的基础上，要使油耗进一步降低至 3L/100km，排放达到接近于零排放的要求，不仅在技术上十分困难，经济上的代价也是十分昂贵的。为此，美国、德国、日本等世界著名汽车生产集团都把目光转向了以氢作为燃料的氢能汽车动力装置。在氢和氧反应释放能量的过程中，它既不会产生 HC、CO，也没有 CO_2，也没有固体颗粒，因此既不会对大气造成污染，也不会加重日益严重的温室效应。至于 NO_x 的排放量，视反应的方法不同，NO_x 极低甚至为零。因此要满足 21 世纪的要求，氢能汽车是唯一的选择。氢能汽车主要有两种：氢内燃机汽车和燃料电池电动汽车，这里只介绍氢内燃机汽车，燃料电池电动汽车见本章第三节。

氢内燃机汽车用氢为燃料作为汽车的动力装置，HICE 的结构和工作原理与传统的内燃机没有本质的区别。由于它所使用的氢燃料与传统的汽油机、柴油机的燃料不同，因此需根据氢燃料的特点，对燃料供应系统及燃料燃烧过程的组织做相应的改进设计。氢内燃机的燃料生成物是水蒸气，凝结的水容易沿着汽缸壁漏入油底壳。当水分过多时，会引起机油乳化而丧失润滑能力及不结冰的合成机油。此外，火花塞受潮时会引起短路而不跳火，因此需改进点火系统，使之具有不被短路的能力及抗干扰能力的高屏蔽能力。

福特公司于 2003 年 1 月展示了氢内燃机越野车，采用 2.3L 四缸内燃机，高压氢气（70MPa）为燃料，一次加氢，可行驶 500km 以上。福特宝马公司积极开发氢燃料电池轿车，采用液氢做燃料，已经组织了 15 辆车作为车队，在世界各地展示。发动机功率

250kW，最高速度可达到 250km/h，百千米耗氢为 2.3kg，储氢器容量为 190L，一次加氢，可行使 580km。

氢内燃机和汽油内燃机相比，有很多优点，其排放物污染少，系统效率高，发动机的寿命也长。目前氢内燃机汽车还在示范阶段，除了上面介绍的福特公司的车外，宝马公司也在积极开展纯氢内燃机轿车的研制生产。2004 年 5 月 25—28 日，在北京举办的第二届国际氢能论坛上宝马公司展出了他们的可以使用汽油和氢气的汽车发电机实物，引起人们极大的兴趣。

目前，氢内燃机汽车的困难在于没有强有力的车载储氢方法。液氢用于汽车有很多缺点而高压气氢的续驶里程又不及汽车。况且加氢站很少，极大地限制了氢内燃机汽车的应用。

四、氢内燃机飞机

人们重视汽车给城市带来的污染，而往往忽略万米高空飞机对地球大气的污染。根据联合国气候变化委员会（IPCC）的最新资料指出，由人类活动产生的温室气体中，有 3.5％ 来自飞机废气。客机在大气对流层排放的污染物质和温室气体，会加剧全球变暖。由地面至大约 12000m 的高空，属于地球大气层中的对流层，影响地球各地气候。在低对流层，客机排出的氮氧化物会摧毁臭氧的产生，而臭氧导致的温室效应是二氧化碳的 1000 倍。然而在高对流层，客机排出的氮氧化物却会加快破坏那里的臭氧层，削弱臭氧层过滤太阳的紫外线的效能。有人统计过，大型客机由降落至另一次起飞期间，发动机空转所产生的废气，相当于一辆汽车行驶 6400km；一架波音 747 飞机每次飞行消耗超过 200t 燃料，相当于 6600 辆小轿车的油耗。因此，为了环境保护和减少对化石能源的依赖，在超声速飞机和远程洲际客机上以氢作动力燃料的研究已进行多年，目前已进入样机和试飞阶段。

因为氢气质量小以及优秀的燃烧特性，氢是飞机的理想燃料，在 1956 年，Pratt&Whitney 研发了氢动力的涡轮喷气发动机，装载在一架 B-57 轰炸机的一侧机翼上，并取得了一些飞行数据，在 1974 年之后，氢燃料飞机更加活跃。1973 年美国宇航局（NASA）开始研究超、亚声速液氢飞机的设计方案，洛克希德公司也对以氢为燃料的商业飞机进行了系统的设计和研究。

研究表明，液氢飞机较之使用 JetA 标准航空燃料的同类型客机无论在燃料消耗、发动机台数、推力 - 质量比、跑道长度、安全性、噪声等均占有优势。1988 年 4 月 15 日，第一架采用了一个氢燃料引擎的载人飞机在莫斯科附近试飞。这架 Tupolev155（与美国波音 727 飞机相当）装备了两个引擎，一个是喷气燃料引擎，另一个石油液氢储存系统、供应控制系统组成的氢气燃料引擎，飞机起飞降落采用的是喷气燃料引擎，但是在飞行过程中采用的是氢气。俄罗斯各大航空企业以及 Tupolev 研究所正在研制名为 Tupolev204 的全氢燃料引擎的超音速载人飞机。

1988 年 6 月 17 日，在苏联进行氢燃料引擎飞机试飞后的两个月，一名退役的美国空军驾驶员 Bill Conrad，在 Fort Lauderdale（FL）进行了一次单氢燃料引擎的飞机试飞。虽然飞行仅仅持续了 36s，但是起飞、飞行以及降落全部采用氢燃料，创下了一个纪录。

欧洲空中客车公司已经开始了研制氢燃料飞机的计划，他们的研究表明虽然氢燃料成本比喷气燃料成本高，但是采用氢作为燃料后的飞机票价比现在的飞机票价相比很有竞争力，这是因为以氢气为燃料会减轻飞机总质量。日本已经开始了以氢气为燃料的超音速飞机的研究，因为氢作为燃料有着优秀的燃烧特性、质量小以及对环境友好等优点。

2003 年，美国国防部首架完全由燃料电池驱动的微型飞行器"大黄蜂"在加州的西米谷成功进行了处女飞行，成为首架完全由燃料电池驱动的飞行器。"大黄蜂"根本不使用电池、电容和其他电源，飞行器的无线电系统、伺服系统、电动机、泵和其他系统都由燃料电池供电，燃料电池安装在机翼结构中。"大黄蜂"是一种带全翼设计的无线电控制飞行器，带燃油总重为 170g，在飞行过程中，燃料电池平均输出功率超过 10W。

液氢飞机必须向高超声速（$Ma>6$）、远航程（1 万 km 以上）、超高空（3 万 km）发展，才能更好地发挥液氢的优越性，以替代现在航速较低、飞行时间长、航空燃油消耗量多的大型客机。

目前世界上性能最先进的发动机仍是氢氧发动机，新一代天地往返运输系统－航天飞机将成为 21 世纪的新型运输工具，液氢仍然作为选用的燃料，在大气吸入空气中的氧作为氧化剂，在真空中才使用机载液氧。

五、氢内燃机火箭

早在第二次世界大战期间，氢即用作 A-2 火箭发动机的液体推进剂。1960 年液氢首次用作航天动力燃料，1970 美国发射的"阿波罗"登月飞船使用的起飞火箭也是用液氢作燃料。现在氢已是火箭领域的常用燃料了。对现代航天飞机而言，减轻燃料自重、增加有效载荷变得更为重要。氢的能量密度很高，是普通汽油的 3 倍，这意味着燃料的自重可减轻2/3，这对航天飞机无疑是极为有利的。今天的航天飞机以氢作为发动机的推进器，以纯氧作为氧化剂，液氢就装在外部推进器桶内，每次发射需用 $1450m^3$，质量约 100t。现在科学家们正在研究一种"固态氢"的宇宙飞船，固态氢既作为飞船的结构材料，又作为飞船的动力燃料。在飞行期间，飞船上所有的非重要零件都可以转为能源而"消耗掉"。这样飞船在宇宙中就能飞行更长的时间。

第六节 太阳能汽车

利用太阳能产生动力的方法有两种：一种是将太阳辐射能转变为热能，再将热能转变为机械能或电能；另一种是利用太阳能电池即光电池直接将太阳的辐射能转变为电能。后者的效率比前者高，为太阳能汽车所采用。太阳能汽车是直接用太阳能作为汽车动力源，太阳能汽车实际上也是一种电动汽车，它是由太阳能电池向电动机供电，电动机驱动汽车行驶。

太阳能汽车与通常概念的电动汽车的主要区别是所用电池不同，太阳能汽车上提供电能的车载动力源不是蓄电池或燃料电池，而是光电池。光电池没有储电能力，不是蓄电池。另外，光电池的能源来源只是太阳能，具有单一性，而蓄电池所储存的电能的来源可以是多种多样，如石油、煤炭、天然气等，也可能是太阳能。

太阳能电池（光电池）在属性上与燃料电池更为接近，燃料电池需要不断地提供燃料才能发电，光电池需要源源不断的太阳光照射才能发电。当然，燃料电池所需要的燃料可以在车上携带，光电池所需要的太阳光则不能在车上携带，而是直接向太空索取。

制造太阳能电池的材料主流为硅基材料，其最高效率为 20%。此外，砷化硅太阳能电池的发展势头也很猛，其最高效率可达 22%。由于太阳能电池的能量密度太低，纯太阳能汽车很难达到实用，故目前的太阳能汽车多采用混合动力方式，一种是以二次电池为主，太阳能电池为辅、为二次电池补充电能；另一种是以太阳能电池为主，二次电池为辅、为加速或爬坡提供附加动力。采用混合动力可在一定程度上克服太阳能电池受时令影响和限制的缺憾。

目前世界上已有多种太阳能汽车概念车,如美国通用汽车公司早在 1987 年所开发的太阳能赛车就参加了澳大利亚世界太阳能赛车挑战赛,功率为 1500W,走完 1950mile 赛程,平均时速为 42mile。1990 年该公司在推出冲击牌电动汽车基本型的同时,还推出了另外两个系列的太阳能与二次电池混合动力车,续驶里程达 200mile,其中,由 7200 个太阳能电池组成供电系统,电池效率实测为 16.5%,电池在汽车上的覆盖面积为 8.37m²,在阳光充足的白天,行驶速度可达 72.4km/h。日本国立环境研究所推出了"萤火虫"EV 概念车,也是太阳能、二次电池混合动力。

在太阳能电池的能量密度和成本获得突破性进展之前,太阳能汽车基本上只能停留在概念上,跨上实用化的台阶,尚需要走过漫长的路程。

太阳能汽车与电动汽车一样,属零污染汽车,且噪声很小。太阳能直接用作汽车能源的主要问题是成本高、效率低、能量密度低。由于能量密度低,不得不加大太阳能电池的用量,使布置的难度增加。由于太阳能受时令影响大和能量密度低等原因,将太阳能直接应用于汽车是否是最佳选择还有待论证。近年来已有少数国家有了太阳能汽车的实验车型,达到实用阶段尚需要一段较长的时间。预期在缺乏其他能源、日照充足的沙漠干旱地区,太阳能汽车会有用武之地。

第七节　生物质能汽车

生物质能属可再生能源,来源极其丰富,即使不能成为石油替代能源的主角,但作为地区性能源和应急性能源有着不可忽视的作用;采用生物燃料,有利于扩大对太阳能的应用;能源植物可以利用更新森林时砍伐后的土地、土质较差的荒山坡地、沙漠及闲散土地种植,有利于扩大绿化面积;能源植物在生长过程中,吸收大气中的 CO_2,有利于降低温室效应;能源植物不含硫,燃烧时不产生 SO_2,不会导致酸雨;能源植物燃料及其副产品加工工业,集劳动密集和新技术为一体,可以提供大量的就业机会。自燃点比柴油高,闪点一般也比柴油高,储运的安全性好。

生物质能作为发动机燃料存在十六烷值太低,辛烷值偏低,黏度大,蒸发性差,冷启动困难、发热量较低、凝点较高、可滤性差以及雾化性能差等缺点。由于生物质能混合气形成和辛烷值方面的严重缺陷,一般不考虑用作预混、点燃式发动机的燃料。当将生物质能用作压燃式发动机燃料时,应注意以下几点:由于生物质能黏度大、雾化差、蒸发性能差以及凝点高,应采用相应的预热措施;生物质能可滤性差的缺点,应采用通过能力大的滤清器,并缩短清洗和更换的周期;改进喷油器的结构,提高抗滴漏和自洁的能力等。

第七章 节 能

第一节 节 能 概 述

能源是国家的基础工业，是国民经济和社会发展的重要物质基础，是提高和改善人民生活的必要条件。它的开发和利用是衡量一个国家经济发展和科学技术水平的重要标志。19世纪70年代，世界发生两次能源危机，引起各国政府对能源的重视。到20世纪80年代，能源更成为世界瞩目的三大问题之一，由于全球能源问题日益突出，节能已经成为解决当代能源问题的一个公认的重要途径。有科学家把"节能"称为开发"第五大能源"，与煤、石油和天然气、水能、核能四大能源相并列，可见节能的重要意义。

节能就是节约能源消费，即从能源生产开始，一直到最终消费为止，在开采、运输、加工、转换、使用等各环节上都要减少损失和浪费，提高其有效利用程度。从经济的角度，节能则是指通过合理利用、科学管理、技术进步和经济结构合理化等途径，以最少的能源消耗获取最大的经济效益。节能时必须考虑环境和社会的承受能力，因此，我国节约能源法给节能赋予了更科学的定义，即节能是指"加强用能管理，采取技术上可行、经济上合理以及环境和社会可以承受的措施，减少从能源生产到消费各个环节的损失和浪费，更加有效、合理地利用能源"。

能源利用效率是指能源中具有的能量被有效利用的程度，是衡量能量利用技术水平和经济性的一项综合性指标。通过对能源利用率的分析，有助于改进企业的工艺和设备，挖掘节能的潜力，提高能量利用的经济效果。

除了用能源利用效率来衡量能量利用的技术水平和经济性外，通常还用所谓"能源消费系数"来评价能源利用的优劣。能源消费系数是指其一年或某一时期，为实现国民经济产值，平均消耗的能源量。

在经济结构、生产布局及资源等因素均不改变的情况下，依靠改进技术装备和提高技术管理水平，可以进一步挖掘能源开采、加工、输送、转换、使用等过程中的节能潜力。广义上讲，节能就是要挖掘节能潜力，降低能源消费系数，使实现同样的国民经济产值所消耗的能源量减少至最少。节能可以从以下几方面着手。

（1）技术节能：提高用能设备的能源利用效率，直接减小能耗；

（2）工艺节能：采用新的工艺，降低某产品的有效能耗；

（3）结构节能：调整工业结构和产品构成，发展耗能少的产业；

（4）管理节能：通过科学的组织管理，减少能源与材料消耗，提高产品质量。

其中，技术节能和工艺节能统称为直接节能，结构节能和管理节能统称为间接节能。据初步估计，我国节能潜力中，直接节能潜力占1/3，间接节能潜力占2/3。

一切能源的利用过程本质上都是能量的传递和转换过程。这两个过程在理论上和实践上都存在着一系列物理的、技术的和经济方面的限制因素。例如，热能的利用首先要受热力学第一定律（能量守恒）和第二定律（能量贬值）的制约：能量在传递和转换过程中，由于热传导，对流和辐射，必然产生能量的损失和能的品质降低。因此，能源有效利用的实质是在热力学原则的指导下提高能量传递和转换的效率，宏观上说是使所有需要消耗能源的地方最充分地发挥能源的利用效果，使能源得到最经济、最合理的利用。

节约能源既要重视提高用能设备的实效，也要加强整个用能系统的最优化。从技术上说，可以从以下几个方面着手来提高能源的有效利用率：

（1）提高能量传递和转换设备的效率，减少能量转换的次数和传递的距离。

（2）在热力学原则的指导下，从能量的数量和质量两方面分析，计算能量的需求量和评价能源使用方案，按能量的品质合理使用能源，尽可能避免高品质能量降级使用。

（3）按系统工程的原理，实现整个企业或地区用能系统的热能、机械能、电能、余热和余压的全面综合利用，使能源利用最优化。

（4）大力开发、研究节能新技术，如高效清洁的燃烧技术、高温燃气透平、高温磁流体发电、高效小温差换热设备、热泵技术、热管技术及低品质能源动力转换系统等。

（5）作为节约高质量化石燃料的一个有效途径，把太阳能、地热能、海洋能等低品质、低密度替代能源纳入节能技术，因地制宜地开发和利用。

值得指出的是，节能还是减少环境污染的一个重要方面。一般情况下，大多数节能措施都可有效地减少污染，如提高锅炉热效率、回收余热、利用太阳能和地热等。但也有些节能技术措施，如处理不当，反而会造成污染，例如提高燃烧温度可以强化燃烧过程，但燃烧温度超过 $1600℃$，就会形成大量的 NO_2，从而污染环境。因此一定要将节能技术和环境保护结合起来。

结构和管理节能措施包括调整工业结构、合理使用能源、多种能源互补和综合利用、进行企业改造设备更新及工艺改革、改善企业的能源管理等。

第二节 节 约 热 能

一、热能的用途

热能是国民经济和人民生活中应用最广泛的能量形式，节约热能有特别重要的意义。除家庭炊事和采暖外，热能主要用于不同的类型工业企业。各种企业的生产过程多种多样，但从使用热能的目的来看，主要有三方面。

1. 发电和拖动

发电是将蒸汽的热能转换为电力，用于各种电气设备的动力；拖动是直接以蒸汽为动力，拖动压气机、风机、水泵、起重机、汽锤和锻压机等。这类热能消费者通常称为动力用户。

2. 工艺过程加热

工艺过程加热是利用蒸汽、热水或热气体的热量对工艺过程的某些环节加热，或对原料和产品进行热处理，以完成工艺要求或提高产品质量。这类热能消费者通称为热力用户。

3. 采暖和空调

采暖和空调是公用和民用建筑的冬季采暖、热水供应以及夏季空调。它们都直接或间接使用热能，这类热能消费者简称为生活用户。

从使用热能的用户来看，可以分为高温高压热能、中温中压热能以及低温低压热能三个级别。高温高压热能通常指 $500℃$ 以上，压力为 $3.0\sim10MPa$ 的高温高压蒸汽或燃气，它们通常用于发电。温度和压力越高，热能转换的效率就越高；中温中压热能通常指 150～300℃、4.0MPa 以下的热能，它们大量用于加热、干燥、蒸发、蒸馏、洗涤等工艺过程，少数用于汽力拖动；低温低压热能通常指 150℃、0.6MPa 以下的热能，主要用于采暖、热水、空调、制冷等。

二、余热回收和利用技术

余热的回收和利用是节约热能的一个极为重要的途径。余热属于二次能源，是一次能源和可燃化石原料转换后的产物，也是燃料燃烧过程中放出的热量在完成某一工艺过程后所剩余的热量。这种热量若直接排放到环境中，不但会造成大量的热损失，而且还会对环境产生污染。

1. 余热的分类

工业企业有着丰富的余热资源，广义上讲，凡是温度比环境高的排气和待冷物料所包含的热量都属于余热。具体而言，可以将余热分为以下六大类。

（1）高温烟气余热主要指各种冶炼窑炉、加热炉、燃气轮机、内燃机等排出的烟气余热，这类余热资源数量最大，约占整个余热资源的 50% 以上，其温度为 650～1650℃。

（2）可燃废气、废液、废料的余热，如高炉煤气、转炉煤气、炼油厂可燃废气、纸浆厂黑液、化肥厂的造气炉渣、城市垃圾等。它们不仅具有物理热，而且含有可燃气体。可燃废料的燃烧温度在 600～1200℃，发热量为 3350～10 466kJ/kg。

（3）高温产品和炉渣的余热。焦炭、高炉炉渣、钢坯钢链、出窑的水泥和砖瓦等，它们在冷却过程中会放出大量的物理热。

（4）冷却介质的余热。它是指各种工业窑炉壳体在人工冷却过程中冷却介质所带走的热量，例如电炉、锻造炉、加热炉、转炉、高炉等都需采用水冷，水冷产生的热水和蒸汽都可以利用。

（5）化学反应余热。它是指化工生产过程中的化学反应热、这种化学反应热通常又可在工艺过程中再加以利用。

（6）废气、废水的余热。这种余热的来源很广，如热电厂供热后的废气、废水，各种动力机械的排气以及各种化工、轻纺工业中蒸发、浓缩过程产生的废气和排放的废水等。

余热按温度水平可以分为三类：高温余热，温度大于 650℃；中温余热，温度为 230～650℃；低温余热，温度低于 230℃。

2. 余热利用

余热利用的途径主要有三方面，即余热的直接利用、发电、综合利用。

余热的直接利用通常有以下几方面：

（1）预热空气。它是利用高温烟道排气，通过高温换热器来加热进入锅炉和工业窑炉的空气。由于进入炉膛的空气温度提高，使燃烧效率提高，从而节约燃料。在黑色和有色金属的冶炼过程中，广泛采用这种预热空气的方法。

（2）干燥。利用各种工业生产过程中的排气来干燥加工的材料和部件。例如，冶炼厂的矿料、铸造厂的翻砂模型等。

（3）生产热水和蒸汽。它主要是利用中低温的余热生产热水和低压蒸汽，以供应生产工艺和生活方面的需要，在纺织、造纸、食品、医药等工业以及人们生活上都需要大量的热水和低压蒸汽。

（4）制冷。它是利用低温余热通过吸收式制冷系统来达到制冷或空调的目的。

利用余热发电通常有以下几种方式：

（1）用余热锅炉（又称废热锅炉）产生蒸汽，推动汽轮发电机组发电。

（2）高温余热作为燃气轮机的热源，利用燃气轮机发电机组发电。

（3）如余热温度较低，可利用低沸点工质，如正丁烷，来达到发电的目的。

余热的综合利用是根据工业余热温度的高低，采用不同的利用方法，实现余热的梯级利用，以达到"热尽其用"的目的。例如，高温排气首先应当用于发电，而发电的余热，再用于生产工艺用热，生产工艺的余热，再用于生活用热。如工艺用热要求的温度较高，则可通过汽轮机的中间抽气来予以满足。对于高温高压废气，应尽可能采用燃气—蒸汽联合循环。

三、强化传热技术

高效节能过程装备的研究与开发是当今工程节能的重要手段，随着强化传热技术研究的发展，在传热理论方面出现了新手段。热交换设备是煤炭、化工、炼油、动力、食品、轻工、原子能、制药、航空及其他许多工业部门广泛使用的一种通用工艺设备，如炼油厂1/4的设备投资是用于各种各样的换热器，换热器的质量占设备总质量的20％。初级能源消费中80％要经历传热和热交换设备，传热过程的效率显著影响各行业的能源使用效率。热交换设备的技术性能影响到整个工艺装置的综合技术指标，发达国家都十分重视对热交换设备传热技术的研究、开发和应用。近几年来，各种强化传热技术已初步在工业界推广，并取得明显的经济效益。

由于换热器在工业部门中的重要性，因此从节能的角度出发，为了进一步减小换热器的体积，减轻质量和金属消耗，减少换热器消耗的功率，并使换热器能够在较低温差下工作，必须用各种办法来增强换热器内的传热。换热设备中的传热过程强化，具体是通过提高传热系数、增大传热面积和增大平均传热温差来实现，但这些都离不开对传热强化的研究。目前强化传热的方法主要有对单相介质的对流传热；采用单头或多头螺旋槽管、横纹管、缩放管和翅片管；在管内加扭带、扭丝等各种管内插入物。对有相变的换热，采用低翅片管、单面纵槽管、各种表面多孔管，如金属烧结管、机械加工的沟槽管等。

此外，采用汽膜冷却代替水冷，采用新型大过冷度的冷凝器，在直接接触的各种冷却塔中采用新的配水器和新的冷却塔型线，在换热器的设计中大量采用计算机优化设计和运行优化，这些措施都大大提高了换热设备的效率，节约了热能。

强化传热技术在动力、制冷、低温、化工等部门得到日益广泛的应用。许多新的强化传热的方法正在不断出现和应用于工业界。强化传热技术的进步和推广，不但能节约大量的能源，而且能大大减少设备的质量和体积，降低金属消耗量，是当前增产节能向深度发展的重要一环。

四、空冷技术

工业过程和工业设备中会遇到各种各样的冷却问题，如火电厂的凝汽器、冷却塔，化工设备中的洗涤塔，大型活塞式压缩机的中间冷却器，大功率柴油机的润滑油冷却，大电机冷却等。多年来对上述问题大多采用水冷方式；然而随着工业的发展，水冷不但使能量消耗不断增加，而且存在以下问题：淡水的消耗量明显增加，大量提供冷却淡水面临困难；水冷存在着设备的腐蚀问题，如矿物质沉淀、水锈蚀等；水冷会对环境造成污染，特别是化学工业中，一旦化工产品泄漏入水中，会造成严重危害，即使是热水排入江河、湖泊，也会形成

"热污染"，它会使水温提高，导致水中含氧量减少，妨碍鱼类生长，加速藻类繁殖，从而堵塞航道，破坏生态平衡；水冷的运行费用过高，它包括了供水、过滤、废水处理或冷却水回收等费用。因此，人们越来越重视空冷技术的应用。

五、热泵技术

当前热能利用中的突出浪费是"降级使用"，即普遍把煤炭、石油、天然气直接燃烧，以获取温度不高（通常在 100℃ 以下）的介质，并将其用于采暖、空调、生活用热水及造纸、纺织、食品、医药等工业部门，同时又有大量的低温余热被白白浪费。

热泵是一种使热量由低温物体转移到高温物体的能量利用装置，它可以从环境中提取热量用于供热。根据热力学第二定律，热量从低温物体传至高温物体是非自发的，必须消耗机械能，但热泵的供热量却远大于它所消耗的机械能。例如，如果驱动热泵消耗的机械能为 1kJ 的热量，则供热量可达 3～4kJ。热泵的供热量来自两部分：一部分是从低温热源传到高温热源的热量，另一部分则由机械能转换而来。热泵的工作原理与制冷装置相同，但其目的不是制冷，而是"制热"，即热泵是以消耗一部分高品质的机械能为代价来实现"制热"的。

地下水、土壤、室外大气、江河、湖泊都可以作为热泵的低温热源，其供热则可用于房间采暖、热水供应、游泳池水加热等。热泵本身并不是自然能源，但从输出可用能的角度看，它起到了能源的作用，所以有人又称它为"特殊能源"。

热泵具有许多用途：①节约电能。与直接用电取暖相比较，采用热泵可以节电 80% 以上；②节约燃料。若生产和生活中需要 100℃ 以下的热量，采用热泵比直接采用锅炉供热节约燃料 50%。

六、热管节能技术

热管是一种高效的传热元件，已广泛用于热能利用。热管的最早构想是 1942 年由美国通用发动机公司提出来的，1964 年在美国产生了第一根热管。热管由密封的壳体、紧贴于壳体内表面的吸液芯和壳体抽真空后封装在壳体内的工作液组成。当热源对热管的一端加热时，工作液受热沸腾而蒸发，蒸气在压差的作用下高速地流向热管的另一端（冷端），在冷端放出潜热而凝结。凝结液在吸液芯毛细抽吸力的作用下，从冷端返回热端。如此反复循环，热量就从热端不断地传到冷端。因此热管的正常工作过程是由液体的蒸发、蒸汽的流动、蒸汽的凝结和凝结液的回流组成的闭合循环。

如把热管垂直或倾斜放置，热端在下，冷端在上，则热管内可不需要吸液芯，蒸汽在冷端凝结后可靠本身的重力沿管壁回流到热端，这种热管称为重力热管，它的结构最为简单。

根据热管的工作范围，可以将热管分为低温热管、常温热管、中温热管和高温热管。对不同温度的热管，应选用不同的工作液，如对低温热管，可选用制冷剂作为工作液，对常温和中温热管，可选用水，对高温热管，可选用液态金属钠。

热管有许多独特的优点，主要表现在以下几个方面：

（1）传热能力强。由于蒸发和凝结时换热系数特别大，热管有很强的传热能力，一根外径为 20mm 的铜水热管，其导热能力是同直径紫铜棒的 1500 倍。

（2）良好的等温性。由于蒸发和凝结均可在小温差下发生，所以整个热管的温度均匀一致，利用热管的均温性研制出的热管均温炉，其轴向温差小于 0.1℃。

（3）热流方向可逆。除重力热管外，其他热管的传热方向是可逆的，即任何一端都可以受热成为热端，另一端向外放热则成为冷端。利用热管制成的空调余热利用装置可同时兼作回收热量和排出热量之用，这样同一套装置两种用途，冬、夏皆可使用。

（4）热流密度可调。通过改变冷、热两段的换热表面积，可以使热管的热流密度随之变化。热管的热流密度可调后，既可将集中的热流分散处理，作优良的散热器使用，又可以将分散的热流集中使用，作优良的集热器使用。

热管可以方便地制成各种形状，目前已广泛应用于余热回收，主要用作空气预热器、热水锅炉和利用余热加热生活用水。此外，热管在电子器件冷却、均温炉、太阳能集热器、航天技术方面也有众多应用；在农业上，热管地热温室、热管融雪也取得了很好的效益。

七、其他

1. 新型保温材料

热力设备和管道的良好保温不但可以大大节约热能，而且能够保证工艺过程的实施。保温既包括保热，也包括保冷。根据保温的不同要求，应采用各种不同的保温材料。近几年来，出现了许多新型的保温材料，如普遍用于低温保冷的聚氨酯及其整体发泡工艺，用于高温的空心微珠和碳素纤维等。

2. 建筑节能

建筑节能是指节约采暖供热、空调制冷、采光照明以及改变居室环境质量的能源消耗。由于建筑物能耗在能源消费总量中占相当的份额，对高纬度国家更是如此，因此世界各国对建筑节能都非常重视。

建筑节能是全社会节约能源的重要组成部分。我国是发展中国家，建筑能耗占社会总能耗的 25％，随着经济的发展、人民生活质量的提高、居住环境的改善，这个比例还会不断增长。为此，我国政府高度重视建筑节能，相继制定了一系列政策与法规，推动和促进了建筑节能工作的健康发展。

第三节　节　约　煤　炭

从 1995 年起，我国的原煤产量已居世界第一位，煤炭在我国能源构成中占 70％以上，即使在欧洲乃至世界范围内，也有 40％的电能来自煤炭的转换。而且在未来的数十年间，这种以煤炭为主要一次能源的格局不会发生根本的改变，对大多数国家和地区而言，尤其在中欧、东欧和我国，煤仍将是经济发展的一个极其重要的能源支柱。煤炭不但是主要的一次能源，而且是导致温室效应和环境污染的一个主要污染源，因此，节约煤炭不仅能够产生巨大的经济效益，而且还会带来巨大的社会效益和环境效益。

除了用作化学原料外，煤炭主要是通过燃烧被利用。因此，除了在煤的开采、加工、运输、储存过程中采取各种措施杜绝煤炭浪费外，提高各种燃煤设备和装置的燃烧效率也是至关重要的。对于耗煤最多的电力企业，发展热电联产和联合循环也是节约煤炭的重要手段。煤炭的另一个重要用途是供暖和作为炊事的燃料，因此，发展集中供热和城市煤气化以及利用城市垃圾焚烧的热能也都是节约煤炭的主要措施。

一、提高燃煤设备和装置的效率

据统计，我国发电能源中 76％为煤，工业燃料和动力中 76％也为煤，民用商品能源中 60％也是煤。燃烧设备和装置多种多样，包括大容量的电站锅炉、各种工业锅炉以及各种各样的工业炉窑，提高这些燃煤设备和装置的效率可以从以下几个方面着手。

1. 工业锅炉的大型化

我国工业锅炉数量巨大，现有燃煤锅炉 50 万台，而且每年递增一万台。但单台锅炉蒸发量低，多为 4t/h 以下的低参数锅炉，锅炉的平均效率为 60%。而发达国家的工业锅炉单台蒸发量都大于 20～40t/h，机械化、自动化程度高，均有水质处理和除尘设备，因此热效率高达 80% 左右，而且对环境的污染也大为减少。另外，我国劣质煤较多，煤中灰分和硫分普遍较高，加之煤种复杂多变，工业锅炉的品种不全，也是造成我国工业锅炉效率低下、劳动条件恶劣、环境污染严重的原因之一。因此，采用集中供汽或分片供热，使工业锅炉大型化，以取代目前分散的小型锅炉，是节约煤炭的重要措施。这样不但有利于提高锅炉效率，而且能够大大减少大气污染，改善环境卫生。

2. 火电机组的现代化

我国电力工业以火电为主，而火电站又是耗煤大户。目前我国火电机组还相当落后，突出的表现是发电的煤耗仍然很高，比西方发达国家的先进水平均高出 50～80s/kWh。因此从节煤的角度来看，迫切需要使火电机组现代化。

造成我国火电煤耗较高的原因是多方面的，首先我国尚有大量中、低参数的老机组，其总容量达 20GW。从热力学第二定律可知，电站蒸汽参数越高，热能转换为机械能、电能的效率就越高。低参数的火电机组与高参数的机组相比效率低、煤耗高，而且由于自动化水平低，管理、维护费用也普遍高于大型机组。在 2004—2014 年的 10 年间，火力发电的供电煤耗率从 376g/kWh 下降到 318g/kWh，降幅达 15.4%。即使如此，与发达国家相比，我国的火力发电能耗水平仍处于较低水平。

此外，结合我国国情，逐步淘汰中、低参数的火电机组或将其改造为热电联产机组，以及在大型火电电站中有计划地推广燃气 - 蒸汽联合循环，也是火电站节煤的重要方面。

3. 采用先进的煤粉燃烧技术

大型锅炉和工业窑炉大多采用煤粉燃烧。煤粉燃烧技术发展至今，已经历了半个多世纪。为了适应煤种多变、锅炉调峰、稳燃和强化燃烧的需要，煤粉燃烧技术也越来越受到重视。近几年为了将稳燃和低污染燃烧结合起来，高浓度煤粉燃烧技术发展也非常迅速。这些先进的煤粉燃烧技术有些是我国独创的，不但提高了燃烧效率，节约了煤炭，减少了污染，还为锅炉的调峰和安全运行创造了条件。

煤粉燃烧稳定技术是通过各种新型燃烧器来实现煤粉的稳定着火和燃烧强化。采用新型燃烧器不但能使锅炉适应不同的煤种，特别是燃用劣质煤和低挥发分煤，而且能提高燃烧效率，实现低负荷稳燃，防止结渣，并节约点火用油。

4. 发展流化床燃烧技术

煤的流化床燃烧是继层煤燃烧和粉煤燃烧后，于 20 世纪 60 年代开始迅速发展起来的一种新的煤的燃烧方式。由于流化床燃烧煤种适应性广，易于实现炉内脱硫和低氮氧化物排放，且燃烧效率高，负荷调节性好，能有效利用灰渣，因此近 30 年来得到很大的发展。我国煤质差、环境污染严重，大力发展流化床技术是非常必要的。

5. 改造工业炉窑

我国工业炉窑类型繁多、数量巨大。普遍存在的问题是设备落后、热效率低。我国工业炉窑的平均效率仅及国外先进水平的一半，而且国内先进和落后之间的差距也十分大。好的炉窑燃烧效率可以达到 50%，而差的仅有 5%～10%。因此，对工业炉窑进行技术改造，提高其效率，降低能耗是十分必要的。

6．发展先进的发电技术

提高热源温度，降低冷源温度是提高热能转换效率的关键，各种先进的发电技术都是以此为基础。如燃气 - 蒸汽联合循环、整体煤气化联合循环发电、增压流化床燃气—蒸汽联合循环、燃料电池和整体煤气化联合循环发电以及煤气 - 蒸汽 - 电力多联产系统等。其中燃气—蒸汽联合循环发电具有发电效率高、可用率高、投资低、设计和建设周期短、环保性能好、负荷适应性强、启动迅速等优点，其技术也最成熟，应优先发展。

二、集中供热

人们的日常生活和各种生产活动都需要供热。各个热用户自建小锅炉房作为供热的热源，这种供热方式称为"分散供热"。将一个较大地区范围内的许多热用户以一个或几个共同热源通过管网集中地供给蒸汽或热水，这种供热方式称为"集中供热"。

集中供热技术的应用已有多年的历史，技术上成熟，有显著的节能效果，因此在世界各国得到广泛的重视和迅速的发展。与使用一般小锅炉分散供热相比，集中供热的优越性主要表现在以下几个方面。

（1）节约能源。集中供热的节能效益主要源于两个方面：一是用高效率、大容量的锅炉代替低效率、小容量的锅炉，一般情况下，扣除管网损失后还可节约燃料 20% 左右；二是在热电联产的情况下，可减少高、中压机组凝汽损失，使煤耗率降低约 50%。

（2）改善环境质量。为数众多的小锅炉给城市带来严重的空气污染，这些污染物除排烟中的二氧化硫、氮氧化物和粉尘之外，还有噪声。由于锅炉的大型化，可安装各种有效的除尘和脱硫设备、降噪设备，从而可以大大改善城市环境质量。

（3）供热质量提高。集中供热具有供热介质参数稳定的特点，供热质量高，可满足用户的工艺质量要求。

（4）便利居民生活。随着生产的发展和人民生活水平的提高，采暖和供热系统开始成为生活上的必需设施，集中供热为城市居民提供了可靠热源，大大方便了生活。

（5）减少设备和投资费用。因为各热用户并非同时需要最大供热量，因此供热系统的总热负荷比系统内各用户的最大负荷的总和小，这样，作为一个整体运行的集中供热系统，它的热源设备的总容量比分散供热时减少，备用裕量也因整体考虑而大为减少，从而可节约设备投资。

此外，集中供热还可减少锅炉房的建筑面积、减少煤场和灰场面积，节约城市用地；减少管理人员，减缓交通运输紧张等。

三、热电联产

当热量转换设备只能够提供一种能量（电能或热能）时，如发电厂中凝汽式汽轮发电机组只能输出电能，供热锅炉设备只能提供热能（蒸汽或热水），称为单一的能量生产。如果在发电厂中采用背压式汽轮发电机组发电的同时，利用其排气供热（即不使排气热量在冷源中损失掉），或利用抽气式汽轮机组的抽气在发电的同时实现对热用户的供热（通过不同的抽气参数来满足工业热用户和民用热用户对供热参数的不同要求），这样把热、电生产有机地结合起来，就构成了热电联产的方式。

对于以单纯发电为目的的凝汽式汽轮机，蒸汽在其中膨胀做功以后进入凝汽器，冷却水把凝汽器中的潜能全部带走了，这部分热量损失约为燃料发热量的 45%。若采用热电联产将这部分热量引出来对外供热，会大大提高热电站的热能利用率。

第四节　节　约　用　油

石油既是重要的燃料，又是宝贵的化工原料。石油是非再生能源，储量有限，因此节约用油意义重大。

节约和替代燃料油是解决我国石油资源短缺、缓解石油供需矛盾、保障国家经济安全的重大战略措施。"九五"期间，我国石油开发和生产严重滞后于消费增长，供需矛盾日益突出，进口量大幅度上升。随着工业化进程的加快和汽车持有量的增加，我国未来石油需求将呈强劲增长态势，供需缺口较大。如不采取积极有效的措施，我国对国际石油市场的依存度将越来越高。目前，我国每年消费燃料油为 4400×10^4 t 左右，相当于原油产量的 1/4。因此，节约和替代燃料油，是缓解石油供需矛盾的重大战略措施之一。

节约和替代燃料油是提高企业经济效益、增强企业竞争力、应对加入世界贸易组织（WTO）最现实的选择。近年来，受国际市场石油价格大幅度攀升的影响，用油企业经济效益受到不同程度的冲击。面对加入 WTO 后严峻的市场竞争，以油为原料的化肥企业若不进行原料路线的改变，将陷入严重亏损或被迫关闭的境地。因此，迫切需要采取措施，加大节约和替代燃料油的力度，以降低生产成本，提高市场竞争能力。节约和替代燃料油将加快我国能源结构的调整，促进能源结构优化。煤炭是我国的基础能源，在能源消费结构中居主导地位，节约和替代燃料油，将加快洁净煤技术的开发和推广，提高优质煤比重，有利于煤炭工业结构调整和产业升级，促进煤炭企业扭亏脱困；节约和替代燃料油还可以扩大天然气的消费市场，推动"西气东输"等西部大开发重大工程的顺利实施，从而加快我国能源结构的调整和优化。

从我国石油供需情况看，工业用油约占石油消费量的一半，其中燃料油占工业用油的35%，且目前相当数量的燃料油是通过进口来满足需求的，所以在做好石油资源勘探开发的同时，近期工业节油的重点是解决好燃料油的节约和替代，这是缓解我国石油消费过快增长的有效途径。燃料油作为工农业生产的重要物质基础，其替代性较强，节约潜力较大。

由石油炼制得到的汽油、煤油、柴油主要用作内燃机和航空发动机的燃料，重油和渣油则用于工业炉窑和锅炉，汽油和柴油还是重要的溶剂和清洁剂。内燃机是各种交通运输工具最重要的动力来源，大多数工程机械，如推土机、挖掘机、压路机、起重机等也是以内燃机为动力，农业机械、抽水排灌、移动电站也离不开内燃机，柴油发电机组更是工矿企业必备的应急电源，即便是燃煤的工业炉窑和锅炉，也需要用重油点火和稳燃。因此内燃机节油和工业炉窑、锅炉的节油是节约用油的关键。

内燃机广泛用于交通运输、农业动力和国防，是最大的石油用户。内燃机节油主要从以下几方面进行：改进内燃机性能，提高内燃机的热效率，逐步淘汰落后车辆是十分重要的节油措施；充分利用内燃机余热是内燃机节油的一个重要方面；内燃机采用代用燃料已成为当前节油的热点之一；用电子控制技术对内燃机参数监控，并利用反馈系统使内燃机处于最佳运行工况，从而是燃油消耗率经常保持在最佳值，这是内燃机最有效的节油措施之一。

我国各种工业炉窑和工业锅炉用油量很大，为了节约这部分用油，必须大力推广燃油掺水乳化燃烧技术、水煤浆技术、等离子点火燃烧技术和油气混烧技术。

交通运输是耗油的主要部门，发展电动汽车、改善汽车运输管理体制、提高运输效率是交通运输节油的主要途径。

第五节　节　约　电　能

电能是由一次能源转换而来的二次能源。由于电能输送、控制、转换、使用都很方便，又不污染环境，因而得到普遍应用。

电能的特点是发电、传输、用电同时发生。如果发电机运行中，用电负荷过低，则整个系统的效率就要降低，造成浪费；负荷过高发电机又难以胜任甚至造成损坏。因此，电能既是一种高价能源，又是技术要求严格的能源，使用中应十分珍惜，并杜绝浪费。

节电是手段，不是目的。不能因为节省了电能、降低了单位电耗而增加了其他能源的消耗，不能影响产品的质量、产量和成本，不能使环境质量下降，还要保证节电设备的投资费用能够在短时间内收回来。

我国电能利用率低，电能管理不善，电气设备陈旧落后、效率低，而且运行条件、运行方式很不讲究。因此，一方面要实现合理的电能管理，即尽可能采用先进的、科学的电能管理方法，使电气设备能尽其所能地安全运行；另一方面则要实行节电技术改造，包括引进和应用各种高效的节电设备，替代耗能型设备，采用先进的节电技术，淘汰落后的耗电技术，改进电气设备的运行条件及运行方式，实行经济运行等。

电能来之不易，一次能源变成电能的过程中有各种各样的损耗。以提供电力最多的火电厂为例，排气热损失是发电过程中最大的损失，因此，提高进入汽轮机的蒸汽的压力和温度，采用抽气回热循环和中间再热，大力发展燃气 - 蒸汽联合循环等提高热力循环效率的措施，实际上就是非常重要的节电措施。

输配电作为电站和用户之间的连接环节，不但关系到节电，还关系到供电的品质。影响电网内能量消耗的因素很多，如用电量增加而个别电力网落后；系统之间的联络线和远距离输电增加；从电源至用电中心的平均输电距离加大；无功功率补偿率降低；电网电压等级下降；在有负载下变压器和调压器没有得到充分利用等。

用电能产生可见光的装置称为电光源。由于发光机理不尽相同，电光源产生的光色也有差异。电照明的强弱不仅关系到人们视觉的健康，也直接影响劳动者的生产效率。我国每年用于电照明的耗电量占发电总量 7%～8%，节约照明用电就是要在满足生产、生活和安全需要的前提下，尽量选用高效率的电光源，减少配电损耗，配用低损耗的镇流器等来达到节电的目的，而不是以降低照明强度、牺牲视觉健康为代价。

1. 合理照明的基本要求

合理照明主要有以下基本要求：

（1）避免眩光。光源亮度分布不当，位置过低或不同时间出现的亮度差过大而造成视觉不舒适的现象叫做眩光。眩光对人的视觉健康有害，应尽量避免。

（2）合理选定照度。应根据生产要求和工作及生活场所的需要，从保护视力健康，提高劳动生产率出发来选定照度。选定时应留有适当余地，以补偿电光源老化和积尘后光通量减弱的影响。

（3）注意均匀度。一般同一房间内最低照明度与最高照明度之比不应低于 0.7。

2. 选用高效光源

光源是照明技术的核心，采用高效光源可以取得显著节电效果。

（1）节能荧光灯。白炽灯的发光效率很低，旧式荧光灯的发光效率也不太高，而异型节能荧光灯则异军突起。一支 11W 的节能荧光灯，其产生的光通量相当于 60W 白炽灯，在 $12m^3$ 以下的居室内使用完全可以满足一般照明要求，如果有绘图工作或儿童学习，则辅之以 6～8W 日光灯作局部照明，即完全可以满足要求，照明电耗可下降 74%～81%。值得注意的是，换用节能荧光灯后将使功率因数变坏，故在推广节能荧光灯时必须考虑无功功率补偿问题。

（2）高、低压钠灯。钠灯目前是电光源中光效最高的气体放电灯，低压钠灯光视效能可达 170lm/W 以上，寿命超过 5000h。其缺点是色温低和显色性差，但用在厕所、走廊、楼梯等公共场所还是非常合适的。高压钠灯最高光效也可达 150lm/W，它光通量稳定，紫外线辐射较弱，对温度不太敏感，已广泛用于街道、广场和工厂的高大厂房之中。目前正在解决高光效，低显色指数之矛盾。

（3）金属卤化物灯。金属卤化物灯是一种新发展起来的电光源，它光色极佳，寿命长，体积小，显色指数高，光效可达 100lm/W，是一种很有前途的优质高效光源。

3. 推广节电开关

民宅楼梯照明和企事业单位的卫生间照明常出现彻夜长明的现象，办公室和学校教室常有天黑时开灯，亮度增高后忘记关灯现象，路灯和警戒照明也有延迟关灯的现象，因此，推广各种节电开关是很有必要的。

节能定时开关是根据预定的程序来启闭照明器具。例如，办公室在工作前、休息时间、下班后自动熄灯或熄灭部分照明，楼道灯光延迟片刻自动熄灭等。

光控开关、声控开关等可以利用光传感器和声传感器来控制照明器具的开和关，从而达到节电的目的。因此，大力推广节电开关，可获得"汇沙成塔，集腋成裘"的节电功效。

4. 采用电子镇流器

长期以来，气体放电光源都是采用电感式镇流器，不但消耗大量有色金属和硅钢片，而且由于线路中串入电感，使功率因数降低。采用电子镇流器，其损耗可比电感式镇流器低 30%，而且全灯的功率因数也提高到 0.85～0.90，从而大大降低配电损耗。由于电子镇流器在高频范围内工作，不仅消除了闪频效应，也使灯管发光效率提高，并延长了使用寿命。因此，采用电子镇流器是节约照明用电的有效措施。

5. 高科技节电控制器

随着科技的发展，出现了各种高科技节电控制器。例如，美国的 UniSaver 系统安全节电器是适用于所有用电系统的一种通用型节电装置。它采用高科技的瞬变抑制和专用快速开关元件的组合，可有效过滤电网电路中的瞬变、浪涌，保护末端设备不受其影响或损坏；可减少由此引起的用电设备的能耗增加，提高设备的运行效率，降低运行成本和设备维护费用，延长设备的使用寿命，具有节电和保护设备的双重功效。

由于生活水平的提高，人们对家用电器的需求也日益增大，各种小型家用电器如雨后春笋般涌现，且品种繁多、琳琅满目。各种家用电器的能耗早已成为家庭用电的主力。随着办公用品的日益现代化，办公室设备的能耗也日益增加。因此，家用电器与办公设备的节电已变得越来越重要。因为家用电器和办公设备的类型繁多，它们的节电方法也应根据各种电器的具体特点，采用不同的方法。例如，对于家用电冰箱有效的节电措施如下：

（1）电冰箱所消耗的电力是与容积大小成正比的，因此应根据家庭的需要来选择电冰箱的容量，而不是越大越好。

（2）周围环境温度增高时，向冰箱内侵入的热量将增加，用电量也随之增加，因此冰箱要放置在通风良好，距墙约 15cm 的地方，冰箱散热器不能生锈。

（3）冰箱的门应关闭紧密，并尽量减少开门储物、取物的次数，以免冷气外泄，增加用电。

（4）食品冷却后方可储入冰箱，储存量的多少基本与耗电无关；最好使冰箱经常充满食物，但要放置合理，以利冷空气在箱内充分对流，使箱内温度均匀。

（5）冰箱冷冻温度控制得越低，耗电也越多，因此应根据需要调节温度。

（6）制作大冰块或大盆冷水耗电量都很大。不可放置不加盖的液体物，因液体物蒸发会增加压缩机的工作负荷而造成多用电。

（7）应及时消除冰箱内的结霜和结冻，以防止多耗电，对不能自动融霜的冰箱更应定期融霜。

第六节　变频调速节能技术

现代工业生产过程中，各种设备的传动部件大都离不开电动机，且电动机的传动在许多场合要求能够调速。电动机的调速运行方式很多，以电动机类型分大致可分为直流调速与交流调速两种，而交流调速方式又可分为串级调速、变极调速、滑差电机调速、调压调速以及变频调速等几种方式。自从 20 世纪 70 年代以来，以电子器件、微电子器件技术和控制技术等为基础的变频调速技术，有了突破性的进展，生产出满足变频调速要求的变频器，从此交流调速进入了一个崭新时代。这些高精度、多功能、智能化的变频器将调速效率和精度提高到了前所未有的水平。应用变频调速技术在节能方面应用效果亦十分显著，通常占总用电量一半左右的风机、泵类负载，采用调速方式来调节输出流量，与传统的恒速运行节流阀调节流量的方式相比，可节电 30% 左右，这一事实，促使人们从生产系统总效率的角度来重新评价交流调速系统的经济技术指标，变频调速系统由于具有显著的节电效果，低廉的运行费用，常可抵消装置价格偏高的不利因素，受到用户的欢迎。

变频调速工作原理是借助微电子器件、电力电子器件和控制技术，先将工频电源经过二极管整流成直流，再由电力电子器件逆变为频率可调的交流电源，整个变频装置称为变频器，变频调速应用领域将不断扩大。随着科学技术的进步、大功率电力电子技术的迅速发展，大规模集成电路和微机技术的突飞猛进，交流电动机变频技术已日趋完善，变频调速器用于交流异步电动机调速，其性能胜过以往任何一种交流调速方式，已成为电动机调速最新潮流。在国外，交流调速已广泛在钢铁、有色冶金、油田、炼油、石化、化工、纺织、印染、医药、造纸、卷烟、高层建筑供水、建材及机械行业应用，功率大到上万千瓦的轧钢机，小到只有几十瓦的公园喷水头，从工厂装备到家用电器，应用范围相当广阔，并且还将继续扩大，在日本，100kVA 的各种变频器销售量在 1988—1993 年五年内多数增加了 1 倍，在我国也可看到这种销售势头。特别是耗电大的行业对推广变频技术尤具有积极性，虽然要初次投资，但是一般 1～2 年时间节电的效益足以回收成本，至于改善生产环境，减轻操作者的劳动强度，已不是用经济效益可以估算。

第七节　等离子点火节油技术

长期以来，火力发电机组锅炉的启停及低负荷稳燃消耗大量的燃料油，特别是新建的火力发电机组，其在试运期间要经过锅炉吹管、汽轮机冲转、机组并网、电气试验、锅炉洗硅和整定安全阀等多个阶段，此期间由于锅炉负荷太低无法投磨或无法完全断油运行，因此要耗费大量的燃油。由于世界原油价格持续上升，锅炉点火和低负荷稳燃用油已经成为电厂，尤其是基建单位和投资方的沉重负担，其次，近年来我国大容量参数机组的建设迅速增长，随着电源增加，用电负荷率下降，电网峰谷差不断扩大，特别是在低谷时段，大容量机组被迫频繁启停调峰，大大增加了电站锅炉点火及稳燃用油。传统使用油枪点火的燃煤机组，锅炉不投油稳燃负荷一般在 50％额定负荷左右。当低于该负荷时，出于锅炉燃烧安全性考虑，就需要用燃油助燃。

由于锅炉在纯烧油或油煤混烧时，尾部二次燃烧的可能性较大，同时，为避免未燃尽的油滴沾污电极，投油期间电除尘器一般处于解列状态。因此，在电厂试运行和启动、低负荷运行时，由于电除尘器无法投入运行，经常可见浓烟滚滚，对周围环境造成严重的污染。采用等离子点火燃烧技术，可以实现锅炉无油（或少油）点火和低负荷无油稳燃，大大节约了燃油耗量，降低基建和发电成本；电除尘器可以在锅炉点火初期正常投入运行，大大减少了粉尘的排放量，避免了环境污染，带来了显著的经济效益和环境效益。

第八节　城市垃圾的资源化利用技术

生活垃圾是人类生活的必然产物，现代城市，人口和生产都高度集中，城市垃圾与日俱增，成为一大公害。随着居民生活水平的提高，生活垃圾的产量不断增加，垃圾的成分随着物质、生活的丰富而日趋复杂、不断变化：垃圾中的砖瓦土砂等成分越来越少，而可燃用的纸类、塑料、纤维和木屑等成分越来越多。日本垃圾的发热量达 7576kJ/kg，西欧各国的城市垃圾发热量大都为 7116～10 456kJ/kg。由于城市垃圾可燃成分增加，从而为城市垃圾的能源化利用提供了物质基础。

城市垃圾的潜能十分可观，充分利用城市垃圾回收能源已成为各国节能的热点之一。目前比较成熟的城市生活垃圾处理方法主要有卫生填埋、堆肥和焚烧。城市垃圾大多采用填埋的方法，填埋技术的特点是操作简单，可以处理所有种类的垃圾。但占地面积大，同时存在严重的二次污染，例如垃圾渗出波会污染地下水及土壤，垃圾堆放产生的臭气严重影响场地周边的空气质量，另外，垃圾发酵产生的甲烷气体既是火灾及爆炸隐患，排放到大气中又会产生温室效应。堆肥技术的工艺也比较简单，适合于易腐有机质含量较高的垃圾处理，对垃圾中的部分组分进行资源利用，且处理相同质量的垃圾投资比单纯的焚烧处理大大降低。堆肥技术在欧美国家起步较早，目前已经达到工业化应用的水平。但引进国外技术投资巨大，不适合我国国情。

　　对垃圾进行焚烧处理减容、减量及无害化都很高，焚烧过程产生的热量用来发电可以实现垃圾的能源化，是一种较好的垃圾处理方法，即把垃圾烧成仅有原体积5％左右的灰烬，然后再将灰烬掩埋。由于焚烧需要场地、焚烧炉、运输设备和消烟除尘装置，因此单纯的垃圾焚烧是很不经济的。如果能利用垃圾焚烧所产生的大量热能为居民采暖和供热，则能使垃圾变废为宝。垃圾焚烧的废热有多种利用方式，大的焚烧炉可以用来发电，小的焚烧炉可以用来供热。为保证输出热量稳定，通常将城市垃圾与工业可燃废弃物或部分燃料混合燃烧，并选择用能集中的地方建造焚烧厂，以建立合理的废热回收体系。另外，垃圾焚烧会产生有害气体，为防止二次污染，焚烧炉应安装排气净化装置。

　　垃圾热分解造气是一种与热分解造油相似的方法，它也是城市垃圾资源化利用的重要方式之一。废塑料、废轮胎、造纸以及其他可燃成分都可以通过热分解变为燃气。在美国和欧洲，城市垃圾的热分解可燃气已用于发电。城市垃圾中来自厨房的废弃物占了很大比例，这些物质大都是生物易降解的物质，通过厌氧发酵的途径可以制备沼气，其主要可燃成分为甲烷。卫生填埋—自然发酵—沼气收集—燃气发电。该技术已于1998年10月在杭州天子岭废弃物处理总场建成投产，外方总投资350万美元（不含征地费用），装机容量为1940kW，平均功率为1800kW，发电并入华东电网，已产生了一定的经济效益。该工艺的优点是对垃圾进行了部分资源化利用，并减少了填埋场温室气体的排放，减少了填埋场的火灾隐患。

　　城市污水处理会产生大量的污泥，目前污泥焚烧已被证明是一种行之有效的处理方法。将污泥作为燃料来应用是污泥处理技术上的革命，为城市废物的能源化利用开辟了新的途径。污泥的发热量可达14 651～16 744kJ/kg，相当于优质煤发热量的60％～70％。因此，充分利用污泥的潜能是很有意义的。通常将污泥经脱水处理后，再加少许辅助燃料，即可在焚烧污泥的焚烧炉内焚烧，回收的废热可以用于地区性采暖，供温室热水，也可用于发电。污泥经脱水后，也可以像垃圾那样，进行缺氧性热分解，使污泥中的有机物裂解，产生可燃气体。此外，将污泥和城市垃圾混合进行热分解，可以取长补短，相得益彰。

　　垃圾的能源化利用既有利于节能，又利于环保，今后城市建设和发展都应当考虑城市垃圾的能源化利用。

附录　常用科技英文专业词汇

奥托循环　Otto cycle

摆式波力装置　pendulum wave power device

半衰期　half-life

半水煤气　half water gas

保护和跳闸　protection and trip

被动式太阳能系统　passive solar（energy）system

闭式循环系统　closed-cycle system

变电站　transformer substation

变工况　variable working condition

变送器　converter

标准风速　standardized wind speed

标准煤　standard coal

波浪发电　wave power generation

波浪反射　wave reflection

波浪能　wave energy

薄烟　haze

不燃性物质　incombustible material

部分负荷　part load

采光面积表　aperture area

残植煤　liptobiolite

槽形抛物面集热器　parabolic trough collector

柴油机　diesel engine

长波辐射　long wave radiation

常规能源　conventional source of energy

超负荷　over load

潮波　tidal wave

潮流能　tidal current energy

潮汐电站　tidal power generation

潮汐电站总效率　total efficiency of hydroelectric power station

潮汐发电　tidal power generation

潮汐发电工程　tidal power project

潮汐磨坊　tidal mill

潮汐能　tidal energy

潮汐能利用　utilization of tidal power

潮汐水轮泵站　tidal turbine pump station

沉降的颗粒物　deposited particulate matter

城市生活垃圾　municipal solid wastes

充气系数　volumetric efficiency

充气行程　charging stroke

臭氧层　ozone layer

除盐水　demineralized water

除氧器　deaerator

储热器　thermal storage device

储水箱　storage tank

传热工质　beat transfer fluid

吹灰器　sootblower

垂直轴风力机　vertical axis wind turbine

大气　atmosphere

大气成分　atmospheric components

大气辐射　atmospheric radiation

大气化学　atmospheric chemistry

大气颗粒物　atmospheric particulates

大气组成　atmospheric composition

代用资源　replacement resources

怠速　idling

怠速转速　idling speed

单缸功率　power per cylinder

氮　nitrogen

等压循环　constant pressure cycle

低热值煤气　low-calorific value gas

低位发热量　net calorific value

低压缸　low pressure cylinder/casing

狄塞尔循环　diesel cycle

地球辐射　terrestrial radiation

地球化学方法　geo-chemical exploration technology

地球物理勘探技术　geophysical exploration technology

地热电站　geothermal power plant

地热流体　geothermal fluid

地热能　geothermal energy

地热能发电　geothermal power generation

地热资源　geothermal resources

地质勘探方法　geophysical exploration methods

电厂　power plant

电动操纵的　motor-operated

电力传动与控制　electrical drive and control

电力系统　power system

电力系统继电保护　power system relaying protection

电气设备　electrical equipment/apparatus

电网　power grid

电子　electron

定容循环　constant volume cycle

动力机装置　power unit

动叶片　moving blades/blading

短波辐射　short wave radiation

对置汽缸式发动机　opposed-cylinder engine

多汽缸发动机　multiple cylinder engine

多种燃料发动机　multi - fuel engine

额定出力　rated electrical output

额定风速（风力机）　rated wind speed（for wind tur-
　　　　　　　bines）

额定负荷　economic continuous rating

额定工况　declared working condition

额定功率　rated power

额定马力　rated horse power

二冲程发动机　two-stroke engine

二冲程循环　two-stroke cycle

二氧化碳　carbon dioxide

发电机　generator

发动机　engine

发动机排量　engine displacement

发动机转速　engine speed；rotational frequency

发生炉煤气　producer gas

反动式汽轮机　reaction turbine

防冻　freeze protection

放射性元素　radioactive elements

飞灰　fly ash

非聚光（型）集热器　non-concentrating collector

菲涅耳集热器　fresnel collector

分离式（太阳热水）系统　remote storage system

分析基　as analysed basis

分子　molecule

风　winds

风场　wind site

风场电气设备　site electrical facilities

风道　duct

风电场　wind power station；wind farm

风功率密度　wind power density

风光互补发电系统　wind-solar photovoltaic hybrid
　　　　　　　generate electricity system

风光互补控制器　controller for wind-solar photovol-

taic hybrid system

风冷式发动机　air-cooled engine

风力发电机组　wind turbine generator system；
　　　　　　WTGS（abbreviation）

风力发电系统　wind electric power generation system

风力机　wind turbine

风轮转速（风力机）　rotor speed（for wind turbines）

风能　wind energy

风能密度　wind energy density

风能资源　wind energy resources

风蚀　wind erosion

风速　wind speed

风速分布　wind speed distribution

辐射表　radiometer

辐射能　radiant energy

辐射强度　radiant intensity

辐照度　irradiance

辅助热源　auxiliary thermal source

腐泥化阶段　saprofication stage

腐泥煤　sapropelic coal

腐殖煤　humic coal

复合抛物面集热器　compound parabolic（concentra-
　　　　　　ting）collector

干旱　drought

干燥基　dry basis

干燥基低位发热量　net calorific value as dry basis

缸径　cylinder bore

高位发热量　gross calorific value

给煤机　coal feeder

工况　working condition；operating mode

工业分析　proximate analysis

工业锅炉　industrial boiler

工作循环　working cycle

公用锅炉　utility boiler

固定碳　fixed Carbon

固定碳含量　fixed Carbon content

光子　photon

锅炉　boiler/steam generator

过量空气系数　coefficient of excess air

过热器　superheater

海流发电　ocean current power generation

海流能　ocean current energy

海流能量利用率　energy efficiency in ocean current

海流能密度　density of ocean current energy

海平面上升　sea level rise

海水温差发电系统　ocean thermal energy conversion power system

海洋能　ocean energy

海洋热能　ocean thermal energy

海洋热能的总能量　total energy of ocean thermal

海洋热能转换　ocean thermal energy conversion；OTEC

海洋温差发电　ocean thermal difference power generation

海洋盐差能　ocean salt difference energy

海洋资源　ocean resources

合成煤气　synthetic gas

核　nucleus

核电站　nuclear power plant，nuclear power station

核反应堆　nuclear reactor

核能　nuclear energy

核试验　nuclear tests

核物理　nuclear physics

核子　nucleon

褐煤　brown coal/lignite

红外辐射　infrared radiation

化石燃料　fossil fuel

化学能　chemical energy

化油器式发动机　carburetor engine

环境温度　ambient temperature

环境资源　environmental resource

换气压缩行程　exchange-compression stroke

换热器　heat exchanger

灰分　ash

灰分分析　ash analysis

挥发分　volatile matter

挥发分分析　volatile matter analysis

混合功率　hybrid power

混合循环　mixed cycle

混合循环系统　mixed cycle system

活塞排量　piston swept volume

活塞行程　piston stroke

火花点火式发动机　spark ignition engine

火山　volcanoes'

机械采掘　mechanical mining

机械能　mechanical energy

机械损失　mechanical loss

机械效率　mechanical efficiency

集控室　central control room；CCR

集热器盖板　collector cover plate

集热器效率　collector efficiency

集热器子系统　collector subsystem

集热器总面积　gross collector area

加速　to accelerate

家用太阳热水器　domestic solar water heater

甲烷　methane

间接喷射式柴油机　indirect injection engine

减温器　attemperator

交流电　alternating current；AC

焦炉煤气　coke oven gas

焦炭　coke

节能　energy saving

洁净煤技术　clean coal technology

洁净能源　clean energy

紧凑式太阳热水器　close-coupled solar water heater

进气行程　intake stroke

经济转速　economic speed

精煤　cleaned coal

井田勘探　mine field exploration

净（辐射）辐照度　net irradiance

净功率　net power

局部阻力　local resistance

聚变　fusion

聚光（型）集热器　concentrating collector

聚光器　concentrator

绝对辐射表　absolute radiometer

开采方式　production pattern

开式循环系统　open-cycle system

可靠性　reliability

可燃物　combustible material

可再生能源　renewable energy

空内空气污染　indoor air pollution

空气（型）集热器　air type collector

空气污染　air pollution

空气污染物　air pollutants

空气预热器　air preheater

空气质量　air quality

空载　no-load

矿物质　mineral matter

理想循环　ideal cycle

沥青　bitumen

粒子　particle

劣质煤　the lowest calorific value coal

裂变　fission

裂变物质　fissionable material

临界压力　critical pressure

流化床气化　fluidized gasification

流量　flow rate

硫　sulfur

硫分析　sulfur analysis

露天勘探　open cut exploration

炉膛　furnace

氯氟碳　chlorofluorocarbons

轮毂（风力机）　hub（for wind turbines）

落潮发电　ebb generation

马力小时，马力时　horsepower－hour

漫射　diffusion

煤　coal

煤的发热量　calorific value of coal

煤的分子结构　molecular structure of coal

煤的化学组成　chemical composition of coal

煤的间接液化　indirect liquefaction of coal

煤的气化　gasification of coal

煤的液化　coal liquefaction

煤的自燃　coal spontaneous combustion

煤粉燃烧器　burner/pulverized fuel burner

煤化作用阶段　coalification stage

煤灰成分分析　coal ash analysis

煤炭气化　coal gasification

煤田　coalfield

煤质分析　coal analysis

煤质评价　coal valuation

煤中矿物质　mineral matter in coal

摩擦阻力　frictional resistance

磨煤机　pulverizer/mill

内燃机　internal combustion engine

能量　energy capacity

能量输送　power transfer

能源消费　energy use

泥炭化阶段　peatification stage

扭矩　torque

农业气象学　agrometeorology

农作物秸秆　stalks of crops

浓淡电位差　electric potential by concentration

浓度差能转换　salinity gradient energy conversion

排放性能　emission performance

排气量　displacement

膨胀换气行程　expansion－exchange stroke

平板（太阳）集热器　at plate（solar）collector

平均风速　mean wind speed

汽缸容量　cylinder capacity

汽缸余隙容积　cylinder clearance volume

汽缸最大容积　maximum cylinder volume

气候　climate

气候变化　climatic change

气候带　climatic zones

气候问题　climatic issues

气孔扫气式发动机　port-scavenged engine

气体燃料　gas fuel

气体燃料发动机　gaseous propellant engine

汽包　steam drum

汽车发动机　steering effort test

汽缸　cylinder

汽轮机　turbine

汽油机　gasoline engine

汽油喷射式汽油机　gasoline-injection engine

千伏　kilo-volt；kV

强制循环系统　forced circulation system

切出风速　cut-out wind speed

切入风速　cut-in wind speed

氢弹　h-bomb；hydrogen bomb

氢能　hydrogen energy

氢气　hydrogen

氢气的纯化　hydrogen purification

氢气的制备　hydrogen preparation

全（辐射）辐照度　total irradiance

全辐射　total radiation

全负荷　full load

全球变暖　global warming

全水分　total moisture

燃点　ignition temperature

燃料　fuel

燃料比　fuel ratio

燃料电池　fuel cell

燃气轮机　internal combustion turbine

燃烧炉　burnout ovens

燃烧器　burner

燃烧室　combustion chamber

燃烧室容积　combustion chamber volume

燃油消耗量　fuel consumption

热电厂　thermal power plant

热管太阳热水器　heat pipe solar water heater

热交换器　heat exchanger

热解　thermolysis

热力循环　thermodynamic cycle

热能　heat energy

热能交换器　thermal energy converter

热效率　thermal efficiency

人工采掘　artificial mining

日负荷　load

日照时数　sunshine duration

散射日射　diffuse solar radiation

筛选煤　screened coal

上止点　top dead center（upper dead center）

渗透压　osmotic pressure

升功率　power per liter

生物质能　biomass energy

生物质气化技术　biomass gasification technology

生物质热解技术　biomass pyrolysis technology

生物质液化技术　biomass liquefaction technology

生物质资源　biomass energy resources

省煤器　economizer

湿度　humidity

十字头型发动机　cross head engine

石油　light petroleum spirit；geoline

收到基　as received basis

疏水管　drain pipe

输出功率（风力发电机组）　output power（for WTGS）

输出马力　shaft horsepower

输电系统　power transmission system

衰变，蜕变　disintegration

双燃料发动机　duel fuel engine

水电站　hydraulic power plant

水分　moisture

水分分析　moisture analysis

水库　reservoir

水冷式发动机　water-cooled engine

水力计算　hydraulic calculation

水煤浆技术　coal slurry technology

水煤气　water gas

水平轴风力机　horizontal axis wind turbine

水源勘探　water resources exploration

水蒸气　steam/water vapor

斯特林发动机　Stirling engine

四冲程发动机　four-stroke engine

四冲程循环　four-stroke cycle

酸雨　acid rain

太阳常数　solar constant

太阳池　solar pool

太阳方位角　solar azimuth

太阳房　solar room

太阳辐射　solar radiation

太阳高度角　solar altitude

太阳跟踪器　solar tracker

太阳模拟器　solar（irradiance）simulator

太阳能　solar energy

太阳能电池　solar cell

太阳能独立系统　solar only system

太阳能干燥器　solar-assistant dryer

太阳能光电转化　solar photovoltaic conversion

太阳能光伏技术　solar photovoltaic technology

太阳能海水淡化　solar seawater desalination

太阳能集热器　solar energy collector

太阳能加热系统　solar heating system

太阳能空气系统　solar air heating system

太阳能热力发电　solar electric power generation

太阳能热力机　solar engine

太阳能温室　solar heated green house

太阳能系统　solar（energy）system

太阳能制冷　solar assistant refrigeration

太阳热水器　solar water heater

太阳热水系统　solar water heating system；solar hot water system

太阳热水系统效率　solar water heating system efficiency

太阳灶　solar cooker

碳　carbon

替代能源　alternative energy sources

天然气　natural gas

天然气水合物　natural gas hydrate

停机　shut down

筒状活塞发动机　trunk-piston engine

往复式内燃机　reciprocating internal combustion engine

微量元素分析　micro elements analysis

微气候影响　microclimate effects

温度　temperature

温室气体　greenhouse gases

稳定工况　steady working condition

稳态　steady-state

污染的土地　contaminated land

无机质　inorganic substance

无烟煤　anthracite

雾　fog

吸热板　absorber plate

吸热体　absorber

熄灭、灭火　extinction

洗选煤　washed coal

下止点　lower dead center（bottom dead center）

相对辐射表　relative radiometer

新能源　new energy

星型发动机　radial engine

型煤技术　coal briquette technology

蓄电池　storage battery

旋轮线转子发动机　rotary trochoidal engine

旋转抛物面集热器　parabolic dish collector

选择性表面　selective surface

压力　pressure

压力波能转换装置　pressure wave energy conversion device

压燃式发动机　compression ignition engine

压缩室　compression chamber

压缩行程　compression stroke

烟煤　bituminite

烟雾　smog

盐差能，浓度差能　energy from salinity gradients

盐差能动力装置　power plant of energy from salinity gradients

氧的测定　determination of oxygen

氧气　oxygen

液化石油气发动机　liquified petroleum gas engine

液体（型）集热器　liquid type collector

液体燃料　liquid fuel

一氧化碳　carbon oxide

一氧化物　monoxide

引风机　induced draft fan

有害元素　hazardous elements

有机硫　organic sulfur

有机质　organic matter

有效热效率　effective thermal efficiency

预燃室　prechamber

元素分析　elementary analysis

元素　element

原煤　raw coal

原煤斗　coal bunker

原油，重油　crude［raw］petroleum

原子　atom

原子弹　atomic bomb

原子能　atomic power

运行工况　operation condition

再热器　reheater

增压式发动机　supercharged engine

涨潮发电　flood generation

沼气　methane zone

沼气技术　methane technology

真空管集热器　evacuated tube collector

蒸汽轮机　steam turbine

整体式太阳热水器　integral collector storage solar water heater

直接喷射式柴油机　direct injection engine

直接燃烧技术　direct combustion technology

直接日射　direct solar radiation

直接日射表　pyrheliometer

直接液化　direct liquefaction

直列式发动机　in-line engine

直流式（太阳热水）系统　series-connected system

质子　proton

滞止状态　stagnation condition

中子　neutron

主动式太阳能系统　active solar（energy）system

主要辅机　major pant item

主蒸汽　live steam

转子发动机　rotary engine

着火温度　firing temperature

资源保护　resource protection

自动控制系统　automatic control system

自然进气式发动机　naturally aspirated engine

自然循环式（太阳）热水器　natural cycle solar water heater

自然循环系统　natural cycle system

总功率　gross power

总日射　global solar radiation

总日射表　pyranometer

总效率　overall efficiency

参 考 文 献

［1］任有中．能源工程管理．2 版．北京：中国电力出版社，2018.

［2］陈学俊．能源工程．增订本．西安：西安交通大学出版社，2007.

［3］黄素逸．能源科学导论．北京：中国电力出版社，2012.

［4］李业发．能源工程导论．2 版．合肥：中国科学技术大学出版社，2013.

［5］鲁楠．新能源概论．北京：中国农业出版社，1995.

［6］李传统．新能源与可再生能源技术．2 版．南京：东南大学出版社，2012.

［7］汪建文．可再生能源．北京：机械工业出版社，2012.

［8］黄素逸．能源概论．北京：高等教育出版社，2004.

［9］罗运俊．太阳能利用技术．北京：化学工业出版社，2005.

［10］王长贵．新能源发电技术．北京：中国电力出版社，2003.

［11］包伟业．动力工程概论．上海：上海交通大学出版社，1994.

［12］苏琴．环境工程概论．北京：国防工业出版社，2004.

［13］戴维斯，康韦尔．环境工程导论．4 版．王建龙，译．北京：清华大学出版社，2010.

［14］贾文瑞．21 世纪中国能源、环境与石油工业发展．北京：石油工业出版社，2002.

［15］边耀璋．汽车新能源技术．北京：人民交通出版社，2003.

［16］孙齐美．天然气和液化石油气汽车．北京：北京理工大学出版社，1999.

［17］陈清泉．21 世纪的绿色交通工具——电动车．北京：清华大学出版社，2000.

［18］叶涛．热力发电厂．5 版．北京：中国电力出版社，2017.

［19］黄素逸．能源与节能技术．3 版．北京：中国电力出版社，2017.